अन्तिम दशक की हिन्दी कहानियाँ :
संवेदना और शिल्प

अन्तिम दशक की हिन्दी कहानियाँ : संवेदना और शिल्प

डॉ. नीरज शर्मा

वाणी प्रकाशन

वाणी प्रकाशन

4695, 21-ए, दरियागंज, नयी दिल्ली 110 002

फ़ोन : +91 11 23273167 फ़ैक्स : +91 11 23275710

शाखाएँ

अशोक राजपथ, पटना 800 004, बिहार

कॉफ़ी हाउस कैम्पस, महात्मा गांधी मार्ग, इलाहाबाद 211 001, उत्तर प्रदेश

महात्मा गांधी अन्तरराष्ट्रीय हिन्दी विश्वविद्यालय, वर्धा 442 001, महाराष्ट्र

www.vaniprakashan.in
marketing@vaniprakashan.in
sales@vaniprakashan.in

ANTIM DASHAK KI HINDI KAHANIYAN :
SAMVEDNA AUR SHILP
by Dr. Neeraj Sharma

ISBN : 978-93-5000-544-6
Criticism

प्रथम संस्करण 2011

आवृत्ति 2018

मूल्य : ₹ 495

एम.एस. प्रिंटर्स, दिल्ली-110 095 में मुद्रित

वाणी प्रकाशन का लोगो मक़बूल फ़िदा हुसेन की कूची से

समर्पण

अपने अनन्त जीवन-रस से सिक्त करनेवाली
मातुश्री श्रीमती शिवरानी शर्मा
और
जीवन, साहित्य एवं शोध की ललक जागृत करनेवाले
पिताश्री प्रोफेसर (डॉ.) राजमणि शर्मा
(सेवानिवृत्त प्रोफेसर, काशी हिन्दू विश्वविद्यालय, वाराणसी)
को
जिनका स्नेह और आशीष ही
मेरा सबसे बड़ा संबल है।

अपनी बात

शताब्दी के अंत तक हिन्दी कहानी ने अपने सौ वर्ष पूरे कर लिए हैं; किसी भी रचना, विधा के स्वरूप निर्धारण के लिए सौ वर्ष की कालावधि कम नहीं मानी जा सकती। चंद्रधर शर्मा 'गुलेरी', 'प्रसाद', प्रेमचंद द्वारा बोया गया विरवा जैनेन्द्र, इलाचंद्र जोशी, यशपाल, अज्ञेय आदि के साथ-साथ नए कहानीकारों तथा साठोत्तर कहानीकारों द्वारा आज उस ऊँचाई तक पहुंच गया है जहाँ वह संसार की किसी भाषा की कहानी-विधा का सामना कर सकता है।

इस दौर में अनेक कहानी आंदोलन भी सामने आए। इन आंदोलनों ने हिन्दी कहानी को हर दृष्टि से समृद्ध किया। वस्तु और शिल्प में बदलाव ने कहानी को नए यथार्थ से जोड़ा। यथार्थ को पहचानने हेतु नई आँखें दीं। और इसी दौर में शब्द-शिल्प में ढालने की नई-नई पद्धतियाँ भी विकसित हुईं। इस दौर में रचनाकार विचारधारा, मत एवं वाद के प्रति अपनी प्रतिबद्धता छिपा नहीं पाए। और कहानी, कहानी न रहकर विचारधाराओं का दस्तावेज बन गई। किन्तु इसी में से नई कोंपलें भी फूटीं। परिणामस्वरूप अन्तिम दशक के पूर्व के अनेक रचनाकार और उनकी रचनाएँ हिन्दी साहित्य के इतिहास का अंग बनीं। इन कहानियों ने हिन्दी कहानी विधा को प्रौढ़ता भी दी और विषयगत वैविध्य भी सामने रखा। वैसे भी नवें दशक तक देश की स्थिति और परिस्थिति में काफी परिवर्तन आ चुका था। इन्दिरा गांधी की हत्या, आतंकवादी, अलगाववादी भावनाओं की परिणति थी। राजनीतिक मूल्यों में भी बदलाव आया। ईमानदारी, नैतिकता, सत्य और अहिंसा जैसे मानवीय मूल्यों का ह्रास हुआ। मनुष्य अपने को असुरक्षित महसूस करने लगा। उसे अपनी भूख मिटाने के लिए सम्बन्धों तक को तिलांजलि देनी पड़ी। और तो और यहाँ तक कि मानव-शरीर भी बिक्री के लिए उपलब्ध हो उठा। भ्रष्टाचार, शासनतंत्र की क्रूरता आदि में इजाफा हुआ। मनुष्य की दृष्टि अर्थ-प्रधान बन गई। अर्थ की प्रधानता ने

मानवीय रिश्तों, परिवारों और समाज को तोड़ा तथा उसकी परिभाषा ही बदल डाली। महिलाओं और दलितों द्वारा उनकी अपनी अनुभूतियों, वेदनाओं और पीड़ाओं की अभिव्यक्ति भी सामने आयी। फलस्वरूप सब कुछ बदला-बदला नजर आने लगा। नवें दशक तक के कहानीकारों ने इन सारी क्रूरताओं, विडम्बनाओं, विसंगतियों एवं संत्रासों को वाणी दी। इन रचनाओं में कहानी की नयी परिभाषा उभरती है। 1990 तक कहानी 'औपन्यासिक विस्तार' जैसे शिल्प को लेकर सामने आ चुकी थी। 'छप्पन तोले का करधन (उदयप्रकाश), 'कामरेड का कोट' (सृंजय), 'तिरिया चरित्तर' (शिवमूर्त्ति) आदि कहानियाँ संवेदना और शिल्प के नये आयामों का संकेत कर जाती हैं।

अंतिम दशक में भारतीय जीवन का स्वरूप और बदला। अनेक राजनीतिक आन्दोलन प्रारम्भ हुए। क्षेत्रीय दलों का विकास हुआ। वर्षों तक केन्द्रीय सत्ता पर काबिज कांग्रेज की चूलें हिलीं। वैचारिक धरातल पर उत्तर आधुनिकता, भूमण्डलीकरण तथा आर्थिक उदारीकरण की नीतियों तथा नव उपनिवेशवादी मनोवृत्तियों एवं वैयक्तिकता की भावना, अर्थ के प्रति आकर्षण आदि ने मनुष्य को मनुष्य नहीं रहने दिया। गाँव उखड़कर शहर की ओर भागने लगा या गाँव ही शहर बन गया। मानवीय संवेदनाओं का रूप बदला। विघटित होते मानव-मूल्य के साथ-साथ नयी दिशा और दशा देने के लिए एक जबर्दस्त चुनौती रचनाकारों के समक्ष मुँह बाए खड़ी हो गयी। विषयों का अभाव तो नहीं था किन्तु नए विषयों का साक्षात्कार, उसे भोगना उन्हें अपनी नियति बनाना, उनसे तादात्म्य स्थापित करना और फिर उन सबको, समूचे समाज को उन्हीं की भाषा में उन्हीं की भंगिमा में लौटा देने की आकुलता और व्याकुलता रचनाकारों के लिए चुनौती बनी। अभिव्यक्ति की इस दौड़ में अनेक पुराने और नए कहानीकार शामिल हुए।

आलोच्ययुगीन रचनाकारों को अपनी कहानी हेतु नयी धरती की तलाश तो थी ही, उसे जोतने और खाद-पानी देने की भी आवश्यकता थी। यह कल्पना-शक्ति और भाषा-क्षमता की समृद्धता से ही सम्भव था। इसमें कोई दो राय नहीं कि आलोच्य युगीन कहानीकारों ने अपनी कहानियों के माध्यम से मानव और मानवेतर जीवन-जगत से घटना तथा वस्तु की खोज की। इन रचनाकारों ने छोटे-छोटे प्रसंगों को कहानी बनाकर उन्हें अमर बनाया। इन्होंने जहाँ मनुष्य-मन के अन्तस् में झाँका वहीं उसके बाहरी परिवेश को भी रेखांकित किया। सच तो यह है कि न तो जीव-जन्तु छूटे न प्रकृति छूटी और न मनुष्य का बाह्य और अन्तस छूटा। उसके छोटे-छोटे क्रिया-कलाप और बदलाव इन रचनाकारों की आँखों से ओझल नहीं होने पाए। इन रचनाकारों ने आम आदमी की जिन्दगी को भोगा और देखा। उसके संत्रास को झेला। उसकी संवेदना को अपनी संवेदना का बाना पहनाया। परिणाम यह हुआ कि स्थानीय

रंगत ने इनकी कहानियों को अधिक सम्प्रेषणीय और धारदार बनाया। अभिव्यक्ति के लिए इन्होंने जहाँ नए शिल्प का संधान किया वहीं भाषा की धार तीक्ष्ण की। लोकगीतों तथा लोककथाओं का सहारा लेकर कहानी में काव्यात्मकता का एहसास कराया। कहानी में लय और ताल को भी स्थान दिया। जहाँ इन्होंने एक साथ एक कहानी में विभिन्न शैलियों का अभियोजन किया वहीं व्यंग्य, व्यंग्यात्मक शैली के सहारे अपनी अभिव्यक्ति को 'कहन' (कहना) के निकट पहुँचा दिया। यह 'कहन' ही कहानी को संवाद के निकट पहुँचा देता है। यह सच है कि कहानी की पहली और अन्तिम अनिवार्यता है—'संवादमय' होना या 'संवाद' बनना। इस हेतु प्रासंगिक तथा बहुप्रचलित शब्दावली से नए-नए शब्दों को लेकर उसे नए संदर्भों से अर्थ-संपृक्त किया गया। फंतासी का सहारा लेकर तीन सौ वर्षों की कथा कही गयी। पर इसके बावजूद भी कहानी में कहीं भी विशृंखलता नहीं आई, प्रवहमयता, क्षिप्रता बढ़ी ही है। मिथक, प्रतीक और बिम्ब के प्रयोग के धरातल पर आलोच्ययुगीन कहानीकार, अपनी अलग पहचान बनाते हैं। इन दस वर्षों के प्रतीकों, मिथकों एवं बिम्बों की तलाश की जाए तो यह बात साबित हो जाती है कि इनसे न तो इतिहास छूटा है, न अतीत और न वर्तमान। वह चाहे मनुष्य का हो, चाहे जीव-जन्तुओं का हो।

इन कहानियों और कहानीकारों की रचनाशीलता ने मुझे अपनी ओर आकर्षित किया। मैं इन कहानियों में गहरे डूबा। इस डूब का परिणाम है—यह कृति। प्रथमतः यह पी-एच.डी. उपाधि हेतु शोध-प्रबंध के रूप में प्रस्तुत किया गया। प्रकाशन के अवसर पर इसमें कुछ फेरबदल अवश्य किया गया है। बावजूद इसके मूल अवधारणा यथावत सुरक्षित है।

पृष्ठभूमि के रूप में प्रस्तुत प्रथम अध्याय में आलोच्ययुगीन हिन्दी कहानी के पहचान के बिन्दुओं को उकेरने का प्रयत्न किया गया है।

दूसरे अध्याय में संवेदना को परिभाषित करते हुए संवेदना के स्वरूप की पहचान और उसके नियामक तत्त्वों का निर्धारण किया गया है। कहानी का शिल्प साहित्य की अन्य विधाओं से निराला है। यहाँ तो क्षण ही मूर्तिमान होता है। अस्तु कहानी-शिल्प के नियामक तत्त्वों का विवेचन, विश्लेषण तो किया ही है साथ ही कहानी के शिल्प के स्वरूप को भी निर्धारित करने का प्रयत्न किया गया है।

आलोच्य युग की कहानियों का दायरा काफी बड़ा है। अनगिनत कहानीकार हैं, और अनगिनत कहानियाँ हैं; जो अपने सामाजिक सरोकारों से जुड़ाव तथा संवेदना की गहराई के चलते अपनी ओर खींचती हैं। मेरे सामने संकट था कि आलोच्य युगीन हिन्दी कहानियों के सर्वेक्षण को संक्षिप्त रूप में प्रस्तुत करने का कौन-सा आधार निर्धारित किया जाए। दो आधार थे—1. प्रकाशित कहानी-संग्रह और 2. पत्र-पत्रिकाएँ। अन्तिम दशक में प्रकाशित अधिकांश कहानी-संग्रहों में आलोच्य

काल के पहले की कहानियाँ संकलित दिखाई दीं। इन संकलनों में कहानियों के प्रथम प्रकाशन या लेखन-काल का कोई संकेत भी नहीं मिला। अस्तु काल विशेष की कहानियों के विवेचन विश्लेषण के उद्देश्य से मैंने पत्र-पत्रिकाओं का ही सहारा लिया। और, उनमें प्रकाशित कहानीकारों एवं उनकी कहानियों का संक्षिप्त सर्वेक्षण ही है—तीसरा अध्याय। निश्चय ही आलोच्य युग की हिन्दी कहानियाँ संवेदना के धरातल तथा शिल्प की नवता के कारणों से पीछे की कहानियों से अलग-थलग दिखाई देने के बावजूद अधिक सशक्त या बिहारी के शब्दों में कहें—"घाव करें गम्भीर" वाली हैं। अतः चौथे अध्याय में कहानियों में प्रस्तुत संवेदना के नए-नए धरातलों की जहाँ खोज है, वहीं पाँचवें अध्याय में आलोच्ययुगीन हिन्दी कहानियों का शिल्पगत मूल्यांकन है।

शिल्पगत मूल्यांकन (पाँचवें अध्याय) में भी कहानी के शिल्प, विशेषकर वस्तुगठन एवं प्रस्तुति को लेकर विस्तार से सोदाहरण चर्चा की गई है। आलोच्ययुगीन हिन्दी कहानियों के शिल्प की नवता के नियामक तत्त्वों को भी विस्मृत नहीं किया गया है। वस्तुतः संवेदना के बदलाव ने पारम्परिक शिल्प को तोड़ा। नया शिल्प ही आलोच्ययुगीन मानवीय संवेदना की जटिलता, विकटता तथा संश्लिष्टता को प्रकाशित कर सकता था। निश्चय ही इस कसौटी पर आलोच्य युग के कहानीकार खरे उतरे हैं।

अपनी कहानियों में इन रचनाकारों ने भाषा को नए औजार के रूप में प्रस्तुत किया। चाहे इनका ध्वन्यात्मक प्रयोग हो अथवा शब्द चयन या मिथक, प्रतीक और बिम्ब। सभी नए अर्थ, नयी परिभाषा और नया स्वरूप लेकर सामने खड़े होते हैं। इनमें ताजगी भी मिलती है और लोक-जीवन-जगत् का साक्षात्कार भी होता है। आलोच्ययुगीन कहानियों में भाषा के प्रयोग वैशिष्ट्य को विभिन्न शीर्षकों के अन्तर्गत छठे अध्याय में रेखांकित करने का प्रयास किया गया है।

'उपसंहार' के रूप में प्रस्तुत सातवें अध्याय में आलोच्ययुगीन हिन्दी कहानियों की उपलब्धि एवं अवदान को संक्षिप्त रूप में रेखांकित किया गया है। आधार-ग्रंथ, आलोचनात्मक ग्रंथ एवं पत्र-पत्रिकाओं की सूची परिशिष्ट के रूप में सम्मिलित है।

इस अवसर पर मैं आकांशधर्मा गुरुप्रवर डॉ. कौशलनाथ उपाध्याय, एसोसिएट प्रोफेसर एवं पूर्व अध्यक्ष हिन्दी विभाग, जयनारायण व्यास विश्वविद्यालय, जोधपुर के प्रति अपनी मूक प्रणति निवेदित करता हूँ जिन्होंने सिद्धांत निरूपण, विवेचन, विश्लेषण के धरातल पर आनेवाली हर कठिनाईयों को दूर किया। उलझनों को सुलझाया, कहानी को समझने परखने के सूत्र भी दिए। उन्होंने मुझे दिशा दी, साहस दिया, सूझ दी और दिया विवेक। अवरोध-भरा मेरा मार्ग प्रशस्त हुआ। इस अवसर पर उनके प्रति कृतज्ञता-ज्ञापन या आभारप्रदर्शन हेतु मेरे पास शब्द नहीं हैं। अतः

मेरी मूक प्रणति उनके चरणों में निवेदित है।

आभारी हूँ गुरुवर डॉ. काशीनाथ सिंह (पूर्व आचार्य एवं अध्यक्ष हिन्दी विभाग, काशी हिन्दू विश्वविद्यालय, वाराणसी) का जिनके बहुमूल्य सुझावों से प्रबंध को परिष्कृत एवं परिमार्जित करने में उल्लेखनीय सहायता मिली। उन रचनाकारों एवं समीक्षकों के प्रति भी श्रद्धावनत हूँ जिनकी कृतियाँ या वार्त्ताएँ इस प्रबंध की आधारभूमि बनीं।

श्री अरुण माहेश्वरी, वाणी प्रकाशन, दिल्ली के प्रति भी मैं आभार प्रकट करता हूँ जिनके कठोर परिश्रम के फलस्वरूप अल्प समय में यह पुस्तक प्रकाशित हो सकी।

वस्तुतः जैसे कहानी कभी खत्म नहीं होती वैसे ही कहानी की चर्चा भी कभी समाप्त नहीं होती। यह पुस्तक चर्चा की दिशा में एक उठा हुआ कदम मात्र है, अंतिम पड़ाव नहीं।

डॉ. नीरज शर्मा

अनुक्रम

प्रथम अध्याय

आलोच्य युग की कहानी : पहचान के बिन्दु

मनुष्य की भाँति साहित्य की पहचान के बिंदु भी उसके इतिहास और वर्तमान स्वरूप में छिपे होते हैं। कहानी इससे अलग नहीं। अंतिम दशक की कहानियों की पहचान के लिए भी उसके विकासक्रम के इतिहास और वर्तमान स्वरूप में झाँकना होगा। वैसे ढेर सारे सूत्र पुरानी कहानी की भी अनिवार्यता थे और आज भी अनिवार्य हैं, किन्तु अंतिम दशक की कहानियाँ पुरानी अनिवार्यताओं के साथ अपनी परंपरा से दूर खड़ी दिखाई देती हैं। कारक कौन से हैं यह छानबीन का प्रश्न है। यही छानबीन यहाँ प्रस्तुत है।

यह स्वीकार्य तथ्य है कि भाषा की खोज के पश्चात् भाषा के माध्यम से मानव-समाज अपनी पीड़ा-व्यथा, सुख-प्रसन्नता को वाणी देता रहा है। वाणी का माध्यम केवल कविता ही नहीं, गद्य भी था; ऐसा गद्य जो बोलचाल में प्रयुक्त होता था। इसी बोलचाल की शैली में राजा-रानी, भूत-प्रेत आदि की कभी न समाप्त होनेवाली कहानी ने जन्म लिया; जहाँ इसका उद्देश्य था—मनोरंजन, सुख की नीद सुलाना। किन्तु उस असीमित कहानी और आज की कहानी में अंतर है। हाँ, कहानी के दोनों मूल तत्व—किस्सागोई और इतिवृत्तात्मकता दोनों में मौजूद हैं और शायद असीमित, अनंतकाल तक चलने वाली कहानी में इस तत्व की प्रधानता अधिक थी। 'किस्सागोई' ही दूसरे शब्दों में 'कथारस' है।

आधुनिक काल के पूर्व तक साहित्य तथा कविता एक दूसरे के पर्याय थे, किन्तु गद्य के विकास के साथ-साथ साहित्य की विभिन्न विधाएँ विकसित हुईं। इनमें एक विधा 'कहानी' भी है। जो मानवीय-वेदना 'कहानी' का कथ्य है, वही वेदना हर साहित्यिक विधा में उपस्थित है। इस प्रकार कहानी की हर विधाओं में घुसपैठ है, और आज जब कहानी साहित्य की केन्द्रीय विधा बन बैठी है, तो उसमें भी हर साहित्यिक विधाओं की घुसपैठ देखी जा सकती है। इसलिए आज कहानी से अपेक्षा है कि उसमें कविता की लय हो, नाटक, निबंध, संस्मरण, रेखाचित्र, रिपोर्ताज, आत्मकथा आदि का वैशिष्ट्य भी हो, और हो औपन्यासिक विस्तार।

औपन्यासिक विस्तार का तात्पर्य है—वृत्तांत' के भीतर 'यथार्थ' की अंदरूनी

स्थितियों की बुनावट जो संयोगों और आकस्मिकताओं के होते हुए भी अपने गल्पात्मक स्वरूप में प्रभावशाली है। गल्प और यथार्थ की यह बुनावट वृतांत को सर्जनात्मक पूर्णता देती है। अंतिम दशक के महत्वपूर्ण कथाकार उदयप्रकाश के अनुसार भी "(अब) कहानी में एक साथ ही कहानी, संस्मरण, रिपोर्ताज, सर्वेक्षण, सूंचना, डायरी, ग्राफिक आदि के तत्व भी मौजूद होंगे, इसलिए कि अब वे तत्व हमारे रोजमर्रा की जिन्दगी और अनुभव का हिस्सा हो चुके हैं।"[1]

स्पष्टतः यहाँ उदयप्रकाश कहानी को जिन्दगी से जोड़ते हैं और यह भी बता देते हैं कि कहानी का उपजीव्य अब हमारी रोजमर्रा की जिन्दगी और उसकी अनुभूति है; क्योंकि ये जिन्दगी का हिस्सा बन चुके हैं। अस्तु अब कहानी का वृतांत होगा—रोजमर्रा की सम्पूर्ण मानव-जिन्दगी। जब वह औपन्यासिक बाने में प्रस्तुत होगी, तभी मनुष्य अपनी संपूर्णता के साथ उपस्थित होगा। एक बैठक में पढ़ी जानेवाली या क्षण-विशेष को उभारती रचना कहानी नहीं। अब तो उसे साहित्य की अन्य विधाओं के वस्तु-शिल्प को आत्मसात् कर कहानी बनना होगा।

आधुनिक काल से अपनी यात्रा पर चली 'कहानी'युगीन परिस्थिति, देश-काल आदि के परिप्रेक्ष्य में अपना रूप सँवारती-निखारती रही है। यही कारण है कि प्रसाद-प्रेमचंद युगीन कहानियों विशेषकर प्रेमचंद की कहानियों में आम-जन (सर्वहारा) का 'यथार्थ' मुखर है। यह उस जन का 'यथार्थ' है जो सामाजिक-विसंगतियों विरूपताओं से जूझ रहा था। यह अशिक्षित, देश एवं काल से अपरिचित विभिन्न प्रकार के शोषणों के शिकंजे में कसे हुए आमजनों (स्त्री-पुरुष) का यथार्थ था। किन्तु क्या 'यथार्थ' का यह रूप आगे भी वैसा ही बना रहा? वस्तुतः मनुष्य की चेतना या उसकी वेदना में बदलाव का कारक होती है—बदलती परिस्थितियाँ एवं बदलती शासन-प्रणाली। आधुनिकता की बाढ़ ने इसमें बदलाव पैदा किया। यह बदलाव यहीं नहीं रुका। आज भी गतिमान है। दूसरे शब्दों में यही बदलाव विकास है। इसलिए मानवीय 'यथार्थ' का रूप निरंतर बदल रहा है और उसी के साथ बदल रहा है—रचनात्मक 'यथार्थ'।

प्रेमचंद युग में ही इस बदलाव को लक्ष्य किया गया था। प्रेमचंद युगीन या उसके बाद के कहानीकारों ने कहानी के यथार्थ को नए आयाम दिए। कौशिक, जैनेन्द्र, अज्ञेय, यशपाल, भगवती चरण वर्मा, उपेन्द्रनाथ अश्क, उग्र, निराला आदि की रचनाएँ इसकी साक्षी हैं। आगे चलकर 'यथार्थ' को प्रगतिवादी आवरण में उपस्थित करने का प्रयास हुआ। स्वतंत्रता प्राप्ति के पश्चात् स्थितियाँ बदलीं। मानवीय वेदना-संवेदना (यथार्थ) में भी बदलाव आया। इस बदलते यथार्थ को केन्द्र में रखकर हिन्दी कहानीकारों ने कहानी-आंदोलनों की बाढ़ खड़ी कर दी।

यह मानकर कि पुरानी कहानी 'यथार्थ' की प्रामाणिक अनुभूति नहीं, अस्तु

'स्व अनुभूत', आँखों देखे यथार्थ; जिसे प्रामाणिक वास्तव की संज्ञा दी गयी; के आधार पर लिखी गई कहानी 'नई कहानी' कहलाई। 'सचेतन कहानी' के आंदोलनकर्ताओं ने माना कि 'नई कहानी' में कहानीकार मित्रों की स्थापना का आग्रह और वैयक्तिकता की प्रधानता है। वैचारिक धरातल का अभाव इसकी दूसरी कमी बताया गया। जबकि सचेतन कहानी में यथार्थ के प्रति गहरी संपृक्ति तथा यथार्थ की सहज अभिव्यक्ति का दावा किया गया। उसे सक्रिय भावबोध की ऐसी कहानी माना गया जो जिंदगी की स्वीकृति की कहानी है। मृत्यु, संत्रास, निराशा, कुण्ठा आदि को पाश्चात्य देन मानकर कहानी में इस सबकी प्रस्तुति को इस आंदोलनकर्ताओं ने खारिज किया। अस्तित्ववादी दर्शन के आधार पर फ्रांस में विकसित 'एंटी स्टोरी' की तर्ज पर जल्दबाजी में, अपने अस्तित्व की रक्षा हेतु प्रारंभ 'अ-कहानी' आंदोलन कथा के स्वीकृत आधारों का निषेध तथा किसी तरह के मूल्य-स्थापना का विरोधी बना। 'समकालीन कहानी' आंदोलन कहानी में आदर्शीकरण, अवशेषों, अतिरक्त संवेदनशीलता, रूमानियत जैसे नई कहानी के ग्राह्य तत्वों का विरोधी है, वह यथार्थ को सीधे और निर्मम ढंग से देखने एवं अभिव्यक्ति देने की कोशिश है। समकालीन कहानी में समय और उम्र का उतना महत्व नहीं है, जितना समान दृष्टि का है। ये रचनाकार शिल्प-प्रयोग में विविधता के पक्षधर हैं। सातवें दशक के अंत में प्रारंभ 'समांतर कहानी-आंदोलन' में नई कहानी, अ-कहानी तथा सचेतन कहानी में उपेक्षित 'आम आदमी' (सर्वहारा-निम्न मध्यवर्गीय किसान, अल्पवेतन भोगी मजदूर, चपरासी आदि) के प्रति प्रतिबद्धता प्रदर्शित की गई तथा सामाजिक सरोकारों को कहानी में स्थान देते हुए उस 'आम आदमी' को विद्रोह की राह दिखाना प्रमुख दायित्व माना गया। इसी के साथ ही सहज भाषा का संधान करते हुए वर्ग चरित्र की पहचान कराकर उसके नकाब को बेपर्द करना तथा व्यक्तिवादी मूल्यों के स्थान पर सामाजिक-मूल्य की सृष्टि एवं उसकी रक्षा उनका घोषणापत्र बना। किन्तु 'प्रगतिवाद' का नया संस्करण 'जनवादी कहानी' आंदोलन समांतर कहानी को असली अपराधी की नकाब उतारने में अक्षम देखकर इस कमी को पूरी करने का दावा करता है। अस्तु 'आम-जन' के शोषण का विरोध एवं सर्वहारा के अधिकारों के लिए लड़ाई द्वारा वे सामाजिक यथार्थ की नींव मजबूत करने का दावा करते हैं। यहाँ हिंसा का रास्ता अपनाने की प्रेरणा तो नहीं किन्तु हिंसा का जवाब हिंसा से देने की प्रेरणा तो अवश्य है। अंतिम आंदोलन है—'सक्रिय कहानी'। नवें दशक में प्रारंभ इस आंदोलन को और इससे प्रभावित कहानियों को चेतनात्मक ऊर्जा, जीवंतता का आंदोलन माना गया। यह लड़ाई श्रमिक बनाम पूंजीवाद थी। अस्तु पूँजीवाद का विरोध, उसके समानांतर नई जन-व्यवस्था की स्थापना इस आंदोलन का प्रमुख प्रतिपाद्य बना। शोषण-मुक्त समाज की स्थापना

इनका लक्ष्य था। वस्तुतः वादग्रस्त न होते हुए भी 'सक्रिय कहानी' आंदोलन अपने पूर्ववर्ती आंदोलनों—'जनवादी' तथा 'समांतर' के निकट एवं वामपंथी राजनीति से प्रत्यक्ष, अप्रत्यक्ष रूप में प्रभावित था। सच यह है कि सत्तर के बाद के दो दशकों में अनुर्वर कहानी भूमि पर हरियाली उगाने का दावा समांतर कहानी और जनवादी कहानी आंदोलनों द्वारा किया गया। किन्तु इनके चरित्र आंदोलनों के वैचारिक सूत्रों से संचालित थे। कह सकते हैं कि विचारधारा की कड़ी नाकेबंदी के चलते अपनी जीवंतता और स्वतंत्रता खो चुके ये सपाट चरित्र थे। वे वास्तविक जीवन से मिलान करने पर प्रायः नकली लगते हैं, इसलिए कहानी लेखक की मनोनिर्मिति मालूम पड़ते थे।

आठवें दशक के उत्तरार्द्ध से ही हिन्दी साहित्य में दो धाराएँ उभरती दिखाई देती हैं। पहली है—मराठी की तर्ज पर हिन्दी में दलित कथा की शुरुआत और दूसरा है—स्त्री विमर्श का स्वरूप। यह दोनों धाराएँ अपने क्षेत्र में दूसरे के प्रवेश को वर्जित करती हैं। दलित लेखक दलित जन्मना, दलित द्वारा लिखे गए साहित्य और कहानी को ही दलित साहित्य कहानी मानने के पक्षधर रहे हैं। यद्यपि आज इनमें थोड़ा सुधार हुआ है। ठीक यही स्थिति स्त्री विमर्श से सम्बद्ध कथा लेखन की है। महिला लेखिकाओं की यह मान्यता है कि केवल महिलाओं द्वारा लिखा गया साहित्य ही स्त्री विमर्श की सीमा रेखा में आता है, पुरुषों द्वारा लिखा गया साहित्य नहीं।

वस्तुतः दलित और स्त्री सम्बन्धी साहित्य का अभाव हमारे यहाँ नहीं रहा है, पर देश-विदेश के विभिन्न आन्दोलनों से प्रभावित यह धारा पूर्णतया नई है। अन्य आन्दोलनों की भाँति इसे नया आन्दोलन या अलग कहानी साहित्य तो नहीं माना जा सकता, पर यह आन्दोलन अपनी एक पहचान बनाता अवश्य है। जो अभाव था, उसकी पूर्ति करता है।

फिलहाल, कहानी-आंदोलनों के सच में झाँकें तो इसके कुछ महत्वपूर्ण पक्ष उभरते हैं। पहला कहानीकार विशेष द्वारा स्वयं अपनी तथा अपने सहयोगी कहानीकारों की प्रतिष्ठा इन आंदोलनों का निहितार्थ था जिसमें पत्रिकाएँ सहायक बनीं। दूसरा कहानी के वस्तु और शिल्प पर वाद-विवाद-संवाद को जन्म मिला, जिससे 'कहानी' का हित ही हुआ। विषयवस्तु का विकास तथा शिल्प और भाषा की धार तीखी बनी। वस्तुतः यह 'वाद-विवाद-संवाद' ही कहीं-न-कहीं यह घोषणा करता है कि कहानी साहित्य की केन्द्रीय विधा बनने की ओर अग्रसर है। तीसरा तेजी से घट रहे घटनाक्रमों की परिणति के रूप में बदलता मनुष्य उसकी परिस्थितियाँ एवं परिवेश कहानीकारों को अपने वस्तु-चयन, शिल्प तथा भाषा के धरातल पर परिवर्तन के लिए विवश करते हैं। चौथा पुरानी कहानी के बाद नई

कहानी में मध्यवर्ग की ओर उन्मुखता तथा कहानी क्षितिज से गायब सर्वहारा की खोज, उनकी चिंता, उनकी स्थापना का प्रयास, उन्हें शोषण से मुक्ति दिलाने तथा पूँजीवाद से उनकी लड़ाई में सहभागिता को कहानीकारों ने जीवन-सत्य तथा कहानी की सार्थकता माना। पाँचवा सबका एक ही आलाप था, यथार्थ को नये सिरे से देखने, जाँचने, उससे मुठभेड़ करने, उसे आत्मसात कर अभिव्यक्त करने का। अर्थात् कहानी वैयक्तिक यथार्थ नहीं; सामाजिक, राष्ट्रीय यथार्थ की प्रस्तुति है जिसमें प्रमुखता होनी चाहिए--सर्वहारा के यथार्थ की।

ऊपर यह कहा जा चुका कि देश-काल में बदलाव के चलते यथार्थ का स्वरूप भी बदलता है। और इस बदलाव के कारक होते हैं--युगीन-चेतना या बोध। अंतिम दशक के आते-आते हिन्दी कहानी में आधुनिक चेतना, विभिन्न दर्शनों तथा चिंतन की घुसपैठ हो चुकी थी। आधुनिक चेतना ने मनुष्य में संवेदन-हीनता की प्रवृत्ति बढ़ायी, सामाजिक रिश्ते बदले, संबंध टूटे और वैयक्तिकता, स्वार्थपरता ने अपना पैर सुदृढ़ किया। 'कफन', 'बूढ़ी काकी', 'बेड़ी', 'उसने कहा था' से प्रारम्भ यह स्थिति नई कहानी के दौर में भी 'चीफ की दावत', 'वापसी' आदि में तथा अंतिम दशक तक की कहानियों में बराबर रेखांकित है। मार्क्सवाद से प्रभावित प्रगतिवादी आंदोलन की जिन कहानियों में सर्वहारा के आंदोलन, शोषण के विरोध का बिगुल बजता है, वह भी अंतिम दशक तक बज रहा है। अस्तित्ववाद या फ्रायड आदि के दर्शनों के आधार पर मनुष्य को उसके भीतर से देखने, व्याख्यायित करने की प्रवृति कहानी में पनपी, यह प्रवृति भी निरन्तर सक्रिय है।

हर युग के रचनाकारों की भांति अंतिम दशक (आलोच्ययुगीन) के कहानीकार भी यह दावा करते हैं कि उन्होंने ऐसे नए टटके जीवन-संदर्भ को कहानी की विषयवस्तु बनाया है, जिसे पूर्व के रचनाकारों ने छुआ तक नहीं था। ऐसे संदर्भ अथवा मानवीय-वृत्तियों, परिस्थितियों को वे यथार्थ की संज्ञा देते हैं। और, इसे ही जीवन-संदर्भों की नयी पहचान मानते हैं। दूसरे शब्दों में रचनाकार अपने कथा-संदर्भों से संवाद करता है। तभी तो वे बाह्य यथार्थ नहीं, अपितु चरित्रों के अंतर्मन में घुसपैठ कर परिस्थितियों के साथ घात-प्रतिघात में उनकी मनःस्थितियों से प्रस्फुटित हो रहे यथार्थ को उकेरने का दावा करते हैं। इस प्रक्रिया में वे इसे निजी अनुभूति (यथार्थ) मानते हैं। यह निजी अनुभूति अंतिम दशक की कहानी का प्रतिपाद्य बनी। ऐसी निजी अनुभूति जिसके वे द्रष्टा ही नहीं भोक्ता भी हैं।

वस्तुतः कहानी का उपजीव्य, उसकी कुल पूँजी वह यथार्थ है जो देश-काल के हाथों सिरजा जाता है। यह मानवीय अनुभव के अनेक रूपों में प्रकट होता है। किन्तु कतिपय समीक्षक हिन्दी कहानीकारों के 'यथार्थ' को संदेह की दृष्टि से देखते

हैं। ऐसे लोगों का मत है कि उनके 'अनुभव' और 'प्रामाणिक वास्तव' में नैरंतर्य नहीं है, यह प्रारंभिक जमा-पूँजी (अनुभूति) तो पहले ही खत्म हो जाती है, फिर उनकी रचना का भव्य महल अनुभूत नहीं, ओढ़े हुए, पढ़े हुए, आरोपित यथार्थ के सहारे खड़ा होता है। सच तो यह है कि ये कहानीकार कुछ पढ़कर, कुछ टी. वी. सीरियल, या सिनेमा देखकर, 'यथार्थ' को गढ़ते हैं। फलस्वरूप ऐसा 'यथार्थ' आमजन के शोषण और पीड़ा का दस्तावेज नहीं बन पाता आदि-आदि।

नवें दशक से ही आधुनिकता के बाद 'उत्तर-आधुनिक दर्शन' ने अपने पैर जमाने शुरू कर दिये थे। अंतिम दशक के प्रारंभिक काल में ही इस दर्शन का एक प्रमुख हथियार 'भूमण्डलीकरण' के रूप में सामने आया। भूमण्डलीकरण या वैश्वीकरण का आधार है—बहुदेशी कंपनियों का फैलाव, समूचे व्यापार का अधिग्रहण; निजी घरानों की कंपनियों का विकास, वैयक्तिक हितों का पोषण। फलस्वरूप पूँजी आवारा तो बनी ही, किन्तु वह राष्ट्र या आमजन की न होकर व्यक्तिगत या निजी घरानों के हाथों में चली गयी। उदारीकरण की भारतीय नीति के चलते सार्वजनिक छोटे उद्योग-धंधे, श्रमिक, किसान आदि बेरोजगार हुए। किसानों की खेती पर बड़े-बड़े उद्योग-धंधे स्थापित हुए। भूमण्डलीकरण का दूसरा आधारं था—टेक्नॉलॉजी का विकास। वस्तुतः टेक्नॉलॉजी के प्रसार से ही भूमण्डलीकरण स्वरूप पाया। और, उत्तर आधुनिक दर्शन का प्रमुख औजार टेक्नॉलॉजी निरंतर प्रभावशाली बनता जा रहा है। उसने मनुष्य को विस्थापित-सा कर दिया है।

उत्तर आधुनिक दर्शन के एक व्याख्याता ज्याँ वोद्रिला का मानना है कि मार्क्स का यथार्थ मर गया। अब यथार्थ रचना का उपजीव्य नहीं; 'यथार्थ का छद्म' रचना का आधार है। दूसरे शब्दों में वे स्वीकार करते हैं कि 'छद्म यथार्थ' का जीवन-जगत में उपयोग तथा साहित्य-विधाओं में उसकी प्रस्तुति/पाठ ही उत्तर आधुनिकता है। यही मान्यता उत्तर आधुनिक दर्शन की धुरी है। और पूँजीवाद का पोषक उत्तर आधुनिकता ही भूमण्डलीकरण का जन्मदाता है। ज्याँ वोद्रिला की यह मान्यता अंतिम दशक की हिन्दी कहानियों की समीक्षा को एक नयी दिशा देती है। और वह दिशा है—अंतिम दशक की कहानियों का वास्तविक यथार्थ। यहाँ यह भी प्रश्न उठता है कि वर्ग विभाजन के पश्चात् हम इसे किसका यथार्थ माने।

पहली बात तो यह है कि उत्तर आधुनिक दर्शन कहानी को कहानी रहने ही नहीं देता। प्रेमचंद ने कहा था—''मनुष्य-जीवन की सबसे बड़ी लालसा यह है कि वह 'कहानी' बन जाए।'' इसमें प्रेमचंद के दो निहितार्थ स्पष्ट हैं—एक तो मनुष्य 'इतिहास' बनना चाहता है। आज कहानी के वस्तु और शिल्प का एक मानक यह भी है कि कथा-चरित्र यदि इतिहास नहीं बनता तो कहानी निरर्थक है।

इतिहास बन कर उसे हमेशा प्रबोधक की भूमिका में खड़ा रहना चाहिए। इस संदर्भ में उदयप्रकाश का मत दृष्टव्य है। 'वारेन हेस्टिंग्ज का साँड़' की पूर्व पीठिका में वे कहते हैं–"इस कहानी में इतिहास उतना ही है जितना दाल में नमक।"..."असल में जब इतिहास में स्वप्न, यथार्थ में कल्पना, तथ्य में फैंटेसी और अतीत में भविष्य को मिलाया जाता है तो आख्यान में लीला शुरू होती है और एक ऐसी माया का जन्म होता है जिसका साक्षात्कार सत्य की खोज की ओर की यात्रा ही है। इसलिए हर लीला और प्रत्येक माया उतनी ही सच होती है, जितना स्वयं इतिहास।"[2] यहाँ यह स्पष्ट है कि वे कहानी को आख्यान मानते हैं, वे यह भी मानते हैं कि कहानी सत्य की खोज की एक यात्रा है और यह सच ही इतिहास है। दूसरा निहितार्थ-मेरी दृष्टि में इसी से जुड़ा हुआ है। मनुष्य की आकांक्षा है कि वह अनंतकाल तक अनुकरणीय बने, अगली पीढ़ी को प्रेरणा देता रहे। अस्तु; प्रेमचंद की यह दृष्टि उत्तर आधुनिक दर्शन से प्रभावित कहानियों की परख का एक आधार है; किन्तु तब जब उसमें 'आमजन' भी हो, उसका दर्द हो; उसकी कथा हो। दूसरे शब्दों में उसका 'यथार्थ' हो। कहा जाता है कि अंतिम दशक के रचनाकारों ने 'यथार्थ' को 'यथातथ्य' से विस्थापित किया। 'यथातथ्यता' को 'यथार्थ' नहीं कहा जा सकता। यह प्राकृत स्थिति है, जिसे कभी आचार्य चतुरसेन शास्त्री आदि ने अपने उपन्यास का आधार बनाया था। यह सच है कि अंतिम दशक की कुछेक रचनाएँ या रचनाकार यथातथ्य का सहारा लेकर कहानी क्षेत्र में उतरे। किन्तु वे रचनाएँ या उनके चरित्र इतिहास नहीं बन पाए।

भूमण्डलीकरण के दौर में हर माल बिकाऊ बना। 'स्त्री' सर्वाधिक बिकाऊ माल के रूप में सामने आई। तब न किसी को सर्वहारा की चिंता सताई और न मानवीय मूल्यों के रक्षा की। मूल्य तो हमेशा टूटते रहे किन्तु बनते भी रहे। आज बन रहे मूल्य केवल वर्ग-विशेष के रक्षक हैं।

अंतिम दशक की कहानियों में एक बात तो स्पष्ट उभरती है। वह है–सामाजिक वास्तविकताओं के साथ रचनात्मक संपृक्ति। यह कहानी का सहज धर्म भी है। वस्तुतः बदलती सामाजिक स्थिति और वास्तविकता के बीच खड़ी है–अंतिम दशक की हिन्दी कहानी। भूमण्डलीकरण, औद्योगिकीकरण, प्रौद्योगिकी की होड़ मनुष्य और उसकी कथा-संवेदना के बदलाव के कारक तो बने ही साथ ही भारतीय परिस्थितियों राजनैतिक परिवर्तन, राजनीतिज्ञों का माफियाओं तथा पूँजीपतियों से गठजोड़, सांप्रदायिकता, आतंकवाद आदि के विस्तार ने मनुष्य और उसकी कहानी को बदला। राजनैतिक पतन से सर्वहारा भी प्रभावित है, और उस पर दबाव है–अपनी नैतिकता, अपने मूल्यों को परिवर्तित करने का। सरकार द्वारा उसकी हित-चिंता केवल कागजी रह गयी है। आलोच्य दशक के प्रतिष्ठित कथाकार

हृदयेश रचनात्मक 'यथार्थ' की विस्तृत व्याख्या करते हैं। उनके अनुसार, "तथ्य में छिपे सत्य को पूरी व्याप्ति के साथ देखने की कोशिश ही यथार्थवाद है। और यथार्थवाद शिल्प से अधिक एक विचारधारा है, जिसे जीवन दृष्टि भी कहा जा सकता है; जो शब्दों के माध्यम से रचनात्मक रूप में मनुष्य की सम्मानजनक अस्मिता की चिंता और उसके बेहतर जीवन तथा उज्ज्वल भविष्य के प्रश्नों, उनके हल करने की बेचैनी, व उनके संभावित उत्तरों से जुड़ा होता है।"[3] कहानी में यथार्थ की टकराहट संवेदनशीलता को गहराती है निश्चय ही आलोच्य दशक की अधिकांश कहानियाँ इस तुला पर खरी उतरती हैं। किन्तु कुछेक ऊब, बोझिलता, दुरूहता, विचारों और भावों की कब्रगाह होती हैं, विशेषकर वे कहानियाँ, जिनमें प्रगतिशीलता का जोर अधिक है।

माना तो यह जाता है कि अंतिम दशक के पूर्व तक हिन्दी कहानीकारों का अनुभव अत्यंत सीमित होता था, किसी बहाने वह अंचल विशेष की संक्षिप्त यात्रा कर आता था और इसी शोध-कथा को वह यथार्थ के रैपर में लपेट कर कोरी रपट के रूप में प्रस्तुत करता था, जिसमें निजी अनुभूति, प्रतिबद्धता, विचारधारा और शिल्प के चमत्कार की चासनी होती, किंतु जीवन नहीं होता था। इसके विपरीत यह दावा है कि अंतिम दशक में नयी जीवन स्थितियों से जन्मी मर्म को छूने वाली कहानियाँ सामने आईं।

इस मान्यता के अंतिम वाक्य-अंश को मानने में कोई संकोच नहीं; किन्तु प्रारंभिक अंश विशेषकर सीमित अनुभव की बात मानना कठिन है। प्रसाद-प्रेमचंद, अज्ञेय तथा आगे के अनेक रचनाकारों के कहानी रचना का आधार उनका विस्तृत अनुभव ही रहा है। हाँ, अंतिम दशक जैसी मानवीय-विडंबना या नियति के झूले में झूलते मनुष्य का अवश्य अभाव रहा है। वहाँ सीधे-सादे शोषण, विडंबना के शिकंजे थे। अंतिम दशक में भूमण्डलीकरण के औजार, पूँजी, बौद्धिकी आदि के छल-छद्म और प्रौद्योगिकी के विकास ने मनुष्य की नियति बदली। उसे जाति-धर्म-विहीन भी किया। मूल्यों, नैतिकताओं की जकड़बंदी से मुक्त कर 'नियति' के ऐसे पालने में सुला दिया जहाँ हर क्षण भविष्य की आशंका ने उसे घेर लिया। पूँजीवादी व्यवस्था में आज वह एक खिलौना है। फलस्वरूप हमारी आर्थिक, सामाजिक, राजनैतिक, सांस्कृतिक, साहित्यिक स्थितियों में परिवर्तन आया। भूमण्डलीकरण के नारों के बीच उपभोक्तावादी मानसिकता के प्रसार के चलते हमारे अर्जित संस्कारों, संस्कृति और मूल्यों का विघटन हुआ। सत्य, अहिंसा, ईमानदारी, संयुक्त परिवार, सह अस्तित्व, राष्ट्रीय एकता जैसे मूल्य बेमानी हुए और स्वार्थपरता तथा रातों-रात धनी होने की ललक एवं वैयक्तिकता का विकास हुआ।

ऐसी स्थिति में मनुष्य हाशिए पर आ गया। उसका अस्तित्व खतरे में पड़ा।

फलस्वरूप टेक्नॉलॉजी के इस काल के कहानीकारों की पहली चिंता बनी हाशिये पर होते मानव-जीवन को केन्द्र में लाने की। यह चिंता 'मनुष्य' को उसकी घेरेबंदी से मुक्त करती है। इसलिए मनुष्य की मुक्ति की चिंता इस काल की कहानियों का मुख्य सरोकार बनी। ध्यान से देखने पर यह बात स्पष्ट हो जाती है कि 'कामरेड का कोट' (सृंजय), 'छप्पन तोले का करघन', 'और अंत में प्रार्थना' (उदयप्रकाश), 'मर गया दीपनाथ' (चंद्रकिशोर जायसवाल), 'वधस्थल से छलाँग' (हृषिकेश सुलभ), 'तिरिया चरित्तर' (शिवमूर्ति) इसी मुक्ति की सृजनात्मक अभिव्यक्ति हैं। 'कामरेड का कोट' मजदूरों बनाम जमींदार के संघर्ष की कथा है। यहाँ यदि जमींदारों द्वारा श्रमिकों का शोषण उनकी सामूहिक हत्या, बेगार प्रथा से मानव मुक्ति का प्रयास है तो 'छप्पन तोले का करधन' पुरानी पीढ़ी की ऐसी त्रासदी है जहाँ अपनत्व तथा सारे मानवीय संबंधों को ताक पर रख दिया गया है। मनुष्य की स्वार्थरपता, धन-लोलुपता तो केन्द्र में है ही साथ ही लोक कथा एवं पराधीनता के काल में भी मनुष्य-स्वातंत्र्य चेतना का लंबा आख्यान है। 'और अंत में प्रार्थना' तो एक ऐसी कहानी है जो आज के मानवीय जीवन, उसकी पीड़ा, नियति, मुक्ति के लिए छटपटाते मनुष्य की स्थिति तथा राजनीतिक छलछद्म और उसके मुखौटे को नंगा करती है। इसमें अंतिम दशक की हर परिस्थिति-स्थिति का चिंतन अपने रंग-रूप के साथ विद्यमान है। यह विद्यमानता कहीं-न-कहीं परिस्थितियों से रचनात्मक मुठभेड़ के रूप में भी है। नैतिक मूल्यों के संवाहक डॉ. वाकणकर की सभी आकांक्षाएँ मरती हैं—राजनीतिक और प्रशासनिक जहर से; जो जनता को दिया जा रहा है—मीठी गोली के रूप में। 'वधस्थल से छलाँग' विचारधारात्मक स्तर पर स्वतंत्रता के हनन के विरुद्ध संघर्ष है। 'मर गया दीपनाथ' समाज का कोढ़ बनी सांप्रदायिकता पर प्रहार और अविश्वसनीय होते मनुष्य की नंगी तस्वीर है। निश्चय ही इस दशक को पूरी तरह से प्रभावित करती धार्मिक उन्माद की आँधी का यथार्थ चित्र है —यह कहानी। 'तिरिया चरित्तर' विमली द्वारा प्रारंभ स्त्री मुक्ति की दो तरफा लड़ाई है; एक तरफ पुरुष के समान आर्थिक सबलता प्राप्ति का संघर्ष है तो दूसरी तरफ इस सबलता के बावजूद पुरुष के छल-छद्म से बचने के प्रयास की दास्तान है। पुरुष से छली जाकर भी वह हार नहीं मानती। यह स्त्री उत्थान एवं उत्पीड़न की दास्तान है। 'कामरेड का कोट' तथा 'और अंत में प्रार्थना' में विचारधाराओं के अतिक्रमण का प्रयास भी है।

वस्तुतः आलोच्य दशक में विचारधाराओं की जकड़बंदी से कहानी को आजादी मिली। 'विचारधारा' साहित्य-सृजन का आधार नहीं है। पहले की कहानियों—विशेषकर जनवादी कहानी में मनुष्य नहीं विचारधारा केन्द्र में हुआ करती थी; जिसने उसे प्रचारात्मक साहित्य बना दिया। विचारधारा विशेष से जुड़े

रचनाकारों ने भी इस दोष को महसूस किया; फलस्वरूप उसका अतिक्रमण किया। 'कामरेड का कोट' तथा 'और अंत में प्रार्थना' ऐसी ही कहानियाँ हैं, जो विचारधारा से प्रारंभ होकर विचार-प्रधान बनती हैं।

आलोच्य दशक का मनुष्य हार नहीं मानता, उसकी जिजीविषा अप्रतिम है। वह अपने आदिम रंग-रूप-गंध के साथ अपनी उपस्थिति दर्ज कराता है। संजीव की 'लिटरेचर' इसका एक उदाहरण है।

अंतिम दशक में भूमण्डलीकरण, उदारीकरण, बाजारवाद और उपभोक्तावाद के चलते आम आदमी की तकलीफें बढ़ीं। इनमें फँसे मनुष्य के दास्तान की अनगिनत कहानियाँ आई। 'पीली छतरी वाली लड़की' (उदयप्रकाश) तथा 'धर्मक्षेत्रे कुरुक्षेत्रे' (दूधनाथ सिंह) में बाजारतंत्र और जनतंत्र के अंर्तविरोध के बीच फँसे मनुष्य और उसके सांस्कृतिक पतन की दास्तान है।

'धर्मक्षेत्रे कुरुक्षेत्रे' में करुणा का चरम उत्कर्ष है जबकि 'पीली छतरी वाली लड़की' मनुष्य के घृणास्पद पक्ष का द्योतन है। यह तो सच है कि बाजारवादी उपभोक्तावाद के हमले से मनुष्य काँप उठा। ऐसे भयावह समय से मनुष्य का पहली बार साक्षात्कार हुआ था। इस भयावहता को पूरी तरह उकेरा है—उदयप्रकाश ने अपनी कहानी 'पाल गोमरा का स्कूटर' में तथा संजय खाती ने 'पिंटी का साबुन' में। संस्कृति का झंडा लेकर चलनेवाले मध्यवर्ग का यथार्थ चित्र इन कहानियों में देखा जा सकता है। वस्तुतः जाति-धर्म-विहीन वैश्वीकरण के दौर में इस मानसिकता का विकास पुरुष-स्त्री, निम्न और उच्च सभी वर्गों-धर्मों में देखा जा सकता है। जहाँ मनुष्य मरने के लिए विवश है।

इस दशक की अधिकांश कहानियाँ महानगरीय जीवन पर केंद्रित हैं। या तो गाँव महानगर में पहुँच रहा है, या गाँव को ही महानगर बना देने का प्रयास हो रहा है। ऐसा महानगर जहाँ संवेदनाएँ मर रहीं हैं। 'कफन' (प्रेमचंद) में जमींदार और गाँव के लोग बुधिया के कफन का पैसा देने के लिए मौजूद हैं किन्तु अंतिम दशक की स्थिति भिन्न है। मनोज रूपड़ा के 'दफन' कहानी की दास्तान ही कुछ और है। कथानायक की मृत 'माँ' को कंधा तथा कफन का पैसा देनेवाला कोई नहीं है।

इस दौर में रूपक कथाएँ भी सामने आईं। 'वारेन हेस्टिंग्ज का साँड़' ऐसी ही कहानी है जिसमें ब्रिटिश औपनिवेशीकरण की प्रक्रिया और भारत के सांस्कृतिक, राजनीतिक प्रतिरोध को रूपक के सहारे अभिव्यक्त किया गया है। वस्तुतः यह कहानी भारतीय संस्कृति की पुर्नप्रतिष्ठा का बेजोड़ प्रयास है। भूमण्डलीकरण के अंतर्निहित लक्ष्य उपनिवेशवाद की स्थापना से यह मुठभेड़ भी है। उपनिवेशवाद के लक्ष्य-विजित देश की संस्कृति के विनाश पर भी प्रहार है।

यह ध्यान देने की बात है कि कहानी का मूल ढाँचा भले ही सामाजिक यथार्थ के चित्रण को हम माने किंतु कहानी सामाजिक यथार्थ के चित्रण में नहीं बनती, वह बनती है—यथार्थ से; समूची कहानी में व्याप्त मानवीय संवेदना के स्वरूप से। समय-चेतना की अभिव्यक्ति ने यथार्थ के अनेक रंग-रूप दिए; बावजूद इसके इस काल की कहानी समकाल-चेतना का आख्यान बनी, ऐसा आख्यान जहाँ 'संवेदना', 'यथार्थ' का हिस्सा है। यह अलग बात है कि समय की जटिलता से कथ्य और उससे प्रसूत संवेदना, दोनों, अत्यंत जटिल हुए। अतः हम कह सकते हैं कि आलोच्य दशक की कहानी नयी कहानी के अनुभववाद और जनवादी कहानी के अनुभवरहित विचारात्मक आग्रह से मुक्त हो कर खुली हवा में खड़ी है।

जब बात 'समकाल-चेतना' की आती है—और इस काल में कहानी को साहित्य की केन्द्रीय विधा माना जाता है अर्थात् अन्य विधाओं को कहानी ने विस्थापित कर दिया है—तब 'क्लैसिक/कालजयिता कहानी की शर्त बन जाती है। वस्तुतः 'समकाल' तात्कालिकता नहीं है, यह ऐसी भावबोधक संज्ञा है जो हर काल में प्रासंगिक रहेगी, ठीक उसी तरह जिस तरह हम 'कफन' (प्रेमचंद) या 'गुण्डा' (प्रसाद) को भूल नहीं पाते। कोई कृति अपने में पूरी तरह कालजयी नहीं होती उसका कोई-न-कोई अंश हमेशा बहुत गहरे अर्थों में समकालीन बना रहता है, और इसका कोई हिस्सा अपने से पहले की समकालीनता का अतिक्रमण करता रहता है। कालजयी कृति जितना अपनी समकालीनता का अतिक्रमण करती है, उतना ही वह समकालीन बनी रहती है; अर्थात् अपने समय की विडंबना का तिर्यक स्वरूप कैसे उपस्थित करती है? इस दृष्टि से 'वारेन हेस्टिंग्ज का साँड़', 'छप्पन तोले का करधन', 'कामरेड का कोट', 'लिटरेचर', 'जल डमरू मध्य' (अखिलेश), 'पिंटी का साबुन', 'लिटरेचर' (संजीव) आदि अविस्मरणीय भी हैं, और कालजयी (क्लैसिक) रचनाएँ भी हैं।

आलोच्य काल में कहानीकारों की पाँच पीढ़ियाँ सक्रिय हैं। इनमें स्त्री भी हैं, पुरुष भी। सवर्ण कथाकार भी हैं और दलित भी। किन्तु बदलाव के कारक बनते हैं—नए कथाकार चाहे वे जिस लिंग या वर्ग/वर्ण के हों। उनकी भी संख्या इतनी अधिक है कि उनका यहाँ उल्लेख संभव नहीं। आज हिन्दी कहानी रचना का केन्द्र दिल्ली ही नहीं समस्त पूर्वी और मध्यभारत है। और इन कहानीकारों द्वारा टेक्नॉलॉजी एवं वैज्ञानिक प्रगति, भूमण्डलीकरण तथा आधुनिक, उत्तर आधुनिक दर्शन से प्रभावित समूचा मानव परिवेश कहानी का आधार बना। वस्तुतः आज का रचनाकार मनुष्य के परिवेश, प्रभाव के हर कोने-अंतरे में झाँक आया है।

कहानी-कथ्य के धरातल पर अंतिम दशक की कहानियों के पहचान बिंदु की यह यात्रा तब तक पूरी नहीं होगी जब तक कि शिल्पगत बदलावों पर चर्चा

न हो। वस्तु के धरातल पर बदली आलोच्ययुगीन कहानी ने शिल्प के धरातल पर बदलाव के लिए विवश किया—रचनाकारों को। इस हेतु कतिपय रचनाकारों ने अति यथार्थवाद या जादुई यथार्थवाद को अपना प्रतिमान बनाया। किंतु कुछेक कहानी को छोड़ दें यथा—'वारेन हेस्टिंग्ज का साँड़', 'और अंत में प्रार्थना', 'मर गया दीपनाथ', 'लिटरेचर' आदि तो अन्य अनेक कहानियाँ असफल सिद्ध हुईं।

शिल्प के धरातल पर किस्सागोई (कथारस) को कहानी की आत्मा स्वीकार किया गया और शैली के धरातल पर 'कहन' प्रक्रिया को। इसी 'कहन' को आज संवाद की संज्ञा दी जाती है। संवाद कहानी को बोलचाल तक की भाषा की यात्रा कराता है। संवाद संप्रेषणीयता का माध्यम बनता है। भले ही ये पुरानी मान्यताएँ हों, किन्तु कहानी के संदर्भ में आज भी प्रासंगिक हैं। वस्तुतः कथारस एक तरफ पठनीयता पैदा करता है, दूसरी तरफ मानवीय कौतूहल को जन्म देता है। संजीव कहानी में क्षिप्रता, गतिशीलता, रसात्मकता, विस्तार किन्तु एकान्विति पर जोर देते हैं।

शिल्प के धरातल पर अंतिम दशक एक बात के लिए और स्मरण किया जाएगा। इस दौर में लंबी कहानियों या कह लें औपन्यासिक विस्तार वाली कहानियों की बाढ़ आई। जिसमें एक साथ हर वर्ग का 'मनुष्य का संपूर्ण' उपस्थित है। सच यह है कि आज ऐसी ही कहानी की प्रासंगिकता भी है।

भाषा एक और आधार है—आलोच्ययुगीन कहानी के पहचान का। कहानी की एक पहचान कभी सरल, सहज भाषा थी, किंतु आज इसकी संश्लिष्टता और बहुअर्थता की माँग ने कहानी की भाषा को बदला। बिंब बदले। प्रतीकों के नए अर्थ सामने आए। यथा—'लिटरेचर', 'वारेन हेस्टिंग्ज का साँड़', 'कामरेड का कोट', 'पिंटी का साबुन' आदि।

विदेशी भाषा के शब्दों या वाक्यांशों की भरमार की बात तब व्यर्थ है जब अपढ़ श्रमिक भी अंग्रेजी के शब्दों का प्रयोग कर रहा हो। किंतु महत्वपूर्ण मुद्दा अंग्रेजी के शब्दों के प्रयोग का नहीं अपितु अपनी भाषा और संस्कृति पर हो रहे भूमण्डलीकरण के आक्रमण के प्रतिरोध का है। यह प्रतिरोध अंतिम दशक की कतिपय कहानियों में जोरदार ढंग से प्रस्तुत है। विशेषकर संजीव, नरेन्द्र नागदेव, अखिलेश, चंद्रकिशोर जायसवाल, नीलाक्षी सिंह आदि की कहानियाँ इस प्रतिरोध का प्रमाण है।

और! अंत में कहा जा सकता है कि आज कहानी वह है, जिसमें मनुष्य अपनी संपूर्णता के साथ औपन्यासिक ढाँचें में उपस्थित हो, कहन में 'किस्सागोई' हो, प्रस्तुति में संवादात्मकता हो, यथार्थ का संवेदनात्मक परिवर्तन हो जो पूरी कहानी को अपने आगोश में लपेटे हो, और वह चरित्र तथा कथा को ऐतिहासिक

बना दे। इस यथार्थ की प्रस्तुति हेतु फंतासी, टटके बिंब, नए-नए प्रतीक हों। प्रचारात्मक साहित्य के स्थान पर विचारधाराओं का कथात्मक कायाकल्प आज की कहानी की अनिवार्य शर्त है।

---

1. हंस, फरवरी, 2001, पृ. 96
2. पाल गोमरा का स्कूटर, पृ. 103
3. हंस, मार्च, 1992, पृ. 5

द्वितीय अध्याय

संवेदना और शिल्प : अर्थ और परिभाषा

2.1.1 संवेदना : अर्थ और परिभाषा का प्रश्न

'संवेदना' मूलतः मनोविज्ञान का शब्द है। अंग्रेजी में इसके लिए शब्द है। 'सेंसेशन' वहाँ इसका अर्थ है—ज्ञानेन्द्रियों का अनुभव। यथा—किसी की क्रोध युक्त लाल आँखों को देखकर प्रतिपक्षी को जो अनुभूति होती है वही 'सेंसेशन' है। यह भी भिन्न-भिन्न प्रकार की होती है। यथा—क्रोध युक्त लाल आँखों को देखने से कोई डर सकता है तो दूसरे के मन में प्रतिक्रिया स्वरूप क्रोध भी उत्पन्न हो सकता है। और वह क्रोध उसकी आँखों, हाथों या वाणी द्वारा अभिव्यक्त होगा। निश्चय ही मनोविज्ञान में इसका सीमित अर्थ है, जबकि साहित्य में इस शब्द का प्रयोग सीमित अर्थ में न होकर अथवा मात्र ज्ञानेन्द्रियों का अनुभव न रहकर मानव मन के अतल अन्तस् में छिपी करुणा, दया एवं सहानुभूति की उदात्त वृत्तियों तक हो जाता है। और ये वृत्तियाँ ही मूलतः मनुष्य की अनुभति हैं। इस प्रकार व्यापक और विस्तृत अर्थ में संवेदना अनुभूति का भी व्यंजक है।

मनुष्य की भावनाएँ पवित्र भी होती हैं और अपवित्र भी। जिन्हें सद् और असद् वृति का नाम दिया जाता है। ये अपना आलम्बन पाकर उद्दीप्त हो उठती हैं। श्रेष्ठ मनुष्य अथवा मनुष्य वही है जो समाज के लिए अनपेक्षित असद्वृत्तियों पर अधिकार प्राप्त कर ले। दूसरे शब्दों में उसका शमन कर ले। दूसरी तरफ सद्वृत्तियाँ मनुष्य को मनुष्य बनाती हैं। इन सद्वृत्तियों में एक वृत्ति है—करुणा। शोक विह्वल क्रौंची की कातर वाणी सुनकर ही वाल्मीकि के मुँह से कविता फूटी थी। यही करुणा तुलसीदास के काव्य का भी आधार है जिसमें मनुष्य की दीन-हीन दशा, सामाजिक विसंगतियों, साम्राज्यवाद तथा पूँजीवाद पर प्रहार है। प्रसाद ने भी कहा है 'इस करुणा कलित हृदय में विकल रागिनी बजती'। यह विकलता सामान्य विकलता नहीं है समाज को सुखी और समृद्ध करने की विकलता है। यह करुणा प्रेम के सहारे मानवता की पुरर्स्थापना करती है। पीड़ित, शोषित, संत्रस्त मनुष्य जब किसी को अपनी गाथा गाते—कहते सुनता है तो उसका हृदय और भाव-विह्वल हो उठता है। वह अपने व्यथा-गायक के निकट पहुँचता है। और दोनों आत्मीयता

के प्रगाढ़ बन्धन में बँध जाते हैं। समीक्षा-सिद्धान्त में यह अवस्था साधारणीकरण की है। निश्चय ही संवेदना हमारी कोमल अनुभूतियों को उस भावलोक में ले जाती है जहाँ कृतज्ञता की मौन स्वीकृति है, रागात्मक ऊष्मा का भाषा रहित सम्प्रेषण है और है निनादित होते हुए प्राणों का दिव्य संगीत। यदि संवेदना न हो तो मनुष्य पाषाण हो जाए।

हिन्दी साहित्य कोश भाग-1 में इस शब्द पर विचार किया गया है। इसके अनुसार साधारणतः संवेदना शब्द का प्रयोग सहानुभूति के अर्थ में होने लगा है। मूलतः 'वेदना' या 'संवेदना' का अर्थ ज्ञान या ज्ञानेन्द्रियों का अनुभव है। मनोविज्ञान में इसका यही अर्थ ग्रहण किया जाता है। उसके अनुसार–"संवेदना उत्तेजना के सम्बन्ध में देह-रचना की सर्वप्रथम सचेतन प्रतिक्रिया है, जिसमें हमें वातावरण की ज्ञानोपलब्धि होती है। यथा–हरी वस्तु हरे रंग को देखने की संवेदना मात्र है। उत्तेजना का हमारे मन-मस्तिक तथा नाड़ी तन्तुओं द्वारा प्रभाव पड़ने पर ही हमें उसकी संवेदना होती है।"[1] आगे भी संवेदना को स्पष्ट करते हुए लिखा गया है कि–"संवेदना हमारे मन की चेतना की वह कूटस्थ अवस्था है जिसमें हमें विश्व की वस्तु-विशेष का बोध न होकर उसके गुणों का बोध होता है।"[2] यही पंक्ति हमारे सोच का सूत्र बन सकती है। कहने का अभिप्राय यह है कि मनुष्य की परिस्थितियों और परिवेशों से पड़ने वाले सभी प्रभाव संवेदन नहीं कहे जा सकते। केवल वही प्रभाव संवेदना कहला सकते हैं जिसमें करुणा का स्वर हो, मनुष्यता की भावना हो और मनुष्य के लिए उपयोगी हो, वही अनुभूति संवेदना हो सकती है। अंग्रेजी में 'संवेदना' को 'सिम्पेथी' या 'फेलो फीलिंग' भी कह सकते हैं। 'सिम्पेथी' या 'फेलो फीलिंग' दोनों शब्द सहानुभूति के अर्थ को ही अभिव्यक्त करते हैं। 'सेंसेशन' यद्यपि उत्तेजना के लिए होता है लेकिन घटना, परिस्थिति के परिप्रेक्ष्य में प्राप्त अनुभूति को अभिव्यक्त करने की होती है। मनोविज्ञान में संवेदना के तीन भेद किए गए हैं–1. विशिष्ट संवेदना, 2. अन्तरावयव संवेदना, 3. स्नाययिक संवेदना। ये तीनों संवेदनाएँ मनोविज्ञान में तो पृथक हो सकती हैं परन्तु जब इसे साहित्य में ग्रहण किया जाता है तो तीनों सामूहिक तौर पर एक साथ मिलकर अपना कार्य सम्पन्न करती हैं। साहित्य की संवेदना से सीधा अभिप्राय हम उस अनुभूति से लेते हैं जो परिस्थिति विशेष में सर्जक के हृदय को द्रवीभूत करती हैं और परिवेश की भयावह स्थितियों को दूर करने के लिए उसे प्रेरित करती है। रचना चूँकि विचारवान और विश्लेषणात्मक वृत्ति वाले लोगों की अभिव्यक्ति है अतः इससे हमें मनुष्य के हितों का अर्थ लेना चाहिए। साहित्य मनुष्य की भावात्मक अभिव्यक्ति है। इस तरह से साहित्य भावना के एक ऐसे स्वरूप की अभिव्यक्ति है जो मनुष्य की भावात्मक एकता के साथ संपृक्त हो सके। मनुष्य की यही

भावात्मक संवेदना या मनुष्यगत संवेदना साहित्य में संवेदना कही जा सकती है। 'दि वर्ल्ड डिक्शनरी' में भी तीन शब्द लिए गए हैं। पहला 'सेंस' दूसरा 'सेंसेशन' और तीसरा 'सेंसबिलिटी'। वस्तुतः ये तीनों संवेदना की तीन अवस्थाएँ हैं।

यहाँ संवेदना को लेकर प्रसिद्ध वैज्ञानिक रोज़र पेनरोज़ द्वारा दिए गए एक प्रसंग की याद आती है कि एक अध्यक्ष ने सुपर कम्प्यूटर का लोकार्पण किया तब कम्प्यूटर के अभियंता ने उपस्थित जनसमुदाय से कहा "क्या कोई व्यक्ति प्रश्न करना चाहता है?" काफी समय के बाद एक बालक ने कम्प्यूटर से पूछा कि आप विश्व के महान सुपर कम्प्यूटर होने पर कैसा अनुभव कर रहे हैं? कुछ समय तक कम्प्यूटर के पर्दे पर कुछ भी नहीं आया। अंत में, कम्प्यूटर असहाय शर्मायी अवस्था में बोला कि मैं समझ नहीं पा रहा हूँ कि यह महसूस करना क्या है?"[3] यहाँ पेनरोज़ महसूस करने की जो बात कर रहे हैं वह आज के रचनाकारों और विचारकों के लिए भी आवश्यक है। यह तथ्य आज के युग की माँग है। इसकी पूर्ति आवश्यक है। किंतु यह भी जरूरी है कि भावुकता से अधिक गहरायी के अर्थ में, संवेदना को लेना लाजमी है। 'महसूस' करने के कारक भी होते हैं, जिनमें सभ्यता एवं संस्कृति महत्त्वपूर्ण भूमिका होती है। यह दोनों निरंतर विकास की ओर उन्मुख होती हैं। फलस्वरूप ये संवेदना को परिष्कृत करती रहती हैं, बदलती रहती हैं। पूँजीवाद के वर्चस्व के चलते अर्थ की प्रधानता ने हमारी मानवीय भावनाएँ कुंठित कीं।

संवेदना के आधार पर मन में बाह्य जगत के प्रत्यय बनते हैं और इन प्रत्ययों से हमारा ज्ञान बढ़ता है। संवेदना का सम्बन्ध इन्द्रियों से है और इन्द्रियाँ हमारे भाव-जगत को (उद्योगों को) अधिक प्रभावित करती है। साहित्य में संवेदना दो रूपों में अभिव्यक्त होती है। पहला शब्द के रूप में और दूसरा भाषा के रूप में। शब्द की प्रतीति भाषा की प्रतीति भी है। ध्वनियों से शब्द निर्मित होते हैं। इससे हम अर्थ तक पहुँचते हैं, हमारी विचार-क्षमता बढ़ती है। फलस्वरूप मानवीय परिवेश और जीवन दर्शन अथवा मूल्य चिंतन में निरन्तर बदलाव होता रहता है। परिणाम यह होता है कि सौन्दर्य चेतना और संवेदना का स्वरूप बदल जाता है। किन्तु मानवीय संवेदना सौन्दर्य भावना की भी जनक है जो मनुष्य के अन्तस् में रक्त और मज्जा की तरह जन्मजात विद्यमान है। इसका विकास, युग-परिवेश के परिप्रेक्ष्य में निरन्तर होता है। वादों और विचारों में सैद्धान्तिक मतभेद होने के बावजूद भी प्रगाढ़ संवेदना के सर्जन में इनका अपना महत्व है। स्पष्ट है कि साहित्य न तो वाद विशेष का दर्शन या बोध है और न ही विचार-धाराओं का विवरण। वह तो इन सब से उपजने वाली वह भावना है जो मनुष्य को मानव के कल्याण में निरत करती है। "साहित्य का मूल सम्बन्ध मानव की संवेदना से है। संवेदना के बिना साहित्य नहीं बनता चाहे उसमें बुद्धि का कितना ही ऊहापोह क्यों न हो? दर्शन

की नई-नई भंगिमा क्यों न हो? बुद्धि, दर्शन, चिन्तन, ज्ञान, विज्ञान सबको पहले जीवन में आत्मसात होना पड़ता है। आत्मसात होकर मानव संवेदना का अंग बनना पड़ता है। तभी शक्तिशाली साहित्य की सृष्टि होती है।"[4] श्रेष्ठ रचनाकार अपने परिकल्पनाओं, इतिहास बोध, सांस्कृतिक ज्ञान की विरासत और समसामयिक यथार्थ को चतुराई से अभिव्यक्त कर कालजयी बना देता है। वस्तुतः संवेदना से अभिप्राय उस अनुभूति-प्रवणता से लिया जाता है जो सूक्ष्मातिसूक्ष्म प्रभावों को ग्रहण करने की क्षमता से पूरित होती है। ये प्रभाव ही भावना का रूप ग्रहण करते हैं। भावनाओं के ये स्तर विविध होते हैं। वह आधुनिक बोध भी हो सकता हे या मानव अस्तित्व की बुनियादी विवशताएँ भी। वह व्यक्ति स्वातन्त्र्य की भावना भी हो सकती है या यथार्थ के नए तत्त्वों की अन्विति भी। संवेदना का धरातल चाहे जो हो उसे साहित्य के माध्यम से ही अभिव्यक्ति मिलती है। नई अनुभूति, नई भाषिक अर्थवत्ता, अनुभवों का नया संयोजन तथा मानव सम्बन्धों के परिवर्तन की सूक्ष्म परख आदि से ही साहित्य की संवेदना स्पष्ट होती है। भाषा, भाव और प्रेरणा तीनों ही प्रत्येक काल में साहित्य की संवेदना को नई अर्थवत्ता प्रदान करते हैं।

साहित्य-सृजन एक संश्लिष्ट प्रक्रिया है। इसमें भाव बोध, मूल्य बोध, जीवन दर्शन तथा सौन्दर्य चेतना की प्रस्तुति होती है। युग चेतना या युग बोध के कारण भाव बोध और मूल्य बदलते हैं। कालजयी वह रचना होती है जिसे काल के थपेड़े नष्ट नहीं कर सकते। हमारे साहित्य का आदर्श तो 'रामायण' और 'महाभारत' है, जिसमें मानवीय सम्बन्धों के इतर प्राणियों, पशु-पक्षियों, यहाँ तक कि जड़ प्रकृति की संस्कृति भी रागात्मक ऊष्मा से संपृक्त है। यही रागात्मक ऊष्मा एक तरफ मानवीय सम्बन्धों को स्थिरता प्रदान करती है और दूसरी तरफ कठिन चुनौतियों और भौतिक समस्याओं, विपदाओं से जूझने की ताकत से मनुष्य को समृद्ध करती है। इससे मानवीय संवेदना को व्यापकता, चेतना को विस्तार और करुणा की भावना को प्रश्रय मिलता है। आज का मानसिक संत्रास, सम्बन्धों का टूटन, कुण्ठा, अजनबीपन, विध्वंस, विघटन, अशान्ति तथा उद्वेलन की संश्लिष्ट वेदना आज के साहित्यकारों में भी है। किन्तु इस विघटन टूटन के बीच भी कहीं-कहीं उसके भीतर विद्यमान आस्था से संपृक्त मन नए मानव मूल्यों को गढ़ने में सदा रत रहता है। फलस्वरूप इतिहासकार, राजनेता और मनोचिकित्सक से समाज के लिए अधिक उपयोगी है—साहित्यकार।

2.1.2 हिन्दी कहानी और संवेदना

संवेदना के सूक्ष्म तन्तुओं के परीक्षण से यह स्पष्ट होता है कि सामाजिक, आर्थिक, धार्मिक एवं सांस्कृतिक परिस्थितियाँ मनुष्य में संवेदना को विविधता प्रदान करती

हैं। सामाजिक प्राणी होने के नाते साहित्यकार में युग चेतना के स्वर उभरते हैं। वस्तुतः हर युग अपनी चेतना और बोध का परिचायक होता है। यही कारण है कि रचनाकार की चेतना भी युगानुरूप अलग-अलग होती है। और युग चेतना को आत्मसात कर साहित्यकार अपने बोध तथा दृष्टि के अनुरूप स्वरूप देता है। यह बोध रचनाकार की संवेदना से ही निर्मित होता है। यही कारण है कि युग चेतना विशेष को एक व्यक्ति एक रूप में देखता और स्वीकार करता है, दूसरा दूसरे रूप में। साहित्य की प्रमुखतया दो विधाएँ हैं—पद्य और गद्य। पद्य में रागात्मकता की प्रमुखता होती है, जबकि गद्य में रागात्मक संवेदना से इतर संवेदना का स्वरूप प्रकाशित होता है। सच यह है कि गद्य विधा में संवेदना को आकार देने का पर्याप्त अवकाश रहता है। और गद्य-विद्या में भी, कहानी में यह अवसर अधिक रहता है। कहानी की संवेदनशीलता सबसे सघन होती है। क्योंकि कहानी एक बैठक में पढ़ी जाने वाली रचना होने के कारण अपना समन्वित प्रभाव क्षिप्र गति से डालती है। प्रसाद को यह श्रेय प्राप्त है। प्रसाद की कहानी की मूल संवेदना रौमेंटिक आदर्शवाद रही है। प्रसाद जी की मान्यता थी कि मनुष्य को अपने जीवन में आदर्शों की प्राप्ति के लिए सन्नद्ध रहना चाहिए। इसके लिए उसे संघर्षों से जूझना, अन्तर्द्वन्द्व से गुजरना और लौकिक आकर्षण के मायाजल को ध्वस्त करना होता है। प्रसाद के पात्र इस द्वन्द्व को पार करके आदर्श की भाव-भूमि पर पहुँचते हैं। 'गुण्डा' का नन्हकू सिंह, 'ममता', की ममता, 'देवरथ' की सुजाता, 'देवदासी' की पद्मा, 'पुरस्कार' की मधूलिका, 'आकाशदीप' की चम्पा और बुद्धगुप्त सभी अन्तर्द्वन्द्व एवं संघर्ष में विजयी होकर अलौकिक चारित्रिक दृढ़ता का परिचय देते हैं। प्रसाद का भाव-जगत मूलतः प्रेम का भाव-जगत है जहाँ सामाजिक ऊँच-नीच का भेद नहीं। प्रसाद के विपरीत प्रेमचन्द सामाजिक यथार्थ की संवेदना को स्वरूप देते हैं। इसका चरम उत्कर्ष 'कफन', 'पूस की रात', 'बूढ़ी काकी', 'दूध का दाम' और 'सद्गति' में दिखाई देता है। व्यक्ति मन के यथार्थ की परत को उधेड़ती हुई संवेदना को हल्की आँच में तपाते हुए दिखाई देती हैं--जैनेन्द्र की कहानियाँ।

युग बदला भारत स्वतन्त्र हुआ। फलस्वरूप युग चेतना बदली, परिवेश बदला और नई कहानी कहलाने वाली कहानी में जहाँ आधुनिक युग के गहराते संकट बोध का चित्र है वहीं उसमें परम्परागत जीवन मूल्यों के ह्रास से उत्पन्न सांस्कृतिक संकट बोध भी है। इस संकट की जो प्रकृति है, वह इतनी जटिल है कि एक सन्दर्भ में इतने सन्दर्भ उलझे हुए हैं, एक बिन्दु का विघटन इतनी दिशाओं को प्रभावित कर जाता है, एक प्रश्न के उठते ही इतने प्रश्न उठ जाते हैं कि मानो रक्तबीज का एक बिन्दु अगणित रक्तबीजों को उत्पन्न कर देता है।

वस्तुतः नई कहानी की संवेदनशीलता परम्परागत, मूल्यों के विघटन,

स्त्री-पुरुष सम्बन्ध के नए रूप, वर्जनाओं से मुक्त होती हुई नारी, संक्रान्तिकालीन संकट में घिरे हुए मनुष्य, जीवन के यथार्थ का चित्रण आदि रूपों में देखी जा सकती है। विष्णु प्रभाकर की 'धरती अब भी घूम रही है', धर्मवीर भारती की 'गुल की बन्नो', भीष्म साहनी की 'चीफ की दावत' कमलेश्वर की नीली झील', रेणु की 'लाल पान की बेगम' निर्मल वर्मा की 'परिन्दे', उषा प्रियंवदा की 'वापसी' आदि नई कहानी की संवेदनशीलता को व्यक्त करती हैं।

सन् साठ के पश्चात जीवन जगत की स्थितियों में पर्याप्त अन्तर आ जाता है। स्वन्त्रता के प्रति मोह भंग होता है; राजसत्ता के प्रति और कांग्रेस के प्रति भी। विकास के साधनों का अभाव तो था ही, खाने के दाने तक का अकाल पड़ा, राजे-रजवाड़े एक बारगी सत्तापक्ष से जुड़ गए। यहाँ तक कि अनेक तो विधिवत सत्ताशीन भी हुए। अर्थात सामान्य जनता उपेक्षित हो गई। पर चिन्ता किसे? बेरोजगारी का अजगर निरन्तर बढ़ता रहा। योग्यता पर आरक्षण की चोट के साथ-साथ घूसखोरी और परिवारवाद की वृद्धि हुई। फलस्वरूप नौजवान पीढ़ी उपेक्षित हुई। नई कहानी जहाँ मध्यवर्ग, विशेषकर उच्च या नौकरी पेशा वाले निम्न मध्यवर्ग तक ही सिमट कर रह गई, वहीं आवश्यकता महसूस हुई साहित्य में जन-साधारण के अभिव्यक्ति की, उसकी आकांक्षाओं, आशाओं और संघर्ष को वाणी देने की। मुक्तिबोध इसका संकेत कर चुके थे। फलस्वरूप कहानीकारों की आँखें खुलीं। वे इस, उपेक्षित, सदियों से पीड़ित शोषित वर्ग के बीच गए। और कहानी को उनके श्रम-सौन्दर्य, पीड़ा और बोध से समृद्ध किया। कहानी यहाँ पहुँचकर नया-बोध, नई सौन्दर्य-चेतना, नव-संवेदना का संवाहक बनी। इसी संवेदना से भरी उफान पाती कहानी समकालीन कहानी कहलाई। वस्तुतः शिल्प और संवेदना के धरातल की यह नवीनता ही इसे पुरानी और नई कहानी से अलगाती है। संवेदना के स्तर पर कहानी सम-सामयिक जीवन के विविध पक्षों को पूरी गहराई और मार्मिकता से उद्घाटित करती है। अपने समय को पहचानना, अपने वक्त को खुली आँखों से देखना न केवल हमारी बाध्यता है अपितु दायित्व भी। चारों ओर व्याप्त एक सूची-भेद्य अन्धकार में जीना हमारी विवशता है। उस अँधेरे को चीरकर प्रकट होनेवाली कहानी ही समकालीन कहानी है। कबीर की 'आँखिन देखी' ही समकालीनता है। हिन्दी कहानी अपनी विकास यात्रा के विविध पड़ाव तय करती हुई अपने वर्तमान मुकाम पर पहुँचती है। वह एक ओर भारतीय साहित्य की मानवतावादी परम्परा से जुड़ी रही है, तो दूसरी ओर आज के यथार्थ का साक्षात्कार करती हुई आधुनिक भाव बोध की संवाहक बनी। जीवन से गहन संपृक्ति उसकी विशेषता है।

कहानीकारों ने भारतीय समाज का कोना-कोना छान मारा है। सामाजिक

विसंगतियों कुरूपताओं के साथ-साथ शासन-तन्त्र, व्यवस्था तथा पुलिस प्रशासन पर करारा व्यंग्य किया गया है। सच यह है कि इन समकालीन रचनाकारों की सोच और चिन्तन के बावजूद भी आज के समाज की स्थिति में कोई विशेष परिवर्तन नहीं हुआ। आज का धनी व्यक्ति और धनी होता जा रहा है, गरीब और गरीब होता जा रहा है। शोषण के शिकंजे गरीबों के इर्द-गिर्द और कसते जा रहे हैं। राजनीतिक दखलंदाजी और भ्रष्टाचार अपने चरम पर है।

ऐसे ही समय में नवाँ दशक बीता है और बीसवीं शताब्दी के दसवें दशक का प्रारम्भ होता है। यहाँ तक पहुँचते-पहुँचते भारतीय लोकतन्त्र की आधार-शिला ढ़हती नजर आती है। कम्प्यूटर और सुपर कम्प्यूटर युग प्रारम्भ हो चुका था, भारत भी इस होड़ में शामिल हो चुका था। और इस होड़ ने जहाँ वैश्विक बाजार का मुँह खोला वहीं औद्योगिकीकरण, उपभोक्तावादी प्रवृत्तियों के चलते और पूँजीवकरण के बढ़ते प्रभाव के कारण संसार की अनेक बहुराष्ट्रीय कम्पनियों ने भारत में अपना पैर जमाया। परिणामतः भारतीय श्रम की महत्ता नगण्य तथा अमहत्त्वपूर्ण सिद्ध हुई। भारत के बहुसंख्य-अशिक्षित, श्रम पर निर्भर जनता के सामने बेरोजगारी, भुखमरी मुँह बाए हुए खड़ी हो गई। जीवन की निरर्थकता के आगोश में वे डूब गए। इसी बीच शासन सत्ता का विकेन्द्रीकरण भी दिखाई देता है। अनेक क्षेत्रीय दलों को प्रतिष्ठा मिलती है। देश में विघटनवादी ताकतें भी जोर मारने लगती हैं। मजेदार बात यह है कि वह गरीब, शोषित, उपेक्षित भारतीय बहुसंख्यक वर्ग सन् 1990 तक भी अपनी नारकीय जिन्दगी तथा संत्रासकारक स्थितियों से न तो मुक्त होता है और न ही शिक्षित हो पाता है। शिक्षा तो उससे कोसों दूर चली गई है। हाँ 'स्त्री-विमर्श' और 'दलित लेखन' नाम से कहानी में बदलाव लाने का प्रयास हुआ। किन्तु यह बदलाव कुछ एक खास तबके के लोगों का बदलाव था।

तात्पर्य यह कि अन्तिम दशक में कहानीकार भू-मण्डलीकरण तथा औरत उत्तर कथा की चकाचौंध में फँसकर अश्लीलता और सिनेमाई साहित्य का सृजन करने में तल्लीन हुए। यथा 'पीली छतरी वाली लड़की' (उदय प्रकाश), 'शताब्दी प्रवेश' (रमाकान्त श्रीवास्तव) और 'कोरा कैनवास' (आविद सुरती)। यह सच है कि उच्चवर्गीय या मध्यवर्गीय नारी सभी मूल्यों को तोड़ देने के लिए आकुल-व्याकुल दिखाई देती है।

किन्तु ऐसी रचनाओं को जिनमें नग्न चित्रण हों, भले ही वह यथार्थ हो, साहित्य नहीं कहा जा सकता और कहानी तो बिल्कुल ही नहीं। कहानी को कहानी कहने के लिए दो शर्तें प्रमुख हैं—कहानी में कथारस हो अर्थात सम्प्रेषणीयता के धरातल पर कहानी खरी उतरती हो और अपनी ही कथा का बोध होता हो। दूसरी अनिवार्यता है—ऐतिहासिकता की। यदि विवेच्य कहानी की घटना तथा चरित्र

इतिहास का अंग बन जाए तभी वह कहानी, कहानी है। आज की अधिसंख्य कहानियों में इन दोनों तत्त्वों का अभाव-सा दिखाई देता है। मानवीयता तथा साहित्य-रचना की आधार भूमि तथा संवेदना का मूल कारक करुणा उपजती दिखाई नहीं देती है। इसका स्थान घृणा, वितृष्णा आदि भावों ने लिया है। दूसरी तरफ चरित्र और घटना क्षण भर के लिए हमें आनन्दित और उत्तेजित कर जाते हैं पर कुछ ही देर बाद, हमारे मानस फलक से गायब भी हो जाते हैं। ऐसी स्थिति में 'दोपहर का भोजन', 'जिन्दगी और जोंक', 'तिरवेनी की तड़बना', 'सिरी उपमा जोग', 'छप्पन तोले का करधन', कामरेड का कोट' आदि कहानियाँ हमारे सामने आकर खड़ी हो जाती हैं।

वस्तुतः दसवीं दशाब्दी की कहानियों के बोध भाव में पर्याप्त बदलाव आया। और कुछेक अच्छी कहानियाँ भी सामने आईं, जिनमें जीवन जगत का यथार्थ अंकित है। ऐसा यथार्थ जो रचनाकार का अपना भोगा हुआ प्रतीत होता है। वस्तुतः यह काल ऐसा काल है जिसमें सब गड्मगड हो चुका है। शासन, व्यवस्था, बाजारवाद, जातिवाद, वर्ण व्यवस्था, लिंग व्यवस्था धर्म की संकीर्णता पर पर्याप्त प्रहार इस काल की कहानियों में हुआ। किंतु कम ही ऐसी कहानियाँ हैं जो बँधे-बँधाए फार्मूले को तोड़ती दिखाई देती हैं।

2.1.3 संवेदना का स्वरूप

मनुष्य मुनष्य की संवेदना समान नहीं होती है। वस्तुतः इस असमानता का कारण उनकी शिक्षा, संस्कार, सामाजिक संरचना, आर्थिक स्तर आदि तो होते ही हैं, साथ ही युग चेतना और युग बोध भी मनुष्य की संवेदना को प्रभावित करते हैं। वैसे साहित्य का सम्बन्ध मूलतः मानव हृदय से है। हृदय से हृदय तक की इस यात्रा में संवेदना ही मुख्य भूमिका निभाती है। संवेदना ही पाठक के अन्तर को अनुरंजित करनेवाला साहित्य प्रदान करता है। अतः साहित्य चाहे ऐतिहासिक हो, भोगोलिक हो, उच्च वर्ग से जुड़ा हो अथवा निम्न वर्ग से, श्रृंगारिक हो या करुणापरक, यथार्थ हो या काल्पनिक, उसका पहला और अन्तिम दायित्व है—पाठक के मन में रचना के वस्तु तथा चरित्र के प्रति सहानुभूति एवं करुणा का भाव उत्पन्न करना। इसलिए संवदेना साहित्य सृजन का मूलाधार है। संवेदनशील कलाकार जीवन की चुनी हुई घटनाओं की लेकर भाषिक-संजाल के सहारे नई-से-नई सृष्टि करता है। शिवमूर्ति की एक कहानी है—'केशर कस्तूरी' 'केशर कथा नायक की पोषित-पालित बालिका हैं, जिसका विवाह गाँव में हो जाता है! चंचल, वाचाल केशर विषम परिस्थितियों के थपेड़े में पड़कर नियति के चलते गरीबी, अभाव और अपवाद को झेलने के लिए विवश हो उठती है। कथा तो गरीब तबके की है, पर उसका वर्णन, रचनाकार

का शब्द-जाल, अमीर गरीब सबको रुला के रख देता है—"मेरा चलना अब कैसे हो पाएगा? दुःख तो काटने से कटेगा बप्पा...भागने से तो और पिछुआएगा।... तो जैसा भी है उसे भोगना होगा, खेना होगा। माँ-बाप, जनम के साथी होते हैं—पापा। करम रेख तो सभी की न्यारी होती है।"[5] "टुटही मँड़इया माँ जिनगी बितउबै, नाहीं, जाबै, न आन की दुआरी जी-ई-ई।"[6]

यह सच है कि संवेदना के सहारे ही हम जीवन की जटिलताओं और कुरूपताओं से नई चेतना ग्रहण करते हैं। इसी की सहायता से मनुष्य जीवन मूल्यों को विकसित कर पाता है। और आज तो मनुष्य अपने द्वारा निर्मित मान्यताओ, आस्थाओं को तोड़ने के लिए विवश है। परिवार, समाज, देश, धर्म तथा जाति स्तर पर फैली सड़ांध, वैमनस्य, गुटबाजी, घूसखोरी, भ्रष्टाचार चारित्रिक ह्रास तथा प्रशासनिक-पंगुता आज मनुष्य को अकेलेपन की दुनिया में धकेल रही है, पर वह हार नहीं मानता। आज, वह संघर्ष के लिए उद्यत है। संवेदना ही उसे इन सबसे ऊपर उठाती है। उसे भावना से ओत-प्रोत करती है। और मुक्ति की इस साधना में साहित्य की महती भूमिका होती है। आचार्य रामचन्द्र शुक्ल भी स्वीकार करते हैं—"रागात्मिका वृत्ति के प्रसार के बिना विश्व के साथ जीवन का प्रकृत सामंजस्य घटित नहीं हो सकता। जब मनुष्य के सुख और आनन्द का मेल शेष प्रकृति के सुख सौन्दर्य के साथ हो जाएगा, जब उसकी रक्षा का भाव तृण-गुल्म, वृक्ष-लता, पशु-पक्षी, कीट-पतंग, सबकी रक्षा के भाव से समन्वित हो जाएगा, तब उसके अवतार का उद्देश्य पूर्ण हो जाएगा और वह ज़गत का सच्चा प्रतिनिधि हो जाएगा।"[7] साहित्यिक संवेदना का अन्तिम लक्ष्य तो यही है न—मनुष्य को जगत का सच्चा प्रतिनिधि बनाना।

साहित्य को समझने की शक्ति संवेदना में ही निहित है। हाँ! इसके लिए व्यक्ति का भावुक एवं कल्पनाशील होना जरूरी है। संवेदना के महत्त्व को रेखांकित करते हुए डॉ. रामदरश मिश्र कहते हैं—"संवेदनाओ के कारण ही हम समय की दूरियाँ पार कर आदिकाल के कवियों की कविताओं का आस्वाद ले लेते हैं, मध्यकालीन कविता में तन्मय हो जाते हैं। सुख-दुःख, राग-विराग, सौन्दर्य-असौन्दर्य की संवेदना प्राचीन है और चिर नवीन है। इन संवेदनाओं को जागृत रखने वाले उपादान बदलते रहते हैं और सामाजिक सम्बन्धों की जटिलता के अनुरूप संवेदनाओं में ज़टिलता आती रहती है। एक का दूसरे में संक्रमण होता रहता है। आज की संवेदनाएँ उलझी हुई हैं क्योंकि सामाजिक सम्बन्ध उलझे हुए हैं, मूल्य उलझे हुए हैं। इन संवेदनाओं को उनकी समस्त गहनता, सच्चाई और तीव्रता में पकड़ कर उन्हें चित्रित करना सर्जक का मूल धर्म है। इसी से कृति में शक्ति और मर्मस्पर्शिता आती है।"

2.1.4 संवेदना के भेद

वस्तुतः मानव अन्तस में किसी घटना, वस्तु या पदार्थ को देखकर उपजी अनुभूति ही संवेदना का मूल कारक है। यह अनुभूति भिन्न-भिन्न होती है। यही कारण है कि संवेदना का स्वरूप भी अलग-अलग हो जाता है। अनुभूति के आधार पर संवेदना के अनेक भेद हैं–

1. रागात्मक संवेदना

मानव-हृदय के राग-विराग, ईर्षा-द्वेष, प्रेम-घृणा, क्रोध-प्रतिहिंसा आदि नाना भावों को अपनी रचना का अंग बनाना कहानीकार की रागात्मक संवेदना है। इसके भी संयोगात्मक, वियोगात्मक, मूल प्रवृत्तिपरक तथा मानवेतर प्रेमपरक विभेद होते हैं। मूल प्रवृत्तिपरक संवेदना के भेद–कामपरक, क्रोधपरक, करुणापरक, लोभपरक, घृणापरक, अहंपरक तथा भयपरक स्वीकार किए गए हैं। अन्तिम दशक की कहानियाँ मूलतः इन्हीं प्रवृत्तियों–रागात्मक संवेदना–की अभिव्यक्ति का प्रयास है। वस्तुतः आलोच्ययुग का कथाकार सूक्ष्म-से-सूक्ष्म मानवीय संवेदनाओं को मूर्त्त करने में तत्पर है। मानवेतर प्रेमपरक संवेदना के भी दो रूप स्वीकार किए गए–मनुष्य का जड़ वस्तुओं से सम्बन्ध तथा मनुष्य का मनुष्येतर चेतन प्राणियों से सम्बन्ध। आलोच्य युग के रचनाकारों में इस संवेदना का अभाव है। पर 'कामरेड का कोट' में यह संवेदना दिखाई देती है। मौसम किस तरह मनुष्य को संवेदित करता है, इसका एक उदाहरण देखिए–'जिद्दी ठण्ड थी कि मच्छरों की तरह उनकी देह के नंगे हिस्सों पर डंक चुभा ही देती थी।"[8] ..."गाभिन गाय की तरह माघ की अलसायी रात में समय का अनुमान लगाना बड़ा मुश्किल था।"[9] रागात्मक चेतना को शिवमूर्ति ने पूरा आयाम दिया है। उनकी 'भरत नाट्यम' हो चाहे 'तिरिया चरित्तर' या 'केशर कस्तूरी' अथवा 'सिरी उपमा जोग' हर कहानियों में यह संवेदना अपना स्वरूप पाई है। 'सिरी उपमा जोग' का एक उदाहरण देखिए, "लालू की माई बलिष्ट कद-काठी की हिम्मत और जीवटवाली महिला थी, निरक्षर लेकिन आशा और आत्मविश्वास की मूर्ति। उसे देखकर उनके मन में श्रद्धा होती थी उसके प्रति। इतनी आस्था हो जिन्दगी और परिश्रम में तो संसार की कोई भी वस्तु अलभ्य नहीं रह सकती। ...यह उसी के त्याग, तपस्या और आस्था का परिणाम था कि एक ही बार में उनका सेलेक्शन हो गया था।"[10]

संयोगात्मक संवेदना का एक उदाहरण शिवमूर्ति की 'तिरिया चरित्तर' कहानी का द्रष्टव्य है–"हम समझते हैं तबै न कहते हैं डरेबर जी। हमरा आपंका नाता साहेब सलामत का है हँसी ठिठोली का। चीज–बतुस के लेन-देन मा तो कमरी

भीज जाएगी। बहुत गाढ़-पकड़ लेगी। हल्का बोझ ही अच्छा होता है डरेबर बाबू।''...'मतलब' की बात समझाते हैं? खूब समझती है वह 'मतलब' की बात।''[11] और देखिए। अपने अनदेखे पति के प्रति समर्पित बिमली का अपनी माँ को उत्तर—''कम पैसे से ही कोई खराब हो जाता है, छोटा हो जाता है। बियाह तो तूने लड़के से किया था कि पैसे से? मेहनत करेगा आदमी तो एक रोटी कहीं से भी मिलेगी। जिसकी औरत उसे पता भी नहीं और तू उसे दूसरे को सौंप देगी? गाय बकरी समझ लिया है।''[12]

मनुष्य का सारा प्रयास, समूचा संघर्ष सुख की खोज और उसकी प्राप्ति में लगा रहता है। यद्यपि यह बता पाना कठिन है कि सुख क्या है? न्याय दर्शन में सुख को आत्मा का गुण माना गया है, तो सांख्य दर्शन में चित्त को। नीतिवादियों ने जो धर्म है, उसे ही सुख माना। वस्तुतः सुख साध्य है, लक्ष्य है, अभिप्रेत है। चार्वाक की दृष्टि में जब तक जीना है, सुखपूर्वक जीना चाहिए। भारतीय आचार्य सुखात्मक अन्त को रचना का लक्ष्य स्वीकार करते हैं। राम, कृष्ण, अर्जुन, युधिष्ठिर, दुष्यन्त, शकुन्तला के उदाहरण यह बताते हैं कि जीवन में कितना भी संघर्ष करना पड़े, जीत अन्ततः नायक की होगी और नायक-नायिका का मिलन रचनात्मक अपरिहार्यता है। पर आधुनिक काल में यह धारण टूटी। आचार्यों ने सुख को 'आनन्द' की संज्ञा दी है। यह आनन्द लौकिक जगत के राग-द्वेष, माया मोह से मुक्त होकर ऊपर उठने पर ही प्राप्त होता है।

आलोच्य युग की कहानियों में सुखात्मक संवेदना का यह स्वरूप प्राप्त नहीं होता। यहाँ तो विभिन्न मनोभावों की तृप्ति, संन्तुष्टि ही सुखात्मक संवेदना है। इसके केन्द्र में है—धन की लालसा, सेक्स की पूर्ति आदि। आज हम उस परमानन्द आनन्द से दूर खड़े हैं जो हजारीप्रसाद द्विवेदी के बाणभट्ट की आत्मकथा में भट्टिनी में मिलता है—''देखा! भट्टिनी खड़ी है। उनका मुखमण्डल मेघयुक्त शरच्चन्द्र के समान प्रसन्न मनोहर जान पड़ता है।...वे आनन्द से दीप्त दिखाई दे रही थीं।''[13] ठीक इसके विपरीत आलोच्य युग की एक कहानी का उद्धरण देखिए। 'पीली छतरी वाली लड़की' (उदय प्रकाश) के राहुल और अजंली एक-दूसरे से प्रेम करते हैं। अंजली के कारण राहुल एंथ्रोपालाजी पढ़ना छोड़कर हिन्दी में प्रवेश लेता है, जहाँ अंजली पढ़ रही है। विवाह तो नहीं होता किन्तु दोनों एक-दूसरे में उतर जाते हैं। काम भावना की सन्तुष्टि में अंजलि का स्वरूप देखें—''जितनी गहरी प्रतिहिंसा की तीव्रता के साथ राहुल पराभूत जातियों की तरफ से प्रत्याघात करता, वह देखता कि अंजलि की आँखें किसी तृप्ति के सुख में मुँद-सी गई हैं और उसके होठों पर एक हल्की-सी स्मित की रेखा खिंच गई है।''[14]

सुखात्मक संवेदना के चार भेद किए जाते हैं—(क) परिवारिक जीवन से

सम्बद्ध संवेदना (इससे दाम्पत्य जीवन, प्रेम विवाह तथा शिक्षा से प्राप्त सुख की अभिव्यक्ति होती है।), (ख) राजनीतिक जीवन से सम्बद्ध संवेदना (भ्रष्टाचार, बेईमानी, झूठ फरेब तथा इसी तरह की अन्य उपलब्धियों को केन्द्र में रखा जाता है।) (ग) आर्थिक जीवन से सम्बद्ध संवेदना (अमीरी-गरीबी का वर्ग संघर्ष) तथा (घ) धार्मिक जीवन से सम्बद्ध संवेदना (हिन्दू-मुस्लिम सम्बन्ध, सदाचार और धर्ममूलक संवेदना)।

राजनीतिक जीवन से सम्बद्ध भ्रष्टाचारपरक संवेदना के चित्रण में सृंजय और उदय प्रकाश बेताज बादशाह हैं। जनता के हित को सर्वोपरि मानने वाले कामरेड पर सृंजय का प्रहार उनकी असलियत खोल देता है—"सच कहूँ तो आप लोगों का व्यवस्था विरोध उस वेश्या के गुस्से की तरह है, कामरेड, जो गुस्से में तभी तक रहती है, जब तक उसे पूरे नजराने नहीं मिल जाते।"[15] 'पाल गोमरा का स्कूटर' में उदय प्रकाश आज के राजनीतिक जीवन का सच प्रत्यक्ष कर रख देते हैं—"यह दलित सरकार सवर्णों और साम्प्रदायिकों के समर्थन से सत्ताशीन हुई थी। जिस मंत्री का वह वी.आई.पी. एस्कोर्ट था, उसका पिछला रिकॉर्ड आपराधिक था और वह घोषित हिस्ट्रीशीटर था, मन्त्री बनने से पहले तक उसके फोटोग्राफ पुलिस थानों में टँगे रहते थे।"[16]

3. दुखात्मक संवेदना

स्वतन्त्रता के पश्चात औद्योगिकीकरण के सशक्त होते शिकंजे आधुनिकता की बढ़ती चकाचौंध पूँजीवाद के प्रभाव तथा वैश्विक चेतना के फलस्वरूप मनुष्य अपने परिवेश समाज तथा परिवार से कटा। इसमें निरंतर बढ़ोत्तरी ही हुई। विश्व बाजार के केन्द्र में भारत के आ जाने तथा बहुराष्ट्रीय कम्पनियों का आगमन, माडलिंग, सौन्दर्य प्रतियोगिता के बढ़ते जंजाल से नई पीढ़ी पुरानी पीढ़ी की उपेक्षा में ही अपनी शान समझने लगी। उसे अलग-थलग कर उससे दूर हो जाने में ही अपने विकास पथ को प्रशस्त माना। परिणाम स्पष्ट है—परिवार टूटे, समाज टूटा, पति-पत्नी के रिश्ते टूटे, बच्चों से दूरियाँ बढ़ीं। इनकी अनुगूँज नई कहानी में भी मिल जाती है पर आलोच्य युग की कहानियों में यह टूटन, मनुष्य की पीड़ा, संत्रास, घुटन, मानसिक शारीरिक उत्पीड़न प्रधान कारक बन बैठे।

इसके तीन भेद किए गए हैं—(क) संयुक्त परिवारों का विघटन, (ख) पारिवारिक जीवन की समस्याएँ—घुटन, दोहरे जीवन की त्रासदी, युवा पीढ़ी की स्वार्थपरता, सन्देहशीलता, ईर्ष्या, पति-पत्नी दोनों की कार्यशीलता, नारी शोषण, दहेज प्रथा, दाम्पत्य, सामाजिक रूढ़ियाँ आदि इन समस्याओं के कारक हैं। (ग) यथार्थवादी अभिव्यक्ति। उदय प्रकाश की 'छप्पन तोले की करधन', 'तिरिछ', 'राम सजीवन

की प्रेम कथा', 'हीरालाल का भूत' और 'अन्त में प्रार्थना', सृंजय की 'कामरेड का कोट', 'भगदत्त का हाथी' आदि कहानियों में यह संवेदना अपना मोहक स्वरूप पाती है।

इसके अतिरिक्त राजनीतिक, आर्थिक, आध्यात्मिक और धार्मिक जीवन से जुड़ी संवेदनाओं को अन्य संवेदनाओं के वर्ग में रखा जाता है, किन्तु इन सबका समावेश उपर्युक्त तीनों संवेदनाओं में हो जाता है।। 'छप्पन तोले का करधन' की दादी अपनी नियति—पारिवारिक उपेक्षा, नारकीय प्रताड़ना—को भोगने के लिए विवश हैं। वह अपने बेटे से कहती हैं—"रामे जब तेरे पिता फिरंगी को मारकर फरार हुए थे, तब मेरे पास दस तोला सोना था। मैंने अपने तीनों छौनों को किस तरह से पाला पोसा, तुम दोनों भाइयों को पढ़ाया। चार तोला बचा था। जिसे मैंने दोनों बहुओं में बराबर बाँटा। और तिस पर भी तुम सबने मिलकर मेरे साथ जो किया है बेटा, उसे भगवान ही नहीं सारा गाँव देख रह होगा।" दादी रोने लगी थी, फिर कहा था "अभी तो बेटा वह दाल भात ड्योढी पर रख जाती है, करधन मैंने दे दिया तो फिर कौन-सी आस रह जाएगी? करधन हो कि न हो, वह मेरे लिए और तुम सब की आस के लिए जरूरी है बेटा।"[17]

'और अन्त में प्रार्थना' (उदय प्रकाश) भी एक त्रासद कहानी है। यह एक डॉक्टर दिनेश मनोहर वाकणकर की कहानी है जो संघ का अनुयायी है। भारतीय वाङ्मय का ज्ञाता, प्रेमी अपने प्रोफेसन के प्रति ईमानदार, कर्त्तव्यनिष्ठ। उसे विश्वास था, संघ जन मानस को उद्वेलित कर उसे मानवीयता की ओर अग्रसर करेगा। राष्ट्रीय एवं मानवीय मूल्यों की स्थापना में योगदान करेगा। पर वह देखता था कि सत्ता में आते ही संघ के लोग भी उसी अमानवीय शासन को तरजीह देते हैं। भ्रष्टाचारियों, हत्यारों, बलात्कारियों, भू-माफियाओं की पौ बारह है। और वह स्वयं व्यवस्था की मार झेलता-झेलता अपने मूल्यों की रक्षा के लिए मृत्यु का वरण करता है। उसका अपना परिवार तो संत्रस्त है ही सामान्य जन भी पीड़ित संत्रस्त है। उन्हें पूछने वाला कोई नहीं। तौफीक अहमद के पोस्टमार्टम के सन्दर्भ में आर.एस.एस. से जुड़े मन्त्रियों, गुण्डों, बदमाशों, हत्यारों, माफियाओं के पड़ने वाले दबाव की परवाह न करते हुए डॉ. वाकणकर सही रिपोर्ट देते हैं जो अनियन्त्रित पुलिस की गोली से मरा है, पर परिणाम—"फर्श पर गिर गए।...उनके चेहरे को देखकर लगता था जैसे किसी बहुत पुराने तनाव में खिंचती और टूटती हुई उनकी नसें धीरे-धीरे शिथिल होती जा रही हों। चेहरे पर एक शान्त शिथिलता और निश्चिन्त स्मिति थी।"[18] "ही इज अ ग्रेट मिस चीफ...। इतना घाघ चालबाज। इस शातिरपने की खातिर उसने अपनी जान दाँव पर लगा दी।"[19]...एस.पी. का कथन—"नाटक के इस अनपेक्षित दृश्य की उन्होंने कल्पना तक नहीं की थी।...बी आल फोर्स्ड हिम टु...डॉ.

तिवारी की आँखें भींग गई थी।"[20]

2.1.5 संवेदना के कारक तत्व

प्रत्येक युग का रचनाकार अपने युग से जुड़ा होता है। आचार्य हजारीप्रसाद द्विवेदी कहते हैं कि "जीवन के गम्भीरतर समझे जाने वाले प्रश्नों का साहित्य में समाधान खोजना आधुनिक प्रवृत्ति हैं।"[21] इस प्रकार कोई भी रचनाकार अपने युग सें अलग होकर जीवन्त रचना-प्रक्रिया से संलग्न नहीं हो सकता। यह एक मान्य तथ्य है कि जो रचनाकार आधुनिक प्रवृत्ति से युक्त होकर जीवन जगत की समझ रखता है, सामाजिक प्रश्नों पर दृष्टि डालता है, वह अपने समय को न तो छोड़ सकता है और न ही विस्मृत कर सकता है। यदि छोड़ता है तो इसका तात्पर्य यह है कि वह अपने रचना-कर्म एवं रचना-धर्म से विरत हो रहा है। यह विवाद का विषय बन सकता है कि साहित्य सामाजिक परिवर्तन के कारक की भूमिका अदा करता है या नहीं? चाहे जो कुछ हो, परन्तु यह विवाद का विषय नहीं कि सामाजिक, राजनीतिक, धार्मिक, सांस्कृतिक एवं साहित्यिक परिवर्तनों का साहित्य पर प्रभाव अवश्य पड़ता है। साहित्य, समाज एवं राजनीति में आने वाले परिवर्तनों को, चाहे उसका कारण जो भी हो, अपने भीतर स्थान देता है। हमारे यहाँ यह मान्य है कि साहित्य का सामाजिक सरोकार होना चाहिए। "यदि साहित्य में सामाजिक सरोकार की भावना निहित नहीं है तो वह सच्चा साहित्य न तो बन सकता है और न कहला सकता है।"[22] प्रेमचन्द ने साहित्य के सामाजिक सरोकार पक्ष पर विस्तार से चर्चा की है।

आलोच्य युग में सामाजिक सरोकार की यह भावना और अधिक बढ़-चढ़कर हमारे समक्ष उपस्थित होती है। साहित्य को सामाजिक परिवर्तन की भूमिका के साथ जोड़कर देखा गया। वस्तुतः सामाजिक, राजनीतिक एवं साहित्यिक स्थितियाँ जब जड़ हो जाती हैं अथवा जब उनमें अवांछनीय स्थितियों का प्रवेश हो जाता है तब सजग रचनाकार अपने सहज संवेदनशील व्यक्तित्व एवं रचनादृष्टि के कारण उन स्थितियों पर विचार करते हुए रचनाशीलता के साथ सामने आता है। आलोच्य युग का दलित साहित्य एवं स्त्री-विमर्श इस बात का प्रमाण है।

आलोच्य युग में कहानी की निर्मिति में उसका अपना स्वयं का युग महत्त्वपूर्ण साबित हुआ। अन्तिम दशक के इस युग में घटने वाली घटनाओं तथा उससे उत्पन्न परिस्थितियों ने कहानीकारों को प्रत्यक्ष अथवा अप्रत्यक्ष दोनों रूपों में प्रभावित किया। इन रचनाकारों ने अपने समकालीन अनुभवों का उपयोग कच्चे माल के रूप में कर अपनी अनुभूति एवं दृष्टि-क्षमता के आधार पर कहानियों का सृजन किया। शायद यही कारण है कि इन कहानियों में समसामयिक स्थितियों का बेबाक चित्रण

मिलता है।

आलोच्य युग की सामाजिक स्थिति राजनीति से इस कदर प्रभावित रही है कि उन्हें अलग-अलग कर देख पाना सम्भव ही नहीं। सबसे पहले उन सामाजिक एवं सांस्कृतिक कारकों पर, उसके पक्षों पर नजर डाल लें, जिन्होंने आलोच्य युग (सन् 1991 से 2000) की कहानियों को प्रभावित किया है। हल्के रूप में उच्चवर्ग, मध्यवर्ग, एवं निम्नवर्ग की चर्चा हमारे यहाँ लगातार होती रही है परंतु आलोच्य युग में उन्हें व्यापक रूप में तथा गहराई से जानने समझने का प्रयत्न किया गया। क्योंकि यहाँ तक आते-आते इन वर्गों के बीच प्रत्यक्ष, अप्रत्यक्ष रूप से अनेक अन्य वर्ग भी बने, नए-नए वर्गों की निर्मिति हुई। इस दौर में हमारे समक्ष दो महत्वपूर्ण बातें आती हैं। इनमें से पहली है—साम्प्रदायिकता का नवीन उभार तथा दूसरी है—जातिवाद का बोलबाला। इसके कई रूप दृष्टव्य हैं। अग्रेजी हुकूमत के समय हिन्दू-मुस्लिम के बीच द्वेष का जो बीज बोया गया वह तो अपने स्थान पर था ही इसके अलावा कुछ नए बीज देशी शासकों द्वारा बो दिए गए। कश्मीर तथा पंजाब की असामाजिक गतिविधियों ने भी राजनीतिक स्थितियों को प्रभावित किया। हिन्दू-मुसलमान में फूट डाली एवं लोगों की सोच में जहर घोला। इन सब स्थितियों के बीच जो साम्प्रदायिक भावनाएँ उभरीं उन सबको राजनीतिक पार्टियों ने अपने हथियार के रूप में इस्तेमाल किया। इस प्रकार की साम्प्रदायिकता की भावना के उभार के प्रति आलोच्य युग का कहानीकार सजग खड़ा होकर विद्रोही रूप धारण करता दिखलाई पड़ता है। वह कहीं व्यंग्य के माध्यम से इस समस्या को उठता है तो कहीं इसके पीछे के वोट स्वार्थ को स्पष्ट करता है तथा इससे सचेत होने की भावना की जागृत करता है। दूसरा महत्वपूर्ण पक्ष इस दौर में जाति व्यवस्था का रहा है। मानव को शुद्ध रूप से जाति केन्द्रित कर देने की जो गन्दी राजनीति की गई, उसने पुनः एक बार समाज को तोड़कर रख दिया। यह उसकी एकता को भंग कर देने का सशक्त माध्यम बना। जाति केन्द्रित आरक्षण को मुद्दा बनाकर समाज को उसके समूचे ढाँचे के साथ विश्रृंखलता के कगार पर खड़ा कर दिया गया। इन सबके फलस्वरूप लगभग समूचे भारत वर्ष को जो आन्तरिक यातना तथा संत्रास मिला वह मेरी अपनी दृष्टि से अकल्पनीय है।

इन सबके फलस्वरूप एक नई समस्या ने अपने पैर पसारे, नया वर्ग विभाजन सामने आया। जिसे जातिगत आधार पर सवर्ण तथा सवर्ण विरोधी के रूप में या सवर्ण एवं दलित के रूप में उछाला गया। आज सब कुछ जाति केन्द्रित हो गया। दलित लेखन इसी की देन है जिसमें केवल घृणा का प्रचार-प्रसार है। दलित-समस्या-संवेदना के प्रति ये रचनाकार उतने जागरूक नहीं जितना उसके राजनीतीकरण के पक्षधर हैं। सच यह है कि इस व्यवस्था में न कोई उच्च रहा,

न निम्न और न मध्य। यह कुछ और न होकर वर्ग विषमता की खाई बना। यहाँ स्वार्थ के वशीभूत होकर लोग यह विस्मृत कर बैठे कि सवर्ण हो अथवा दलित, वर्गीय विषमता तो सब में विद्यमान है। उच्च, निम्न तथा मध्यवर्ग तो प्रत्येक में हैं। हाँ! यह बात और है कि यह सभी में समान रूप से व्याप्त नहीं। आलोच्य युग के कहानीकारों ने इन सब पर अपनी सजग दृष्टि डाली जिसके कारण हिन्दी साहित्य में भी दलित चेतना को स्थान मिला। हाँ, यह बात ध्यान देने योग्य है कि इस अन्दोलन में जहाँ आक्रोश अधिक है वहीं गहराई कम। या दूसरे शब्दों में कहना चाहें तो कह सकते हैं कि छिछलापन अधिक है। यह सोच, समय की माँग होते हुए भी एकपक्षीय ही रही। परन्तु समकालीन सोच एवं व्यापक दृष्टि के कहानीकारों ने उसे व्यापक रूप में भी देखा है। और निःसंन्देह आलोच्य युग के कहानीकार ''समूचे भारत में दलित, पीड़ित, शोषित वर्ग के मन के रेशे-रेशे को अलगाने में सफल रहे हैं, चाहे वे नारी हों या पुरुष। चाहे वे सामाजिक व्यवस्था के शिकार हों या आर्थिक विडम्बना की परिणति, चाहे वे व्यवस्था से पीड़ित हों अथवा सरकारी रीति-नीति के शिकंजे में पिस रहे हों, सब तो यहाँ उपस्थित हैं, सभी को यहाँ वाणी मिली, सभी एक हैं, अलग-अलग किए जाने के प्रयास के बावजूद।''[23]

आरक्षण, आरक्षण-विरोध मुस्लिम तुष्टीकरण की नीति, अयोध्या मसला ऐसे ही मामले रहे हैं जिसमें आमजन को साम्प्रदायिक भेदभाव तथा जातिगत भेदभाव के चक्कर में फँसाकर अपने स्वार्थ सिद्ध किए गए। इन घटनाओं ने आम जनता को झिंझोड़कर उन्हे विकलांगता के उस दौर में पहुँचा दिया जहाँ से उनकी मुक्ति असम्भव है। और इस समय तक जाति प्रथा की जो बेड़ियाँ धीरे-धीरे ढीली हो रही थीं वे एक नए रूप में हमारे समक्ष आती हैं जो और भी अधिक जकड़न वाली, उग्र तथा विनाशकारी दिखलाई पड़ती हैं। जातिगत विद्वेष की यह भावना कहीं भी हमारा पीछा नहीं छोड़ती। चाहे गाँव हो, चाहे कस्बा हो, चाहे नगर या महानगर। आज हमारा समूचा परिवेश ही इस विष-बेलि से आच्छादित दिखलाई पड़ता है जिसमें अनेक प्रकार की विषमताएँ स्वतः ही उत्पन्न हो मानव जीवन को प्रभावित करती हैं।

इन स्थितियों का जन्म आपातकाल से ही शुरू हो जाता है तथा समूचा परिवेश धीरे-धीरे उसका शिकार होता जाता है। प्रो. राजमणि शर्मा ने इस पर प्रकाश डालते हुए लिखा है कि ''1975 के बाद भारत में तेजी से बदलाव आया। 'आपातकाल', 'ब्यू स्टार ऑपरेशन' और उसकी परिणति इन्दिरा गाँधी की हत्या तथा प्रतिक्रिया स्वरूप हुए दंगों ने हमारे मानस, हमारी मानवता को हिला दिया। भ्रष्टाचार का विकराल रूप, राजनीतिक स्वार्थपरता का खुल्लम-खुल्ला खेल, अयोध्या के विवादित

ढाँचे का ढहना तथा मण्डल की राजनीति ने भारतीय समाज को तोड़ा। मँहगाई का दंश, व्यवस्था की बढ़ती क्रूरता आदि ने हमारे जीवन में कुण्ठा, भय, संत्रास तो पैदा किया ही, साथ ही हमारे जीवन की सार्थकता पर प्रश्नचिह्न लगा दिया। इन सबसे सर्वाधिक प्रभावित हुआ मध्यवर्ग। इसकी सबसे बड़ी विडम्बना यह है कि वह इस व्यवस्था के आतंक और भय से आक्रान्त दिखाई पड़ता है। मध्यवर्ग का सबसे बड़ा हिस्सा एक ही तरह की नौकरी पेशावालों का वर्ग है। जो एक तरफ अपने कार्यालयों में 'बॉस' से जूझता है, दूसरी तरफ अपने आर्थिक एवं पारिवारिक संकटों से जूझता है। उसे पुरस्कार रूप में मिलती है कभी न मिटने वाली गरीबी, अभाव, असन्तोष और अपमान। इससे अगर वह निजात पाना चाहता है, तो वह चापलूसी, छल-कपट, झूठ-फरेब, भ्रष्टाचार, बेईमानी में लिप्त हो अन्यथा...। यही तो आज की व्यवस्था का कटु यथार्थ है और है मानव जीवन की नियति।''[24]

कहानीकार किसी अन्य लोक का व्यक्ति न होकर हमारे अपने बीच का ही होता है। वह भी इन परिस्थितियों एवं विषमताओं से त्रस्त होता है उसके भी सपने टूटते हैं। इसलिए वह जो कुछ भोगता है, देखता है तथा जिसका उसे बोध या कहें अनुभव होता है वह उसे पूरी ईमानदारी एवं पूरे सामर्थ्य के साथ, सच्चाई के निकट जाकर अपनी कहानियों में उकेरता है। प्रत्येक व्यक्ति के बीच विषमता की जो रेखा सातवें दशक से चली आ रही थी उसने यहाँ तक आते-आते विकराल रूप धारण कर लिया।

राजनीति को सर्वाधिक प्रभावित किया काले धन तथा गुण्डों की ताकतों ने। इन्होंने राजनीति पर अपना शिकंजा इस ढंग से कसा कि ऐसा लगता है जैसे राजनीति का पूर्ण निर्धारित एवं सुनियोजित ढंग से माफियाकरण किया गया हो। फलस्वरूप प्रशासनिक ढाँचा, पुलिस तन्त्र, न्यायपालिका, शिक्षा आदि सब-के-सब बारी-बारी से इसके शिकार होते गए, जिससे एक नए तरह का सांस्कृतिक संकट उत्पन्न हो गया।

इस बात में किसी प्रकार का सन्देह नहीं कि आलोच्य युग के कहानीकारों ने सृजनात्मक गतिरोध को तोड़कर नई दिशाओं का बोध कराया है। इन सबने अपने समय की कड़वी सच्चाई अत्यन्त सजग दृष्टि से देखी तथा यह महसूस किया कि आज आन्दोलन की अपेक्षा संवेदनात्मक लगाव की आवश्यकता ज्यादा है, सिर्फ विचार प्रतिबद्ध नहीं बल्कि समाज प्रतिबद्ध, जनप्रतिबद्ध रचनाकर्म की आवश्यकता है। इस युग के अधिकांश कहानीकारों की रचना-प्रक्रिया में उनके अपने समय की समझ, समय की रफ्तार, गहरी संवेदनशीलता तथा जमीन से जुड़ाव है। कुल मिलाकर हम यह कह सकते हैं कि 'ज्ञानात्मक संवेदना और संवेदनात्मक ज्ञान'

का अनूठा संगम है—आलोच्य युग की कहानियाँ।

इन उपर्युक्त स्थितियों पर दृष्टि डालने पर हम यह कह सकते हैं कि आलोच्य युग में परिस्थितियों के तीव्र बदलाव के चलते पूरे देश का परिवेश परिवर्तित हुआ, समस्याएँ बदली, यथार्थ के नए-नए रूप सामने आए। समस्याएँ जटिलताएँ, विषमताएँ और भी भयानक रूप ग्रहण करती गईं। गाँव जो पहले राजनीति से अछूते थे वे भी राजनीति के अखाड़े बन गए। धार्मिक कट्टरता को नया आयाम मिला, जातिवाद अपने चरम रूप में सामने आया। मूल्य मिटते गए, युवा वर्ग में नकारात्मक सोच हावी होने लगी, पारिवारिक सम्बन्धों में शिथिलता आई। इन सब परिस्थितियों, स्थितियों का आलोच्य युग के कहानीकारों ने सामना किया। उन्हें समझा, भोगा, परखा तथा चित्रित किया है। ये ही संवेदना के वे कारक तत्व रहे हैं जिन्होंने आलोच्य युग के इस दौर की कथा चेतना को प्रभावित किया है। और इन्होंने कहानीकार के मन-मस्तिष्क को आन्दोलित कर उसके रचनाकर्म को ठोस आधार दिया, जिससे वह इन समस्याओं से जूझ सके। यदि इन्हें सूत्रबद्ध किया जाए तो इनका स्वरूप कुछ इस प्रकार सामने आएगा—

1. सामाजिक सरोकार में बदलाव :
   जातिगत भावना का विकास, स्त्री-पुरुष सम्बन्धों की टूटन, वैवाहिक संस्था पर प्रहार एवं परिवार की नई संकल्पना
2. सांस्कृतिक चेतना बनाम वैश्विक संस्कृति
3. साम्प्रदायिकता और छद्म-धर्म निरपेक्षता
4. नए जीवन मूल्यों की तलाश
5. पूँजीवादी व्यवस्था की नाकेबन्दी। उपभोक्तावादी अजगर का साक्षात
6. राजनैतिक सत्ता/प्रशासन और व्यवस्था का बदलता रूप
7. भ्रष्टाचार की विकरालता/बेरोजगारी की मार
8. स्त्री-विमर्श का जोर
9. दलित समस्या की ओर उन्मुखता
10. लोक संपृक्ति बनाम जन संपृक्ति
11. भाषा और शिल्प का नया बंध

2.2 कहानी शिल्प के नियामक तत्त्व

'शिल्प' का तात्पर्य है—बुनावट/बनावट। वस्तुतः किसी वस्तु या रचना के निर्माण में जो पद्धति/प्रक्रिया अपनाई जाती है, उसे ही शिल्प कहते हैं। उदाहरण के लिए एक मूर्तिकार के सामने एक पत्थर की शिला है। उस शिला पर उसे किसी देवता, यक्षिणी या किसी मनुष्य अथवा वस्तु का चित्र उकेरना है। पत्थर को काटने, तराशने

में वह अपनी भावना का उपयोग करता है। उसकी भावना यथार्थ संपृक्त भी हो सकती है, काल्पनिक भी। पर चाहे जो हो, सबसे पहले उसे उस स्वरूप को आत्मसात करना होगा, उसे जीना और भोगना होगा। उस स्वरूप से उसे अपनी भावनाओं का तादात्म्य कराना होगा। तभी वह, जिस स्वरूप का उसने तादात्म्य किया है, उसे उसी रूप में पत्थर पर उकेर पाएगा। यहाँ उसकी प्रतिभा, व्युत्पत्ति और अभ्यास उसके सहायक बनेंगे।

साहित्य कोश के अनुसार–"उसमें व्यापक मानवीय सत्यों का अन्वेषण या उद्‌घाटन होता है, तथ्यपरक अभिधामूलक सत्यों का नहीं। यह साधारण वर्णन भी नहीं है, क्योंकि वर्णन करने के साथ-साथ वह जीवन की व्याख्या भी करती है, उसे सार्थकता प्रदान करती है, उसका दिशा-निर्देश करती है। कहानी में सीमित और आंशिक उपन्यास की अपेक्षा अत्यन्त छोटे पैमाने पर, जीवन का सुसंघटित अपने में परिपूर्ण चित्र उपस्थित किया जाता है।...कहानी गद्य साहित्य का एक छोटा, अत्यन्त सुसंघटित और अपने में पूर्ण कथा रूप है।"[25]

कहानी के शिल्प को निर्मिति प्रदान करने में इर्विंस, हाथार्न, मोपासा, चेखव आदि का महत्त्वपूर्ण योगदान है। कोई प्रभावान्विति पर जोर देता है, कोई एकान्विति पर तो कोई वास्तविक जीवन (मोपासा) के संस्पर्श तथा नश्वर मानवता की सुख-दुखात्मक अनुभूतियों के वर्णन की आवश्यकता बताता है। चेखव ने कहानी को स्वतन्त्रता, अवसाद, आकर्षण और सुषमा से सम्पन्न किया।

कहानी शिल्प की पहली आवश्यकता है–कथा का चयन। कथा ऐसी हो जिसमें मानव सत्य का उद्‌घाटन हो। अर्थात कथा का आधार मानवीय संवेदना है। ऐसी घटना जिसमें मनुष्य का यथार्थ प्रकाशित हो, वही घटना कहानी का आधार बनेगी। पर इस मानवीय यथार्थ की प्रस्तुति के सहारे मानवीय मूल्य की स्थापना की भी आवश्यकता होती है। अर्थात किसी घटना के चित्रण के माध्यम से कहानीकार जहाँ जीवन का सच उद्‌घाटित कर जीवन की व्याख्या करता है, वहीं इसकी सहायता से वह मानव-समाज को दिशा भी देता है। कथा-प्रस्तुति में कल्पना की भी सहायता ली जा सकती है पर कल्पना का साम्राज्य वहीं तक होना चाहिए जहाँ तक यथार्थ के अगल-बगल खड़ा हो अर्थात यथार्थ प्रतीत हो। प्रारम्भिक कहानीकार और कहानी समीक्षकों ने क्षणिक घटना, क्षण-विशेष की ऐसी घटना जो मनुष्य सत्य को उद्‌घाटित कर दे, को ही कहानी की कथा के उपयुक्त माना था। आज भी केन्द्र में तो क्षण-विशेष की ही घटना रहती है, पर प्रतिभावान कथाकार, क्षण-विशेष के सहारे मानव मन की गाँठे, उसकी प्रवृत्ति, उसके परिवेश, उसकी अतल गहराई को रूपायित करता है। तभी तो वह मानव जीवन का व्याख्याता है।

इस प्रकार स्पष्ट है कि कहानी शिल्प का पहला नियामक तत्त्व घटना या कथन चयन है। घटना समाज की होती है। रचनाकार उसे जीता है, भोगता है। समाज पर पड़ने वाले उसके प्रभाव को निरखता-परखता हुआ, भुक्तभोगी की संवेदना के साथ तादाम्य स्थापित करता है। आज के अधिकांश रचनाकार स्वयं भोगे हुए यथार्थ की अभिव्यक्ति का दावा करते हैं। यह सच भी है। रचनाकारों के साथ भी अमानवीय, अवांछित घटनाएँ, स्थितियाँ घटती हैं। पर ये रचनाकार भी तो मानव समाज के ही अंग हैं। इसलिए घटना-विशेष से उपजी संवेदना केवल उनकी नहीं अपितु उनके वर्ग की संवेदना होती है। जब तक रचनाकार अपनी संवेदना को सर्व-जन संवेदना, सार्वकालिक संवेदना नहीं बनाएगा तब तक वह श्रेष्ठ कहानी नहीं दे पाएगा। मुक्तिबोध, निराला, हजारीप्रसाद द्विवेदी आदि की संवेदना जन संवेदना है, मानव-संवेदना है। वाल्मीकि की संवेदना मानव संवेदना थी। और जब स्व-संवेदना मानव-संवेदना बन जाती है तभी वह अभिव्यक्ति के लिए आकुल-व्याकुल होती है। यहाँ उसकी सहायता करती है—उसकी प्रतिभा; जो उसे भाषा का रूप देती है। प्रतिभा की सहायता करते हैं—व्युत्पत्ति और अभ्यास। अर्थात रचनाकार का विस्तृत अनुभव और अध्ययन क्षेत्र उसकी प्रतिभा को निखारता है।

इस प्रकार कहानी शिल्प के प्रमुखतया तीन नियामक तत्त्व हैं—(क) घटना/कथा और चरित्र का चयन, (ख) घटना का संवेदनात्मक परिपाक और (ग) अभिव्यक्ति कौशल।

अभिव्यक्ति कौशल में जहाँ कथावस्तु और चरित्रों का संयोजन, सुसंगठन, एकान्विति अपेक्षित है वहीं कहानी कहने की कला, भाषा की स्वरूप-निर्मिति, बिम्ब, प्रतीक, लोकोक्तियों, मुहावरों आदि के सहारे भाषा को समृद्ध करने की भी अपेक्षा रहती है। कथा के अनुरूप ही शब्दों का चयन तथा भाषा के मानक और आँचलिक रूप की प्रस्तुति रचनाकार का दायित्व है। हाँ! कथा को अपनी संवेदना से सराबोर करना भी रचनाकार का ही कर्त्तव्य है। उसमें उतार-चढ़ाव के साथ-साथ अन्तर्द्वन्द्व और संघर्ष का भी विनियोग अपेक्षित होता है। और तभी कहानी प्रभान्विति की कसौटी पर खरी उतरती है। घटना का संवेदनात्मक परिपाक ही कहानी में कथा-रस भी प्रस्तुत करता है। अर्थात जिस रचनाकार की जितनी गहरी, संश्लिष्ट संवेदना होगी, उसकी कहानी उतनी ही प्रभावशाली सिद्ध होगी।

2.2.1 कहानी शिल्प का स्वरूप

(1) वस्तु चयन और प्रस्तुति

कहानी के शिल्प पर सम्भवतः कहानी के प्रारम्भ के साथ से ही विचार होता रहा है। फलस्वरूप मनुष्य और युग चेतना के बदलाव के साथ ही कहानी का शिल्प

भी बदलता रहा। प्रेमचन्द, प्रसाद की कहानियों में कथा और कथाकार को अलग-अलग पहचाना जा सकता है। यहाँ कहानीकार तटस्थ रहकर कथा को कह जाता है। पर आगे चलकर यह रूप बदला। कथा का आधार भी बदला। जहाँ प्रेमचन्द युग, प्रसाद युग में समाज या मनुष्य के मनोभावों की प्रधानता रही, वहीं जैनेन्द्र में वैयक्तिक मनः स्थितियाँ प्रधान बनीं। नई कहानी के दौर में मध्यवर्ग की विसंगतियाँ, भावनाएँ कहानी की कथा के केन्द्र में आईं। आगे चलकर इनमें और बदलाव हुआ। यथार्थ की अभिव्यक्ति का आग्रह बढ़ा। विचारों का, वादों का वर्चस्व भी कथा का आवरण डाले दिखाई देता है, पर आलोच्य युग की चेतना, परिवेश, स्थिति-परिस्थिति में हुए व्यापक बदलाव ने कहानीकार को तटस्थ नहीं रहने दिया। कहानीकार और घटना एकमेव हो गए। फिर जो स्वरूप सामने आया वह पूर्णतया अभिन्न। सबकुछ कथा-घटनामय। क्योंकि कहानीकार स्वयं घटना बना। सब कुछ उसका भोगा हुआ है। वह साक्षी नहीं भोक्ता है। फलस्वरूप कहानी के पारम्परिक तत्त्व-कथावस्तु, कथोपकथन, संवाद-योजना, वातावरण-देशकाल, भाषा शैली तथा उद्देश्य आज उसकी समीक्षा में असमर्थ हैं। कहीं कोई तत्त्व गायब है, और कहीं कोई।

हाँ! आज कहानी को वर्णनात्मक, विवरणात्मक, सामाजिक, मनोवैज्ञानिक, आदि वर्गों में बाँटना भी सम्भव नहीं। एक ही कहानी में आपको कथा कहने के वे सभी रूप एक साथ मिल जाएँगे। कहानी की जटिल संरचना-प्रक्रिया तथा उसकी नवता का कारण आज की जटिल तथा संश्लिष्ट मानवीय संवेदना है। और आज की कहानी ने तो 'कहानी' की अवधारणा तथा परिभाषा को भी नजर अन्दाज किया। आज की कहानी, कोई भी प्रतिनिधि कहानी, आज के मनुष्य को यथार्थ के पटल पर उकेरती दिखाई देती है। इस प्रक्रिया में पूरा समाज, समस्त तन्त्र, राजनीतिक व्यवस्था, सब कुछ प्रकाशित हो उठता है। 'कामरेड का कोट', 'भगदत्त का हाथी', 'अकाल दण्ड' (सृंजय), 'तिरिया चरित्तर', 'भरतनाट्यम', 'कसाई बाड़ा' (शिवमूर्ति), 'छतरियाँ', 'पीली छतरी वाली लड़की', 'और अन्त में प्रार्थना', 'वारेन हेस्टिंग्ज का साड़' 'पाल गोमरा का स्कूटर' 'छप्पन तोले का करधन' (उदय प्रकाश), 'नकाब', 'खोज', 'प्रेरणास्रोत', 'लिटरेचर' (संजीव), 'मर गया दीपनाथ' (चन्द्रकिशोर जायसवाल), 'मुक्ति' (सरयू शर्मा), 'बध स्थल से छलांग' (हृषिकेश सुलभ), 'लव स्टोरीज' (क्षमा शर्मा), 'शताब्दी प्रवेश' (रमाकान्त श्रीवास्तव), 'बीमार आदमी का इकरारनामा' (नरेन्द्र नागदेव), 'जलमडरूमध्य' (अखिलेश) आदि कहानियाँ मेरे कथन की साक्षी हैं।

दूसरी बात यह है कि आलोच्य युग की कहानियों में गाँव गायब है। मध्यम वर्ग और शहर की चकाचौंध में ही इस युग की कहानियाँ, कहानीकार रमे और

मध्यम वर्ग बहादुर नहीं होता। वह तो डरपोक संशकित अपने में सिमटा हुआ होता है।

बावजूद इसके कहानी आज साहित्य की केन्द्रीय विधा बन बैठी है। और कहानी का कथ्य मनुष्य की हर स्थिति, नियति, परिवेश के इर्द-गिर्द घूम रहा है। भले ही उसमें जान न हो, पर उनकी पीड़ा है। उनका दर्द है। उनका संत्रास है। स्त्री-पुरुष दोनों का आधुनिक बोध इन कहानियों का ताना-बाना बुनता है। एक कथा में दूसरी कथा घुसी पड़ी है उसी का उद्घाटन/अभिव्यक्ति, कहानी बन जाती है। रघुनन्दन त्रिवेदी की एक कहानी है 'कैरियर'। तीन बहनें। पिता प्राइमरी स्कूल का मास्टर। घर की स्थिति नाजुक। भावनाएँ उभार पर। परम्परा की बेड़ियाँ पैरों में जकड़ी। पर परम्परा तो विकास नहीं कर सकता। रोटी नहीं दे सकता। फिर मुलाकात पुरुषों से। एक के बाद दूसरा तीसरा। तीसरा पुरुष उसे समझा देता है—"शील और पवित्रता और परम्परा और संस्कृति फिजूल। पुरानी चीजें हैं सब। जीने का एक ही सूत्र है कि सिर्फ अपने बाबत सोचो।...जिन्दगी के लिए सबसे जरूरी है, पैसा। शुरू से पैसा, आखिर में पैसा, बीच में वह सब कुछ जो पैसे से मिल जाय।...लोगों का क्या! 'हाय' कहकर मिलना 'बाय' कहकर अलग होना।...पैसा उसके पास है, जिसके पास पहले से पैसा है।...बीच के दिन संघर्ष के दिन। एक ब्यूटी पार्लर में काम सीखा दूसरे ब्यूटी पार्लर में नौकरी की।...यह शोषण नहीं लेन-देन की बात है। फोटोग्राफर काम आया। इस बार उसके साथ एक मारवाड़ी था। उसे अपने मंजन के लिए उजले दाँतों वाली मुस्कराहट की जरूरत थी। मुस्कुराहट बिकी। दाम कम थे। यह शुरुआत थी।...बारी आई थी पीठ और पिण्डलियों की। क्या वह खुश है, इन सबसे देख लो यह फ्लैट और आरामदायक बिस्तर...माँ खुश, बाप खुश, बहनें खुश?" यदि देखा जाय तो इस कहानी में कथा तो कुछ है नहीं, क्रियाएँ अवश्य हैं। हाँ ऐसी कहानियों की कथाएँ तो इतिहास का अंग बनेगी नहीं। इसलिए कथावस्तु के धरातल पर वे कहानयाँ ही श्रेष्ठ कहलाएँगी जिनमें इतिहास बनने अर्थात हर समय पाठक के मानस पाटल पर छायी रहने की क्षमता हो। यथा—'पाल गोमरा का स्कूटर' और 'अन्त में प्रार्थना' (उदय प्रकाश), 'खोज', 'लिटरेचर' (संजीव) आदि। हाँ; कथा के विकास-विस्तार, फैलाव में 'कैरियर' में भी कथारस का अभाव नहीं, पर मानवीय संवेदना का अभाव अवश्य है। तात्पर्य यह कि वही घटना कथा कहानी को इतिहास का अंग बनाएगी, जिसके कथारस में संवेदना की गहराई हो।

एक प्रश्न और है। कहानी का अन्त कैसा हो? क्या प्रसाद की कहानियों की भाँति अर्थात एकदम चौंकाने वाला, हतप्रभ कर देनेवाला अथवा अन्त को पहले प्रस्तुत कर शेष घटना को फ्लैश बैक पद्धति से चित्रित करने का। सच यह है

कि कहानी का अन्त कैसा भी हो, चाहे वह रोमांचक हो या प्रभावोत्पादक पर कहानी में कहीं भी संवेदना क्षीण होती या टूटती नजर नहीं आनी चाहिए। संवेदना की निरन्तरता पाठक को तभी अपनी उपस्थिति का हर क्षण एहसास कराएगी जब अन्त तक की यात्रा के पीछे व्यापक सामाजिक ऐतिहासिक सन्दर्भों के विवरण विद्यमान हों। आज कहानियों का अन्त समस्त मान्यताओं, परम्पराओं और मिथ को तोड़ता हुआ मनुष्य की जिन्दगी की नियति को स्पष्ट कर देता है। यहाँ 'लिटरेचर' (संजीव) तथा 'और अन्त में प्रार्थना' (उदय प्रकाश) का अन्त उदाहरणार्थ प्रस्तुत है, "मुझे मिरगी आ गई। अब तक मैं जिस मैले के गोलक को ब्रह्माण्ड समझकर सरकस के नट के अन्दाज में धकेलता आ रहा था, सहसा ही वह उलट गया, मैले का ब्रह्माण्ड मेरे ऊपर था और मैं उसके नीचे, पीठ के बल हाथ-पाव से छटपटाता हुआ।"[26] दूसरा उदाहरण देखिए—"डॉ. दिनेश मनोहर वाकणकर इंटेसिवकेयर यूनिट में पड़े थे।...स्केनिंग से पता लगा था कि आन्तरिक रक्तस्राव बन्द नहीं हो रहा है।...नीचे मुर्दाघर में तौफीक अहमद का शव बर्फ की सिल्ली पर रखा हुआ था।...ज्योत्स्ना वाकणकर और तौफीक अहमद के पिता चचा को तहमतिया चिकित्सालय की ओर से इत्ला भेज दी गई थी।"[27]

उपर्युक्त दोनों उदाहरण कहानी के अन्त का है। यहाँ मनुष्यता मर रही है। आज के परिवेश में 'मानवीयत', 'कर्त्तव्यनिष्ठता' और 'ईमानदारी' की यही नियति है। उसे मरना ही है। और मरते हुए वह एक ऐसी गूँज, ऐसी चीख प्रस्तुत कर जाता है जो पाठक के मानस से कभी लुप्त नहीं होने वाली। यही चीख कहानी को और अविस्मरणीय बना देती है। यह चीख छटपटाहट होरी धनिया की चीख और छटपटाहट है।

उतार-चढ़ाव अर्थात मध्य तक पहुँचते-पहुँचते कहानी को संघर्ष, अन्तर्द्वन्द्व की चरम ऊँचाई तक पहुँच जाना चाहिए, फिर धीरे-धीरे उसका शमन दिखाई देना चाहिए। तभी कहानी, कहानी बन पाती है। रोमांचकता, चारित्रिक परिवर्तन की रोमांचकता भी कहानी की अनिवार्यता है। हड़तालों, जन-संघर्षों, बलात्कार, शोषण से लेकर अनेक ऐतिहासिक, नाटकीय घटनाओं को विषय बनाकर लिखी गई अनेक कहानियाँ भी यथार्थ के साथ चरित्र के द्वन्द्वात्मक सम्बन्धों की समग्रता को महत्त्व न देने के कारण निहायत दस्तावेज-मूलक बनकर रह जाती हैं। तात्पर्य यह कि, यथार्थ घटना और चरित्र की द्वन्द्वात्मकता ही कहानी को कहानी का बानां पहनाती है। और इसी शिल्प के सहारे कहानी में चरित्र की अपनी नैसर्गिकता उत्पन्न होकर कहानी की पहचान बनती है। चारित्रिक नैसर्गिकता का अलग-अलग रूपान्तरण ही तो कहानी है। आज के प्रख्यात रचनाकारों के चरित्रों का यह रूपान्तरण ही उनकी कहानी का प्राणतत्व है।

चरित्र चित्रण का अवकाश कहानीकार को कहानी में नहीं रहता, पर घटनाओं कथाओं के घात-प्रतिघात से विभिन्न संवादों के सहारे वह कथा नायक-नायिका का चरित्र उजागर कर जाता है। जैसे प्रेमचन्द का घीसू, माधव, बूढ़ी काकी, प्रसाद की चंपा, मधूलिका, नन्हकू सिंह। आलोच्य काल में मानदण्ड बदले। वही चरित्र इतिहास का अंग बन सकता है, जिसमें संघर्ष की अटूट क्षमता हो, अन्तर्द्वन्द्व की बुनावट हो। जैसे डॉ. वाकणकर (उदय प्रकाश), दीपनाथ (चन्द्रकिशोर जायसवाल)।

आज कहानी की कथावस्तु या उसका शिल्प उपन्यास की भाँति बृहत संकेतों और सन्दर्भों का आकांक्षी है। हर पंक्ति में रचनाकार की सजग उपस्थिति ही शब्दों को अर्थवान बनाती है। और रचनाकार की सचेतता ही उसमें पूरा कसाव उपस्थित करती है। तभी रचना में बिम्ब, रूपक अपने बृहत सन्दर्भ और अर्थ में उपस्थित होते हैं। सजग कहानीकार, विषय, देशकाल के तमाम सन्दर्भों को टटोल कर, खोज-खोज कर इतमिनान से प्रस्तुत करता है; तभी आज की कहानी सार्थक बनती है और तभी उसमें संवेदनात्मक गहराई आती है।

कहानी को विश्वसनीय बनाने की अनिवार्यता है–वातावरण की प्रस्तुति। आलोच्य युग के रचनाकार परिवेश, देश-कल, वातावरण का सही उपयोग करते हैं। यथा–उदय प्रकाश की कहानी 'पाल गोमरा का स्कूटर' उपभोक्तावाद के साहित्य की दुनिया में पाँव पसारने की अनोखी कहानी है। जो तथ्य भी है, कल्पना भी और वर्तमान युग, परिवेश का बखान भी। पाल गोमरा उसी प्रकार हताश, अनिर्णय की स्थिति में है, जिस प्रकार आर्थिक उदारीकरण के इस दौर में आम आदमी। इसी प्रकार की इन्हीं की कहानी है–'वारेन हेस्टिंग्स का साँड़'। इसे आधुनिक मनुष्य की प्राणि-सत्ता की तलाश की कहानी कह सकते हैं। स्पष्टतया आज की कहानियाँ अपने परिवेश, वातावरण ओर देशकाल को पूरी जीवन्तता के साथ प्रस्तुत कर गई हैं। उसमें सब कुछ है।

कहानीकार का उद्देश्य समस्या को रेखांकित करना होता है, उसका समाधान प्रस्तुत करना नहीं। इसी रेखांकन के सहारे वह आम आदमी या आदमी की संवेदना को झंकृत कर जाता है। संवेदना को जगा देना ही कहानीकार की सफलता है।

2.2.2 भाषा

कहानी शिल्प का सबसे महत्त्वपूर्ण पक्ष है–उसकी अभिव्यक्ति शैली। अभिव्यक्ति के लिए कहानीकार को भाषा की आवश्यकता होती है। और भाषा की सबसे महत्त्वपूर्ण इकाई है–शब्द। एक-एक को टटोलकर, देख परख कर रखने, योजित करने पर ही कहानी अपने व्यापक सन्दर्भ को पूरा करती है। निश्चय ही आलोच्य युग के रचनाकारों ने शब्द-चयन में सावधानी बरती है। वे विषय और पात्र के

अनुरूप देशी-विदेशी, लोक-सभ्य समाज के शब्दों को नए अर्थ, भाव बोध से संपृक्त करते हैं। दूसरा स्थान वाक्य संरचना का है। वाक्य ही कहानी कहते हैं। आज का रचनाकार वाक्य-सृजन में बौद्धिकता से अधिक संवेदना से प्रभावित है। तभी तो कहानी का हर वाक्य कहानी बन जाता है। इन वाक्यों द्वारा संवेदना झरती रहती है और पाठक को भिगो डालती है।

कहानी केवल कथा और कथन नहीं। प्रभान्विति उसकी कसौटी है। 'प्रभान्विति' तभी सम्भव है जब कहानीकार सटीक बिम्बों, रूपकों तथा प्रतीकों का चयन करे। लोक जीवन के गान, इतिहास सन्दर्भों से वह अपनी रचना को संपृक्त करे। यथार्थ की धरती पर खड़ा होकर उसका चित्र खींचे। कल्पना यदि हो तो वह यथार्थ भी लगे। मनुष्य में उसकी सम्भावनाएँ हों, तभी कहानी कालजयी बनेगी। आलोच्य युग के रचनाकार कहानी शिल्प की इस शक्ति से परिचित हैं। उन्होंने इसका व्यापक उपयोग किया है।

प्राचीन काल से ही अभिव्यक्ति के प्रमुख साधन के रूप में भाषा का अपना एक अलग तथा विशिष्ट महत्व रहा है। कथाकार की सर्जनात्मक संवेदना अपनी अभिव्यक्ति के लिए सर्वथा उचित तथा समर्थ भाषा की खोज में लगी रही है। यह भाषा कहानीकार की सर्जनात्मक संवेदना के साथ एकमेव हो सिर्फ अभिव्यक्ति का माध्यम भर नहीं अपितु उसकी संवेदना के रूप में परिणत हो जाती है। युग की बदलती परिस्थितियों, सन्दर्भों एवं कथ्य की आवश्यकताओं के अनुरूप-रचनाकार नई भाषा की जरूरत महसूस करता है। वह कथा में स्वाभाविकता के प्रयोग को प्राथमिकता देता है। आलोच्य युग के कहानीकारों ने भी भाषा के क्षेत्र में नवीनता का परिचय दिया है। जिस तरह उसने अपने पात्रों को स्वाभाविक रखने की कोशिश की उसी तरह उसने अपने शिल्प को भी स्वाभाविक बनाए रखा है। क्योंकि भाषा वही मान्य होती है जो सहज हो, सरल हो तथा असानी से समझी जा सके। व्यापक अनुभूति की अभिव्यक्ति तभी सार्थक एवं अर्थवान हो सकती है जब भाषा उसे सहज एवं स्वाभाविक रूप से प्रस्तुत करने में सक्षम हो। प्रायः अधिकांश रचनाकारों ने भाषा को सामाजिक जीवन के निकट लाकर, उसे सहज तथा स्वाभाविक रूप में जोड़कर कथ्य को आकर्षक बनाया है। इस दौर की भाषा एक समर्थ भाषा के रूप में दृष्टव्य है। उसमें प्रतीकों, बिम्बों, मुहावरों, लोकोक्तियों को समुचित स्थान मिला है।

विजयमोहन सिंह की कहानी का एक नया टटका बिम्ब देखिए—''प्रिया को लगा, अब व्यवस्थित गृहस्थी की शुरुआत हुई। सारा जीवन उसके सामने 'लाल कालीन' की तरह बिछा हुआ था। नए सोफे, खूबसूरत परदे जो रंग-बिरंगी डोरियों से खींचने पर खुलते और बन्द होते थे।''[28] यहाँ लाल कालीन एक नया बिंब है

जो भावी जीवन का भी चित्र प्रस्तुत कर जाता है। और, इस बिम्ब में अर्थ की गम्भीरता, व्यापकता के साथ नयापन भी है।

'खोज' संजीव की एक ऐसी कहानी है, जिसमें राजतन्त्रभोगियों पर प्रहार भी है और पीड़ित वर्ग की व्यथा-कथा के साथ बदलती संवेदना का स्वरूप भी। राजा कौशलेन्द्र प्रसाद सिंह ने पाँच वर्ष की अवस्था में मंगल बाबा को अपने खजाने की सुरक्षा के लिए जमीन में गाड़ दिया। इस सत्य के साक्षात्कार पर सगुनियों के भाव और उनकी प्रतिक्रियाएँ पूर्ववर्ती कहानियों से भिन्न दिखाई देते हैं। ''...उन सभी के चेहरे लटक आए थे, उन पर टॉर्च की फीकी-सी उजास में उदासी बिछल रही थी। ऐसी उदासी जो इन्सान के आदिम पुरखे बन्दरों के चेहरों पर (जो इन्सान बन नहीं पाए) सदा-सर्वदा छाई रहती है, उस अँधी खो में मानो एक साथ बैठकर अपनी नियति पर स्यापा कर रहे थे जिसकी काली दीवारें सारा उजाला सोखकर निर्विकार बनी हुई हैं।

खजाने की खोज पूरी हो चुकी थी।...अब गुलाब और बाकी बूढ़े और जवान लौट रहे थे, लौट रहे थे, साठ सत्तर साल के पड़पोते अपने पाँच साल के लकड़दादा मंगल को कन्धे पर उठाए-तिलचट्टों की पाँत में शामिल तिलचट्टों की तरह इतिहास की वर्षों पुरानी मनहूस काली समाधियों की सुरंग से ऊपर...और ऊपर, और ऊपर, जहाँ ताजा हवा थी, रोशनी थी और नई सुबह उनका इन्तजार कर रही थी।[29]

निश्चय ही 'फ़ीकी-सी उजास में उदासी विछल रही थी' जैसी चित्रात्मक योजना पूरी तरह टटकी है। 'अँधी खो' प्रतीकात्मक अर्थ की अभिव्यक्ति में समर्थ पदबन्ध है। ठीक ऐसे ही 'नियति पर स्यापा' और 'उजाला सोखकर निर्विकार' जैसे प्रयोग बिम्ब की नवीनता का परिचय दे जाते हैं। और, अन्त में तो सगुनियों के बाहर निकलने का दृश्य अपने आप में अनूठा है। मनुष्य की नियति उसकी असमर्थता उसे तिलचट्टा बना देती है।

भाषा ने मानवीय सन्दर्भों को भी विश्लेषित कर कहानी को सम्पूर्णता में अर्थवत्ता प्रदान की है। इस दौर की कहानियों की भाषा बदले रंग-रूप में कहानीकार की संवेदना के साथ ही साथ कहानी को सम्पूर्णता में अर्थवान भी बनाती है।

यह अलग बात है, इस दौर में कलात्मक सौष्ठव पर विशेष बल नहीं दिया गया। सीधी-सादी, सपाट एवं जानी-पहचानी, अल्हड़ भाषा का प्रयोग कहानियों में ज्यादा दिखलाई पड़ता है। व्यवसाय, प्रशासन, स्थानीय जीवन, आम बोलचाल, पुलिस, शासन सत्ता, आधुनिक जीवन तथा समाज से जुड़ी भाषा कहीं संकेत रूप में, कहीं वर्णनात्मक रूप में, कहीं विवरणात्मक रूप में, तो कहीं अन्याय एवं अत्याचार को प्रकट करने के लिए ओजपूर्ण तथा व्यंग्यात्मक रूप में सामने आती हैं। वस्तुतः इस काल के पात्रों की भाषा में दया करुणा की भावना का लेशमात्र

नहीं। उनमें तो संघर्ष की तेजोमय वाणी है। वे अपनी स्थिति से विचलित नहीं हैं, अपितु इसे भोगने, सहने, उसका सामना करने के लिए प्रस्तुत हैं–इस प्रक्रिया में लोक व्यवहार के शब्दों, मुहावरों, लोकोक्तियों, बोलियों आदि को जहाँ भरपूर स्थान मिला वहीं अंग्रेजी एवं उर्दू शब्दों का भी खूब प्रयोग हुआ।

विविधता एवं व्यापकता से युक्त इस दौर की कहानियों की भाषा अर्थ-क्षमता से पूरिपूर्ण है। इसकी सबसे खास विशेषता सम्प्रेषणीयता है। अर्थात वह सहज संप्रेष्य है। इस दौर में कहानी की भाषा में कहानी का कथ्य तथा कहानीकार की संवेदना में अलगाव नहीं। शायद इसी कारण वैविध्यपूर्ण जटिल, गम्भीर तथा बहुआयामी कथ्य भी सशक्त रूप में प्रस्तुत होता है। कहानीकारों ने जिस राजनीति एवं सामाजिक खुरदुरे यथार्थ को सामने रखा उसे उसी भाषा के माध्यम से जीवन्त रूप भी प्रदान किया। रचनाकार 'वस्तु–सत्य' पर दृष्टि केन्द्रित रखने के कारण अर्थवान भाषा की आवश्यकता महसूस करता है। इसलिए वह उन्हीं के बीच से शब्दों का चयन करता है।

इस धरातल पर कहानीकार काफी सफल रहे हैं, क्योंकि उन्होंने जीवन एवं समाज के विभिन्न क्षेत्रों के अर्थवान शब्दों, लोकप्रचलित मुहावरों, तद्भव, देशज तथा स्थानीय बोलियों के शब्दों को जिस कुशलता से प्रस्तुत किया उससे यह साबित होता है कि कथ्य पर दृष्टि रखने के साथ भाषा के प्रति भी वे सचेत रहे। "तमाम शहरों के पार्लर्स में स्त्रियों को लिटाकर उनकी त्वचा से मोम के द्वारा या एलेक्ट्रोलिसिस के जरिए रोएँ उखाड़े जा रहे हैं, जैसे पिछले समय में गड़रिये भेड़ों की खाल से ऊन उतारा करते थे। राहुल को साफ दिखाई देता कि तमाम शहरों और कस्बों के मध्य निम्न मध्यवर्गीय घरों से निकल-निकलकर लड़कियाँ उन शहरों में कुकुरमुत्तों की तरह जगह-जगह उगी ब्यूटी-पॉर्लर्स में मेमनों की तरह झुण्ड बनाकर घुसती और फिर चिकनी-चुपड़ी होकर उस आदमी की तोंद पर अपनी टाँगे छितरा कर बैठ जातीं। इन लड़कियों को टी.वी. 'बोल्ड एण्ड ब्यूटीफुल' कहता और वह लुजलुजा-सा तुन्दियल बूढ़ा 'रिच एण्ड फेमस' था।"[30]

उपर्युक्त उद्धरण इस बात का गवाह है कि आलोच्य युग के कहानीकारों ने कथ्य के अनुरूप भाषा को भी नए रंग रूप में प्रस्तुत कर व्यावहारिकता का परिचय दिया। इस दौर के कहानीकारों ने भ्रष्टाचार, प्रशासन, पुलिस, आतंकवाद, राजनीतिक स्थितियों, गाँवों कस्बों, नगरों, महानगरों का विसंगतिपूर्ण जीवन, आम आदमी का संघर्ष, साम्प्रदायिक द्वेष, जातिगत भेदभाव, वर्गगत विषमता जैसे अनेकानेक सामाजिक समस्याओं को उजागर करने का प्रयास किया। इसके लिए वह स्पष्ट भाषा को आधार बनाता है। स्पष्ट एवं खुलेपन की दृष्टि के चलते ही उसने भाषा को प्रायः सहज रखने की कोशिश की जिसके फलस्वरूप वह स्वाभाविक

बोलचाल की भाषा से जुड़ता गया। प्रादेशिक शब्दों, ग्रामीण शब्दों, गीतों आदि का प्रयोग इसी का परिणाम है।

आलोच्य युग में व्यवस्था के शिकार, विश्वासों के शिकार, पुलिस तथा अन्धविश्वासों के शिकार हुए व्यक्ति का चित्रण है। इन सबको कहानीकारों ने बड़ी बारीकी, गम्भीरता एवं संजीदगी से चित्रित किया है। इसमें वक्रता लाने, उन्हें अर्थवान बनाने स्वयं की बात को प्रामाणिक रूप में प्रस्तुत करने के लिए कहानीकारों ने मुहावरों एवं लोकोक्तियों का सहज प्रयोग किया है। ये जहाँ स्वाभाविकता को जन्म देते हैं, वहीं कथन-वक्रता को भी बढ़ाने में सहायक होते हैं। परन्तु मुहावरे एवं लोकोक्तियों का प्रयोग प्रायः उन्हीं कहानियों में ज्यादा मिलता है जिन कहानियों के केन्द्र में गाँव के ग्रामीण परिवेश का वर्णन मिलता है। इस प्रकार आलोच्य युग के कहानीकारों ने लोकोक्तियों एवं मुहावरों का प्रयोग करते हुए भाषा को वह शक्ति दी है, जिससे पात्र का कथन तो सशक्त रूप में अभिव्यक्त हुआ ही साथ ही उसमें उल्लेखनीय शक्ति का समावेश भी हुआ है।

युगीन रचनाकार अपने कथ्य को अर्थगर्भित बनाने के उद्देश्य से मिथकीय और ऐतिहासिक सन्दर्भों का भी उपयोग करता है। 'और अन्त में प्रार्थना', 'वारेन हेस्टिंग्ज का साँड़' आदि में इसका व्यापक उपयोग है।

---

1. हिन्दी साहित्य कोश-भाग-1, पृ. 863
2. वही, पृ. 863
3. विश्वम्भरनाथ उपाध्याय; सृजन के तीन आयाम, पृ. 288
4. हिन्दी की महिला उपन्यासकारों की मानवीय संवेदना, डॉ. उषा यादव, पृ0 17
5. केशर कस्तूरी, शिवमूर्ति, पृ. 149
6. वही, पृ. 151
7. चिन्तामणि भाग-1, आचार्य रामचन्द्र शुक्ल, पृ. 4
8. कामरेड का कोट, सृंजय, पृ. 110
9. वही, पृ. 110
10. केशर कस्तूरी, शिवमूर्ति, पृ. 41-42
11. वही, पृ. 95-96
12. वही, पृ. 98
13. हजारी प्रसाद द्विवेदी ग्रंथावली, भाग-1, पृ. 90
14. पीली छतरी वाली लड़की, उदय प्रकाश, पृ. 145
15. कामरेड का कोट, सृंजय, पृ. 145

16. पाल गोमरा का स्कूटर, उदय प्रकाश, पृ. 73
17. तिरिछ, उदय प्रकाश, पृ. 58
18. हंस, सितम्बर, 1992, पृ. 72
19. वही, पृ. 72
20. वही, पृ. 72
21. मध्यकालीन बोध का स्वरूप, आचार्य हजारीप्रसाद द्विवेदी ग्रंथावली, भाग-5, पृ. 51
22. साहित्य का उद्देश्य, प्रेमचन्द, पृ. 26
23. दलित चेतना की कहानियाँ : बदलती परिभाषाएँ—प्रो. राजमणि शर्मा, पृ. 124
24. वही, पृ. 30-31
25. हिन्दी साहित्य कोश, भाग-1 पृ. 181-182
26. हंस, सितम्बर, 1999, पृ. 90
27. हंस, सितम्बर, 1992, पृ. 72
28. सब कुछ करीने से, विजय मोहन सिंह, इंडिया टुडे वार्षिकी 94-95, पृ. 125
29. हंस, अर्द्धशती विशेषांक, खण्ड-1, अगस्त-सितम्बर 1997, पृ. 25
30. पीली छतरी वाली लड़की, उदय प्रकाश, पृ. 11

तृतीय अध्याय

आलोच्य युग की हिन्दी कहानी : संक्षिप्त सर्वेक्षण

हिन्दी साहित्य के आलोच्य काल (1991-2000 तक) की केन्द्रीय विधा 'कहानी' बन बैठी। यद्यपि कहानी के वस्तु और शिल्प को लेकर अनेक विवाद उठे, यहाँ तक अपेक्षा की गई की उपन्यास की भाँति कहानी में महाकाव्यात्मक स्वरूप आना चाहिए, पर इन आलोचनाओं विवादों को दर किनार करती हुई हिन्दी कहानी, आज अपनी अलग पहचान बनाने तथा केन्द्रीय विधा बनने की कुब्बत रखती है। उदय प्रकाश, संजीव, सृंजय, स्वयं प्रकाश, शिवमूर्ति आदि ने नवें दशक में जो धमक स्थापित की थी, वह उनके द्वारा तथा अन्य नए रचनाकारों द्वारा यथावत कायम रही। 'हंस', 'कथादेश', 'कथाक्रम', 'वागर्थ', 'वर्तमान साहित्य', 'समकालीन साहित्य', आदि पत्रिकाएँ महाकाव्यात्मक स्वरूप की कहानियों की निर्मिति में भी महत्त्वपूर्ण भूमिका निभाई।

मेरे समक्ष समस्या थी, कहानियों के चयन की। संग्रह भी मेरे सामने थे, पत्र-पत्रिकाएँ भी। मैं शुद्ध रूप से इस काल में रची और प्रकाशित कहानियों को ही चुनना चाहता था। अधिकांश संग्रह इस दिशा में खरे नहीं उतरे। कोई-न-कोई कहानी काल सीमा की परिधि के बाहर की निकली। अस्तु मैंने केवल पत्रिकाओं को ही आधार बनाया।

प्रमुख पत्रिकाओं में प्रकाशित कहानियों की संख्या भी दो हजार से ऊपर थी। निश्चय ही यहाँ सभी कहानियों का संक्षिप्त परिचय दे पाना सम्भव नहीं। फिर भी मेरा प्रयास रहा है कि आलोच्य काल के चर्चित कथाकार और उनकी चर्चित कहानियाँ छूटने न पाएँ। इस प्रक्रिया में यह अध्याय तुलनात्मक दृष्टि से अधिक विस्तृत है।

1. संवेदना के विविध पक्षों की उकेरती कहानियाँ

उदयप्रकाश आलोच्य जगत के बहुचर्चित कथाकार हैं। 'टेपचू', 'तिरिछ', 'पाल गोमरा का स्कूटर', 'वारेने हेंस्टिंग्स का साँड़', 'छप्पन तोले का करधन' और 'अन्त में प्रार्थना', तथा 'पीली छतरी वाली लड़की', 'हीरालाल का भूत' आदि इनकी

कहानियाँ संवेदना की परत-दर-परत खोलती हैं। इनके चरित्र ऐतिहासिक बन जाते हैं और वस्तु इतिहास। वे एक विस्तृत परिवेश को अपनी कहानियों में प्रस्तुत करते हैं। शीर्षक के सहारे वह समाज, संस्कृति, भाषा, राजनीति, शासन व्यवस्था तथा लोकजीवन तक को रेखांकित कर जाते हैं। और इतने विस्तृत फलक को वह कहानी में बाँधे भी रहते हैं। उनकी भाषा घोड़े की भाँति सरपट भागती भी है। 'पाल गोमरा का स्कूटर' एक मध्यवर्गीय भारतीय हिन्दी कवि रामगोपाल सक्सेना की कहानी है। वस्तुतः अपनी पहचान बनाने के लिए उन्होंने अपना नाम बदला। पाल गोमरा का चित्रांकन करते हुए उदय प्रकाश बताते हैं, ''कवि पाल गोमरा भी खासे भदेस थे। अरहर की दाल, भात, चोखा आम का अचार, कढ़ी, धनिए की चटनी जैसी चीजों में उनके प्राण बसते थे। वे कायर भी थे, क्योंकि तमाम जलालत के बावजूद वे पिछले कई सालों से उसी दफ्तर में नौकरी करते आ रहे थे जहाँ न कभी उनको कोई प्रमोशन मिला था न कोई सम्मान।''[1]

इस कथा के माध्यम से वह अंग्रेजों के जमाने में भी घूम आते हैं और आधुनिक जीवन की भी तलाश कर आते हैं। वह यह भी महसूस करते हैं कि पूँजीवाद के प्रभाव से जिस प्रकार पूर्वी यूरोप का समाजवाद साफ हुआ है उसी तरह हिन्दी की पत्रिकाएँ और अखबार साफ हो गए। बाजार बढ़ रहा है, हर चीज बिकाऊ है। कोई लड़की रातों रात विज्ञापन की दुनिया में आकर कैन्टेसा में चलने लगती है। लेकिन हस्र होता है—उसका नामोनिशान मिट जाना। आज के आधुनिक परिवेश की मानसिकता को उदयप्रकाश बड़ी बेबाकी से रेखांकित कर जाते हैं, ''बाजार अब सभी चीजों का विकल्प बन चुका था। शहर, गाँव, कस्बे बड़ी तेजी से बाजार में बदल रहे थे। हर घर दूकान में तब्दील हो रहा था। ...औरत बिकाऊ और मर्द कमाऊ का महान् चकाचक युग आ गया था।''[2] किन्तु पाल गोमरा मध्यकाल में ही जी रहे थे, न उनके जैसी हिन्दी लिखने वाला कोई था न आज के जीवन में सेकेण्ड हैण्ड सोफा और पलंग खरीदने वाला। श्रम, नैतिकता तथा ईमानदारी किस तरह उपेक्षित है, इसके उदाहरण हैं—रामगोपाल उर्फ पॉल गोमरा। कुछ बड़े दिखने की कामना पॉल गोमरा के अंतस में भी प्रस्फुटित होती है। वह स्कूटर भी खरीद लेते हैं किन्तु समस्या है चलाने की। हिस्ट्रीशीटर मन्त्री की कारों के काफिले से उनका स्कूटर एक्सीडेंट करता है। घायल पॉल गोमरा और मृत उनके साथी की देखभाल, चिकित्सा से पुलिस का कोई मतलब नहीं, घर सूचना नहीं। घर पहुँचते नहीं। हाँ, कभी-कभी गाजियाबाद के आसपास लेफ्टराइट, क्वीट इण्डिया करते हुए देखा जा सकता है। वस्तुतः पॉल गोमरा का पागलपन व्यवस्था की उपेक्षा परिणाम है, जिसके कारणों से उनकी चिकित्सा नहीं हो पायी।

इस कहानी के सहारे उदयप्रकाश 'हिन्दी' की दयनीय स्थिति, हिन्दी

रचनाकारों/समीक्षकों की खबर भी लेते हैं। शासन-व्यवस्था की कमजोरियों, पुलिस की बर्बरता, अमानवीयता, कर्मचारियों की गुटबन्दी आदि कथावस्तु के अंग बने हैं।

'थर्ड डिग्री', 'और अन्त में प्रार्थना' उदय प्रकाश की ऐसी कहानियाँ हैं जिसमें यथार्थ का उपयोग ही नहीं, उसकी रचना की गई है। शासन व्यवस्था; जिसमें मन्त्री, पूँजीपति, माफिया, दरोगा, एम.पी., कलेक्टर, तक शामिल हैं; की असलियत को उजागर करती है, उनकी ये कहानियाँ। सुरेश के घर लाखों की चोरी होती है, चोर का भी पता चलता है। माल कहाँ है, यह भी पता है पर इस भ्रष्ट व्यवस्था के कारण मित्र दरोगा भी विवश हैं। वह चाहकर भी विधि मन्त्री, उनकी पत्नी तथा उनके कारकूनों पर हाथ नहीं डाल पाता।

'और अन्त में प्रार्थना' और सशक्त है। यह एक ऐसी कहानी है जिसमें एक नहीं हजार मिथ टूटते हैं। संवेदनाओं के तार छिन्न-भिन्न होते हैं। संघ और हिन्दूवादी दल जो कल तक नए मूल्यों की स्थापना, मानवीय मूल्यों की रक्षा, भ्रष्ट शासन व्यवस्था को बदल डालने का नारा देते रहे, वे ही राजनीतिक सत्ता में आते ही उस प्रशासन की मदद करने लगते हैं जो उनके विरोधी कांग्रेस की देन है।

इस कहानी के कथानायक डॉ. दिनेश मनोहर वाकणकर ईमानदार, कर्त्तव्यनिष्ठ डॉक्टर हैं। वे हर स्तर पर जनता की सेवा करते हैं, पर उन्हें इसके बदले मिलता है—अपमान और उपेक्षा तथा खराब से खराब जगहों पर स्थानांतरण। नकली दवाओं की सप्लाई कर करोड़ों कमाने वाले के सूत्र ऊपर से नीचे तक फैले हैं। सभी उसमें लिप्त हैं, पर डॉक्टर वाकणकर इन सबसे अलग, इनमें मिसफिट हैं। संघ के कार्यकर्त्ता, हिन्दूवाद के प्रचारक, डॉ. वाकणकर को यही लोग निरन्तर परेशान करते हैं। इन सबसे वे न तो हार मानते हैं, और न ही अपनी नैतिकता छोड़ते हैं। मुस्लिम समाज भी पुलिस की गोली से मारे गए तौफीक अहमद के पोस्टमार्टम के लिए विश्वास करता है—केवल डॉ. वाकणकर पर। डॉ. वाकणकर पर मन्त्री से लेकर पुलिस, सिविल सर्जन एस.पी. आदि समस्त प्रशासन का दबाब है—गलत रिपोर्ट देने का। पहली बार माफिया सरगना गुड्डू सिंह की आवाज़ सुनाई पड़ी—"जैसे भाई जी कह रहे हैं वैसा कर दो भाई जी। आप तो खुद बाल-बच्चेदार हो।...ऊपर से हिन्दू हो। काहे को दूसरे लोगों की रोज़ी रोटी पर लात मारते हो।"[3]

"नहीं भाईजी। मेरी फैमिली की याद मुझे एस.पी. साहब ने भी दिलाई थी। आप लोग मुझ पर दबाव डालकर मुझसे गलत करवाना चाहते हैं?"...उन्हें देखकर मन्त्री टी.पी. सिंह खड़े हुए नमस्कार किया और परेशान आवाज में कहा—"आपकी वजह से मुझे यहाँ आना पड़ा भाई जी। आप क्या कह रहे हैं? हमसे इतना पुराना सम्बन्ध है और वे लोग कह रहे हैं कि भाई जी अपोजीशन और फिरकापरस्तों

के मोहरे बने हुए हैं। ये सिर्फ मेरे खिलाफ साजिश नहीं है। पार्टी के खिलाफ भी साजिश है।"[4]

बेवजह, अविवेकपूर्ण पुलिस और एस.डी.एम. द्वारा अन्धाधुन्ध गोली चलाने से, दंगा-फसाद को निष्फल करने के लिए प्रयासरत तौफीक अहमद पुलिस की गोली का निशाना बनता है। और दबाव है—पोस्टमार्टम में स्टोन इंजरी दिखाने का। चक्रव्यूह में घिरे वाकणकर को अपने बचाव का एक रास्ता दिखायी देता है, अवकाश पर जाना। उनकी प्रार्थना अस्वीकार करते हुए मंत्री का कथन ध्यान योग्य है—"आप जो कह रहे हैं, वह मैं नहीं कर सकता। सेंटर में हमारी सरकार नहीं है। ...पूरे राज्य में संघ के लोग आपको जानते हैं। हम सब आपका सम्मान करते हैं। यह तो राजनीति है।... मुझे इस्तीफा देने के लिए मजबूर करवा देंगे तो इससे किसका भला होगा? पोस्टमार्टम रिपोर्ट तो आप ही लिखेंगे।"[5] किंतु समस्त विरोधों, संघर्षों दबावों के बावजूद सही पोस्टमार्टम रिपोर्ट लिखकर डॉक्टर वाकंणकर को अन्त में मृत्यु का वरण करना पड़ता है। उनकी यह मृत्यु हमें इस देश की राजनीति तथा इसके सम्प्रदायों की यथार्थ गाथा चीख-चीख कर सुनाती रहेगी। वस्तुतः यह एक ऐसी ट्रेजडीपरक रचना है जिसमें कथा नायक अपनी, अपने घर-परिवार की चिन्ता किए बिना सिद्धान्त पर अन्त तक डटा रहता है। वैसे यह कहानी सृंजय के 'कामरेड का कोट' की प्रतिक्रिया स्वरूप लिखी गयी मानी जाती है।

इन्हीं की एक और लंबी कहानी है—'पीली छतरी वाली लड़की' जिसमें शैक्षिक जगत के साथ-साथ राजनीतिक और प्रशासनिक जगत की असलियत को उजागर करते हुए अत्याधुनिक परिवेश, बाजारवादी भावना, अमानवीयता के दृश्य, गुण्डागर्दी आदि को उन्होंने कथावस्तु का हिस्सा बनाया है। वस्तुतः मूल कहानी तो ब्राह्मण कन्या अंजलि का दलित युवक राहुल के साथ भागना है। किन्तु ये दोनों चरित्र इस कहानी में गौण हो गए, अन्य घटनाएँ प्रधान बन गईं। कहानीकार उच्चवर्गीय छात्रों के बीच निम्नवर्गीय छात्रों की मूर्खतापूर्ण चर्चित कथाओं को भी आधार बनाता है। पर ये कथाएँ कोरी गप, नवयुवकों के बीच मनोरंजन का माध्यम-मात्र हैं। यह भी कहा जा सकता है कि ऐसी कथा का उपयोग कहानी को कथा-रस से सराबोर करने के लिए किया गया है। किंतु यह उपयोग कथा-रस के बदले भद्देपन और घृणा का संचार करता है।

यह पूरी कहानी ब्राह्मण और प्रशासन की पृष्ठभूमि पर आधृत है। कथाकार यह भूल गया कि कम-से-कम डेढ़ हजार वर्षों से ब्राह्मण तो स्वयं दलित की स्थिति में जीते रहे हैं। वैसे यह कहानी उदय प्रकाश के आकाश जगत में एक छेद है, क्योंकि सिनेमा के प्लाट में परिवर्तित करने की तीव्र आकांक्षा इसमें साफ दिखाई देती है।

इन्हीं की कहानी 'वारेन हेस्टिंग्स का साँड़' संरचना-शिल्प में एक मानदण्ड स्थापित करती है। तीन सौ वर्षों की कथा को रचनाकार ने फतांसी और मिथक के सहारे कलात्मक स्वरूप प्रदान किया है।

प्रकाश उदय की कहानी 'ना सम जियत न मुँअले माँही' साम्प्रदायिक सद्भाव की पोलपट्टी बड़ी ही सहजता से उघाड़ती है। इस कहानी का केन्द्र-बिन्दु साम्प्रदायिकता है। कहानी व्यंग्य-प्रधान है। कथा-नायक के शीर्ष पर सत्तार मियाँ हैं और उन्हीं के तौर-तरीकों और आदतों को आधार बना रचनाकार ने सामाजिक ढाँचे पर व्यंग्य किया है। यह कहानी अपने कथ्य के सम्प्रेषण में पूरी तरह सफल नहीं हुई है। जगह-जगह शिल्प में कथ्य की भरपाई करने की कोशिश तो है मगर रचनाकार का कौशल यहाँ भी दगा दे जाता है। विभिन्न कहानी कविताओं की चुनिन्दा पंक्तियों का यथासम्भव प्रयोग है। लेकिन बार-बार ऐसा प्रयोग सार्थकता को तो नष्ट करता ही है, कोई ताजगी भी नहीं पैदा कर पाता। यथा—"अति अनुराग उमगि अनुरागा", "कौन ठगवा नगरिया लूटल रे"..."कहे कबीर सुनो भाई साधो", "जग से नाता छूटल रे।"[6] पर इन सबके बावजूद इस कहानी में खास बात यह है कि ग्रामीण शब्दों का चलताऊ प्रयोग बरबस ही पाठक का ध्यान आकृष्ट करता है और कथ्य को सजीव बना देता है। पर यह बात समझ से परे है कि अपने में पूरी होने के बावजूद रचनाकार ने कुछ शब्दों व बातों का किसलिए प्रयोग किया है। यथा—भोर का बावरा अहेरी रुकायमान हो गया है, अथवा कबीर के उदाहरण को दो पन्नों में घसीटना, तो कभी प्रसाद के कामायनी से शब्दों को चुराने या पलोटनपुर के फेरू को लाना। ये कुछ चूकें है जो कहानी की सहजता और सरसता को नष्ट करते हैं।

संजीव की कहानियों पर जब भी चर्चा की जाती है तो सर्वप्रथम उनकी कहानी 'अपराध' सामने आती है। 'सारिका' में प्रकाशित इस कहानी की चर्चा इसलिए होती है क्योंकि इसमें भ्रष्ट व्यवस्था से लड़ती नक्सलवादी पीढ़ी की लड़ाई और व्यवस्था को न बदल पाने की विवशता है। हम यह भी कह सकते हैं कि अपने बहुआयामी सन्दर्भ में संजीव—यथार्थ का दस्तावेज बनकर इस कहानी में सामने आए हैं। निस्संदेह आलोच्य युग के कहानीकारों में संजीव का नाम इसलिए महत्त्वपूर्ण हैं क्योंकि उन्होंने अपनी कहानियों में जनतन्त्र के ढोंग और उसकी स्थिति पर खुलकर बहस की। इनकी कहानियों में एक विशेष प्रकार का आक्रोश मिलता है। संजीव मजदूरों के बीच के रचनाकार हैं। मजदूरों की दयनीय स्थिति, पीड़ा, दुखों को उन्होंने निकट से देखा है। यही कारण है कि संजीव ने मजदूर-जीवन और उनके आन्दोलन की स्थितियों को रेखा-चित्रात्मक रूप में विभिन्न कहानियों में व्याख्यायित करने का सार्थक प्रयास किया।

'दुनिया की सबसे हसीन औरत' उनकी कहानियों का ऐसा संग्रह है जो आदमी और आदमी तथा जगत के बीच के द्वन्द्वात्मक रिश्तों की गम्भीर पड़ताल करता है। वस्तुतः संजीव की कहानियों में एक विशेष प्रकार की प्रतिबद्धता मिलती है। लेकिन प्रतिबद्धता के साथ-ही-साथ उसमें वैविध्य भी है और कलात्मक स्तर भी।

इन्हीं की 'प्रेरणा स्रोत' एक श्रेष्ठ कहानी है। इसमें जंगली बहू के सहारे सामाजिक यथार्थ के रेशे-रेशे को अलगाने का काम किया गया है। जंगली बहू एक सशक्त महिला है। वह संघर्षशील भी है। अपने संघर्ष के परिणामस्वरूप ही वह ग्राम पंचायत की सदस्या भी चुनी जाती है। कहानीकार की वह आराध्या भी है। इसलिए पति के दूर चले जाने के बाद न वह थकती है न हारती है। औरतों को एकत्रित कर वह उनकी समस्या से आने वाले नेता को रूबरू कराना चाहती है। पूरी कहानी गाँव में ट्यूबवेल के पानी को लेकर केन्द्रित है। सही स्थल के चुनाव के लिए महिलाएँ एकत्र हैं—जंगली बहू के नेतृत्व में। ठाकुरों को यह कहाँ बर्दाश्त। वे तो ट्यूबवेल अपनी सुविधा के अनुरूप चाहते हैं। जन सामान्य के हित से उन्हें क्या लेना-देना? समझाने-बुझाने पर न माननेवाली महिलाओं, विशेषकर अपने घर और वर्ग की महिलाओं को मारने-पीटने पर उतारू हो उठते हैं—ठाकुर। परिणाम; सभी महिलाएँ भाग खड़ी होती हैं। बचती है—जंगली बहू। अन्ततः यह पराजय बोध उसे अपने बेटे के साथ गाँव छोड़ने के लिए विवश कर देता है। कहानीकार की प्रेरणा का अस्तित्व समाप्त होता है।

संजीव ने इस कहानी के माध्यम से गाँव के जीवन-जगत का यथार्थ तो प्रस्तुत किया ही साथ ही कभी न थकने और हारनेवाले चरित्र को ही नायक या कहानी की नायिका बनाने की बात भी कह दी है। ऐसा नायक या ऐसी नायिका जो कहानीकार से पूछे—"तुमने मेरे द्वारा गढ़े हुए हर सच को झूठ में बदलने से रोका और मेरी उम्मीदों से भी आगे निकल गई। एक बार फिर मेरी गढ़ी हुई उम्मीद को सच में बदल जाओ। तुम्हें उस रहटे की उड़ती चिर-परिचित रेह की सौगन्ध। अब कभी तुम्हें खोने नहीं दूँगा।"[7]

'आरोहण' पहाड़ के निवासियों की कथा है। संजीव ने रूप सिंह एवं भूप सिंह दो भाइयों को आधार बनाकर पहाड़ियों के अन्तर्मन की व्यथा को उजागर किया है। रूप सिंह ग्यारह साल बाद शहर से वापस अपने गाँव आता है। वह देखता है कि इन ग्यारह सालों में उसका गाँव किसी प्रकार की कोई उपलब्धि हासिल न कर सका है। रूप सिंह प्रयास करता है कि उसका भाई भूप भी उसके साथ शहर चले पर भाई कहता है कि—"मैं यहाँ अकेला नहीं। हयाँ माँ हैं, बाबा हैं, शैला है—सोए पड़े हैं सब यहाँ।"[8]

वस्तुतः संजीव की यह कहानी भोले-भाले उन पहाड़ी लोगों का दर्द बयाँ करती है जो पहाड़ों पर होनेवाले धँसाव में अपना सबकुछ लुटा बैठते हैं फिर भी वे अपनी जन्मभूमि से प्रेम के कारण उसे छोड़ नहीं पाते। जबकि उन्हें यह अच्छी तरह ज्ञात है कि सृष्टि की इस विनाशकारी प्रक्रिया में वे भी, कभी भी, असमय मृत्यु को प्राप्त कर सकते हैं। साथ ही, इस कहानी का उद्देश्य भारतीय राजन्य-वर्ग की सामान्य-जन तथा पिछड़े क्षेत्रों के प्रति उपेक्षा का भाव का प्रदर्शन भी है।

'लिटरेचर' बाजारवाद भूमण्डलीकरण पर आधृत संजीव की एक लम्बी कहानी है। इसमें कहानी शिल्प के सभी आयामों के साथ-साथ फन्तासी का भी प्रयोग है। आदिवासी युवक मि. दीपक उसी सेठ के यहाँ पहुँच जाता है जो उनके पिता का हत्यारा था। वह उनकी बेटी के प्रेम के चक्रव्यूह में भी फँस गया। पूँजीपति-वर्ग विद्वानों को किस तरह खरीदता है और किस तरह उपयोग करता है, इसी का उदाहरण है—'लिटरेचर'। दीपक जैसा व्यक्ति भी इस लोभ में पड़ता है—"ये दो भेड़ियों की लड़ाई या सन्धि थी—अपने-अपने स्वार्थ, मुनाफे के शेयर का।...अब भी नहीं समझ पाए कि वह भी उस विराट विश्वदर्शन कराते विष्णु का मोहिनी रूप है जो हँस-हँसकर देवताओं को अमृत पिला-पिलाकर अमर बनाती रही और तुम्हें-तुम्हें सिर्फ मुस्कान।"[9]

यह कहानी एक तरफ पूँजीवादी और सामन्तवादी व्यवस्था पर प्रहार करती है और दूसरी तरफ मानवीय कमजोरी के प्रति हर मनुष्य में उपस्थित ललक को दर्शाती है। पूँजीवादी किस प्रकार अपने माल की खपत हेतु समुचित कारण को समाज में पैदा करता है, यही इस कहानी का यथार्थ है। औषधि पहले तैयार होती है और उसकी खपत हेतु रोग को तैयार करने का उत्तरदायित्व सौंपा जाता है—ऐसे व्यक्ति को जिस पर समाज का विश्वास है, जो मानवता के हित में संलग्न रहा है। और, यह उत्तरदायित्व भी उसे सौंपती है, उसकी प्रेमिका-ज्योति। पर कथा-नायक इस षड्यन्त्र को भाँप लेता है। "हाँ जी, उस दवा का रोग आपको तैयार करना है, उसके लक्षण, उसके एफेक्ट।"[10] 'खोज' और पूत-पूत! पूत-पूत!! इनकी अन्य उल्लेखनीय कहानियाँ हैं।

शिवमूर्ति ने नवें दशक में ही अपनी धमक बनाई। आलोच्य युग में कई कहानियाँ, इन्होंने लिखी। 'कसाई बाड़ा' इस दौर की यथार्थ प्रस्तुति है, जिसमें शासन-व्यवस्था पर करारी चोट है।

नमिता सिंह समकालीन हिन्दी कहानी की एक सजग एवं संवेदनशील कथा—लेखिका हैं। अपने कथा संग्रह 'राजा का चौक' की कहानियों के माध्यम से साम्प्रदायिक और धर्म के अनेकानेक पक्षों पर प्रकाश डालते हुए उन्होंने स्पष्ट कर दिया था कि व्यक्ति एवं समाज के अन्दर आज बहुत कुछ बदल गया है तथा

बदल रहा है। इनकी कहानियों में हमें एक दृष्टि-सम्पन्नता मिलती है। लोक जीवन से जुड़ाव मिलता है। परिवेश की प्रामणिक अनुभूति, उसकी सच्चाई, उनके मानवीय सम्बन्ध तथा उदित होती दलित चेतना के स्पर्श का प्रयास भी है। वे अपनी कहानियों में बड़ी सहजता से समूची राजनैतिक एवं सामाजिक प्रक्रिया की पड़ताल करती हैं और जीवन की विषमताओं, विसंगतियों एवं स्थितियों के प्रति खुली वितृष्णा एवं सक्रिय विद्रोह व्यक्त करती हैं। 'राजा का चौक' के पश्चात जीवन यथार्थ को लेकर आनेवाला कथा-संग्रह है–'जंगल गाथा'।

'जंगल गाथा'[11] स्त्री कथा-लेखन के ब्रैकट्स के बाहर की कहानी है और है–जीवन के यथार्थ के निकट की कहानी। यही कारण है कि उसमें समाज का गरीब व्यक्ति मिलेगा, मजदूर मिलेगा और उसमें मिलेगी मानवीय जीवन की करुण-गाथा। एक विशेष प्रकार की उदात्त चेतना से युक्त 'जंगल गाथा' उन पिछड़े और व्यापक समाज से प्रायः दूर रहने वाले वर्ग की कथा है, जो अनेकानेक अँध-विश्वासों में जकड़ी हुई है। इसमें आदिवासी समाज और उनके जीवन का भयावह चित्र साफ तौर पर दिखाई देता है। विकास की रेखाओं से दूर, जंगल को ही आधार बनाकर अपनी जीविका चलाने वाले आदिवासियों का जीवन ठेकेदारों की कृपा का मोहताज है। जंगल के ठेकेदार और मालिक वीरभद्र नहीं चाहते कि वहाँ विकास की स्थितियाँ उत्पन्न हों क्योंकि ऐसा होने से आदिवासियों के बीच उनकी सत्ता खतरे में पड़ जाएगी। इस प्रकार इसमें दलित पात्र हैं, उनकी चेतना है, उनकी कमजोरियाँ हैं, साथ ही उनको बसाने एवं उखाड़ने वाले तथाकथित उच्च वर्ग के लोग हैं, जिनकी असलियत को खोलने एवं उनकी छिपी स्वार्थ दृष्टि को गहराई से पकड़ने की कोशिश की गई है।

नारी अस्मिता के इर्द-गिर्द घूमती कहानी 'बन्तो।'[12] इस दृष्टि से उल्लेखनीय है। इसमें बन्तो आज के बदलते समाज की नारी पात्र के प्रतिनिधि के रूप में सामने आती है। यह पुरुष-प्रधान समाज में एक ऐसी नारी की कहानी है जो निर्णय लेने की क्षमता रखती है। यों आज की स्थिति तो यही है कि सामाजिक स्थिति के बीच स्त्री समझौता करने के लिए विवश होती है–कभी कोठे पर बैठकर देह बेचते हुए और कभी घर में रहकर ही गुलाम के रूप में जीवन जीते हुए समझौता करती है। 'बन्तो' कहानी में एक ओर बन्तो की सास है जो बन्तों के शरीर की आवश्यकता को महसूस करती हुई, उसे अपने दूसरे बेटे की समर्पिता के रूप में देखना चाहती है तो दूसरी ओर बन्तो है जो इस स्थिति से निपटने के लिए स्वयं को तैयार करती है, अपने भीतर आत्मविश्वास जागृत करती है। और पति की मृत्यु के उपरान्त वह अपने देवर की पत्नी न बनकर बड़े प्रेम से उसे उसकी पत्नी के पास भेज देती है। सासु की मनोभावनाओं को वह झुठला देती है।

'धर्मक्षेत्रे-कुरुक्षेत्रे' **दूधनाथ सिंह** की ऐसी कहानी है जिसमें गम्भीरता के साथ ही नयी अन्तर्दृष्टि विराजमान है। इस कहानी के द्वारा दूधनाथ सिंह नई जमीन भी तोड़ते हैं। वे यहाँ किसी अमूर्त फंतासी का निर्माण नहीं करते अपितु समाज की स्थिति पर सीधी नजर रखते हैं। इसमें कोई शंका नहीं कि दूधनाथ ने अपने आसपास की भ्रष्ट सभ्यता को पूरी तरह से बेनकाब कर सच्चाई का बयान किया है। आज के सामाजिक, ऐतिहासिक सवाल अपनी सम्पूर्णता में आए हैं। संघर्ष और अनुभव की गम्भीर एवं सहज प्रस्तुति के चलते उनकी यह कहानी मार्मिक बन पड़ी है। इसमें कहानीकार ने सीधे और सपाट रूप में गँवई गाँव के जरायम पेशा तथा अपराधिक चरित्रों को आधार बनाकर कहानी का जो ताना-बाना बुना है, वह उल्लेखनीय है और अपनी गहरी मानवीयता एवं संवेदना के कारण वह पाठक को खींचती भी है। पात्रों के द्वन्द्व को भी बखूबी उद्घाटित किया गया है। मरकटवा का चरित्र प्रभाव छोड़ता है। पशुचोरी के लिए प्रयुक्त पनहा प्रथा को गाँव, थाने, सफेदपोश, अपराधियों, राजनीतिक नेताओं का संरक्षण प्राप्त है और जब इस प्रथा का उपयोग स्त्री शिकार के लिए होता है तो यह उस अमानवीयता को प्रस्तुत करती है जो सम्भवतः हमारे आज के समाज की सच्चाई है। और उन गाँवों की सच्चाई है जहाँ औरतों की स्थिति दयनीय बनाकर रखी गई है। सबसे बड़ी त्रासद स्थिति तो यह है कि मरकटवा न तो लाठी उठाता है न लोहबन्ना, बस पिता के जर्जर होने पर वह भी वही धन्धा अपना लेता है, लेकिन मरकटवा की भूमिका मनुष्यता के बचे रहने का प्रमाण भी है। हम कह सकते हैं कि कहानी स्त्री चेतना एवं दलित चेतना तथा अपनी संवेदना की सघनता के चलते मार्मिक रूप में सामने आती है। इसमें एक रूह कँपा देनेवाली त्रासदी है, जिससे कहानीकार जूझा है। और अपनी इसी जूझ और विकासशील शक्तियों के साथ खुली नजर और संवेदनात्मक समझदारी के कारण ही अब उनकी जीवन-दृष्टि पूरी तरह यथार्थवादी बनकर परिपक्व दिखती है। 'धर्मक्षेत्रे-कुरुक्षेत्रे' कोई झूठी क्रान्तिकारिता का लम्बा कथा-जाल नहीं है। वह स्त्री शोषण के अछूते यथार्थ की रचना की अन्तर्वस्तु के रूप में विन्यस्त हिला देने वाली, मार्मिक कथा चेतना है। शायद यही उनकी कथायात्रा का नया प्रस्थान बिन्दु भी है।"[13]

जीवन के महायुद्ध के संग्राम में **नरेन्द्र नागदेव** आलोच्य दशक के एक यशस्वी कथाकार हैं। छुटे हुए एक आदमी जिसे कि मृत समझ सब अपने-अपने में तल्लीन हो गए थे, के निर्जन जीवन में भटककर एक दूसरा आदमी स्वार्थवश प्रवेश करता है। दोस्ती का (बीमार आदमी का इकरारनामा) इकरारनामा तैयार किया जाता है। ताकि दोनों आदमी अपनी-अपनी जरूरत को पूरा कर सकें।

उम्र के इस पड़ाव पर अकेलेपन से घुटता हुआ भी वह जीवन से

घुलना-मिलना चाहता है लेकिन नैकट्य के विभीषक अनुभवों को जान चुकने के बाद वह ऐसी घेराबन्दी भी करना चाहता है कि दोस्ती उसके बनाए घेरे के बाहर रहे, ताकि वह और उसका साथी एक-दूसरे से इतने औपचारिक रहें कि कभी भी एक के कारण दूसरे को कष्ट न हो। अतः 'बीमार आदमी का इकरारनामा'[14] समाज के अन्दर पनपने वाले ऐसे भाव की कहानी है जो कि रिश्तों के बदलते मायने को दिखाती है।

'उन्नीस सौ चौवालीस' के माध्यम से वे एक क्रान्तिकारी परिवार की क्रांति के प्रति निष्ठा को अभिव्यक्त करते हैं। बेटे की कायरता और धोखेबाजी के कारण उसके क्रान्तिकारी माता-पिता को आघात पहुँचता है। कलेक्टर की हत्या की जिम्मेदारी कथा-नायक और रजत को उसके पिता सौंपते हैं। किन्तु कथा नायक में साहस का अभाव है और वह उसकी हत्या के बदले पुलिस को सूचना देकर अपनी जान बचाता है। महीनों इधर-उधर भटककर वह घर वापस आता है—एक कल्पित कथा के साथ। उसको ही वे सजा देते हैं—"पता तो सबसे पहले तुम्हारे बाबूजी को ही चला था। घटना के अगले दिन सबेरे ही।"

"आज मीटिंग में तुम्हारे बारे में फैसला ले लिया गया है। वह तुम्हारे विश्वासघात की सजा तय करने के लिए ही बुलाई गई थी। हमने तो तुम्हारे बाबूजी से बार-बार कहा था। लेकिन वे दृढ़ रहे कि इस अपराध के लिए जो सजा होती है, वही होनी चाहिए।"[15]

इस कहानी से केवल राष्ट्रप्रेम ही नहीं टपकता अपितु कहानी की वस्तु तथा धरातल के लिए एक नई जमीन भी प्रस्तुत होती है। नरेन्द्र नागदेव नई जमीन की प्रस्तुति एवं वस्तु को नए आयाम देने के लिए अन्तिम दशक के एक चर्चित कथाकार हैं। कहानी के शिल्प में भी नवीनता है और भाषा में भी प्रौढ़ता है।

कहानी 'अवरोहण' आधुनिक पीढ़ी के चरित्र को रेखांकित करती है। गाँव में जन्मा युवक जब कुछ दिन शहर में रह लेता है तो उसमें कितना बदलाव आ जाता है, यही दास्तान इस कहानी की आत्मा है। अपने गाँव पहुँचकर भी नायक केवल अपनी महिमा का बखान करता है। आधुनिक वेशभूषा में सजा-धजा युवक अपने बचपन के साथियों को पहचानने से इनकार कर देता है। वस्तुतः कथा नायक की ऊलजलूल, झूठी सच्ची, बड़प्पन की बातें सुनकर लोग उठकर चले जाते हैं और इस पर कथा नायक को खुशी होती है। प्रारंभ से अन्त तक साथ देनेवाले बचपन के साथी रामचरण को भी नहीं पहचानता। और, रामचरण की दास्तान उसकी तथा गाँव की गरीबी, निर्धनता, पीड़ा और संत्रास को एक साथ उपस्थित कर देती है। आधुनिक सन्दर्भों में यह सम्बन्धों के बिखराव की कहानी है।

कथा नायक या नैरेटर को अपनत्व का अभाव प्लेटफार्म पर खटकता है।

जब वह एक युवक को विदा देते समय अनेक लोगों के साथ एक युवती को लिपटकर रोते हुए देखता है। "...इतने वर्षों बाद। कोई नहीं आया था मुझे छोड़ने। एक भी नहीं। मैं बेचैन हो गया। ट्रेन बस छूटने ही वाली थी। सामने बेंच पर वही सुबह वाला अधपगला बैठा था। मैं लपककर उसके पास पहुँच गया। उसकी बाँह पकड़ी। और उसे हिलाते हुए हाँफता हुआ कहने लगा—मेरी बात सुनो जल्दी तुम कहो कि तुम मुझे पहचानते हो।" "...तुम मुझसे यह भी कहो कि तुम मुझको छोड़ने आए हो।"[16]

वस्तुतः यह कहानी उन आधुनिक युवाओं की कहानी है जो शहर में चाहे जैसी जिन्दगी गुजर-बसर कर रहे हों पर जब गाँव में आते हैं, सज-धज कर आते हैं तथा अपनी डींगे हाँकते हैं। और एक आकर्षक मनोहारी जिन्दगी जीने की कथा सुनाते हैं, परन्तु यह सच से दूर होता है। यह प्रक्रिया व्यक्ति को व्यक्ति से दूर करती है। कहीं-न-कहीं, कभी-न-कभी मनुष्य को यह आवश्यकता महसूस होती है कि कोई ऐसा हो जो उसे अपना कह सके।

रामकुमार ओझा की कहानी 'एक दिन गुस्ताखियों का' जिन्दगी के संघर्ष, पीड़ा और संत्रास से ऊबकर बचपन की याद में खो जाने की कहानी है। बचपन की गुस्ताखियाँ सहज स्वाभाविक होती हैं। उनमें कोई बनावटीपन नहीं होता, कोई कृत्रिमता नहीं होती जबकि बनावटीपन और दिखावों का ही दूसरा नाम जिन्दगी है। समझदार होने से लेकर मृत्युपर्यन्त आदमी इसी में डूबता उतराता है। वह उस निश्चल व्यवहार को भी भूल जाता है जो बचपन में दोस्तों के साथ करता रहा। कहानीकार रहमान के माध्यम से उस बचपन में लौटने का प्रयास करता है जिसमें सुख-ही-सुख था। जहाँ जालसाजी और धोखा नहीं था, जहाँ सहजता थी, निश्छल जीवन था। वह बचपन में लौटने व बचपन के सुख को प्राप्त करने का प्रयास तो करता है लेकिन इन समस्त गुस्ताखियों में उसे यथार्थ का भी बोध होता है, "मैं जिस दुनिया में रहता हूँ उसका यही दस्तूर है। पहले सलीब पर चढ़ाओं फिर आइस्ता उतारो। जिसे कत्ल करो उसके लिए दुआएँ माँगो।...तुम सचमुच मेरे उस्ताद हुए। अच्छा सलाम। मैं चला। अब मेरे-तेरे रास्ते जुदा। तू जीनसाज और मैं शहजादा बना रहूँ। इसी विभाजन पर वह व्यवस्था चलानी है जिसका मैं अब अविभाज्य अंग हूँ। मेरे जेहन में अब कभी अपने आपको मारने का जुज पैदा न होगा, न होगा। तुम तसल्ली रखो।"[17] वस्तुतः ओझा आज के जीवन के यथार्थ को इस कहानी के सहारे उजागर कर जाते हैं, जहाँ दूसरों के दुख पर ही अपने सुख की नींव डाली जाती है।

दीपक शर्मा की 'सिटकनी'[18] कहानी एक प्रतीकात्मक कहानी है। कमरे की सिटकनी बन्द कर वह अपने मन के समस्त गुब्बारों को व्यक्त कर जाती है। इस

अभिव्यक्ति के माध्यम से वह जीने के लिए आत्मसंबल इकट्ठा करती है और अपने प्रति असंवेदनशीलता तथा संत्रास से मुक्ति पाती है। रमा स्त्री, भारतीय स्त्री की एक नियति है जिसकी संवेदना को न पति समझ पाता है और न सास, ससुर तथा ननद। वह स्त्री विमर्श का एक उदाहरण है। पति राजनीतिक स्थितियों का दास बना हुआ, सरकार की एक कठपुतली मात्र है—"जब तक गैर धर्मों के लोग हमारे देश में अल्पसंख्यक होते हुए भी बहुसंख्या वालों के मौलिक अधिकार छीनते रहेंगे, जब तक हम सरकारी नौकर यों ही दुविधा में पड़े सड़ते रहेंगे।" "...सरकार की किस-किस दमन नीति के तहत कैसे-कैसे भले चंगे लोगों पर अनुचित बल प्रयोग करना पड़ता है।"[19]

इस कहानी के माध्यम से जहाँ भारतीय स्त्री की नियति का रेखांकन है, वहीं रचनाकार वोट की राजनीति करने वाले राजनेताओं का भी पर्दाफाश करता है। और संकेत दे जाता है—बहुसंख्यक भारतीयों के संत्रास का।

कल्पना सिंह की कहानी 'शिवेन्दु घोष खामोश क्यों नहीं बैठते' एक ऐसे आदमी की कहानी है जिसका अपराध यह है कि वह समाज में घटने वाली अमानवीय घटना के प्रति सजग है और उसका विरोध करता है। कहानी के प्रारम्भ में ही शिवेन्दु बाबू का व्यक्तित्व जाति-धर्म के प्रपंच से दूर सुलझे आदमी के तौर पर सामने आया है। उन्होंने अपने माँ-बाप की मर्जी के खिलाफ एक दूसरी जाति की रिफ्यूजी लड़की से शादी की और अपना घर छोड़ दिया। परन्तु परिस्थितियाँ ऐसी बनती गईं कि उनका व्यक्तित्व विघटित हो गया। कहानी का प्रस्तुत अंश "आदमी सबसे ज्यादा मन और फिर अभावों की मार से टूटता है। पत्नी की मृत्यु के बाद दिन-ब-दिन गहराते चले गए शिवेन्दू बाबू भी कभी मन तो कभी अभावों की मार से टूटते रहे, पर खामोशी से जिन्दगी की टूटन को बाँधे रखा, खुद को बिखरने न दिया।"[20] पूरी कहानी में खामोशी ही वह अन्तिम सहारा है जिसके द्वारा वे अपनी जिन्दगी चलाते हैं। परन्तु अपने स्वभाववश पुनः मुहल्ले के लड़कों की अनावश्यक हरकतों व घर के सामने मजलिस लगाने के प्रति बोलते हैं। और शाम को दफ्तर से लौटने पर एक दिन पाते हैं कि स्कूल गई दोनों लड़कियाँ लौटकर नहीं आईं। वे अपनी मानसिक स्थिति खो बैठते हैं। प्रधानमन्त्री को पत्र लिखते हैं और चिल्लाते हैं—"मैं किसी से नहीं डरता, प्रधानमन्त्री से भी नहीं देखो मैंने प्रधानमन्त्री को कैसा पत्र लिखा है? तुम्हारे पास कोई जवाब है—उसके पास? सुबह से शाम तक बस यही रट।"[21] कहानी में शिवेन्दु घोष समाज के ऐसे प्रतिनिधि-पात्र के रूप में उपस्थित होते हैं जो सामाजिक स्थितियों से संत्रस्त है। यहाँ हम देखते हैं कि समाज में व्याप्त अराजकता के विरुद्ध आवाज उठाने वाला व्यक्ति स्वयं अपनी असली आवाज खो बैठता है। वह अनेकानेक यन्त्रणाओं को झेलता है।

पुलिस से लेकर व्यवस्था के अन्तिम छोर तक अपनी बात पहुँचाने की चेष्टा करता है, परन्तु बदले में उसे क्या मिलता है? उसकी क्या परिणति होती है? यह ध्यान देने योग्य है। उसे निरंकुश पुलिस एवं शासकों का सिर्फ मौन अट्टहास, मिलता है। वस्तुतः यह कहानी व्यवस्था के मुँह पर एक ऐसा तमाचा है, जो हमें कुरेदता है, सोचने के लिए विवश करता है। यह तमाम स्थितियों से रू-ब-रू कराने के साथ ही हमें इस दहशत-युक्त विषम वातावरण के खिलाफ विद्रोह के लिए भी प्रेरित करती है।

''जीवन में सरसता और परिवर्तन लाने के लिए अधिक नहीं मात्र एक विशिष्ट व्यक्ति पर्याप्त है।''[22] 'अनाड़ी' में **जयवन्ती डिमरी** ने इसी सरसता और परिवर्तन का माइक्रोस्कोप से निरीक्षण किया और मशक्कत के बाद ये सच्चाई सामने आई कि प्रायः जिस सरसता से परिवर्तन होते दिखते हैं वे भी एक आकर्षण और सम्मोहन का हिस्सा होते हैं। कहानी की पात्रा सुप्रिया जिस बौद्धिकता की शिकार हो अपने को समाज से अलग-थलग कर लेती है, वही उसे पद्मनाभ के रूप में धुप्प अँधेरी गली में भटकाता है, भरमाता है। पर इससे वह इस बात को समझ पाती है कि—''औरत कभी बूढ़ी नहीं होती। उसका संघर्ष, चौकसी और सावधानी कभी समाप्त नहीं होती। वह कभी नहीं कह सकती उसका संघर्ष समाप्त हो गया है।''[23]

इसके अतिरिक्त ये कहानी एक और दिशा में भी फोकस करती है, वह है—भारतीय समाज में पुरुषों का स्थान कितना 'सेफ' है। एक पुरुष बेझिझक अपनी पत्नी के अतिरिक्त अन्य स्त्रियों से सम्बन्ध बनाता है और स्वीकारता है—''वह अपनी पत्नी का अन्य पुरुषों से शारीरिक सम्बन्ध स्वीकार नहीं कर सकता...और ये भी कि उसकी भारतीय पत्नी स्वयं ऐसा नहीं करेगी।''[24] सुप्रिया अपने 'गुप्तांग के फोड़े' के सदृश पीड़ा यानी अखिल से विलगाव के बाद वर्षों की प्यास सँजोए पहुँचती भी है तो पद्मनाभ जैसे रीते कुएँ के पास। और समझती है कि बौद्धिकता में लिपटी आदिम सच्चाई को, और उसका 'प्लैटोनिक लव' समाप्त हो जाता है।

वीरेन्द्र मेंहदीरत्ता की 'पोरफायरिया' कहानी सीधे सपाट तौर पर एक लाइलाज बीमारी के मुमकिन इलाज होने की प्रक्रिया है। परन्तु कहानी के पीछे-पीछे इस बीमारी की दहशत पंजाब के दंगों के समान ही बढ़ती है। 'ऑपरेशन ब्लू स्टार' के कारण जैसे पंजाब का आम आदमी साम्प्रदायिकता के विष से पैरालाइज्ड होता जा रहा है, वैसे ही पोरफायरिया भी शरीर में जहर पैदा कर धीरे-धीरे नीम बेहोशी में पहुँचाते-पहुँचाते मृत कर सकता है। पर सम्भावना यहाँ यह है कि मृत्यु पर विजय पाई जा सकती है। संजय की पत्नी सावित्री एक ऐसे ही बोध से भरी है, वह हार नहीं मानती और इस असम्भव बीमारी को रिसर्च इंस्टीट्यूट में खोजने हेतु

भेज देती है। संघर्ष और भय का दौर भी धीरे-धीरे खत्म हो जाता है क्योंकि डॉक्टरों ने डायलिसिस द्वारा इसका इलाज खोज लिया। इस प्रकार यह कहानी आशा की किरण होती है–'द होल प्रोवेंस इज पैरालाईज्ड' होने के बाद बड़े भाई मोहन भापा का कथन–''मतलब सब कुछ ठीक हो जाएगा न, वक्त का फर्क नहीं पड़ता।''[25] इसी आशा का संचार है कि वह अब आराम से अमृतसर पहुँचेंगे।

'जंगल में डेमोक्रेसी' **विष्णु नागर** की एक व्यंग्यात्मक कहानी है। इस कहानी के माध्यम से उन्होंने लोकतन्त्रीय व्यवस्था पर व्यंग्य तो किया ही है साथ ही भारतीय लोकतन्त्र की सर्वाधिक सशक्त और पवित्र व्यवस्था चुनाव के वर्तमान स्वरूप को भी स्पष्ट कर दिया है। आज के लोग वोट उसी को देते हैं, जिससे डरते हैं। एक तरफ शेर खड़ा है, दूसरी तरफ गीदड़। अहिंसा का प्रचार कर रहे गीदड़ की सभा में भीड़ तो बहुत होती है लेकिन जीत होती है शेर की। इसका कारण है–शेर का डर। यहाँ तक कि गीदड़ भी अपना वोट शेर को ही दे देता है। कारण स्पष्ट है–शेर के खिलाफ कोई खड़ा नहीं होना चाहता चुनाव में। पर लोकतन्त्र होगा कैसे? इसीलिए जबर्दस्ती शेर गीदड़ को खड़ा करता है। डेमोक्रेसी का यही तो आज का सिद्धान्त है। 'अबे, चुप' एक शेर ने उसे डाँटा ''फिर वही ड्रामा शुरू। साले ने ज्यादा ड्रामा किया, तो यहीं चीर कर रख देंगे। हम कुछ नहीं जानते। तुझे चुनाव लड़ना है। तू जीतेगा, तो तू राजा बनेगा। हम जीतेंगे, तो हम राजा बनेंगे, लेकिन चुनाव तुझे लड़ना पड़ेगा, समझे?''[26]

और चुनाव जीतने के पश्चात राजा बना शेर अपने आश्वासनों को भी भूल गया। शेर के सामने जानवर स्वयं कतार बनाकर खड़े होते थ, शेर को जो जानवर पसन्द होता खा लेता, यही डेमोक्रेसी की स्थिति, यथार्थ स्थिति है। और गीदड़ जो बुरी तरह पराजित हुआ था अनशन पर बैठता है। कोई उसके मृत्यु पर भी आँसू बहाने नहीं आता। निश्चय ही डेमोक्रेसी मूलतः विरोधियों को खा जाने की एक व्यवस्था है जो प्रतीकात्मक रूप में यहाँ व्यक्त है। लेकिन 'डेमोक्रेसी' का विरवा पनपता ही गया।[27]

'आशा अमरधन' **विजयदान देथा** की अत्यन्त संवेदनशील और यथार्थ के धरातल की कहानी है। गाँव की कथा को एक लोकगाथा के माध्यम से, बनिये के कर्ज, पानी के अभाव आदि के सहारे उन्होंने इस कहानी को अत्यन्त संवेदनशील बनाया। ''कुएँ में सहजे का पानी, बोहरे का कर्ज। गाँव के नीचे मरगेटी जमीन, ऊपर आकाश में अविश्वासी बादल, घर में प्रतिवर्ष ब्याने वाली जोरू और आठों पहर नोचने को ठाकुर। इन छः दुश्मनों के चंगुल में स्वयं भगवान भी फँस जाय तो मुँह में तृण लेकर उसे सौ बार शिकस्त खानी पड़े। फिर मारवाड़ के जनम दुखियारे किसान की बिसात ही क्या?''[28] पत्नी तो मर जाती है लेकिन दो बच्चे

छोड़ गई। और नाते रिश्तेदार उस किसान की शादी करा देते हैं। सौतेली माँ इन दोनों बच्चों को सपोला मानती है। वह उनकी हत्या तक के लिए प्रस्तुत होती है। कहती है–"तुम्हें हाथ लगाने की जरूरत नहीं है। मैं बड़ी सफाई से सारा काम सलटा दूँगी।"[29] किसान जहाँ गरीबी से त्रस्त है वहीं वह पत्नी के इस रूप से अपनी सन्तानों को मौत के मुँह में जाते देख सिहर उठता है। पत्नी के निर्देशानुसार बच्चों को घर में ही छोड़ पत्नी को लेकर शहर चला जाता है। बच्चों के लिए वह पत्नी से कहकर झोपड़ी में हाँडी में राब और सोगरों तथा मटकी में पानी भरवा देता है, ताकि बच्चे भूखे हों तो उन्हें भोजन और पानी मिल जाए। बच्चों को उसने आश्वस्त किया कि शाम को वे आएँगे और झुनझुना लेकर आएँगे। "छींके पर सोगरे और राब थी। टिमची पर पानी की मटकी पड़ी थी। पर बारह महीनों तक उन्हें किसी तरह का कोई अभाव महसूस नहीं हुआ। न उन्हें कभी भूख लगी और न प्यास। बहिन बार-बार भाई से पूछती रही–"भूख लगे तो मेरे बीर तू रोना मत। छींके में खाना पड़ा है। प्यास लगे तो तरसना मत, मटकी में पानी भरा है।" पर बहिन के लाडले बीर को न कभी भूख लगी और न प्यास। और न वह कभी रोया। पर वह बार-बार बहिन से अवश्य पूछ लेता–"क्या अब तक साँझ नहीं हुई?" और बहिन हर बार एक ही जवाब देती, "कहाँ हुई? साँझ होती तो माँ बापू घर आ नहीं आते?"[30] इस आस में कि माता-पिता लौटेंगे दोनों बच्चे जीवित रहते हैं। और जब सौतेली माँ लौटती है और बच्चों की फुसफुसाहट सुनती है तो उसका आक्रोश चरम पर पहुँच जाता है। उन्हें सौतेली माँ द्वारा झुनझुने के बदले गालों पर दो-दो तमाचे मिलते हैं। माँ के इस विकराल रूप को देखकर मौत ने उन्हें तुरन्त गले लगा लिया। आशारूपी अमरधन के सहारे मनुष्य कब तक जीवित रहेगा? यह कहानी इसका उत्तर दे जाती है।

'प्रदूषण' कहानी के माध्यम से **गौरीनाथ** समाज में पुरुष और स्त्री की बढ़ती चरित्रहीनता पर प्रकाश डालते हैं। निश्चय ही यह कहानी अमानवीय सम्बन्धों पर एक नया प्रकाश डालती है। सन्तोष कथा नायिका के रूप का प्रशंसक है। उसकी प्रशंसा से आह्लादित "अपने प्रिय हीरो धर्मेन्द्र की तरह सन्तोष के चौड़े सीने और वैसे ही मछली की तरह उभार वाली मजबूत बाहों की गिरफ्त में धीरे-धीरे वह बेसुध होती गई। उसी हाल में उसने 'छोड़िये' तो कहा था, पर उस शब्द में विरोध का सामर्थ्य नहीं बचा था और उसकी आँखें मुँदती ही चली गई थी...। सन्तोष के लौटने की इस सम्भावना से जहाँ एक तरफ वह डर रही थी, वहीं मछली की तरह छटपटाती हुई उसकी प्रतीक्षा में बेकरार थी।"[31]

किन्तु मनोरमा के सामने ऐसे किस्से भी थे, जिसमें नारी को अपने धन तथा जीवन से हाथ धोना पड़ा था। ये किस्से उसे आतंकित करते हैं। इसलिए वह सन्तोष

के पुनः आने पर बिफर उठती है—सन्तोष के आगे पैकेट फेंकती हुई मनोरमा ने उसका हाथ झटक दिया और नागिन की तरह फुँफकार उठी—"आग लगे इसमें ले जाओ अपनी बहन को देना। मेरे घर से तुरन्त निकलो। मेरा अपना घर वाला मर गया है जो तुमसे लालसा पूरी करूँगी। तुरन्त निकलो।"[32]

निश्चय ही यह कहानी नारी के उस मनोविज्ञान अर्थात् पुरुषभय को रेखांकित करती है, जिसके कारण मनुष्य अपनी भावनाओं को क्रिया-रूप में परिणत नहीं कर पाता। 'प्रदूषण' शरीर सुख से भटकाव की बढ़ती प्रवृत्ति तथा उस प्रवृत्ति के दमन को रेखांकित कर जाती है।

अवधेश प्रीत की कहानी 'फलितार्थ' एक गरीब मजदूर की कहानी है जिसका पिता भीगकर मृत्यु का वरण करता है। वह अपने पिता को मृत्यु से बचाने के लिए जमींदार की छतरी के नीचे बैठाना चाहता है पर जमींदार इसे बर्दाश्त नहीं करता। फलस्वरूप वह छतरी खरीदता है। छतरी पिता ने खरीदा गजाधर बाबू के मान-मर्दन के लिए जिसकी पुष्टि उसके चाचा मँगरू ने भी की थी। "तेरा बाप छतरी क्या खरीदा गजाधर बाबू का पानी उतार दिया। उनकी पुरानी बदरंग छतरी तेरे बाप की छतरी के आगे खौरहा कुत्ता माफिक लगती। ...धीरे-धीरे हुआ यह कि गजाधर बाबू छतरी खुलेआम निकालने से सकुचाने लगे।"[33] पति की मृत्यु के पश्चात भी उसकी माँ छतरी को अपने पास सँभालकर रखती थी क्योंकि वह जानती थी कि छतरी केवल छतरी नहीं है वह इज्जत और साहस की प्रतीक है। उत्साह और आत्मबल बढ़ाने वाली है। इसीलिए छोटकू के झगड़ा करने पर भी उसने इस छतरी को छोटकू को नहीं दिया। इस छतरी के माध्यम से आधुनिक चेतना को भी रेखांकित करने का रचनाकार ने प्रयास किया है।

'अथातो जश्न जिज्ञासा' **सन्तोष दीक्षित** की एक लम्बी कहानी है, जिसमें एक संस्कृत शिक्षक और कवि की नियति का युगीन परिवेशयुक्त यथार्थ लेखा जोखा प्रस्तुत है—"एक बड़े शहर में एक प्राइवेट विद्यालय में मामूली संस्कृत शिक्षक की शायद वही नियति होती है, जो गाँव में किसी भूमिहीन बँधुआ मजदूर की। हरिहरनाथ जी के पास न तो एक इंच अपनी भूमि थी, न ही ट्यूशन के लिए ही कोई उन्हें आमन्त्रित करता था। कर्मकाण्ड और पूजा-पाठ से स्वयं उन्हें वितृष्णा थी। इस कार्य को पेशे के रूप में अपनाकर नित्य जलील होने की अपेक्षा भूखों मर जाना वह श्रेयस्कर समझते थे।"[34]

किंतु आर्थिक अभाव के कारण हरिहरनाथ अपनी पत्नी के सामने आधे अधूरे रह जाते हैं। पत्नी की इस इच्छा का कि वह माँस खाएगी, विरोध करते हैं। मकान मालिक मुंशी जी के लोभ में पड़कर पत्नी मनोरमा ऊँची उड़ान उड़ने लगती है। उसे वे रंगे हाथों पकड़ते भी हैं। घर छोड़कर चले जाने पर उन्हें कोई मनाने नहीं

जाता। एक रात जब वह स्वयं घर पहुँचते हैं तो पत्नी रोती भी है और माफी भी माँगती है। सोते समय वह फ्रीज भी देखते हैं। टी.वी. भी आती है। किन्तु वह चाहकर भी, प्रयासकर भी न पत्नी को रोक पाते हैं और न बच्चियों को। धीरे-धीरे मनोरमा देवी के इर्द-गिर्द इलाके के प्रसिद्ध गुण्डा बमशंकर बाबू हाजिर हो जाते हैं। किन्तु पहली आवश्यकता थी हरिहर बाबू को रास्ते से हटाने की। हरिहर बाबू की मृत्यु होती है और बमशंकर बाबू पूरे अधिकारी बन जाते हैं।

बमशंकर बाबू, मनोरमा देवी के संग एक कोने में फुसफुसा रहे थे, ''इन्हीं के दस्तखत से इंश्योरेंस का एक लाख से ऊपर निकल सका है...।...बाकी पेमेंट भी जल्दिये हो जावेगा। इन्हीं पैसों से दोनों बेटियों को जल्दी-जल्दी निबटा देना है...फिर भी तुमको पेंशन मिलेगी और बड़कू को अपने ही ऑफिस में रखवा दूँगा, अनुकम्पा पर...किरानी की ठाठ की नौकरी...! दरमाहा के अलावे सौ-पचास रोज ही ऊपर से झाड़ लावेगा पट्ठा...खूब चकाचक रहेगी, क्यों...? अन्तिम वाक्य तक पहुँचते-पहुँचते बमशंकर बाबू की मूँछें, मनोरमा देवी के गाल पर रगड़ खाने लगी थीं, मनोरमा देवी का चेहरा गुलाबी हो उठा था...।[35]

'उमस' एक प्रतीकात्मक कहानी है जिसके सहारे प्रकृति की उमस तो व्याप्त है ही साथ ही घर में व्याप्त उमस का भी वर्णन है। **त्रिपुरारी शर्मा** ने मुस्लिम समाज की कथा-व्यथा को प्रस्तुत करने का प्रयास किया है। पर यह कथा-व्यथा सिर्फ मुस्लिम समाज की ही नहीं अपितु पूरे भारतीय समाज के हर सास की, हर बहू की, हर ननद और हर पति की कथा-व्यथा है। जुबेदा शादी के कारण हाईस्कूल की परीक्षा नहीं दे पाती और उसकी ननद अंजुम हाईस्कूल में प्रवेश लेती है। किन्तु एक दिन उसका विलम्ब से आना पति नसीम, सास खाला को संत्रस्त कर देता है। भाई से मार तो खाती है—अंजुम, साथ ही खाला, अंजुम को एक कमरे में बन्द कर देती हैं। रात का खाना बन जाता है और ननद की दुश्मन भाभी ही जाकर दरवाजा खोलती है। अंजुम को बाहर निकालती है और साथ लेकर बैठती है खाने के लिए—''कुछ देर बाद जुबेदा अंजुम को लिवा लाई। उसकी आँखें लाल थीं। खाला से कुछ कहते नहीं बना। जुबेदा ने अंजुम और अपनी दोनों की थाली लगाई...। खाला के चेहरे पर भी कुछ राहत थी...। रोटी का कौर आसानी से टूटने लगा...कूकर में पकी दाल भी अब गले में अटक नहीं रही थी...। बीवी ने करवट ली। टपकती बूँदों की रफ्तार बढ़ गई। उनके पीछे बादलों की रेखाएँ मिलती-जुलती आपस में पिघल रही थीं। उनके मिश्रण से बनी बरसात पेड़-पत्तों के साथ घर आँगन को भी धोकर नया और कोमल बना देती है।''[36] वस्तुतः हम उम्र के एक-दूसरे की विरोधी—ननद भौजाई—का यह मेल संवेदना के नए आयाम उजागर करता है।

अन्तिम दशक के रचनाकारों में **अमरीक सिंह दीप** एक सशक्त हस्ताक्षर हैं। अन्तर्मन को उजागर करने वाली 'तीर्थाटन' कहानी वर्षों से वैधव्य और एकाकी जीवन बिता रही 'सुदेश' की वह गाथा है जिसमें उसके बेटे या बहू उसकी क्रिया से अपने को शर्मसार करते हुए माँ जैसे पवित्र सम्बन्ध को भी गाली दे बैठते हैं। कोई भी नहीं है जो तिरपन-चौवन साल की उस औरत के मन को समझता, उसकी भावनाओं से तादात्म्य स्थापित करता। साँप के फैले हुए फन की तरह फनफना रहा है बड़ा बेटा–'जरा लौटकर तो आने दो कुतिया को...। चीर कर रख दूँगा हरामजादी को। बुढ़ापे में गुलछर्रे उड़ाने चली है। अपनी उम्र का नहीं तो हमारी इज्जत आबरू का कुछ ख्याल किया होता।''[37]

सुदेश और श्रीधर को जमकर गालियाँ देने के पश्चात वे वृन्दावन गई अपनी माँ के कमरे की छानबीन करते हैं और मिले पत्रों तथा उसके कमरे के साजो-सामान की होली जलाकर अपने को सन्तुष्ट करने का प्रयास करते हैं। दहन के बाद मम्मी की अशोक वाटिका उजाड़ी गई। सारे फूल नोच डाले गए। पौधे उखाड़ फेंके गए और सभी गमले फोड़ डाले गए। अब सब को मम्मी के तीर्थाटन से लौटने का बेसब्री से इन्तजार है।''[38]

दूसरी तरफ श्रीधर एक ऐसा रचनाकार है जिसकी ओर उसकी माँ आकर्षित होती है। किन्तु वह शादी और प्रेम का अन्तर समझाता है–उसे। वही पत्र सारे रहस्यों का भण्डाफोड़ करता है। सच यह है कि सुदेश पति के रहने पर भी और पति के मृत्यु के बाद भी अपने को अकेला ही महसूस करती है–''तुमने उत्तर दिया, जहे नसीब। मेरे बारे में सब कुछ तो जानते हो, फिर और क्या जानना चाहते हो तुम?...मेरा स्थूल परिचय। तो सुनो, दो अदद शादीशुदा बेटों और एक अदद शादीशुदा बेटी की माँ हूँ–मैं। पति नामक सिन्दूर माँग से मिट चुका है। पति के शक्की स्वभाव ने न कोई दोस्त बनने दिया, न कोई सहेली रहने दी। घर, परिवार और सन्तान...ये सब भी रेगिस्तान ही निकले। ऊपर से देखने पर सब कुछ है लेकिन भीतर सिर्फ एक खोखल है, जिसमें मेरा अकेलापन डरा-सहमा-दुबका रहता है।''[39]

इस तलाश में, अपने होने की तलाश में वह श्रीधर और साहित्य से जुड़ती है–''धार्मिक पुस्तकों को बेदखल कर वहाँ खुद काबिज हो गई हैं साहित्यिक पुस्तकें। लियो तोलस्तोय की 'अन्ना करेनिना', तुर्गनेव की 'प्रथम प्रेम', अज्ञेय की 'नदी के द्वीप', राजेन्द्र यादव और मन्नू भण्डारी की 'एक इंच मुस्कान', जैनेन्द्र कुमार की 'सुनीता', गोविन्द मिश्र की 'तुम्हारी रोशनी में', मृदुला गर्ग की 'चितकोबरा', सिमान द बउवार की 'स्त्री उपेक्षिता', मैत्रेयी पुष्पा की 'चाक' व श्रीधर की सारी साहित्यिक कृतियाँ।

अपने होने की तलाश लिए वह चारों तरफ भटकती है। उसने किस-किस

आस्था की ड्योढी पर नाक नहीं रगड़ी किन्तु उसे ईश्वर और आध्यात्म्य कोरी बकवास प्रतीत हुए हैं। "मोक्ष मौत का ही दूसरा नाम है। साहित्य में स्कूल के दिनों में रुचि थी। थक-हारकर उसी की ओर लौटी। उसी ने मुझे फिर से जीवन का पता दिया। शुक्रगुजार हूँ मैं उसकी।"[40]

निश्चय ही यह कहानी जीवन के एक अनछुए प्रसंग और उसकी संवेदना को प्रकट करती है। आधुनिक जीवन की प्रासंगिकता को भी उद्‌घाटित करती है–यह कहानी।

आलोच्य युग के कहानीकारों में **शशांक** का नाम इसलिए महत्त्वपूर्ण रहा है क्योंकि उनकी कहानियों में वस्तु तथा शिल्प का अनूठा प्रयोग मिलता है। इनकी संवेदना में व्यापकता तथा नवीनता है। इसी कारण उन्होंने अपनी कहानियों में कहीं भोपाल त्रासदी को स्थान दिया तो कहीं साहित्यिक प्रदूषण (जबड़ा और दाँत) पर दृष्टि डाली। मनुष्यता के असह्य दुःख-बोध को लेकर चलने वाली इनकी कहानियाँ अपनी संवेदना के कारण स्वतः महत्त्वपूर्ण बन गई हैं। अरविन्द त्रिपाठी ने ठीक ही कहा है–"शशांक हमारे समय के उन थोड़े से सजग कहानीकारों में से एक हैं जिनकी कहानियाँ सामाजिक प्रतिबद्धता के साथ मानवीय संघर्ष और मानवीय करुणा को जीवित रखने का सार्थक प्रयत्न कर रही हैं।"[41]

शशांक के संग्रह 'शामिल बाजा' की अधिकांश कहानियाँ हमें अपनी ओर आकर्षित करती हैं। इनमें 'धूपधड़ी' एवं 'हलाल' विशेष उल्लेख्य हैं। आज का मनुष्य बदलते परिवेश के बीच कितना असहाय हो चला है या आज के जीवन सोच और व्यवहार में जो परिवर्तन आया है उसे हम विस्मृत नहीं कर सकते। 'धूपघड़ी' के दौलत भाई और अन्य सहयात्रियों के वर्णन के बीच हम इसे भली प्रकार देख सकते हैं। कहानीकार के शब्दों में–"तरह-तरह की रोटियाँ, सैंडबिच, सब्जी, मिठाई! ठीक यही सही समय होता है जब घर की याद आती है। घर से लगातार बढ़ती दूरी। कभी-कभी बहुत विस्मय होता है। खाने-पीने की चीजों में बेहोशी की दवा से लोग लुट रहे हैं। हर बार इस सावधानी को भूल जाते हैं।...उनके डिब्बे से एक ही गन्ध उड़ती है। पूरे डिब्बे में फैल जाती है। अचार की तीखी गन्ध सरसों और आम की। सबसे ऊपर। इच्छा होती है एक कली माँगू। टाल जाता है। गमकता अचार। टाल जाता हूँ। वे सबके साथ बैठकर अकेले हो, खाते रहे थे निस्संग।"[42]

इसमें कोई सन्देह नहीं कि आज आदमी उपभोक्तावादी संस्कृति के प्रभाव से अनेक विकृतियों का शिकार हुआ है। इस उपभोक्तावादी संस्कृति ने शहरी मध्यवर्ग को भीतर तक मथा है। उसकी समूची जीवन प्रक्रिया को छिन्न-भिन्न कर दिया है। शशांक अपने पात्रों के माध्यम से इस पूरी स्थिति को स्पष्ट कर देते

हैं। उपभोक्तावादी संस्कृति के बैनर तले आज मानव कितना हृदयहीन एवं क्रूर हो गया है इस सत्य को प्रगट करती है—'हलाल' कहानी। एक संवाद देखें—

"क्या फरक पड़ता है यार!"

उसमें थोड़ा कँप हुआ! उठकर खड़ा हो गया! उसकी छाया बकरे के सिर पर गिरती थी। कमाल है साहब कोई फरक नहीं? अरे शरीर को रेतोगे तो अलग स्वाद होगा और एक झटके में करोगे तो क्या अलग स्वाद नहीं होगा? तड़पा-तड़पाकर मारने से मांस अन्दर-ही-अन्दर खिंच जाता है। भला स्वाद न बदलेगा।"[43]

वस्तुतः हम यह कह सकते हैं कि हिन्दी कहानी का वह दौर आज समाप्त हो चुका है जिसमें कहानी अपना निष्कर्ष अन्त में दिया करती थी। अब तो स्थितियों के चित्रण में ही कहानी की मंशा छिपी रहती है। कहानी जैसे-तैसे आगे बढ़ती है, जिन्दगी के हर हिस्से को निष्कर्ष देती चलती है। शशांक की कहानियाँ कुछ इसी प्रकार की हैं।

वस्तुतः शशांक अपनी कहानियों में सबसे पहले उस नाटकीय परिवेश का निर्माण करते हैं जो धीरे-धीरे हमें कहानयिों के समय में ले जाता है। समय में जाना वस्तुतः अनुभवों की हिस्सेदारी में ही शामिल होना है। इस रूप में वे हमारे काल-बोध को कुरेद-कुरेद कर जगाते हैं। हमारी दिनचर्या-बद्धता और संवेदनहीनता के बढ़ते हुए जाल को पहले तो खूब तानकर फिर उसे जिस तरह बटोर या समेट देते हैं, उससे समकालीन जीवन की भागदौड़ अतिव्यस्तता, आर्थिक सामाजिक दबाव और मूल्य-पतन के ढेरों-ढेर, अनुभव हमारे करीब आकर खड़े हो जाते हैं।

चन्द्रकिशोर जायसवाल की कहानी 'मर गया दीपनाथ'[44] आज के साम्प्रदायिक सौहार्द्र के सन्दर्भ में एक सशक्त रचना है। इसका नामकरण प्रतीकात्मक है। दीपानाथ मरता तो नहीं, पर साम्प्रदायिक दंगे के दौरान शेख के सुरक्षित मकान से जिस भय से भाग खड़ा होता है, वही भय आज हिन्दू-मुस्लिम के बीच दरार बढ़ाने का कार्य कर रहा है। दीपनाथ के गायब होने पर शेख की परेशानी बेटों, भतीजों के साथ बर्ताव और उसकी खोज में हिन्दुओं को उसके घर भेजना आदि शेख के चरित्र को ही प्रकाशित नहीं करता अपितु 'शेख' मुसलमान और हिन्दुओं के लिए आदर्श भी उपस्थित करते हैं। परस्पर विश्वासहीनता की परिणति है—दीपनाथ। समाज की एकता तथा सौहार्द्र आदि 'विश्वास' की नींव पर ही तो टिका है और इसके समाप्त होते ही मानवता की मृत्यु हो जाती है। यह कहानी इसी अर्थ में प्रतीकात्मक है।

इन्हीं की 'सिपाही'[45] कहानी जहाँ एक ओर अति संवेदनशील सैनिकों के अन्तर्द्वन्द्व का यथार्थ चित्रण करती है, वहीं कारगिल युद्ध के परिवेश पर भी पर्याप्त

प्रकाश डालती है। सीमा पर बाह्य दुश्मनों से युद्ध हो या देश के भीतरी आतंकवाद को दबाने का प्रयास हो। आजादी के बाद भारतीय सैनिकों को काफी झेलना पड़ा है। भारत में युद्ध से पूर्व उसकी पूर्ण योजना के अभाव में जन-धन की विपुल क्षति हुई। इतिहास बताता है कि युद्ध हमेशा राजाओं और नेताओं की महत्वाकांक्षा का परिणाम रहा है। कहानी में कैप्टन चोपड़ा, भारद्वाज एवं आहूजा का जो अन्तर्द्वन्द्व उभारा गया है वह बहस तलब है। इन्हीं की एक श्रेष्ठ प्रतीकात्मक कहानी है—'आघातपुष्प'[46]। कथ्य और शिल्प के धरातल पर यह एक नये आयाम की गाथा है।

संजय खाती की 'पटकथा'[47] एक चर्चित कहानी है। वस्तुतः नवीनता की चाह में उलटे-सीधे, प्राचीन, धार्मिक, ऊलजलूल, कर्मकाण्डों को कैमरे में कैद करवाने हेतु तथा उन्हें यथार्थ में क्रिया-रूप में परिणत करने के लिए आज का मनुष्य विवश है। 'पटकथा' वर्तमान युग की विडम्बना का यथार्थ रेखांकन है। इन्हीं की कहानी है—'पिंटी का साबुन'; जिसमें गरीबी और निर्धनता का चित्रण कर जीवन के विविध आयामों का खुलासा किया गया है। धर्म पर कटाक्ष तो 'दिव्य दाह'[48] **(मुद्राराक्षस)** में भी है। सच तो यह है कि दिव्यदाह स्मृतिकालीन अनुष्ठानों को वर्तमान युग तक खींच लाने एवं स्थापित रखने की कथा है। इन्हीं की 'विलेन' वेश्याओं के जीवन पर आधृत है। जिससे स्पष्ट है कि घर से दूर यहाँ आकर वे भूखों मरने के अभिशाप से बच गई हैं। वह खुद भी मस्ती से रहती हैं और परिवार का भी भरण-पोषण एक कमाऊ लड़की की भाँति करती हैं। यहाँ पुरुष प्रधान समाज और व्यवस्था पर करारा व्यंग्य है। **जयनन्दन** एक श्रेष्ठ कथाकार हैं। वस्तु के नए-नए आयाम, संवेदना के नए स्वरूप की खोज इनकी कहानियों में देखा जा सकता है। 'मिसफिट'[49] ऐसी ही कहानी है, जिसमें हिन्दी लेखकों की दशा-दिशा पर चिन्ता उपस्थित है।

समाज में व्याप्त बुराइयों-घूसखोरी, कामचोरी, भ्रष्टाचार आदि के यथार्थ को परत-दर-परत उघाड़ती 'शेषान्त'[50] **(संजय सहाय)** सच्चे अर्थों में एक लम्बी कहानी है जिसका कैनवास काफी बड़ा एवं व्यापक है। कहानीकार ने बड़ी सफलता के साथ मुख्य कथा के साथ ही अन्य कथाओं को भी इस रूप में पिरोया है कि वे संगठित होकर समूचे परिवेश की सच्चाई को उजागर करने में सफल हो गई हैं। जनवादिता और आँचलिकता सम्बन्धी अतिरंजनाओं से अछूती यह कहानी सहज बोधगम्य एवं हृदय को झकझोरने वाली है।

इसमें बिहार की बिगड़ी शिक्षा व्यवस्था का जीता-जागता रूप है। छात्र और शिक्षक के आदर्श-विहीन सम्बन्ध हैं। ट्रेड यूनियनों के बैनर तले उभरते घिनौने चरित्र हैं। अपना उल्लू सीधा करने वाले दबंग अनैतिक लोग हैं। चुनाव के समय विस्फोटक

हथियार बनाने वाले असामाजिक तत्व हैं। राजनीति का अनैतिक स्वरूप है, आदर्श विहीन सत्ता-विपक्ष है, दुर्गन्ध और अव्यवस्था से भरा अस्पताल है, रेलवे के डकैतों के हाथ मारा जाने वाला चोर है, दो पाटों के बीच पिसते हुए नौकरशाह और उनकी स्वार्थपरकता है। कहानी में आने वाली ये सभी स्थितियाँ, ये सारे तत्व अपने भीतर एक और कहानी को समेटे हुए हैं। ये स्वयं में स्वतन्त्र कहानियों के आधार हैं, जिन्हें संश्लिष्ट रूप में प्रस्तुत कर कहानीकार ने आज की स्थिति पर गहरी चोट की है।

कहानीकार द्वारा चित्रित पात्र ईमानदार, निष्ठावान, नैतिकता एवं आदर्श से युक्त निश्छल एवं सहज नहीं है, वे तो लकवाग्रस्त, प्रदूषित, अनेकानेक विडम्बनाओं के शिकार तथा समाज की समस्त कमजोरियों से युक्त पात्र हैं। वह न कोई उपदेश देता है, न वैचारिक दृष्टि लादता है और न ही अपनी ओर से कोई टिप्पणी देता है, वह तो सिर्फ जीवन जगत के सड़ाँध को प्रस्तुत करता है, ऐसी सच्चाई को प्रस्तुत करता है जहाँ सर्वहारा से लेकर पूँजीपति तक, नौकर से लेकर नौकरशाह तक, सत्ता पर काबिज लोगों से लेकर विपक्ष तक, शिक्षक से लेकर छात्र तक, चोर से लेकर रखवाले तक सब पतित हैं, यहाँ सबका कच्चा चिट्ठा है। सबकी असलियत खुलती है। कहा जा सकता है कि कहानी 'शेषान्त' बिहार की ही नहीं अपितु कमोबेश बदलते हुए समूचे भारत और भारतीय समाज की दशा तथा दिशा को रेखांकित करती है।

हृषिकेश सुलभ ऐसे कहानीकार हैं जिनकी कहानियों में युग-सापेक्ष सामाजिक यथार्थ की अभिव्यक्ति है। इनमें मानवीय संवेदना की गहरी पकड़ है। समकालीन दौर में गाँवों के भीतर उपजते पनपते नए यथार्थ को, उसके परिवर्तनकारी स्वरूप को, उसके तेवर को कहानीकार ने अपनी कहानी 'पाण्डे का पयान' में बड़ी बारीकी से पकड़ा है। हम यहाँ पाते हैं कि जाति, धर्म और राजनीति के बीच पिसकर, आर्थिक त्रासदी से टूटकर आज के गाँव एक नए रूप ग्रहण कर रहे हैं। व्यक्ति गाँव से ऊबकर शहर की ओर पयान करता है पर यहाँ आकर भी उसे क्या मिलता है? अन्ततः वह यहाँ की रंगीन और दूधिया बल्बों की चकाचौंध में रूपान्तरित हो महानगर की सड़कों पर समर्पित हो जाता है। इस कटु सच्चाई को 'पाण्डे का पयान' में बखूबी दर्शाया गया है। वस्तुतः सुलभ की कहानियों का सीधा सम्बन्ध भारतीय समाज में होनेवाले परिवर्तनों से है। उनमें जहाँ लोक-जीवन की मार्मिकता है वहीं निरन्तर भयावह होते जा रहे समय की सच्चाई भी है। 'पाण्डे का पयान' अर्थ-व्यवस्था के आधार पर बनते-बिगड़ते सम्बन्धों और नवीन सामाजिक समीकरणों के साथ शहर में सरकारी भूमि पर कब्जा करने वालों का यथार्थपरक चित्रण है। जमीन हड़पने की योजना के बीच चलने वाले वार्तालाप से पूरी स्थिति स्पष्ट हो जाती है।

इस कहानी में सबसे बड़ी बात तो यह है कि तमाम बातों को सीधे-सीधे कह देने पर भी कहानीकार निर्विवाद है। यह कहानी इस तथ्य की ओर भी संकेत करती है कि "आज संस्कार टूट रहे हैं, लेकिन एक चीज जुट रही है वह है—मानवीयता। नये मानवीय रिश्ते उभर रहे हैं। और उन नए सम्बन्धों के लिए नया व्योम भी उभर रहा है। वह व्योम है—शहर, जहाँ किसी में कोई अन्तर नहीं। ...तिरलोचन का माथा घूम रहा था।" 'बधस्थल से छलाँग' इनकी एक और सशक्त कहानी है। जो मध्यवर्गीय शिक्षित वर्ग की त्रासदी को उजागर करती है। निष्कर्षतः हम यह कह सकते हैं कि "हृषिकेश सुलभ न जादुई छुअन के कथाकार हैं। और न किसी विचारवाद के सिपाही! लेकिन अपनी समकालीन दुनिया के जटिल होते मानवीय सम्बन्धों को जिस तरह सुलभ जी ने उभारा है वह उन्हें समय से जोड़ता है तथा समकालीनों से अलगाता भी है।"[51]

अखिलेश इस दशक के चर्चित कथाकार रहे हैं। उनकी कहानी 'जलडमरूमध्य'[52] आज के जीवन के संत्रास, हादसों को रेखांकित कर जाती है। नव-उपनिवेशवादी भावनाओं के बढ़ते प्रभाव से उत्पन्न त्रासदी को झेलने के लिए पुरानी पीढ़ी विवश है। कथानायक सहाय जी इससे जूझते हैं। इसमें आज के समय चक्र से उपभोक्तावाद, अपसंस्कृति, साम्प्रदायिकता का उन्माद सब कुछ उपस्थित है। अतीत और वर्तमान भी है। हादसे भी हैं। समय का यथार्थ भी है। और है—औपन्यासिक विस्तार।

गिरिराज किशोर की 'गुम चोट'[53], रावी पार इराक कुवैत के युद्ध की अप्रासंगिकता और युद्ध विभीषिका की दास्तान है। 'विभाजन' **(गुलजार)** भारत पाकिस्तान बँटवारे की त्रासदी, भयावहता को रेखांकित करती हैं। **त्रिपुरारी शर्मा** की 'कबूतर'[54] एक प्रतीकात्मक कहानी है।

'पेटीकोट की बयार'[55] **(मृणाल पाण्डेय)** औरत और मर्द के बीच पलती अपेक्षाओं और आधार की तलाश है जहाँ कुछ ओछी और केंचुल भी उग जाते हैं। 'लाल बूटा'[56] पढ़े-लिखे एम.एस.सी. छात्रा के बेरोजगारी की दास्तान है। पिता अपनी स्वार्थ पूर्ति के कारण, अध्यापकी हेतु आया आमन्त्रण उससे छिपाता है। और प्रकृति के विपरीत बेटे को शराब की दूकान पर काम करने के लिए विवश करता है। **महेश कटारे** की कहानी 'पार'[57] सवर्ण व्यवस्था के खिलाफ एक जंग का ऐलान है। **सेली बलजीत** की 'परशाद'[58] भ्रष्ट पुलिस का नग्न चित्रण है। संवेदनहीन पुलिस की नजर बस—एक्सीडेण्ट में घायल यात्रियों की सेवा सुश्रुषा पर नहीं, अपितु उनसे प्राप्त सामानों को अपनाने की है। मानवीय स्वार्थ तथा सम्बन्धों के उपेक्षा की ही कहानी है—'धर्म युद्ध'[59] **(हरदान हर्ष)**। पिता की बेईमानी तथा सरकारी कौम के भ्रष्टाचार के विरुद्ध खड़ा होकर बेटा वास्तविकता

का बोध कराता है।

सेना में युद्धरत, हर क्षण मृत्यु को अनुभव करने वाला राष्ट्र की रक्षा में सन्नद्ध सैनिक अपनी माँ को यही समाचार भेजता है कि 'मैं यहाँ कुशल से हूँ'[60] **(मुकुल जोशी)**। **अवधेश प्रीत** एक सशक्त कहानीकार हैं। 'फलितार्थ'[61] के सहारे वे जमींदार के विरुद्ध एक नायाब संघर्ष को वाणी देते हैं। दरिदा की चर्चा आज मार्क्सवादियों के बीच अहम है। इसके कारणों को रेखांकित करते हैं—**लक्ष्मेन्द्र चोपड़ा** अपनी कहानी 'प्रेत प्रश्न'[62] में।

हत्यारा[63] **(तेजेन्द्र शर्मा)** स्वार्थ ग्रस्त पुरुष मानसिकता की कहानी है। 'बू तो उसे आई ही' **(नवनीत मिश्र)** दाम्पत्य जीवन में घटित सन्देहास्पद घटनाओं पर आधृत है। पुरुष का छल, नारी की निश्छलता का बड़ा ही बेबाक चित्र उकेरा है—रचनाकार ने। सम्बन्धों की दरार का रेखांकन है इन्हीं की कहानी—'लेकिन खैर...'[64]। यह नारी के नरक से कभी न मुक्त हो पाने की व्यथा-कथा है।

रघुनन्दन त्रिवेदी आलोच्य दशक के एक चर्चित कथाकार रहे हैं। इनकी कहानी 'अपने लोग'[65] नारी चरित्र के छल कपट को उजागर करती है। 'नारायण राव : एक केस हिस्ट्री'[66] के माध्यम से रचनाकार ने आज के संसार में व्याप्त भ्रष्टाचार, बेईमानी, अराजकता, गबन, धोखाधड़ी, खून-खराबे का यथार्थ चित्र प्रस्तुत किया है। 'प्लेट फार्म की रात'[67], **(मिथिलेश्वर)** बदलती परिस्थितियों में बढ़ती गुण्डागर्दी, पुलिस की सन्देहास्पद हिस्सेदारी से त्रस्त राष्ट्र का चित्र उभारा गया है। 'त्रिपुर सुंन्दरी'[68] **(राकेश कुमार सिंह)** आज की वर्तमान समस्या—कन्या, भ्रूण-हत्या पर केन्द्रित कहानी है। पति द्वारा शोषित-पीड़ित 'रंगीली' नामक महिला ही ढोंग के सहारे महिलाओं को इस क्रिया से बरजती है।

'किला'[69] **(नरेन्द्र जैन)** एक सशक्त कहानी है। जहाँ इस कहानी में प्राचीन ऐतिहासिक साक्ष्यों एवं धरोहरों के प्रति तंत्र की उपेक्षा का भाव उजागर है, वहीं इस कहानी में परम्पराओं-ऐतिहासिक धरोहरों के बाजारीकरण का भी पर्दाफाश है। 'कुलवंश'[70] **(कुमार नयन)** जाति और वर्ण-व्यवस्था पर प्रहार की कहानी है। ब्राह्मण कुलोत्पन्न नायिका सोनमती का निम्नवर्गीय मंगल से विवाह का निर्णय एक अप्रत्याशित पर साहसिक कदम है। पर यह जीवन जगत का यथार्थ कहाँ? यह तो कल्पना मात्र है।

'निष्क्रमण'[71] **(युगल)** सामन्तवादी व्यवस्था की त्रासदी है। इसके विरोध में जहाँ सभी निम्नवर्गीय जनेऊ धारण करते हैं, वहीं अपने नामों का भी उच्चवर्गीय संस्कार करते हैं। पर इससे अधिक, कहानी अपना प्रतिपाद्य वहाँ प्रस्तुत करती है, जहाँ जमींदार के कुर्ते के बदले सौ रुपए के जुर्माने को हजारों रूपए में बदलते देख धन्नो कुम्हार गाँव छोड़ने के लिए विवश होता है। पर उसका अन्तिम कथन

कि "आप के रेशमी कुर्ते का पाँच गुना दाम अदा कर मैंने आपका वह कुरता खरीद लिया है। वह कुरता आप रघुनन्दन को दे दीजिएगा।" उसका यह साहस आगामी संघर्ष की आकांक्षा उजागर कर देता है।

'विजय स्तम्भ'[72] **(सुषमा मुनीन्द्र)** युद्ध में शहीद रोहिणी प्रसाद की कहानी है। भारत पाक युद्ध में शहीद रोहिणी प्रसाद का विजय स्तम्भ बनवाया जाता है जिस पर प्रशासन कोई ध्यान नहीं देता। लोग-बाग भी विजय स्तम्भ के आसपास गन्दगी फैलाते रहते हैं। रोहिणी प्रसाद के साथ ही जयपाल की कथा भी चलती है, वह भी सेना में था युद्ध के समय उसकी एक टाँग कट गई। उसके घर वाले उसे अब बोझ मानते हैं। वस्तुतः आज का समाज कितना स्वार्थी हो गया है यही बताना इस कहानी का लक्ष्य है। वे व्यक्ति जो देश को बचाते-बचाते शहीद या विकलाँग हो गए हैं उन्हें आज कहीं इज्जत नहीं मिलती, न समाज में, न स्वयं अपने घर गाँव में, सरकार का तो कोई सहारा ही नहीं।

'बारिश में अकेले' चौधरी साहब नामक एक ऐसे इन्सान की कहानी है जिसकी बीबी की लम्बी बीमारी के बाद मौत हो जाती है। चौधरी साहब का एक जवान बेटा और बेटी है। पत्नी की मृत्यु के पश्चात अपने एकाकीपन को दूर करने के लिए चौधरी साहब दीपा नामक एक स्त्री को घर ले आते हैं। वह उससे शादी करने की इच्छा व्यक्त करते हैं। परन्तु घर के लोग उनके विरोध में खड़े हो उठते हैं। यह देख चौधरी साहब अपना तर्क देते हैं–"आप लोग समझने की कोशिश क्यों नहीं करते? कुछ ही दिनों में माँ चली जाएगी...रमा की शादी हो जाएगी...ध्रुव बड़ा हो रहा है उसकी भी अपनी दुनिया होगी फिर मैं किसके सहारे जीऊँगा... ।" परन्तु, अन्ततः चौधरी साहब अपने परिवार के विरोध के आगे हार जाते हैं। वह सोचते हैं–"बारिश में अकेले जाते वक्त जैसे उनका सारा वजूद काँटेदार तारों में उलझकर रह गया है।"[73] **दूर्वा सहाय** की यह कहानी एक नई और अलग संवेदना की सर्जक है जिसमें पुरुष वर्ग का अकेलापन तथा नई पीढ़ी से बढ़ती दूरी का संकेतक है।

'माँ' एक पारस्परिक कथा पर आधृत कहानी है जिसमें बेटों से तालमेल होना वस्तु के केन्द्र में है। मालगाड़ी का ड्राइवर पत्नी की बीमारी से टूट जाता है। और, पत्नी की मृत्यु तो उसे पूरी तरह अकेला बना देती है। वह अकेलेपन में जीना नहीं चाहता। इसलिए घोषणा करता है कि तीर्थाटन के बाद बेटों के पास रहेंगे। "पिताजी ने अपना निर्णय सुना दिया था। बहुओं का चेहरा तो उतर गया था। सही भी है, आज तक पिता का किसी के साथ तालमेल नहीं बैठ पाया था। बेटे घबराए हुए थे कि लौटकर किस बेटे के पास रहेंगे। बड़े या छोटे? पिता का सामान लगाते हुए एक बहू ने कह दिया, "पिताजी को कलकत्ता रास नहीं आता।"

पर पिताजी थे कि कुछ समझना नहीं चाह रहे थे।''[74]

'भीतराग'[75] गिरधारी और बचवा ठाकुर नामक दो बूढ़ों की कथा है। जहाँ गिरधारी पर प्रतिबन्ध है खाने-पीने का वहीं ठाकुर खाने में पूरी तरह स्वतन्त्र हैं। वह कहते भी हैं—देखो गिरधारी मन में कोई अरमान मत छोड़ो, सब करो।'' गुलगुले न खाने पर वह रात-भर सो नहीं पाते हैं और जब ठाकुर चले जाते हैं तब गिरधारी गुलगुले मँगाकर खाते हैं। वस्तुतः बूढ़े-मन के अन्तर्मन में झाँक रही हैं यहाँ **गीताजंलि श्री**। यह सच है कि आज बूढ़ी पीढ़ी अपनों द्वारा उपेक्षित ही नहीं अपितु दलितावस्था को प्राप्त कर रही है। निश्चय ही यह कहानी संवेदना के नए आयाम उद्‌घाटित करती है।

'धूप का खेल' **(सारा राय)** नीले रंग के बहम में लिपटी एक जगह ठहरी हुई कहानी है। जिसमें कथा नायक रुस्तम शुरू से लेकर अन्त तक यह तय नहीं कर पाता कि उसके सामने से गुजरने वाली धूप सच है या उसके कमरे का नीला रंग। कल्पना और यथार्थ के धरातल पर कोई एक साथ पैर रखकर बढ़ नहीं सकता। दोनों का अनुभव अलग है। रुस्तम एक ऐसा पात्र है जो बार-बार चारों तरफ के पर्दे खींचकर अपनी नीली दुनिया से बाहर आता है लेकिन कठिनाई, मेहनत और तपिश को देखकर अपने दरबे में घुसकर कूलर की ठण्डी हवा खाने लगता है। बटिया की दुकान में बैठते ही उसके दिमाग में संघर्ष का लट्टू घूमने लगता है। रुस्तम धीरे-धीरे लट्टू की गति को काबू में ला रहा है लेकिन ऐसा हो नहीं पाता। बल्कि काई की बू उसको चारों ओर से घेरने लगती है। रुस्तम के बाबा उसे उस छोटी-सी चिड़िया के बारे में बताते हैं, ''...जो पैर ऊपर करके पीठ के बल सोती है। वह सोचती है कि इस तरह से वह अपने नन्हें पैरों पर विशाल आसमान को उठाए हुए है...।''[76] 'रुस्तम भी उसी चिड़िया की तरह लेटा हुआ है, वह अपने पंखों का प्रयोग नहीं करता बल्कि मूर्ख चिड़िया की तरह अपने पैरों को भी उल्टा करके, उसकी सार्थकता नष्ट कर परिकल्पना करता है कि वह बहुत बड़ी जिम्मेदारी का वहन कर रहा है।

नीलम कुलश्रेष्ठ की 'सफाई' फैक्ट्रियों से हो रहे प्रदूषण को रोकने के लिए किए जा रहे प्रयासों तथा उन प्रयासों को अवरुद्ध करने हेतु सक्रिय पूँजीपतियों की यथार्थ गाथा है। फैक्ट्री मालिक राजवंशी जडेजा की फैक्ट्री से निरन्तर जीवन संहारक रिसाव हो रहा है। किन्तु जडेजा चाहता है कि रिपोर्ट उसके पक्ष में लिखी जाए। इसके लिए वह हर हथकण्डे अपनाता है। यहाँ तक कि डॉ. मिश्रा सहित तीन वैज्ञानिकों को वह कैद कर लेता है। ईमानदार चेयरमैन डॉ. मिश्रा को जडेजा की कैद से मुक्त ही नहीं कराते अपितु श्री जी पिगमेण्ट प्राइवेट लिमिटेड पर तालाबन्दी हो जाती है। किन्तु इस संघर्ष में डॉ. मिश्रा के दोनो साथी साथ नहीं

देते। ''कोर्ट के आर्डर हैं आप जो तीन वैज्ञानिक वहाँ कैद किए गए थे हमारे साथ वहाँ जाकर बताएँ किसने आपसे क्या व्यवहार किया था? प्रदूषण किस तरफ फैल रहा है।''

''ठीक है, मैं तैयार हूँ। उन दोनों वैज्ञानिकों से भी आप बात कर लीजिए।''

अविनेश उसे मनियार व लकेरा से भी मिलवा देते हैं।

पुलिस के साथ फैक्ट्री जाने वाले दिन लकेरा छुट्टी लेकर एम.पी. भाग जाता है। मनियार बीबी के झूठे ऑपरेशन का बहाना लेकर छुट्टी ले लेता है।''[77]

यह एक सशक्त रचना है। इसके माध्यम से कुलश्रेष्ठ जहाँ जडेजा जैसे पूँजीपतियों की मनोवृत्ति को उजागर करती हैं वहीं वे शासन व्यवस्था की भी पोल खोलती हैं। प्रदूषण से मुक्ति दिलाने वाले कर्तव्यनिष्ठ निर्भीक अधिकारी डॉ. मिश्रा यदि वहाँ हैं, तो वहीं अविनेश और अलियार जैसे परिस्थिति से समझौता करने वाले, भ्रष्टाचार को अपनी प्रगति का माध्यम बनाने वालों का आज की व्यवस्था में अभाव भी नहीं।

'अली, रुक जाओ'[78] **(विजय)** का केन्द्र मुम्बई की झोपड़-पट्टी में रहनेवाली रजिया है। रजिया का पति वसीम कानपुर से अमीर बनने का सपना लेकर मुम्बई आता है पर जल्द ही सब कुछ लुटाकर दूसरी औरत के साथ भाग जाता है। रजिया इन विपरीत परिस्थितियों से संघर्ष करती है। अपने पुत्र अली को स्कूल भेजती है, रऊफ नामक व्यक्ति से स्वयं को बचाती है तथा घर पर सिलाई कर स्वयं अपना खर्च चलाती है। वस्तुतः रजिया की यह कहानी एक आम स्त्री के संघर्षों की कहानी है। आज का समाज़ स्त्री को सिर्फ एक भोग की वस्तु के रूप में देखना चाहता है, वह उसे स्वयं कमाकर खाते नहीं देख सकता।

अनवर सुहैल की कहानी 'फत्ते भाई'[79] में गंगा-जमुनी संस्कृति की खुशबू को बिखेरने का सफल प्रयास किया गया है। इन्सानी रिश्तों में पूरी तरह ईमानदार कहानी का केन्द्रीय पात्र फत्ते भाई सिर्फ अपने रोग को किसी प्रकार दूर करना चाहता था, चाहे 'माध्यम' कोई हो। लेकिन इन्सान से इन्सान को जुदा रखने वाले मुल्ला अपने धार्मिक पोंगापंथी भावना के बल पर राजनीति की रोटी सेंकते हैं। और इन्सान को महज एक परिधि के अन्दर परिक्रमा करने को विवश कर देते हैं। सुहैल जी ने साम्प्रदायिक भावना की अनायास उद्भावना को आधार बनाकर इस कहानी की रचना की है।

जाबिर हुसैन की कहानी 'स्याह फूलों का गुच्छा'[80] एक नए संघर्ष की माँग करती है। यह कहानी बतलाती है कि आज हम अपने सामाजिक सरोकार से दूर होते जा रहे हैं। 'भू-धसान' जैसी गम्भीर समस्या पर यह एक प्रभावशाली कहानी है।

'एक बिल्ली की मौत'[81] कहानी में **शाहिद अख्तर** ने पारिवारिक उलझनों और गरीबी के अभाव का जबर्दस्त ताना-बाना बुना है और यह दिखाने का सार्थक प्रयास किया है कि इस लोकतन्त्र में जब भारत माता की कोई भी बेटी (रबिया) किसी घर से अपहरण कर ली जाती है अथवा गायब हो जाती है, तो इस देश का एक गरीब पिता (रऊफ) किस तरह परेशान होता है। फिर भी वह न्याय से महरूम रहता है। लेखक शाहिद अख्तर ने इस कहानी के माध्यम से भ्रष्ट हो चुकी न्याय व्यवस्था को उजागर करने का प्रयास किया है। पुलिस प्रशासन पर प्रहार भी है—यह कहानी।

'गुबन्द का कबूतर'[82] में **शौकत हयात** ने मानवता की जिस पीड़ा को पकड़ने का प्रयास किया है वह सराहनीय है। इसकी मार्मिकता झकझोर देती है। 'गुबन्द का कबूतर' बेचारगी में जी रहे उन मनुष्यों का प्रतीक बन जाता है जो अपने ठिकानों से वंचित कर दिए गए हैं। बिना किसी प्रकार का 'नारा' लगाए आज की राजनीतिक और धार्मिक बर्बरता की चक्की में पिसते हुए निरीह लोगों के दुःख-दर्द को जिस प्रकार इस कहानी में चित्रित किया गया है उससे हिन्दी कथाकारों को वस्तु की तलाश में सहायता ही मिलेगी।

2. दलित संवेदना को उकेरती कहानियाँ

(अ) दलित कहानी

दलित शब्द का अर्थ है—'टूटा हुआ', 'पिसा हुआ', 'कटा हुआ'। अंग्रेजी में इसका समानार्थी है—'डिप्रेस्ड'। मराठी में इसका अर्थ है—विनष्ट किया हुआ। कतिपय हिन्दी शब्द कोशों में मराठी के अनुकरण पर 'दबाए हुए', 'पद दलित', 'सताए हुए लोग' अर्थ भी प्रस्तुत है। वस्तुतः प्रारम्भिक अर्थ जहाँ वैयक्तिक संज्ञा है, वहीं आगे चलकर यह वर्गात्मक संज्ञा का सूचक बन गया।

आधुनिक हिन्दी साहित्य में दलित संघर्ष की शुरुआत बीसवीं सदी के दूसरे दशक से तब होती है जब सन् 1914 ई. में महावीरप्रसाद द्विवेदी ने अपनी पत्रिका 'सरस्वती' के सितम्बर माह में आधुनिक हिन्दी साहित्य के पहले दलित कवि हीरा डोम की कविता 'अछूत की शिकायत' छापी। यह कविता भोजपुरी में थी। किन्तु हिन्दी साहित्य का आदि और मध्यकाल इस बात का गवाह है कि यह चेतना हिन्दी के लिए नई नहीं है। सन्त कवि कबीरदास, दादूदास, रैदास, सधना की वाणी गूँज चुकी थी जिन्हें हिन्दू समाज में पर्याप्त सम्मान मिला। हिन्दी साहित्येतिहास में भी इन्हें गर्व के साथ स्मरण किया गया और कमोवेश तुलसीदास भी इस चेतना से संपृक्त दिखाई देते हैं। निषाद से गले मिलना, नारी उद्धार तथा समाज के उपेक्षितों,

तिरस्कृतों की सेना द्वारा राम की विजय इनमें स्वाभिमान-आत्मसम्मान का भाव तो जागृत करता ही है, साथ ही इन्हें मानव समानता का सन्देश भी दे जाता है।

आधुनिक एवं समकालीन हिन्दी कहानियों में भी दलित चेतना अपना स्वरूप पाती रही है। अम्बेडकर के महाद् आन्दोलन के तुरन्त बाद 'ठाकुर का कुँआ' (1932) जैसी कहानी लिखकर प्रेमचन्द ने उस आन्दोलन में रचनात्मक सहभागिता की थी। प्रेमचन्द ने ब्राह्मणवाद पर प्रहार का कोई अवसर नहीं छोड़ा। 'सद्गति' (1931) दुखी चमार के शोषण की कहानी है। 'मन्दिर' भी इसी चेतना की कहानी है। 'दूध का दाम' भंगिन की संवेदना उजागर करती है। 'पूस की रात' तथा 'कफन' में दलित संवेदना और मारक बनी है। पर ओमप्रकाश बाल्मीकि 'कफन' को दलित विरोधी कहानी मानते हैं। 1927 में 'चाँद' पत्रिका में अछूतांक निकला। प्रेमचन्द से ही दलित संघर्ष की शुरुआत होती है। यद्यपि भवदेव पाण्डेय, बेचन शर्मा उग्र से इसका प्रारम्भ मानते हैं। 'समाज के चरण' 'उग्र' की महत्वपूर्ण कहानी है। निराला की 'चतुरी चमार', 'बिल्लेसुर बकरिहा', 'कुल्लीभाट' कहानियाँ दलित यथार्थ के रेशे-रेशे को अलगाकर अत्यन्त गहरी संवेदना का सृजन करती हैं। हिन्दी साहित्य विशेषकर समकालीन कथा साहित्य में ये कारक (अम्बेडकरी विचार) उतने सक्रिय नहीं हैं, जो सक्रिय हैं, या जो अपनी पहचान बनाते हैं वे हैं–"मानवीय संवदेनशीलता का भाव, जो दलित में जाकर अपना विश्राम खोजती है, उस सौन्दर्यबोध के प्रस्तुति की ललक में जो दलित पीड़ित और शोषित मानवता में अपना सहज रूप संजोए हुए है और संघर्ष की वह अपराजेय कामना, साहस, अविराम युद्ध का उद्घोष जो अपने अस्तित्व की रक्षा के लिए आवश्यक है। इनसे भी अधिक महत्वपूर्ण कारक यदि कोई है तो वह--नकार और विद्रोह का भाव। जिसमें अप्रसांगिक हो चुकी, मरी हुई, जबरन लादी गई परम्परा को नकार कर पूर्णतया अस्वीकार कर नई परम्परा की स्थापना की ललक है। और इस ललक का औजार है–'विद्रोह का भाव'; जिसकी धार रोज तेज की जाती है। और इस व्रिदोह में पराजय की परवाह नहीं, नकार और विद्रोह के लिए आवश्यकता है--संगठन की। व्यवस्था से उपेक्षित उससे असुरक्षित अनुभव करनेवालों ने अपनी रक्षा, अपनी अस्तित्व की लड़ाई का बीड़ा स्वयं उठाया है। यह सच है कि समकालीन हिन्दी कहानी दलित चेतना की संवाहक है। वह पीड़ित, शोषित वर्ग, विशेषकर स्वतन्त्रता के बाद पनपे इस वर्ग, की कथा-व्यथा के हर कोने को झाँक आए हैं--समकालीन हिन्दी कहानीकार। कुछ उनसे छूटा नहीं, अगर कुछ छूटा है या बहुत कम है तो वह है--दलित मुस्लिम समाज। उसकी विवशताओं, पीड़ा, दुःख और क्षोभ पर कम रचनाकारों की दृष्टि गई। यह अभाव समकालीन कथा-साहित्य की जातीय चेतना निर्मित में सबसे बड़ा बाधक बना।"[83]

परम्परा से चली आ रहीं जीवन एवं समाज की व्यवस्था एवं समस्या पर **ओमप्रकाश वाल्मीकि** ने 'सलाम'[84] कहानी के माध्यम से सीधे प्रश्न खड़ा किया है। कहानी 'सलाम' वर्णव्यवस्था की बुराइयों को परत-दर-परत उघाड़ती है। इस कहानी के अन्तर्गत शूद्रों में शूद्र एक अंत्यज जाति 'चूहड़ा' को केन्द्र में रखकर उसकी दुर्दशा को खुले और खरे रूप में विवेचित किया गया है। कहा जाता है कि गाँवों में वैचारिक जागरण की लहर उठ चुकी है। पर 'सलाम' कहानी इस बात को नकारती है। साथ ही एक बड़ा प्रश्न खड़ा करती है कि सिर पर मैला ढोने वाली तथाकथित निम्न जाति के लोग हिन्दू हैं या इसको हेय दृष्टि से देखने वाले कथित सवर्ण वर्ग। कहानी सवाल खड़े करती है कि दोनों के बीच गहरी खाई है, फिर दोनों हिन्दू कैसे हो सकते हैं। हम कह सकते हैं कि यह एक ऐसी विचारोत्तेजक कहानी है, जो ऊँच-नीच, छुआ-छूत और भेदभाव की स्थितियों को उजागर करती हुई समाज की वर्तमान स्थिति पर प्रकाश डालती है। ऊँच-नीच, छुआछूत और भेदभाव की स्थितियाँ सिर्फ उच्च वर्ग में ही नहीं, निम्न वर्गों में भी है। अगड़े-पिछड़े और जातीयता का भाव पूरे समाज में गहरे तक जड़ जमाए हुए बैठा है। और यह भी एक सच्चाई है कि जब तक वह सहज रूप में समाप्त नहीं होता, बेहतर परिणामों की अपेक्षा नहीं की जा सकती। इसके लिए गहरी इच्छाशक्ति आवश्यक है। इसमें कोई सन्देह नहीं कि 'सलाम' कहानी व्यक्ति और समाज के मन-मस्तिष्क में गहरे तक समाये हुए जातिवाद की समूची शृंखला का विवेचन करती है। कहानी के अन्त में कमल एवं हरीश की खामोशी सहज ही सोचने को विवश करती है।

इन्हीं की 'अंधड़' मिस्टर एस. लाल नामक ऐसे व्यक्ति की कहानी है जो निम्न जाति का होते हुए भी अपनी काबलियत और अपने लोगों के त्याग के फलस्वरूप वैज्ञानिक बनता है। परन्तु वैज्ञानिक बन जाने के उपरान्त वह अपने कुनबे के लोगों को विस्मृत जाता है क्योंकि उसकी नजर में वे लोग नीच जाति के तथा गँवार हैं। उसे लगता है कि उस माहौल के छींटे उसकी प्रगति में बाधक बन जाएँगे; वह लोगों से अपनी जाति छिपाता फिरता है। अपने पिता के मित्र दीपचन्द को भी वह विस्मृत कर बैठता है जिसने उसे पढ़ा-लिखाकर इस योग्य बनाया था।

अन्ततः उसे यथार्थ बोध होता है। वह दीपचन्द की मृत्यु के पश्चात् अपने गाँव वापस लौटता है। यद्यपि बेटी गाँव के माहौल से अपरिचित उससे प्रश्न कर बैठती है—"इन डेल्ही एवरी बॉडी काल्स यू.मि. लाल, ऐण्ड हीयर...इट्स पिटी...आइ काण्ट टॉलरेट, डैड..." पर, तथापि मि. लाल को यथार्थबोध होता है कि कोई भी मनुष्य अपने परिवार, नाते-रिश्तेदारों को छोड़कर नहीं रह सकता। वह कहता भी

है कि–“ये न होते तो शायद मैं भी इतना बड़ा वैज्ञानिक न बन पाता। वे खुद नरक में रहें लेकिन मुझे नरक से निकालने में इन्होंने जो त्याग किया, न उसके बदले इन्होंने कुछ माँगा, न मैंने कुछ दिया। मैं ऐसे वृक्ष की तरह हूँ जो अपनी जड़ों को भी छाया नहीं देता।”[85]

ओमप्रकाश वाल्मीकि की ही 'घुसपैठिए'[86] बहुचर्चित कहानी है। यह कहानी आरक्षण की समस्या पर आधृत है। पर इस कहानी को राजनैतिक आयाम दिया गया। अनेक ऐसी परिकल्पनाएँ हैं जिनकी संगति नहीं बैठती है। इनकी अन्य कहानियाँ हैं–'कूड़ा घर', 'भय', 'विरम की बहू' आदि। इन्हीं की 'दिनेशपाल जाटव उर्फ दिग्दर्शन'[87] में समाज में व्याप्त जातिप्रथा पर चोट है। कहानी का नायक निम्न जाति का होने के कारण अपना नाम तक परिवर्तित कर लेता है। राजनीति में व्याप्त भ्रष्टाचार से समाचार पत्र भी अछूते नहीं; यह कहानी इस तथ्य को भी उजागर करती है। ऊखीमठ, जोशीमठ पर आई विपदा में राहत कर्मियों द्वारा दलितों की सड़ी गली लाशों को छूने से इनकार करने की खबर छाप देने पर उसे नौकरी से निकाल दिया जाता है।

श्योराज सिंह 'बेचैन' दलित कथाकार हैं। उन्होंने 'रावण' तथा **'शोध-प्रबन्ध'** जैसी श्रेष्ठ कहानियों के माध्यम से एक ऐसे गाँव तथा शिक्षा क्षेत्र की यथार्थ दास्तान प्रस्तुत की है, जो विचारों से आर्य-समाजी है। अर्थात जाति-पाँतिगत कोई भेदभाव नहीं है। यद्यपि रावण बने मूल सिंह के पिता छोरीलाल को यह आशंका थी कि इस चमार का रावण बनना गाँव वालों को पसन्द नहीं आएगा। वह अपने पिता से कहता भी है–“तुम्हें बड़ी जातिन को इतना ही डरू खाये जातु है तो मोइ दिल्ली ते बुलवायो काए कूँ और अब मैं तैयारि करि चुको हूँ तो मेरी हिम्मत काए कूँ तोड़ रए हौ! का मैं गाजर मूली हूँ जो मोई उखारि खाइ गो कोई!” किन्तु मूलसिंह का यह आत्मविश्वास गाँव की जातिवादी गुटबन्दी से धूल खाता है। यद्यपि जीतराम कहते हैं कि 'जाति-पाँत देश में है पर कलाकार की कोई जाति नहीं पूछी जाती। और अपनो गाँव तो आर्य समाजी है। यहाँ कोई ऐसी नौबत नाय आएगी।” किन्तु जीतराम का यह विश्वास भी निरर्थक साबित होता है। अच्छा कलाकार मूलसिंह मंच पर बैठा है। हनुमान, सुग्रीव, लक्ष्मण बने लोगों ने अपने हाथों की गिरफ्त में लेकर उससे कहा–“उतरि सारे चमट्टा के, नीचे उतरि। मूलसिंह ने झटका मारा तब तक हनुमान ने उसकी पीठ पर प्रहार कर दिया, अब राम कहाँ पीछे रहने वाले थे। उन्होंने कन्धे के धनुष फेंककर सीधे घूँसे जमा दिए। कुर्सी में लात मारकर सुग्रीव भी सामने आ धमका। दर्शकों में बैठे चमार और वाल्मीकि भिड़ उठे। रामसिंह मूलसिंह के बचाव में आ खड़ा हुआ। पिट-पुटकर भी मूलसिंह तनकर खड़ा हुआ। रावण की पोशाक और गत्ते की तलवार फेंक अपने हाथों से अपना बचाव करने

लगा। तब तक पर्दा गिरा दिया गया और नेपथ्य की भीड़ ने उसके देह पर कपड़ा डालकर उसकी निर्मम धुनाई की।''[88]

सलाह के बावजूद भी वह थाने नहीं जाता है। यद्यपि यादव परिवार उसे रोकने की कोशिश करता है किंतु वह अपनी पत्नी और बच्चे के साथ दिल्ली चला जाता है। शहर तो वह चला जाता है पर गाँव उसे भूलता नहीं। सच यह है कि गाँव ने तो उसे छोड़ दिया पर उसने गाँव को नहीं छोड़ा। उसे महात्मा गाँधी पर भी गुस्सा है कि उन्होंने जाति को बढ़ावा दिया। वह बौद्ध बनने की ठानता है जहाँ उसे छूत-छात से मुक्ति मिले। लम्बरदार भी शहर आकर उसे मनाता है। पर वह गाँव नहीं जाता। किन्तु माँ की बीमारी उसे तोड़ती है। अपनी जमीन और घर बिकने की सूचना मिलते ही कि उसे बैद जी और जीतराम खरीदना चाहते हैं, वह गाँव जाने का निश्चय करता है। और इस मंसूबे के साथ कि ''उसने तय कर लिया था कि अब गाँव जाकर चाहे दो चार सिर फोड़ने पड़े या खून के इलजाम में जेल जाना पड़े, मगर न वह अपमान सहेगा, न बोल-कबोल सुनेगा। आखिर वह छः फुटा जवान है। दबा-कुचला क्या रहे!...इस बार रावण का पार्ट करने वह नहीं जा रहा था। राम लक्ष्मण से लोहा लेने जा रहा था।''[89]

दलित चेतना के जागरण को केन्द्र में रखकर लिखी गई यह एक सशक्त कहानी है जिसमें धीरे-धीरे दलितों में संघर्ष की भावना जन्म ले रही है। यह संघर्ष भाव ही तो दलित उत्थान का माध्यम बनेगा। पर कथ्य-प्रस्तुति में विरोधाभास है।

'शोध-प्रबन्ध'[90] में इन्होंने अनेक प्रश्नों को एक साथ उठाया है। लेखक ने जितनी सूक्ष्मता से दलित छात्र-छात्राओं पर होने वाले अत्याचारों, शिक्षण-संस्थानों में उच्च पदों पर बैठे लोगों की मानसिकता, शादी, प्रेमविवाह तथा शोध करने पर हावी होनेवाली परेशानियों एवं स्त्री मुक्ति आदि जैसे विषयों पर सोचने के लिए बहुत सारे प्रश्न एक साथ उठाए हैं, उसकी खुले दिमाग से सराहना की जानी चाहिए। कहानी में प्रो. प्रताप सिंह एवं रीना के माध्यम से रचनाकार ने तत्कालीन व्यवस्था का नग्न यथार्थ प्रस्तुत कर दिया है।

दलित कथा लेखन में प्रमुख सहभागिता निभाते हैं—**प्रहलादचन्द्र दास**। 'लटकी हुई शर्त' उनकी एक श्रेष्ठ कहानी है, जिसमें दलितों में सवर्ण मानसिकता या उसके समानान्तर खड़े होने की प्रवृत्ति नजर आती है। रमणिका गुप्ता इसे पहली दलित कहानी मानती हैं। 'बैगनवारी' में दलितों की सत्ता में भागीदारी के लिए संघर्ष है। महिला शोषण और उन पर होने वाले अत्याचारों की कहानी है—'आदिवासी होडो', 'नचनी काकी', केलिया 'कजली', 'बन्धुआ माय की गाय'। 'रुका हुआ आक्रोश' प्रतिरोध की कहानी है और 'रुका हुआ प्रमोशन' आरक्षण के सिद्धान्त पर बहस की माँग करती है।

संघर्ष का जीवन्त नारा दिया **विपिन बिहारी** ने। इनकी 'अफसर', 'पहचान', 'हताहत', 'अरे ये जाखो है', 'डाकिनी' आदि कहानियाँ अपनों द्वारा उपेक्षित, शोषित चरित्रों के आख्यान हैं। 'पगडंडी' प्रतिरोध की गाथा है।

मोहनदास नेमिशराय की कहानी 'अपना गाँव' जमींदारी व्यवस्था में हो रहे शोषण की 'यथार्थ गाथा' है। 'हारे हुए लोग', 'आवाजें' तथा 'रीत' इनकी अन्य श्रेष्ठ कहानियाँ हैं। 'एक अखबार की मौत' हिन्दू संस्कृति के पोषक सम्पादक पर प्रहार की कहानी है। **दयानन्द बटोही** की 'सुरंग' शिक्षा जगत की बदरंग छवि उजागर करती है।

रतनकुमार साँभरिया की कहानी 'गूँज', 'शर्त' संवेदना के एक नए आयाम खोलती हैं। 'गूँज' गाँव-कथा और विशेषकर बहुरूपिया मालू की कथा का यथार्थ रेखांकन इस कहानी में अंकित है। माता-पिता विहीन मालू अपने चाचा को ही सब कुछ स्वीकार करता है किन्तु उसका चाचा उसके हिस्से की जमीन को हड़प लेना चाहता है। उसके कमरों का सौदा बनिये से कर देता है। वैसे तो उसकी भी हत्या की साजिश की थी लेकिन वह बच जाता है। और चाचा की प्रक्रिया का विरोध वह जिन मुद्राओं में करता है उससे उसका संघर्ष चरम पर पहुँच जाता है। "कमरे का ताला लगाकर मालू को यूँ बैठा देख कालू चिन्ता और आश्चर्य से चौंका। उसका कलेजा जैसे निकलकर अब बाहर आ पड़ा। चेहरे पर छाई खुशी का अवसान हो गया था। मालू भेद पा गया लगता है। नजदीक जा वह मालू से मुखातिब हुआ, "मालू बेटे बादल चले गए हैं।"..."दातुन करते-करते मालू का मुँह थूक से भर गया था। उसने थूक भरा मुँह का पीक थूका। पीक वहाँ खड़े कालू और दद्दू दोनों के बीच जा गिरी थी और एक लकीर-सी पड़ गई थी, तलवार की धार जैसी। कालू के तहमद और दद्दू के पाजामा पर पीक की छींटें छप गई थी।"[91]

जहाँ यह कहानी ग्रामीणों की चालाकी, छल-छद्म को उजागर करती है वहीं सबसे अलग-थलग पड़े बेसहारे बुद्धिहीन युवक की घृणा को इन सबके विरोध का एक औजार बनाती है—यह कहानी। 'शर्त' दलित नारी शोषण के प्रतिकार की कहानी है। इसका अन्त अस्वाभाविक है।

'भूतसवार'[92] **(रमणिका गुप्ता)** दलित वर्ग की कहानी है जिसमें रविदास अपने बेटे की मृत्यु पर पागल हो जाता है। महावीर और मालती का प्यार महावीर के पिता के संत्रास का कारण बनता है। और धोकर का पूरा परिवार बन्धक बना लिया जाता है। धोखे से महावीर को मार दिया जाता है। धोकर बेटे की लाश को घेरकर बैठा है। अलता तथा उसके वर्ग के लोग थाने सूचना देने के लिए विवश करते हैं। थानेदार भी कुछ नहीं कर पाता, उलटे कुर्मी के लड़के थानेदार पर ही

प्रहार कर देते हैं। और धोखर खोज रहा है मरे हुए महावीर और मालती को।

जयप्रकाश कर्दम (चमार), रतनकुमार साँभरिया (शर्त), प्रेम कापड़िया (हरिजन) तथा भागीरथी मेघवाल (सूरज की चिन्ता), सूरजपाल चौहान (छूत कर दिया, साजिश), शत्रुघ्न सिंह 'अनाम' (राम नाम सत है), गौरी शंकर नागदंश (जंगल में आग) कुसुम वियोगी (और वह पढ़ गई), श्रवण कुमार (धब्बा), कर्मेन्दु शिशिर (डाँगर), सी.वी. भारती (भूख), वी.एल. नय्यर (चतुरी चमार की चाट), कावेरी (सुमंगली), सुशीला टाँकभैरो (सिलिया), रजत रानी मीनू (सुनीता), अंजलि काजल (इतिहास), मधु संधू (आवर्तन), मोती राम (खुरपी), सम्पाराम आर्य (उधार की जिन्दगी) इस परम्परा के अन्य प्रमुख हस्ताक्षर हैं।

"इन कहानियों में दलित आक्रोश तो उभरता है, संगठन की आकांक्षा भी बल पाती है, पर दलितों का सौन्दर्य-बोध इनमें से गायब है। इसलिए ये कहानियाँ दलित संवेदना की कहानियाँ न बनकर घृणा के प्रचार-प्रसार की कहानियाँ बन जाती हैं। ये कहानियाँ और इनके पात्र इतिहास भी नहीं बन पाते। वर्ग चरित्र भी नहीं बन पाते--इनके पात्र। इन कहानियों द्वारा जातिवाद उभारने का भी प्रयास है। और यह प्रयास अम्बेडकर के सिद्धान्त के विरुद्ध है। कथाकार अपने पात्रों को जिन परम्पराओं से अलग करना चाहते हैं। उन्हीं परम्पराओं से ये गहरे जुड़ते दिखाई देते हैं। इन कहानियों में दलित नारियाँ कम ही संघर्ष की ओर कदम बढ़ाती दिखाई देती हैं।"[93]

भगवान सिंह की मान्यता है कि "अभी दलित लेखकों ने केवल सवर्णों के सन्दर्भ में अपने अनुभवों को केन्द्र में रखकर लेखन किया है जिसकी कुछ सीमाएँ भी हैं जिस दिन वे उस दलित मानस के सामाजीकरण और उसके प्रति प्रतिरोध के अभाव को केन्द्र बनाकर दलितों की कुन्द बना दी गई और कुन्द हो चुकी संवेदना को केन्द्र में रखकर उनके अपने परिवेश चित्रित करेंगे और दलित महिलाओं के अपने पतियों व परिजनों द्वारा शोषण को चित्रित करने का साहस जुटाएँगे, उस दिन संवेदनशून्यता से उत्पन्न क्रूरता के नए रूप सामने आएँगे।"[94]

यह सच है कि मराठी दलित चेतना विशेषकर अम्बेडकर के आदर्शों से हिन्दी दलित चेतना अपनी राह के सूत्र पकड़ती है पर हिन्दी की दलित चेतना इन सारे आदर्शों के सारे स्तम्भों को ढहा देती है। मराठी में जितने दलित लेखक हैं उन्हें पढ़ते हुए या महसूस करते हुए प्रतिक्रिया या घृणा के तत्त्व नहीं दिखाई देते। हाँ! एक करारी गहरी संवेदना जागृत होती है पर जब हिन्दी में दलित साहित्य पढ़ा जाता है तो यह साफ दिखाई देता है कि उसमें घृणा और प्रतिक्रिया की इतनी बहुतायत है कि उससे किसी स्वस्थ दृष्टि का विकास नहीं होता। मराठी आत्मकथा की नकल पर लिखित ओमप्रकाश वाल्मीकि (जूठन), नैमिशराय (अपने-अपने पिंजरे),

कौशल्या वैसन्त्री (दोहरा अभिशाप) की आत्मकथाएँ और कहानियाँ सुनियोजित-सी दिखाई देती हैं और एक खास किस्म के उपहास तक ले जाती हैं। "उसमें यातना की बारीकी और संघर्ष की निरन्तरता खोजना मुश्किल काम है, पर घृणा या हिकारत को रचना के मूल में देखा जा सकता है। एक बात और! इस सृजनात्मक आन्दोलन की एक मुश्किल यह भी है कि इसका दायरा महानगरों और कुछ विशेष नगरों तक ही सीमित है। सच तो यह है इससे अच्छी कहानियाँ हैं—गैर-दलित लेखकों की।"[95]

3. स्त्री विमर्श/संवेदना को स्वरूप देती कहानियाँ

'स्त्री विमर्श' एक मुद्दे के रूप में मध्यवर्गीय मानसिकता की उपज है। वस्तुतः भारत में नारी का सम्मान हमेशा रहा है। वह पुरुष की सहधर्मिणी ही नहीं अपितु पुरुष की दोस्त भी रही है। यह अलग बात है कि मध्यकालीन झंझावातों एवं बाहरी आक्रमणकारियों ने भारतीय सत्ता के साथ उसे अपनी सम्पत्ति समझा। इनकी देखा-देखी या इन्हीं के कारकून बने भारतीय राजा-रजवाड़े भी स्त्री को केवल भोग-विलास की सम्पत्ति मान बैठे। स्त्री का अधिकार छिना। वह आर्थिक पराधीनता की बेड़ियों में कस उठी। अशिक्षा बेरोजगारी ने उसे और कमजोर बनाया।

भारतीय समाज सुधारकों, साहित्यकारों की दृष्टि इस ओर गई। उन्होंने माना कि इस महत्वपूर्ण अंग की उन्नति के बिना स्वाधीनता सम्भव नहीं है और स्त्री के विकास के बिना भारतीय समाज विकसित या उन्नत नहीं हो सकता। यद्यपि ऐसे आन्दोलन पाश्चात्य देशों में अट्ठारहवीं शती में ही प्रारम्भ हो गए थे, किंतु भारत में इनका प्रभाव देर से हुआ। पाश्चात्य देशों में स्त्री स्वाधीनता का मुद्दा फ्रांसीसी क्रान्ति (1789) से सशक्त हुआ। फ्रांसीसी क्रान्ति ने स्त्री और पुरुष की स्वतन्त्रता, समानता और बन्धुत्व जैसी चिर-वांछित मानवीय आकांक्षाओं को नैसर्गिक मानवीय अधिकार की गरिमा से विभूषित किया। पहली बार ऐसे लोकतान्त्रिक शासन की व्यवस्था सामने आई जिसमें स्त्री और पुरुष आमने-सामने खड़े दिखाई दिए। भारत में राजाराम मोहन राय के लम्बे प्रयास के बाद 1829 ई. में सती प्रथा का कानूनन विरोध सामने आया। पहली बार यहाँ स्त्री के अस्तित्व को मनुष्य के रूप में स्वीकार किया गया। सन् 1948 में 'सिनेकाफाल्स' न्यूयार्क में ग्रीन बहनों की रहनुमाई में आयोजित 300 स्त्री-पुरुषों की सभा में स्त्री दासत्व की लम्बी श्रृंखला को चुनौती देते हुए स्त्री मुक्ति आन्दोलन की नींव रखी गई। और सन् 1867 ई. में प्रसिद्ध अंग्रेजी दार्शनिक जान स्टुवर्ट द्वारा ब्रिटिश पार्लियामेण्ट में स्त्री के वयस्क मताधिकार का प्रस्ताव रखा गया। संयुक्त रूप से ये घटनाएँ इस बात की प्रमाण हैं कि यदि स्त्री उत्पीड़न की लगभग एक-सी शाश्वत परम्परा

समस्त विश्व में विद्यमान है तो इससे मुक्ति की लगभग एक-सी तड़प और अकुलाहट-भरी संघर्ष की कथा भी अपनी विद्यमानता की छाप छोड़ती है। मजेदार बात यह है कि यह मुक्तिकामी आकांक्षा सिद्धान्ततः स्त्रियों की ओर से नहीं पुरुषों की ओर से सामने आई। पर आज इसे नकार-सा दिया जाता है और इस काल में रचा गया साहित्य स्त्री उद्बोधन या स्त्री सुबोधिनी के रूप में सामने आया माना जाता है। कुछ भी हो, इस ऐतिहासिक अवदान को नकारना स्त्री-विमर्श के साथ बेईमानी होगी।

सन् 1917 में 'विमेन्स इण्डियन एशोसियेशन' की स्थापना हुई। 1925 में 'नेशनल काउंसिल ऑफ ओमेन इन इण्डिया' की स्थापना ऐतिहासिक और क्रान्तिकारी घटना थी। 1946 में अखिल भारतीय महिला परिषद द्वारा प्रस्तुत अधिकारों और कर्त्तव्यों के चार्टर में वर्णित माँगों को भारतीय संविधान में स्थान मिला। धारा 15, 16 तथा धारा 44 स्त्री को पुरुष के समकक्ष खड़ा करता है।

नारी मुक्ति का यह आन्दोलन आधुनिक काल में भारतेन्दु हरिश्चन्द्र, महावीर प्रसाद द्विवेदी एवं उनके मंडल के रचनाकारों का करावलम्ब पाकर और सशक्त हुआ। इन रचनाकारों ने स्त्री में असीम शक्ति का अनुभव किया। इन्होंने नारी को मुखर किया। प्रसाद, प्रेमचन्द, जैनेन्द्र, हजारीप्रसाद द्विवेदी, अज्ञेय आदि रचनाकारों ने स्त्री की शारीरिक नहीं अपितु आन्तरिक सुचिता को केन्द्र में रखकर भारतीय स्त्री की गरिमा को पुनर्स्थापित करने का प्रयास किया। इसमें दो राय नहीं कि इन रचनाकारों ने स्त्री को महनीयता, गौरव, आत्मसम्मान और पुरुष जैसी शक्ति से विभूषित किया। किन्तु स्वतन्त्र भारत की नारी इतने से सन्तुष्ट नहीं हो पाई।

फलस्वरूप आठवें दशक से महिला कथा-लेखिकाओं की एक ऐसी कतार सामने आती है जिनका दावा है कि महिलाओं का अनुभव-वृत्त यथार्थ रूप में पुरुष प्रकाशित नहीं कर सकता। यह सच है कि महिला कहानी लेखन के तेवर पुरुष कथा लेखन से निश्चित रूप से अलग हैं। घर परिवार और बदली समाजार्थिक परिस्थितियों में उनकी नौकरी का स्थान उनके द्वारा रचित श्रेष्ठ कहानियों का क्षेत्र बना है। डॉ. पुष्पपाल सिंह के अनुसार—"मानवीय सम्बन्धों और आत्मीय रिश्तों की उष्मा के रीतने का जितना सशक्त चित्रण महिला कहानीकारों द्वारा हुआ है, उतना निश्चिततः पुरुषों द्वारा नहीं हो सका है। स्त्री-पुरुष सम्बन्धों की सूक्ष्मताओं को भी उन्होंने बहुत ही कौशल से अंकित किया है। घर-परिवार की मध्यवर्गीय दिनचर्या के बीच नारी ने अपनी नौकरी का समीकरण किस तरह बिठा रखा है, नौकरी-पेशा नारी का संघर्ष कितना जटिल है, नौकरी करते हुए उसे भावात्मक संघर्ष की किन स्थितियों से गुजरना होता है, यह सब प्रामाणिक रूप से जानने के लिए हमें महिला कहानीकारों की रचनाओं को पढ़ना चाहिए। नारी की संवेदनात्मक

मनःस्थिति में यह उनकी सीमा नहीं, उपलब्धि है; यद्यपि अनेक महिला कथाकार यह मानने को कतई तैयार नहीं कि उनकी कहानियों का अनुभव-संसार पुरुष के अनुभव संसार से अलग है। वस्तुतः इसी अनुभव जगत को लेकर जब कोई सशक्त रचना चिर-परिचित कथ्य पर सर्वथा नये कोण से आती है तो मुझे लगता है कि नारी के अपने परिचित क्षेत्र के कोनों-अन्तरों में कितना कुछ अनकहा और अनछुआ पड़ा है।''[96]

दशवें दशक में प्रगतिशील लेखकों और मार्क्सवादी खेमें के रचनाकारों ने स्त्री-विमर्श को एक नई राह देने का प्रयास किया। 'हंस' के 'औरत उत्तर कथा' विशेषांकों ने नारी को बहुत कुछ नकारने का मौका दिया। इसमें कोई दो राय नहीं कि आज नारी की स्थिति-परिस्थिति बहुत कुछ बदली है। वह आर्थिक दृष्टि से स्वतन्त्र है। राजनीति तथा ज्ञान-विज्ञान के क्षेत्र में उसका वर्चस्व बढ़ा है। जीवन-साथी के चयन में भी उसे पूरी स्वतन्त्रता मिल चुकी है। पर यहीं प्रश्न उठता है कि यह स्वतन्त्रता नारी की मनोवृत्ति को किस घाट पहुँचाएगी? अनुराधा महेन्द्र का मानना है कि इस लेखन और उस लेखन में अन्तर है। वे हंस के सम्पादक से संवाद स्थापित करती हुई कहती हैं कि ''इधर आपने महिला लेखन पर विचारोत्तेजक बहस कराई है...। 'हंस' के किसी अंक में मृदुला गर्ग ने मत व्यक्त किया था कि कहानी में नारी चेतना का अर्थ केवल स्त्रियों द्वारा लिखी गई कहानियों की चेतना नहीं है। एक पुरुष रचनाकार भी स्त्री के अवरुद्ध, सांस्कृतिक, सामाजिक ऐतिहासिक स्थिति पर मार्मिक कहानी लिख सकता है।'' अनुराधा महेन्द्र मृदुला जी के इस मत को स्वीकार करने में असमर्थ हैं। वे यथास्थितिवाद का समर्थन करने वाली कहानियों को नारी चेतना की कहानी नहीं मानती हैं। उनका कहना है कि महिला लेखिकाओं को पुरुष रामाज के समक्ष यथास्थितिवाद के प्रति चुनौती के रूप में खड़ा होना है। अनामिका स्त्री में स्वतन्त्रता संधान की अपेक्षा करती हैं। उनका मानना है कि जब तक यह भाव नहीं आएगा स्त्री मुक्ति संभव नहीं। वह आदिकालीन पौराणिक नारियों में मिथकीय गुण खोज लेती हैं और उन्हीं का आदर्श प्रस्तुत करना चाहती हैं। वे सामाजिक व्यवस्था तथा समाज की रूढ़ जर्जर परम्पराओं पर भी प्रहार करती हैं।

श्याम जांगिड़ महिला मुक्ति आन्दोलन की एक अलग कथा, यथार्थ कथा, भारतीय परिवेश से सम्बद्ध कथा लेकर चलती हैं। उनके अनुसार, ''मेरा तो मानना है कि भारत में स्त्री का सम्मान यथायोग्य है। सामाजिक ढाँचे में सम्बन्धों की लम्बी कड़ियों के मुताबिक स्त्री का वर्चस्व बरकारार है। जहाँ गरीबी और अज्ञानता का अन्धकार है वहाँ की बात क्या करें? वहाँ तो स्त्री-पुरुष दोनों पीड़ित हैं। सबसे अधिक स्त्री अशिक्षा मुसलमानों में है। जब तक मुस्लिम महिलाएँ शिक्षित नहीं होंगी

उन्हें कोई रास्ता नहीं सूझेगा।" वह ये भी स्वीकार करते हैं—"स्त्री पर होनेवाले अत्याचारों में स्त्रियाँ भी आगे होती हैं।" अनामिका स्त्री लेखन की पक्षधर हैं। उन्होंने स्पष्ट कहा है कि स्त्रीवादी रचना की भाव-भाषा अलग है और महिला लेखिकाओं को उन्हें उसका श्रेय दिया जाना चाहिए। आज स्त्रीवाद लिबरल हो चुका है। उनका यह मानना है कि 'पक्षधरता ही स्त्री मुक्ति का माध्यम बन सकता है। हाँ, उन घटनाओं को ध्यान में रखना होगा जिससे समाज का जीवन प्रभावित हुआ। उनकी दृष्टि में वैयक्तिक आत्माओं का सामाजिक सन्दर्भीकरण ही स्त्री लेखन का लक्ष्य है। स्त्रीवाद लेखन उन्हीं से जुड़ा है जो संत्रस्त थे, पीड़ित थे या संत्रास, कुण्ठा, पीड़ा, दुःख आदि के जनक थे। वे यह भी स्वीकार करती हैं कि 20वीं सदी में स्त्रीवाद लेखन से सदियों से संत्रस्त नारी मुक्ति की सामूहिक भावना सामने आई।"[97] मूलचन्द गौतम की दृष्टि में "नारी विमर्श केवल साहित्य के आधार पर सम्पूर्णता प्राप्त नहीं कर सकता।...शरीर का भूगोल भी स्त्री को अब उस तरह की हीनता, कुण्ठा निरीहता का एहसास नहीं कराता।...साहित्य में मर्दवाद, नारीवाद समस्या का हल नहीं है। क्योंकि एकाकी, संकीर्णता और अतिवाद में उलझने के अलग खतरे हैं। अलबत्ता नारी लेखन का प्रकृतिवादी वैशिष्ट्य का उल्लेख किया जाना चाहिए जैसे दलितों का, आदिवासियों का या अन्यों का...। इसलिए यह बहस कि नारी ही नारी यथार्थ को अभिव्यक्ति दे सकती है, बेमानी है। अतः सामूहिकता में ही नारी अस्मिता को तलाशने की जरूरत है।"[98]

इसमें कोई दो राय नहीं कि मर्द और महिला लेखकों की कहानी में अन्तर है। महिला कहानीकार की कहानियों में अलगाव के प्रमुख कारकों में है—सामाजिक व्यवस्था पर प्रहार, पुरुष या पुरुष समाज द्वारा हो रहे अपने ऊपर सेक्स के अत्याचार। बलात्कार का उन्होंने खुला वर्णन किया। इसे साहित्य में अश्लीलता की संज्ञा से विभूषित किया गया। डॉ. मैनेजर पाण्डेय ने साहित्य की अश्लीलता पर व्यापक दृष्टि से विचार किया है। उनकी दृष्टि में, "अश्लीलता एक अर्थ में पुरुषवादी वर्चस्व को कायम रखने का माध्यम है।...काम सम्बन्धों के बारे में स्त्री का अपना अनुभव, अपनी संवेदना और अपनी दृष्टि को न सिर्फ अस्वीकार किया जाता है बल्कि नैतिकता की दुहाई देकर इसका दमन भी किया जाता है।"[99] उनका यह मत भी है कि अश्लीलता का प्रश्न या नारी पराधीनता की विचारधारा सामाजिक संस्थाओं, सांस्कृतिक-संरचनाओं एवं साहित्यिक अभिव्यक्तियों के माध्यम से संरक्षित होती है। वह यह भी स्वीकार करते हैं कि मार्क्सवादी भी नारी को हाशिए पर रखता है। स्त्री की इस वेदनामयी संवेदना को वे पूँजीवादी सभ्यता की देन मानते हैं। निष्कर्षतः डॉ. पाण्डेय स्त्री को सामूहिकता में देखने के पक्षपाती हैं। सुधीश पचौरी भी स्त्री विमर्श और स्त्री लेखन तथा स्त्री की स्थिति के पीछे पूँजीवाद को

ही उसका प्रमुख कारण मानते हैं। यह प्रचार माध्यमों को भी इसे विकराल बनाने का कारक स्वीकार करते हैं। "स्त्री के नए उपकेन्द्र के समक्ष और प्रत्यक्ष होने को जिस चीज ने संभव किया वह पूँजीवाद का नया रूप है जो हर मनुष्य को श्रमिक और उपभोक्ता बनाए दे रहा है।"[100]

यह सच है कि स्त्री द्वारा स्त्री लेखन एक ऐसा यथार्थ है जिसमें अनुभव की गहराई और जीवन्तता विद्यमान रहती है। जबकि पुरुष अनुभव द्वारा स्त्री अनुभूति के अभिव्यक्ति का प्रयास केवल आदर्श का बखान होती है। स्त्री साहित्य में कमियाँ भी हैं। असावधान स्त्री की अपेक्षा सावधान पुरुष श्रेष्ठ स्त्री साहित्य लिख सकता है। शलामिथ फायरस्टोन ने छठे दशक में प्रतिपादित किया था कि स्त्री की असली स्वतन्त्रता तब घटित होगी जब वैज्ञानिक प्रगति उसे गर्भाशय जनित दायित्वों से मुक्त कर देगा। निस्संदेह गर्भाशय के कारण स्त्री को बहुत-सी कठिनाइयों का शिकार होना पड़ता है। यह दिलचस्प है कि नए नारीवाद में गर्भाशय के प्रति एक प्रकार की ममता दिखलाई पड़ती है। यह अपने शरीर के प्रति स्त्री की नई संवेदनशीलता का द्योतक भी है। स्वीकृति-अस्वीकृति के बीच भी महिला कथा लेखिकाओं ने अपनी अलग पहचान बनाई।

आठवें दशक से जिन महिला कथाकारों ने लेखन-क्षेत्र में अपनी पहचान बनाई उनके नाम अनगिनत हैं। सभी की चर्चा सम्भव नहीं है। यहाँ कुछ कथा लेखिकाओं की महत्वपूर्ण कहानियों की चर्चा प्रस्तुत है।

मैत्रेयी पुष्पा एक जाना पहचाना नाम है। इन्होंने स्त्री को केवल नंगा ही नहीं किया अपितु उसके अन्तस के स्वर्गीय भावों को स्वरूप भी दिया। 'ललमनिया' (हंस, नवम्बर 93) एक ऐसी ही कहानी है। जो विवाह के अवसर पर लोक प्रचलित इस मान्य नाच की अद्भुत प्रस्तुति के कारण एक युवक द्वारा जीवन संगिनी बना ली जाती है। पर युवक के घर वाले उसे स्वीकार नहीं करते। उसे स्वयं अपना और जीवन के वरदान के रूप में प्राप्त बेटी के जीवन को ढोना पड़ता है। और जीवन के अन्तिम चरण में फिर उसका जीवन साथी सामने आता है, पर उससे मिलने नहीं, नए विवाह के लिए। कथानायिका के समक्ष एक ही विकल्प बचता है, सीता की भाँति मृत्यु का वरण है।

'छुटकारा'[101] की छन्नो न केवल दलितों पर हो रहे अत्याचार का प्रतीक है, बल्कि वह अपने आप में मजदूरों की हड़ताल, नई तकनीक के चलते उनके बेरोजगार होने की घटनाओं का दर्पण है। रज्जो के रूप में तो अगली पीढ़ी के विद्रोही तेवर पुरानी व्यवस्था के चौखटे में खुद को बिठाने से इन्कार कर सब कुछ सजीव कर जाते हैं।

यह कहानी दलित विचार की जटिलताओं से आगे की अभिव्यक्ति है।

जाति-रुग्णता से ऊपर उठकर मानवीय धरातल पर व्यक्ति-चरित्र का वैशिष्ट्य स्थापित हो—यही कहानी की मूल चिन्ता है। रज्जो का यह अहसास ''अब तो हमें मैला साफ करने कोई नहीं बुलाएगा कितना अच्छा हुआ।'' दलित चेतना को अग्रसर करता है।

नाइन जाति की बालिका जैमन्ती के सन्त्रास की कहानी है—'रास'।[102] जैमन्ती का यौन-शोषण उसका ससुर करता है। वह इससे विफर कर सारे सम्बन्धों को त्याग कर माँ के घर वापस आ जाती है। पर यहाँ भी उसे चैन नहीं लेने देती माँ। वह चाहती है, कहीं, वह किसी पुरुष का वरण कर ले। पर जैमन्ती एक अलग प्रकार का चरित्र है। वह अपनी भावनाओं के धरातल पर कोई समझौता नहीं करती। 'गोमा हँसती है'[103] इनकी एक सशक्त कहानी है। इसमें नारी का बदलता चरित्र उजागर है।

जया जादवानी की कहानी 'कॉकरोच'[104], एक काव्यात्मक बिम्ब की प्रतीति कराता है। 'मुक्ति' एक ऐसी कहानी है जिसमें धर्म, परम्परा और नैतिक मूल्यों पर चोट है। कथा नायिका की माँ अपने पति व बच्चों को छोड़कर मुक्ति की आकांक्षा में गुरु जी के पास पहुँचती है। साथ में कथा नायिका भी है किन्तु यहाँ भी मुक्ति नहीं मिलती, स्वतन्त्रता नहीं मिलती और शायद जीवन वही है जिसमें मुक्ति की तलाश हो और मुक्ति न हो,...''एक यात्रा ही तो है जीवन—हाँ मुक्ति की तलाश की यात्रा...एक छूटी...दूसरी जुड़ गई...क्या करूँगी मैं...? कहाँ जाऊँगी...? वापस अपने घर। नहीं नहीं वह तो छूट चुका। क्या सचमुच कुछ छोड़ने से छूट जाता है? नहीं न अगर छूट सकता? तो? चलूँ वापस? एक अगली यात्रा और किसी अगली मुक्ति की तलाश में...? क्या सचमुच कहीं मुक्ति है...या...[105] यह भी स्त्री की कथा गाथा है। पुरुष के प्रपंच में फँसी स्त्री न घर की होती है न घाट की।

'कयामत का दिन उर्फ कब्र से बाहर' स्त्री-विमर्श की एक श्रेष्ठ और अद्भुत कहानी है। सुमिता नागपाल एक कुलीन परिवार की बहू है, पर घर की चहारदीवारी उसे रास नहीं आती। वह एक दिन इस संसार को देखना चाहती है। कैद से मुक्त सुमिता को स्पष्ट हो जाता है कि यह संसार और इस संसार के पुरुष सभी एक समान हैं। सभी स्त्री को यौन सुख का ही माध्यम मानते हैं। तभी तो वह पुलिस अधिकारी से कहती है—''एक दिन अपने तरीके से बिना किसी डर, संकोच या दबाव के, बिना किसी जिम्मेदारी के जीने के लिए घर से निकली थी पर पाया कि इस दुनिया को हमने अपने हाथों तबाह कर दिया है।''[106] दुनिया के यथार्थ को पहचानकर अन्ततः सुमिता पूरी तरह पति-रूपी पुरुष को अपने को समर्पित कर देती है—''मुझे उस वक्त शिद्दत से अहसास हुआ हम एक दूसरे के लिए कभी

कुछ नहीं हो सकते...। अब तुम मुझे घसीट कर अपने पिजड़े में ले जा सकते हो।''[107] इन्हीं की 'इसे ऐसा ही होने दो' (हंस, अक्टूबर, 99) शिरीन नामक छात्रा की कथा है, जिसमें वह बाटनी के प्रोफेसर के प्रेम में पड़ जाती है पर अभिव्यक्त नहीं कर पाती।

इन्हीं की 'साक्षी' (हंस, अगस्त 96) एक ऐसी महिला की कहानी है जो लकवा से ग्रस्त है। उसका चिड़चिड़ापन उस पर इस कदर हावी है कि उसकी घर भर में किसी से नहीं बनती। बहू-बेटा तथा पति सब से तकरार होती रहती है। उसके मन में बहू से ढेर सारी अपेक्षाएँ हैं। पर बहू उस पर खरी नहीं उतरती। स्वयं वह अपने पुराने दिन याद करती है कि वह भी अपनी सास पर इसी प्रकार चिल्लाती थी। वह अपने व्यवहार के कारण ही घर भर द्वारा उपेक्षित करार दी जाती है। वह आज भी घर को स्वयं द्वारा संचालित करने का स्वप्न देखती है। वह समय के साथ इतनी अधिक चिड़चिड़ी हो जाती है कि डॉक्टर पर भी आक्रमण कर देती है फिर खाती है पति की मार। वस्तुतः सास-रूपी स्त्री की यह कहानी आज के आधुनिक सास का एक चित्र-मात्र है।

जीवन में भावना और कर्तव्य का सन्तुलन होना जरूरी है। लेकिन सुखद और समृद्ध जीवन के लिए आदमी उच्च शिक्षा और ऐशोआराम को ही सर्वस्व मान बैठा है। फलस्वरूप अस्थिरता का जन्म होता है, अस्वाभाविता व कृत्रिमता को ओढ़ने की मजबूरी बढ़ती जा रही है। लेकिन वास्तव में प्रत्येक प्रतिष्ठित और धार्मिक आदमी भी कहीं-न-कहीं असुरक्षा का शिकार है और नवजात शिशु-सा माँ के अंक में छुपने, उसकी ममता को पाने के लिए प्रयत्नशील है।

सरयू शर्मा की 'मुक्ति' कहानी भौतिकवादी जीवन के प्रपंच से शुरू होती है। जिसमें एक पिता अपने पुत्र को मँहगी शिक्षा देने व आत्मनिर्भर बनाने हेतु उसके बचपने को कुचल रहा है, अपनी पत्नी के इमोशन्स व सेन्टीमेंट्स को मजाक में लेता है। 'प्रैक्टिकल लाइफ' में उसके लिए इन बातों की कोई जगह नहीं।

कहानी आधे हिस्से में स्वाती की पीड़ादायिनी ममता व मुक्ति का किस्सा बयान करती है लेकिन जैसे-जैसे आगे बढ़ती है 'मुक्ति' पात्र का चेहरा स्पष्ट होने लगता है। यह मुक्ति पात्र और कोई नहीं बल्कि फादर सुनील हैं। शान्त और स्थिर फादर सुनील भी मानवीय संवेगों से भरे हैं। स्थिरता और आत्म-संतुष्टि उनका मुखौटा है, जिसे कि वह कहानी के अन्त में न चाहते हुए भी स्वाती के हाथों से उतरवाते हैं। और ये सिद्ध होता है कि हर आदमी कहीं-न-कहीं चाहता है कि ''उसके आवरण को चीरकर कोई उसके करीब पहुँचे, उसके वास्तविक रूप तक और उसी रूप में उसे स्वीकार ले।...तुम सुन लो वह सब, जो मैं नहीं कह रहा हूँ।'' फादर सुनील की ये पंक्ति, ''मुझे मुक्त किया जा सकता है, मेरे भय से,

मेरी अनिश्चितता से, मेरे अकेलेपन की कारा से।''[108]

'मोड़ लेता रास्ता'[109] सेना के उस घोर आतंकवादी, क्रूर और अमानवीय पक्ष को उजागर करती है जो वह नक्सलवादियों, आतंकवादियों और विद्रोहियों के दमन के नाम पर सामान्य जनता के साथ करते हैं। मिन्गी अपने कर्तव्य पथ पर चलते हुए थांगा की सेवा सुश्रुषा करती है और सेना द्वारा प्राप्त संत्रास से वह उसे मुक्त करती है। किन्तु यही थांगा कालान्तर में उग्रवादी बन बैठता है और कैप्टन मल्होत्रा को मार गिराता है जो उसकी दुर्गति का प्रेरक और साक्षी था।

वस्तुतः यह कहानी सत्ता के एक अनछुए पक्ष को उजागर करती है जिससे इस बात पर प्रकाश पड़ता है कि निर्दोष व्यक्ति भी कैसे सही राह से भटकता है। उसे आतंकवादी व विद्रोही बनने के लिए शासन विवश करता है। इस कहानी में अमित और मिन्गी का परस्पर का प्रेम भी है जो थांगा के जीवन के लक्ष्य की तरह पूरा नहीं हो पाता।

'पूर्णाहुति' स्त्री मुक्ति का एक आन्दोलन है। पति मनमोहन स्त्री को केवल भोग की वस्तु मानता है। वह पत्नी दीप्ति को कोई स्वतन्त्रता नहीं देना चाहता। बदले में अपनी बात मनवाने के लिए वह उसे शारीरिक यन्त्रणा भी देता है। अन्ततः दीप्ति साहस के साथ उसके सारे षड्यन्त्रों की फाइल को चिन्दी बनाकर उसी के ऊपर फेंककर घर छोड़ देती है—''अँधेरी सड़क पर कदम बढ़ाते पहली बार उसे लगा कि मन में न दुःख है न भय।''[110]

नारी शोषण एवं साम्प्रदायिकता की दोहरी समस्या को अपने भीतर एक साथ समेटकर चलने वाली **कुसुम असंल** की कहानी 'मेरे आशिक का नाम'[111] प्रारम्भ से लेकर अन्त तक एक निश्चित गति में चलते हुए हमारे समाज का आईना बन जाती है। इसमें नारी-शोषण के विरोध में खुला स्वर मुखर हुआ है। इस कहानी में वर्गों में बँटा हमारा समाज है, उसकी मजबूरियाँ हैं, उसके जीवन मूल्य हैं। टकराहट है। और इन सबके फलस्वरूप जन्म लेने वाले अनेक जटिल चरित्र हैं। यह विविध स्तरों पर एक महत्वपूर्ण कहानी के रूप में सामने आती है। विभिन्न परिस्थितियों से गुजर रही उपमा के जीवन और अनुभवों का जो चित्र यहाँ प्रस्तुत किया गया है वह प्रामाणिक एवं यथार्थ के रूप में सामने आया है। यह कहानी हमारे सांस्कृतिक सोच को तो अभिव्यक्ति करती ही है साथ ही औरत के महत्व और उसके भीतर के दर्द को भी प्रस्तुत करती है। इस कहानी के अन्तर्गत दादा द्वारा पोती उपमा को बेरहमी से मारा जाता है, वह भी निर्वस्त्र करके। व्यंभिचारी और व्यसनी पति हेमन्त के व्यंग्य बाण भी वह सहती रही, पर दादा द्वारा अपने प्रति किए गए कुकृत्य के बाद भी वह जीवित रही और अध्ययन पूरा कर प्रेक्टिस शुरू कर दी। विषम परिस्थितियों में भी मानसिक सन्तुलन बनाए रखना और अपना

रास्ता चुनना इस कहानी का सशक्त तथा उल्लेखनीय पक्ष है।

आलोच्य युग की कहानियों में आने वाली नारी का यह सच्चा चरित्र है। जो एक स्तर पर आकर अपना मौन तोड़ती है और स्थितियों एवं समस्याओं के सामने सीधी खड़ी होकर उसका साक्षात् करती है। यही कहानी लेखिका का उद्देश्य भी रहा है कि पुरुष-प्रधान समाज में वर्षों से पीड़ित रहने के लिए विवश नारी अपना रास्ता चुनने के लिए तत्पर हो।

इन्हीं की 'चिड़ियाँ', एक यथार्थवादी और मानवीय संवेदना को उकेरने वाली कहानी है। डायना की कथा के माध्यम से भारतीय नारी का एक अति यथार्थ चित्र प्रस्तुत है—"परन्तु आश्चर्य, वह, उस भुजबन्धन, मनुहार में न तो उन्मादित हुई थी, ना ही उनींदी, वह आगे बढ़ रहा था, देह-दर-देह क्या है यह! अचानक उठी सोच, संयोग, कोई नई यात्रा, नई यात्रा में चुनाव नहीं होता क्या! ऐसे पलों में तर्क, कैसे उगा उसके भीतर?

पंखे से टकराकर सर्राती हुई एक चिड़िया उसके शरीर पर गिर पड़ी—करुण चीत्कार/कमरे की हवाओं में पंख फैला गया था—खून के धब्बे उसे अनावृत्त होने से बचा ले गए थे।...

"प्लीज इसे किसी डॉक्टर के पास ले चलिए, इसे बचाना होगा..."

"चिड़िया के लिए डॉक्टर" वह हँसा—"पागल हो, क्यों बचाना चाहती हो इसे!"

"क्योंकि यह भूकम्प के पहले की चिड़िया है।"[112]

'तुम्हारे मोहरे' में कुसुम अंसल आधुनिक पीढ़ी और विशेषकर सम्पन्न वर्ग के लोगों का यथार्थ चित्रांकन करती हैं। माँ जाह्नवी देवी प्रसिद्ध क्लासिकल डाँसर और पद्मश्री प्राप्त हैं। वह गुरु के गोदों में सोई रहती थीं, पिता शराब के नशे में पड़े रहते थे। और रात को दोनों के लड़ाई-झगड़े देखते-देखते कथा-नायिका बड़ी होती है। वह एम.बी.ए. करती है ओर नौकरी प्राप्त कर लेती है। रूबी के कारण अन्ततः बॉस की पत्नी आत्महत्या कर लेती है और फिर वह भी उसी में बेला की भाँति ऐन्द्रिय सुख में लिप्त होती है। यह एक रास्ता है या मजबूरी पता नहीं। नारी किस तरह पुरुष के मोहरे का शिकार बन रही है। यह कहानी इस पक्ष को उजागर करती है। "शायद वह हमारी दिशा है मंजिल तक जाने की पानी पर चलने के लिए नावें तो होती ही हैं। नाव में बैठा जा सकता है तो फिर तैरकर, डूबकर नदी पार करने का परिश्रम क्यों किया जाय...मुझे तुम्हारी मसीहाई से कुछ लेना देना नहीं है...ऐ इक्कीसवीं सदी के मानव...मेरा बोधिसत्व मैं खुद हूँ, तुम्हारे मोहरे नहीं, सुना तुमने।"[113]

सुषम बेदी की कहानी 'संगीत पार्टी' आरती जैसी विवाहित कामकाजी

महिलाओं की कहानी है। पति उसकी भावनाओं में जाकर अपनी दादी के समय में जीता है। उसका यह अंश उसे पति से अलग करता है। ममता के वशीभूत आरती बेटे की शादी की पार्टी देती है। पर बेटा पति से अलग होने के कारण उसे कभी माफ नहीं करता। इस पार्टी के माध्यम से वह माँ का हक कायम करना चाहती है। पर यहाँ भी वह टूटती है।

''लोग बेटे की शादी की बधाई दे-देकर रुख़्सत होने लगे थे। आरती उन्हें धन्यवाद भी करती जा रही थी, पर मन ऐसे हो रहा था कि जैसे उसे मसल-मसलकर किसी ने कूचे में फेंक दिया हो। उसकी सारी हस्ती ऐसा महसूस कर रही थी जैसे वह किनारे का कोई पेड़ हो जिसके आस-पास से कितनी ही नदियाँ गुजर जाती हों, पर वह वैसे ही ठूँठ खड़ा हो। कोई भी पानी उसे नहीं छूता।''[114]

जिन्दगी भर झंझावातों के क्रूर थपेड़े झेलती 'शारदा' का जीवन कितना करुणापूर्ण है, यह 'सच'[115] पढ़कर स्पष्ट होता है। जहाँ एक ओर देश स्वतन्त्रता की स्वर्ण जयन्ती मना चुका है, वहीं हमारी आधी आबादी किन विषम व अमानवीय परिस्थितियों में जीवन-यापन कर रही है? इसका प्रत्यक्ष प्रमाण है—'शारदा' जैसी स्त्रियाँ, जिनका जीवन अपने अस्तित्व के लिए समिधा बन यज्ञ में नित्य हवन होता है।

हमारी भारतीय संस्कृति में जो सूक्ष्म और अनुकरणीय है उस संस्कृति में भाई द्वारा बहन का शील हरण, परिवार वालों द्वारा मासूम बच्ची का भयदोहन, प्रताड़ना आदि का यथातथ्य वर्णन है—यह कहानी। पाश्चात्य संस्कृति को आत्मसात् करने वाली विन्नी को 'पवित्र वैदिक संस्कार-विवाह' की परम्परा से ही नफरत हो गई है जो पुरुष-सत्ता के विरोध का प्रमाण है।

'मृत्यु पथ' **(मणिका मोहिनी)** एक संवेदनात्मक कहानी है। बूढ़ी सास अपने बुढ़ापे को झेल रही है। वह बेटे और बहू से उपेक्षा की शिकार है। रोज-रोज के झंझटों से भी वह मुक्त है। इकलोता बेटा और इकलौती बहू है। किन्तु बुढ़िया इसके बावजूद भी अकेली है। रागात्मक रूप में वह न तो स्वयं बहू बेटे से जुड़ पाती है न बहू बेटे उससे। निश्चय ही 'मृत्यु पथ' की नायिका समझौतावादी पथ की पक्षधर है। उसे अपने भविष्य का भी डर है तभी तो वह उसे अपने स्वरूप को बदलने के लिए विवश करता है। अस्तु—वह बुढ़िया भीतर कुछ सोचती है और बाहर कुछ व्यक्त करती है। वह दूसरों के सामने अपनी बहू की प्रशंसा ही करती है। उसकी अवधारणा है—''अब हँसे तो हँसे वह तो अपने घर की बुराई करने से रही। वह उन सासो में से नहीं है जो घर फूँक तमाशा देखे। बहू जैसी भी हो, आखिर उनकी अपनी है। कल को उनका दाना-पानी बन्द कर दे तो वह क्या कर लेगी।''[116]

किन्तु इसके बावजूद भी वह इसे एक सजा मानती है। उसका एकान्त उसे कष्ट देता है—"कुछ दीन-दुनिया की खबर तो पता चलेगी। पता नहीं अभी कितने दिन और उन्हें जीना है? चलो, साँसे लिए जाओ। यह सजा अभी और सही। मृत्यु पथ पर चलने से क्या कम।"[117] निश्चय ही यह कहानी पारिवारिक सम्बन्धों में पड़ रही दरार की यथार्थ गाथा है।

'पल भर का सच' **इन्दिरा राय** की एक सामान्य-सी कहानी है। जिसमें यह जानकर कि उसका पति उसे सन्तान देने में असमर्थ है वह बच्चे की किलकारियों की लालसा में अपने जीजा को अपना शरीर सौंप देती है। पत्नी की कोख की सम्पन्नता से पति अनिल चकित होता है वह अपनी असमर्थता से परिचित होते हुए भी अन्त में निर्णय करता है कि—"क्या होगा डॉक्टर के पास जाकर! कहीं अमृत के स्थान पर हलाहल निकल आया तो? परिणाम के भयावह आतंक से लड़कर थके अनिल को लगा संगीता का प्रेम भरा आमन्त्रण ही इस पल का सबसे बड़ा सच है।"[118] नारी सब कुछ सह सकती है, पर अपनी कोख के सूनेपन को नहीं सह पाती। इस कहानी में इन्दिरा राय नारी-मन के अन्तर्मन की इस कमजोरी को बड़े ही सार्थक ढंग से उद्घाटित करती हैं।

उषा महाजन की कहानी 'एंटीक' गोगी नामक एक लड़की की जीवन-गाथा को अच्छी तरह व्यंजित करती है। आज के भागम-भाग के इस दौर में प्यार-परिवार की कोई कीमत नहीं। कैरियर पहली चीज है। बिना इसके जिन्दगी का कोई महत्व नहीं। समाज में आ रहा इस तरह का बदलाव कितना सही है, कितना गलत, यह तो समय बताएगा लेकिन एक बात जरूर है कि आदमी को शान्ति नसीब नहीं।[119]

'अपने-अपने कुरुक्षेत्र'[120] में सुमो एवं विकास को माध्यम बना **कृष्णा अग्निहोत्री** ने यह प्रश्न उठाया है कि जिन्दगी के उस मोड़ पर जब आदमी अपने को भगवद् भजन में लगाता है तब क्या वह सही में वैसा चाहता है या अपनी शारीरिक भूख से निजात पाने के लिए ध्यान बँटाना चाहता है? स्त्री कई पुरुषों के बीच कैसे तालमेल बैठा पाती है या शारीरिक आवश्यकताओं की पूर्ति ही हमारे जीवन का लक्ष्य है? ऐसे कई प्रश्न यह कहानी हमारे समक्ष खड़ा करती है।

'चीख' **(उर्मिला शिरीष)**[121] की एक सफल कहानी है। यह न सिर्फ समाज में व्याप्त एक घृणित समस्या को शिद्दत से उठाती है, बल्कि उसे एक पॉजीटिव अन्त तक भी ले जाती है। यह कहानी एक ऐसी लड़की की कहानी है जो बलात्कार का शिकार होती है और यहीं से शुरू होता है मानसिक यन्त्रणा का दौर जिसको उसके माँ-बाप, भाई-बहन तथा वह स्वयं झेलती है। परन्तु कहानी के अन्त में वह डॉक्टर शोभा के समझाने पर एक नई उमंग के साथ उठ खड़ी होती है—समाज से टकराने को, कुछ करने को, कुछ बनने को।

सुधा अरोड़ा स्त्री-विमर्श की कहानीकार हैं। इनकी कहानी 'सुजाता तनेजा की जिन्दगी का आखिरी दिन'[122] एक अति संवेदनशील कहानी है। बंगाल में होने वाली शादी की रस्मों से भरी हुई यह कहानी सुजाता की शादी को एक बोझ स्वीकार करती है जिसे उन्होंने दूसरे को सौंप दिया। सच यह है कि लड़कियों की जिन्दगी वहीं तक जिन्दगी होती है जब तक वह माता-पिता के छाँव में बढ़ती पलती हैं। फिर तो वह जिन्दगी हर एक के लिए बोझ बन जाती है, यही प्रतिपाद्य है इस कहानी का। विदाई के समय सुजाता का पथराया हुआ चेहरा इस बात का प्रमाण है।

लवलीन की कहानी 'चक्रवात' आज के आधुनिक स्त्री-पुरुष पर प्रहार है। इस कहानी के माध्यम से लवलीन ने पुरुष तथा स्त्री के बीच यौनाकर्षण का रेखांकन किया है। आज के समाज का पुरुष दूसरी स्त्री के प्रति आकर्षित होकर उससे यौन सम्बन्ध तो बनाता है पर वह अपनी स्वयं की पत्नी से डरता भी है। कहानी का नायक रणजीत इसी तरह अपनी दोस्त कीर्ति से सम्बन्ध बनाता है। कीर्ति यह मानती है कि यह वासना का जलजला था जिसमें दोनों बह गए। वह यह नहीं समझ पाती कि यह उसकी हार है या जीत। वह कहती भी है—"मैं उन्हें बहुत प्यार करती हूँ, बहुत चाहती हूँ।"[123] वह रणजीत की पत्नी सुमन से डरती भी है।

आज की भावना और फ्री सेक्स बढ़ती प्रवृत्ति को ही लक्ष्य में रखकर यह कहानी रची गई है। यह भावना न तो समाज की है न जन सामान्य की, कतिपय आधुनिक कहलाने वाले लोगों के ही सड़े हुए दिमाग की उपज है जो हमें ऐसी अन्तहीन गहराइयों में ले जाती है जहाँ से निकल सकना हमारे लिए सम्भव नहीं।

लवलीन ने 'राज्यादेश'[124] कहानी के माध्यम से इस मिथक को तोड़ा है कि वे सिर्फ माँसल कथाएँ ही लिख सकती हैं। इस कहानी में डॉक्टर चिन सू द्वारा भ्रूण हत्या से उपजी त्रासदी है। कहानी में गम्भीरता का अभाव है। कथ्य की बुनावट उथलापन लिए हुए है। जिस समस्या को इस कथा में पल्लवित किया गया है उसमें तथ्यगत गम्भीरता का भी अभाव है। पर व्यवस्थागत क्रूरता या यूँ कहिए—सुव्यवस्थित-दुर्व्यवस्था को चिथड़े करती हुई यह कहानी भारतीय दकियानूसी परिवारों की मनोवृत्ति पर करारी चोट भी करती है।

'कुण्डली'[125] इन्हीं की एक ऐसी कहानी है जिसमें कामकाजी महिलाओं के यौन शोषण के यथार्थ का नंगा चित्रण है। बॉस की सुष्मिता से अपेक्षाएँ है अपनी सेक्सपूर्ति की। आधुनिक रंगों में रंगी सुष्मिता उन हरकतों को बर्दाश्त नहीं करती। बल्कि, अन्ततः बॉस को बहुत कुछ सुनाकर वह नौकरी छोड़ देती है। लवलीन ने इस कहानी में अंग्रेजी शब्दों व वाक्यों का खुला प्रयोग कर इस कहानी को

समसामयिकता का बाना पहनाने का प्रयास किया है पर यह कहानी उतनी सशक्त नहीं बन पाती। पलायन के बदले सुष्मिता को संघर्ष करना चाहिए था। और यही कामकाजी महिलाओं से आज समाज की अपेक्षाएँ हैं। उसका कर्तव्य था—ऐसी मानसिकता वाले पुरुषों को परास्त करना। तब सुष्मिता का संघर्ष कामकाजी महिलाओं का प्रेरक तो बनता ही साथ ही स्त्री विमर्श को नए आयाम देता। 'छिनाले' इनकी एक और सशक्त कहानी है।

क्षमा शर्मा आलोच्य दशक की एक चर्चित कथाकार हैं। इनकी अनेक कहानियाँ और कहानियों के संग्रह छप चुके हैं। 'लव स्टोरीज : 1994' इनकी श्रेष्ठ कहानी है, जिसमें आज के जन-मानस का यथार्थ अंकन है। महानगर के जीवन पर आधृत यह कहानी बस ड्राइवर के साथी दिलीप ताहिर का कथन नारी जगत की असलियत उजागर करता है—"पछताना क्या है ये औरतें जो अन्दर बैठती हैं ना दस-दस यार करती हैं। जब हम तुम जैसों को ये यार बनाने का तैयार हैं, सिर्फ बैठने के लिए, तो और किसी के साथ क्या न करती होंगी? इनमें और रंडियो में क्या फर्क है।[126] "चौरानवे में भी प्रेम सम्भव था ड्राइवर का फूटा माथा गवाही दे रहा था।"[127]

स्त्री विमर्श पर अनेक कहानियाँ सामने आई किन्तु उनमें प्रायः एक सा चित्र, एक-सी मानसिकता है। नए पन का अभाव है। इस दिशा में प्रयास किया—**सुषमा मुनीन्द्र** ने। इनकी 'गणित' स्त्री-विमर्श के एक नए पक्ष को उद्घाटित करती है। पुरुष समाज कितना स्वार्थी होता है। अपनी श्रेष्ठता का उसे कितना अहंकार होता है, इसे अत्यन्त संश्लिष्ट भाषा में वाणी दी है—'गणित' कहानी में लेखिका ने।

सत्यवान बीस वर्ष तक संसद-सदस्य और केन्द्रीय मन्त्री रह चुके हैं फिर भी उनकी राजनीतिक लिप्सा अवशेष है। अकूत धन सम्पत्ति के मालिक सत्यवान पर भ्रष्टाचार का आरोप लगता है। फलस्वरूप उन्हें अगले चुनाव में पार्टी का टिकट नहीं मिलता। इसके लिए तैयार करते हैं—वे पत्नी सर्वमंगला को। पार्टी का टिकट दिलवा देते हैं। किन्तु सर्वमंगला तैयार नहीं होती है। उसका कथन है—"वह राजनीति की वर्णमाला नहीं जानती। राजनीति में रुचि नहीं है। राजनीति को वह अनर्गल प्रलाप, दोषारोपण, चरित्रहनन का माध्यम मानती है। सत्यवान कहता है "तुम स्त्रियाँ बहुत डरपोक और निराशावादी होती हो। उसके ना-ना करने पर भी पतिरूपी पुरुष सत्यवान ने स्पष्ट कहा—"प्रश्न पसन्द नापसन्द का नहीं, मेरी प्रतिष्ठा का है। तुम्हें चुनाव लड़ना है, बस।" पति ने अन्तिम निर्णय सुना दिया।

नारी को 'आदिशक्ति' भले ही कहा गया हो, पर वह पुरुष के इस कथित अन्तिम निर्णय की लक्ष्मण रेखा को भी कभी नहीं लाँघ पाती। घर से बाहर वह भले ही अपना स्वर मुखर कर ले, मगर घर की ड्योढ़ी चढ़ते हुए उसकी सारी

शक्ति, क्षमता, सामर्थ्य, स्वतन्त्रता चौखट के बाहर रह जाती है। "...निर्णय सत्यवान ने दिया था सर्वमंगला चुनाव लड़ेगी। कोई द्रोह, प्रतिशोध, प्रतिकार काम नहीं आया। एक छोटा-सा नहीं कहने का साहस वह नहीं जुटा पाई थी।"[128]

आठ ही महीने बीतते-बीतते पार्टी अध्यक्ष के बदलाव और नए पार्टी अध्यक्ष से निकटता ने सत्यवान के अन्तस में सत्ता की भूख फिर से जगा दी। उन्हें पत्नी की पद-प्रतिष्ठा से अपच हो गया। जनता को बार-बार चुनाव के बोझ से उबारने का आश्वासन देने वाली सर्वमंगला को सत्यवान त्यागपत्र देने के लिए विवश करते हैं। इतना ही नहीं वह (पुरुष वर्ग) स्त्री के विषय में क्या सोचते हैं। यह भी स्पष्ट हो जाता है—"इसीलिए मैं कहता हूँ, स्त्रियों के हाथ में अधिकार नहीं देने चाहिए, स्वतन्त्रता नहीं देनी चाहिए। स्वतन्त्रता पाकर स्त्रियाँ बिगड़ जाती हैं, बरसाती गड्ढे की तरह उछाल मारने लगती हैं। दम्भी हो जाती हैं। मैंने तुम्हें एक मौका क्या दे दिया, तुम मेरी ही जड़ें खोदने लगी।[129] पति की इस प्रतिक्रिया से सर्वमंगला आहत भी होती है और वह पति की इच्छाओं का विरोध भी करती है। यहाँ तक कि वह त्यागपत्र तो दे देती है पर उनकी सभाओं में उनके लिए वोट माँगने नहीं जाती। इस पर जनता के बीच प्रतिक्रिया भी हुई, नारे भी सामने आए, नारी का सनातनी शोषण। सर्वमंगला पति के लिए सती हुई आदि। वह पति पर चोट भी करती है—"मैं कुछ भी हूँ, पर तुम्हारी तरह अवसरवादी, स्वार्थी और घटिया नहीं हूँ।" सत्यवान कह उठता है, "इस नारी जागरण के परचम ने तुम स्त्रियों को इस तरह अविवेकी, अशिष्ट बना दिया है। तुम लोगों में न धैर्य रहा, न सहनशीलता। इसीलिए परिवार टूट रहे हैं। अरे! ये सीता, सावित्री, अनुसुईया का देश है। तुम्हें महान नारी की परम्परा को आगे बढ़ाना चाहिए।" और इस पर सर्वमंगला का निम्न उत्तर आधुनिक नारी की जागृति का सन्देश दे जाता है—"और तुम किसकी परम्परा को आगे बढ़ा रहे हो! राम की! जिन्होंने अपनी सत्ता प्रभुता, पद बचाए रखने के लोभ में गर्भवती सीता को बनवास दे दिया था। पत्नी के साथ अन्याय हो जाए पति को खुद को कोई क्षति न पहुँचे। कितना छल-छद्म से भरा है—तुम्हारा यह पुरुष-प्रधान समाज।"[130] सत्यवान का अहंकार बचा खुचा पुरुष वर्चस्व टूटता है, चुनाव परिणाम से, जिसमें धूल-धूसरित होता है। जहाँ उसकी पत्नी कई लाख वोट से चुनाव जीती थी, वहीं उनकी जमानत जब्त हो जाती है। सत्यवान को अपने पराजय का दुःख उतना नहीं था जितना सर्वमंगला के प्रभाव का क्षोभ।

यह कहानी उस समय आती है जब संसद में स्त्री के लिए सीटों के आरक्षण का मुद्दा चल रहा था। आरक्षण का विरोध पुरुष सांसदों की तरफ से हो रहा था। और चाहकर भी राजनीतिक दल आज तक इस संरक्षण को वैधानिक स्वरूप न दे पाए! यह कहानी सर्वमंगला के माध्यम से स्त्री जगत को यह सन्देश देती है

कि परिवार को बचाकर भी वह गलत कामों और सिद्धान्त के विपरीत कहीं खड़ी नजर नहीं आती अपितु सिद्धान्त तथा परिवार को बचाते हुए वह पुरुष के एकाधिकार को छिन्न-भिन्न करती है।

दूर्वा सहाय एक सशक्त हस्ताक्षर हैं। इनकी 'बोध'[131] कहानी में, कहानी के चरम पर महसूस होता है कि विदेशी सोच और सभ्यता के मानदण्डों की अभिव्यक्ति (पहचान) के चक्कर में हम ठगे गए। सफर का वर्णन रोचक है तथा विदेशी परिवार में रुचि लेती जेस्सी की मनोदशा का चित्रण भी है। इन्हीं की 'जिरह'[132] एक ऐसे माँ की कहानी है जिसका बेटा प्रभात यौन अपराध के आरोप में जेल में है। आज के समाज में बढ़ते यौन अपराधों का चित्रण ही इस कहानी का उद्देश्य है। शिखा इस कहानी की नायिका है जो अपने पुत्र को दोषी नहीं मान पाती, वह स्वप्न-पर-स्वप्न देखती है अदालत में होती जिरह का। और मानसिक रूप से प्रताड़ित होती रहती है।

इस कहानी को आधार बना लेखिका ने ऐसे मनुष्यों की मानसिक विकृतियों, कुण्ठाओं पर चोट का प्रयास किया है जो स्त्री को सिर्फ भोग की वस्तु समझते हैं। ऐसे लोग कहीं फूफा, तो कहीं चचेरे ममेरे भाई, कहीं ट्यूटर तो कहीं नौकर के रूप में इस समाज में भरे पड़े हैं। अधिकांश लड़कियाँ बचपन में ही इस दौर को झेल चुकी होती हैं। स्वयं कहानी की नायिका (शिखा) भी इन परिस्थितियों में संघर्ष कर चुकी है।

'प्रेत-मुक्ति'[133] अपनी कथ्य शैली और पारदर्शी भाषा की दृष्टि से तो सम्पन्न है ही, साथ ही समूचे कथा की गझिन बुनावट के कारण बहुत ही सशक्त है। इस कहानी के अन्दर बैठा प्रेत, कोई एक घटना की उपज नहीं। पारिवारिक त्रासदी के भँवर में फँसे एक व्यक्ति के मनः स्थिति के बारीक रेशों से बुनी हुई है यह 'प्रेतमुक्ति'। उसके व्यक्तित्व में, प्रेम प्रसंग में हुई असफलता और रेल के आगे आई औरत के अपराध बोध से गिरा या ध्वस्त मानस है। कोई भी तत्व अलग-थलग नहीं जो नायक के व्यक्तित्व का निर्माण करता हो। यह बहुत ही संवेदनशील और स्नायुतन्त्र को झकझोरने वाली कहानी है।

नासिरा शर्मा का 'दूसरा कबूतर'[134] अन्तर्मन को छूने में सफल है। यह मुस्लिम सम्प्रदाय की बहु-विवाह प्रथा की बदसूरतियों, त्रासदियों एवं बुराइयों की ओर हमारा ध्यान खींचती है। पुरुष अपने हित के लिए औरतों का शोषण करता है और कबूतर की मानिन्द उसकी निरीहता का दोहन करता है। साहब उर्फ बरकत पुरुष वर्ग की शोषण प्रवृत्ति का द्योतक है।

सारा राय की 'बारिश'[135] कहानी, कहानी न होकर प्रकृति व परिवेश का चित्रण मात्र है। मल्का का पति माजिद सत्रह वर्ष पूर्व कहीं चला जाता है। मल्का

तो उसकी प्रतीक्षा नहीं करती किन्तु वर्षा की एक रात माजिद वापस लौटता है जिसका इल्हाम मल्का को पहले से ही हो गया होता है। वह अपनी नौकरानी पन्ना को सुबह ही बता देती है कि आज सत्रह साल बाद सरकार घर आ रहे हैं और माजिद घर पहुँचता है। वही जिन्दगी जीने के लिए जो उसे दी गई थी। यह भी स्त्री-विमर्श के उस नए आयाम को उद्‌घाटित करती है जो पतियों द्वारा प्रायः पत्नी को सौगात में मिलता है। पत्नी को कष्ट पहुँचाता है, स्वयं सुख की तलाश में वह भटकता है, पर सुख नसीब नहीं होता। सुख मिलता है, उसे उस परित्यक्ता की गोद में ही।

---

1. पाल गोमरा का स्कूटर, उदय प्रकाश, पृ. 35-36
2. वही, पृ. 27
3. हंस, सितम्बर, 92, पृ. 70
4. वही, पृ. 70
5. वही, पृ. 70
6. हंस जनवरी, 1992, पृ. 55
7. हंस अगस्त, 1992, पृ. 13
8. हंस अगस्त, 1996, पृ. 21
9. हंस, सितम्बर, 1999, पृ. 90
10. वही, पृ. 90
11. हंस सितम्बर, 1992, पृ. 29-36
12. हंस, फरवरी, 1991, पृ. 36-41
13. हंस, अगस्त, 1995, पृ. 14-37
14. हंस, अगस्त, 1992, पृ. 39-41
15. हंस, अक्टूबर, 1997, पृ. 49
16. हंस, जुलाई, 1993, 29
17. हंस, जुलाई, 1993, पृ. 33
18. हंस, जुलाई, 1993
19. वही, पृ. 38
20. हंस, फरवरी, 1991, पृ. 42-43
21. वही, पृ. 45
22. हंस, मार्च, 1995, पृ. 67
23. वही, पृ. 69
24. वही, पृ. 68

25. हंस, मार्च, 1995, पृ. 23
26. हंस, अक्टूबर, 1997, पृ. 36
27. वही, पृ. 36
28. कथादेश, जुलाई, 1998, पृ. 15
29. वही, पृ. 15
30. वही, पृ. 19
31. हंस, सितम्बर, 1998, पृ. 45
32. वही, पृ. 46
33. कथादेश, दिसम्बर, 1999, पृ. 32
34. हंस, मार्च, 1998, पृ. 77
35. वही, पृ. 89
36. हंस, मार्च, 1999, पृ. 28
37. हंस, मार्च, 1999, पृ. 17
38. वही, पृ. 21
39. वही, पृ. 21
40. वही, पृ. 21
41. हंस, फरवरी, 1994, पृ. 73
42. हंस, जून, 1993, पृ. 24
43. हलाल, पृ. 113
44. हंस, दिसम्बर-जनवरी, 92-93
45. हंस, जुलाई, 2000
46. हंस, फरवरी, 99
47. हंस, जनवरी, 92
48. हंस, दिसम्बर, 99
49. वागर्थ, सितम्बर, 99
50. हंस, अगस्त, 94
51. हंस दिसम्बर, 95, पृ. 88
52. हंस, जून, 96
53. हंस, जुलाई, 91
54. हंस, सितम्बर 98
55. हंस, अक्टूबर, 99
56. हंस, मार्च 95
57. हंस, जुलाई, 98

58. हंस, नवम्बर, 97
59. वागर्थ, नवम्बर, 98
60. हंस, जून, 97
61. कथादेश, दिसम्बर 99
62. हंस, अप्रैल, 98
63. हंस, जनवरी, 98
64. हंस, दिसम्बर, 99
65. हंस, जुलाई, 98
66. हंस, जून, 91
67. हंस, अप्रैल, 2000
68. वागर्थ, सितम्बर, 98
69. हंस, जुलाई, 93
70. हंस, सितम्बर, 98
71. कथादेश, जुलाई, 98
72. वर्तमान साहित्य, अगस्त, 99
73. हंस, नवम्बर, 97
74. हंस, जुलाई, 99, पृ. 65
75. हंस, नवम्बर, 93
76. हंस, अगस्त, 92, पृ. 53
77. हंस, सितम्बर, 99, पृ. 40
78. हंस, जून, 97
79. हंस, जून, 2000
80. वही
81. हंस, दिसम्बर, 99
82. हंस, मार्च, 98
83. दलित चेतना की कहानियाँ बदलती परिभाषाएँ—प्रो. राजमणि शर्मा, पृ. 126
84. हंस, अगस्त 93
85. हंस, अगस्त, 96, पृ. 39
86. वही, मई 2000
87. कथाक्रम, नवम्बर, 2000
88. हंस, सितम्बर, 99, पृ. 66
89. वही, पृ. 69
90. हंस, जुलाई 2000

91. कथादेश, अक्टूबर, 2000, पृ. 35
92. हंस, जुलाई, 99
93. दलित चेतना की कहानियाँ : बदलती परिभाषाएं, प्रो. राजमणि शर्मा, पृ. 132
94. वही, पृ. 132
95. वही, पृ. 132
96. समकालीन कहानी : रचना, मुद्रा, डॉ. पुष्पपाल सिंह, पृ. 35-36
97. आलोचना, अप्रैल-जून 2002, पृ0 113-115
98. कथाक्रम, जुलाई, 2002, पृ. 66
99. हंस, नवम्बर-दिसम्बर, 1994, पृ. 28
100. वही, पृ. 34
101. हंस, अगस्त, 99
102. हंस, नवम्बर-दिसम्बर, 94
103. हंस, अगस्त, 95
104. हंस, अक्टूबर, 1992
105. हंस, नवम्बर 93, पृ. 157
106. हंस, नवम्बर-दिसम्बर, 94, पृ. 215
107. वही, पृ. 215
108. हंस, जनवरी, 92, पृ. 37
109. हंस, फरवरी, 91
110. हंस, नवम्बर-दिसम्बर, 94, पृ. 210
111. हंस, जुलाई 94
112. हंस, मार्च 98, पृ. 29
113. हंस, मार्च 99, पृ. 34
114. हंस, जुलाई 98
115. हंस, जनवरी 91
116. हंस, फरवरी 91
117. हंस, फरवरी, 91, पृ. 25
118. हंस, नवम्बर, 1993, पृ. 61
119. हंस, मार्च, 2000
120. हंस, मार्च, 2000
121. हंस, जनवरी-फरवरी, 2000, पृ. 81
122. कथादेश, दिसम्बर, 99
123. हंस, अगस्त, 96, पृ. 23

124. हंस, फरवरी, 98
125. हंस, फरवरी, 91
126. हंस, नवम्बर-दिसम्बर 94, पृ. 204
127. वही, पृ. 205
128. हंस, अक्टूबर 97, पृ. 53
129. वही, पृ. 51
130. वही, पृ. 55
131. हंस, अगस्त, 1998
132. हंस, दिसम्बर, 2000
133. हंस, अगस्त, 2000
134. हंस, फरवरी, 1998
135. हंस, नवम्बर, 1993

अध्याय चार

आलोच्य युग की हिन्दी कहानी : संवेदना के नये धरातल

गद्य साहित्य में मानवीय संवेदना की अभिव्यक्ति का व्यापक आयाम दृष्टिगत होता है। प्रतिभा सम्पन्न रचनाकार अपनी नवोन्मेषशालिनी ऊर्जा, इतिहास बोध, सांस्कृतिक-ज्ञान तथा सम-सामयिक यथार्थ को पकड़ने के कौशल से उसे कालजयी बना देता है। इस प्रकार का साहित्य चाहे वह गद्य में हो या पद्य में समय के थपेड़ों का उस पर कोई प्रभाव नहीं पड़ता। यदि हम देश की संस्कृति से रामायण तथा महाभारत को विस्मृत कर दें तो भारतीय साहित्य की आन्तरिक एकता का तार टूट जाएगा। सह-अस्तित्व का भाव अथवा 'वसुधैव कुटुम्बकम्' का आदर्श अन्तर्मन का विस्तार ही है। साहित्य में रागात्मकता की ऊष्मा मानवीय सम्बन्धों को स्थायित्व तथा कठिन स्थितियों से जूझने की ताकत भी देती है। इससे संवेदना को व्यापकता, चेतना को विस्तार तथा करुणा का प्रश्रय प्राप्त होता है। आज का संत्रास और टूटन, आज का विध्वंस एवं विघटन, आज की अशान्ति और उद्वेलन यानी एक भरी-पूरी दुनिया को खोने की आत्यंतिक वेदना साहित्यकार में भी दिखलाई पड़ती है। अतः किसी साहित्यकार का दायित्व तथा महत्व एक इतिहासकार, एक राजनीतिज्ञ तथा एक मनोविश्लेषक से कहीं बढ़कर होता है।

साहित्यकार संवेदनशील होता है। उसकी संवेदना को युगीन परिस्थितियाँ समृद्ध तो करती ही हैं आवश्यकतानुसार उसे बदलती भी हैं। यही कारण है उसकी रचना में युग चेतना के स्वर स्वयं उभर आते हैं। युग-विशेष की चेतना में कई धाराएँ भी प्राप्त होती हैं। इसका कारण भिन्न व्यक्तियों में भिन्न-भिन्न संवेदना है। संवेदना के विविध स्तर होने के भी कई कारण हैं। इसमें सामाजिक, राजनीतिक, आर्थिक, धार्मिक एवं सांस्कृतिक परिस्थितियाँ प्रमुख हैं।

संवेदना के विविध रूप

1. भाव एवं मनोविकारों की परत-दर-परत उधेड़ती कहानियाँ

मानव जीवन के विविध पक्ष हैं। सबसे पहले, इसमें मानवीय जीवन का रागात्मक

संबंध प्रमुख है, जो स्त्री और पुरुष को, मनुष्य और मनुष्य को जोड़ता है। इसके भी दो पक्ष हैं—संयोग और वियोग। संयोग के अनन्तर वियोग की दाहकता भी अगर मनुष्य को झेलनी पड़े, तो भी मिलन के भावभीने क्षणों की मधुरिमा घट नहीं पाती। उनकी स्मृति फूलों की सुवास की तरह चिरकाल तक मानव-हृदय को अनुरंजित करती रहती है।

नर-नारी का मिलन जहाँ एक दैहिक आवश्यकता है वहीं प्राकृतिक नियम भी। किन्तु सामाजिक मर्यादा बनाए रखने तथा आर्थिक दृष्टि से निराश्रित नारी को भरण-पोषण की गारंटी देने के लिए यह मिलन विवाहोपरान्त ही होना चाहिए।

संयोग काल में मानव-मन सपनों के जिस आकाश में संचरण करता है, वहाँ धरती की कठोरता की कल्पना तक का अवकाश नहीं होता। शारीरिक सम्बन्ध को लेकर आज भी हमारे समाज में संस्कारबद्ध जड़ता और सन्देहशीलता की प्रवृत्ति विद्यमान है। पुरुष के जीवन में आनेवाली स्त्री पहली स्त्री नहीं उसका अपना भरा-पूरा परिवार है पर फिर भी वह स्त्री के प्रति आकर्षित हो जाता है। कृष्णा अग्निहोत्री ने अपनी कहानी 'अपने-अपने कुरुक्षेत्र' में इसी का चित्रण किया है—"दो-तीन वर्षों से सोया विकास का मर्द न जाने कब उल्लासपूर्वक एक असम्भव-सी चढ़ाई चढ़ने के लिए सहमत हो गया। सारे संकल्प, संयम पर लगे ताले उन कोमल चोटों के प्रहार पड़ते ही तड़-तड़ खुल गए।"[1]

कृष्णा अग्निहोत्री ने अपनी इस कहानी में बेटी-बहू की उम्र के समान सरोज के साथ विकास के दैहिक मिलन का चित्र खींचा है। ऐसे समय में विकास को समाज का कोई डर नहीं रहता, उसके सारे दर्शन, मर्यादा, नीति तिरोहित हो जाते हैं—"क्या करती हो, मैं कहता हूँ छोड़ो।" पर विकास के शब्द धीरे-धीरे मन्द पड़ने लगे, सारा दर्शन, मर्यादा, नीति तिरोहित हो चली। क्या पाप है, क्या पुण्य यह भी उन्हें स्मरण न रहा। क्योंकि उनका पूरा शरीर गर्म-गर्म झनझनाहट से इतना लबालब भर उठा कि उन्होंने बेकाबू होकर कब विजया को अपने अन्दर भींच लिया उन्हें पता ही न चला।"[2]

'और अन्त में प्रार्थना' उदय प्रकाश की बहुचर्चित कहानी है। संघर्षशील, डॉ. वाकणकर और ज्योत्स्ना वाकणकर के जीवन में ऐसे अवसर कम ही आते हैं, जो आते हैं वे उदयप्रकाश की कलात्मकता के परिचायक हैं। बदलती परिस्थितियों से उदासीन हो उठे डॉ. वाकणकर पत्नी की शरण में पहुँचते हैं। सम्भवतः उनका यह प्रयास जीवन को रसमय बनाने हेतु ही नहीं अपितु उसे नए संघर्ष के लिए शक्ति प्रदान करना भी है—डॉ. वाकणकर ने उनके सिर को सहलाया।...ज्योत्स्ना वाकणकर की देह पर साबुन का झाग बनाते हुए उस थके और दुःखी शरीर के भीतर अन्धकार में छुपे यौवन और जीवन के आदिम ताप को अपनी हथेलियों

में जागता हुआ महसूस कर रहे थे। 'हटो' अचानक ज्योत्स्ना ने कहा, वे बेतहाशा हँस रही थी। ...ज्योत्स्ना की देह अचानक कई वर्ष पीछे के अतीत में चली गई थी। युवा—एक निदाघ और अछूते कौमार्य के अजनबीपन से भरी देह, जिसमें अभी कई रहस्यों का आकर्षण बाकी था।"[3]

संजीव की प्रेरणा स्रोत में रागात्मक संवेदना का चरम रूप उपस्थित है—"मैं उससे नजरें चुराने लगता तो नजरों के ऐन सामने आकर खड़ी हो जाती फिर बड़ी ढिठाई से मेरी कहानी की 'जंगली बहू' के एक-एक रंग, एक-एक नक्श गहनों की तरह उतार-उतार कर धारण करती हुई पूछती—"देखो, मैं अब तुम्हारी कहानी वाली जैसी हो गई न? ...अभी नहीं?" फिर कुछ और उतार कर सजा लेती खुद को—"अब?" देखते ही देखते पूरी तरह मेरी कहानी की नायिका में ढलकर पूछती—"और कोई कसर बची हो तो वह भी बोल दो...हाँ, याद आया तुमने कहा था, कि बहादुर को पाना बड़ा कठिन है। क्या सच? पानी के सोते-सी बुलबुलाती उसकी जवानी हँसी।"[4]

'पीली छतरी वाली लड़की' (उदय प्रकाश) में कथा का प्रारम्भिक हिस्सा एक युवक के रागात्मक भावों पर ही आधृत है। अंजली का स्वरूप राहुल को इस कदर प्रभावित करता है कि वह 'एंथ्रोपालाजी' छोड़कर हिन्दी (अंजली का विषय) में प्रवेश ले लेता है। आकर्षण प्रथम परिचय में ही अपने चरम पर पहुँचता है—"राहुल ने जाकर दरवाजे की कुंडी खोली। और, दरवाजे पर वह थी। वह, जिसे राहुल ने अपने जीवन में पहली बार देखा। दो बड़ी-बड़ी आश्चर्य से भरी आँखें। हँसी के तट तक पहुँचते-पहुँचते ठिठककर रुक गए होंठ, पतली सी छोटी नाक...जयपुरी बंधेज की गहरी हरी, पीले-लाल छीटों वाली चुन्नी। बासन्ती रंग का कुर्ता और सफेद सलवार गोरेपन की ओर थोड़ा सा झुका हुआ गेहुँआ रंग।"[5]

संयोग की संवेदना को उदय प्रकाश ने अपनी कहानी 'वारेन हेस्टिंग्स का साँड़' में भी व्यक्त किया है। हाँ! इतना अवश्य है कि उनकी भावना पर चिन्तन की गहरी छाया पड़ी है। चोखी, जो 'नवाब सिराजुद्दौला के वफादार और जांबाज सिपहसालार मोहन लाल की बेटी है वह अपने पिता के हत्यारों—अंग्रेज हुक्मरान वारेन हेस्टिंग्स के साथ रहकर उसका साथ देती है—"वारेन हेस्टिंग्स ने जब पहली बार छुआ, तो वह सिहर रही थी, बाप रे, इतना बड़ा गोरा लाट गवर्नर, एकदम भुट्टे के भुए जैसे बाल, मक्खन का मरद।"[6]

वस्तुतः रागात्मक संवेदना एक ऐसी संवेदना है, जिसके अभाव में मनुष्य का जीवन ही सम्भव नहीं। यह मनुष्य को जीवन जीने की कला तो देता ही है साथ ही संघर्ष की अटूट क्षमता भी प्रदान करता है। यही कारण है कि इस संवेदना का मूल रस शृंगार को रस-राजत्व का पद प्राप्त हुआ।

'इसे ऐसा ही होने दो' में जया जादवानी ने संयोगात्मक संवेदना का अच्छा रूप प्रस्तुत किया है। उन्होंने अपना हाथ आगे बढ़ा दिया—"काँपता हुआ वह हाथ, जिसने मुझसे कभी कुछ नहीं कहा, कोई आश्वासन तक नहीं दिया कभी, और आज...। मेरे अन्दर सब कुछ शून्य हो गया...। सारा शोर, सारी भीड़ मेरी आँखों से ओझल हो गई...। सिर्फ उनका बढ़ा हुआ हाथ और वे...उन आँखों में वह छलछलाती बेचैनी, जो उस दुपहर की धूप में साफ-बेलौस नंगी चमक रही थी...।"[7]

इन सबसे विपरीत संजीव की 'लिट्रेचर' तथा चन्द्रकिशोर जायसवाल की 'मर गया दीपनाथ' में रागात्मक संवेदना का भिन्न रूप दिखाई देता है जो अत्यधिक गहरा है।

उपर्युक्त उदाहरणों से यह स्पष्ट है कि हिन्दी कहानीकारों ने संयोग काल के अत्यन्त सुन्दर एवं भावप्रवण चित्र अंकित करके परस्पर मिलन की संवेदना को वाणी देने का प्रयास किया है।

हिन्दी कहानीकारों ने अपनी रचनाओं में रागात्मक संवेदना के दूसरे पक्ष—वियोगात्मकता की अनदेखी नहीं की है। अपितु यह अधिक प्रभावशाली बन पड़ी है। यह अलग बात है कि आलोच्य युगीन हिन्दी कहानीकारों में सूरदास या तुलसीदास जैसा पूत-वियोग भाव नदारद है। यहाँ तो अलगाव का बोध है। यह अलग बात है कि पति या प्रियतम के वियोग का वर्णन कहीं-कहीं मिल जाता है। जो पश्चाताप या वर्तमान स्थिति के बोध अथवा सम्भावित वियोग भाव के चित्रण के रूप में कहीं-कहीं चित्रित है।

अर्चना वर्मा की 'जोकर' कहानी में पति की मृत्यु के पश्चात पत्नी मिसेज कान्त का वियोगात्मक चित्र द्रष्टव्य है—"पति के देहान्त और बेटी के होस्टल गमन ने मिसेज कान्त की जिन्दगी को जड़ से बदलकर रख दिया था। भरी-पूरी गृहस्थी के अट्ठारह-बीस बरस बाद अकेली छूट गई असहाय औरत के लिए जिन्दगी का बदल जाना कोई अजूबा नहीं था।"[8]

'वारेन हेस्टिंग्स का साँड़' उदय प्रकाश की एक चर्चित और प्रतीकात्मक कहानी है। इसमें 'गाय, बछड़ा और साँड़' के माध्यम से वियोगात्मक संवेदना का अच्छा चित्र उकेरा गया है—बछड़े की मृत्यु पर गाय की वेदना का चित्र देखें—"गाय की आँखों से लगातार आँसू बहते रहे। इंग्लैंड के औद्योगिक पूँजीवादी समाज में किसी ने उन आँसुओं को नहीं देखा। गाय ने खाना ही नहीं, पानी तक पीना छोड़ दिया।"[9] और गाय की सम्भावित मृत्यु की अनुभूति से पीड़ित साँड़ का चित्र देखें—"अपने भावी अकेलेपन की कल्पना से वह बेचैनी और विवेकशून्य पागलपन से भर उठा।"[10]

नासिरा शर्मा ने अपनी कहानी 'बचाव' के माध्यम से पति की मृत्यु तथा

उसकी सम्पत्ति से बेदखल 'बदली' की वियोगात्मक संवेदना का यथार्थ चित्रण किया है—"कभी-कभी जब तन्हा होती तो घर का सन्नाटा जैसे खारगोशी करने लगता, उसकी पिछली जिन्दगी उसे पुकारने लगती। रात को आँखें जब नींद में डूबने लगतीं तो अशरफ और आरिफ का चेहरा गुड़मुड़ होने लगता। आरिफ बाँहों में जकड़ता तो उसे अशरफ का सीना नजर आता। दोनों कभी इतने गुड़मुड़ हो जाते कि वह पस्त-सी हो जाती—किसे देखे और किसे याद रखे?"[11]

आदिम वृत्तियों के कारण जाति विशेष के सभी प्राणी एक ही ढंग से, बिना सीखे हुए, क्रियाओं की शृंखला सम्पादित करते हैं। यह बात कीट-पतंग, पशु-पक्षियों आदि के सन्दर्भ में तो सत्य ठहरती है, परन्तु मनुष्य के सन्दर्भों में नहीं। मनुष्य के सम्बन्ध में कहा जा सकता है कि आदिमवृत्तियाँ (मूल प्रवृत्ति) वे वृत्तियाँ हैं, जो जन्मजात होती हैं तथा जिनके कारण व्यक्ति एक विशिष्ट प्रकार का आचरण करता है।

वस्तुतः बुद्धि, शिक्षा और संस्कृति के समाधान के फलस्वरूप लक्ष्यों तथा उसके प्राप्ति-साधनों के मौलिक आदिम रूपों का उदात्तीकरण और प्रस्फुटन हो सकता है किन्तु मूलप्रवृत्ति परिष्कृत और संस्कृत कितनी ही क्यों न हो जाए, उसका नाश कभी नहीं होता। मानवीय चरित्र, साहित्य, कला, धर्म आदि की नींव की ईंटें ऐसी प्रवृत्तियों की मूल प्रवृत्तियाँ हैं"[12]। हिन्दी कहानीकारों की कहानियों में ऐसी प्रवृत्तियों का संवेदनात्मक उद्रेक द्रष्टव्य है।

काम एक सहज वृत्ति है और कामुकता उसका संवेग है। हिन्दी कहानीकारों में रमाकान्त श्रीवास्तव, ओमप्रकाश भाटिया, संजीव, स्वयंप्रकाश, उदय प्रकाश आदि ने इस संवेदना का चित्रण अपनी कहानियों में किया है।

रमाकान्त श्रीवास्तव ने अपनी कहानी 'शताब्दी प्रवेश' में अमला और प्रोफेसर नाग को माध्यम बना इस संवेदना का स्पष्ट चित्रण किया है। अमला विदेश जाने की ललक में स्वयं को प्रोफेसर के समक्ष बिछा देती है—"कमरे के हल्के उजाले में कुछ सोचती हुई सी अमला की मुद्रा प्रोफेसर को प्रेमी की प्रतीक्षा में बैठी हुई बेसुध नायिका की तरह लगी, अर्ध-निमीलित नेत्र, साँसों के साथ उठता-गिरता अधखुला संगमरमरी वक्ष और चिबुक पर टिके अँगूठे और तर्जनी के बीच दबे मोती की बिम्बाधरों पर हल्की सी चमक! उसी मुद्रा में बैठी अमला ने प्रोफेसर की अधमुँदी आँखों में आँखें डालकर कहा...।"[13]

ओमप्रकाश भाटिया ने अपनी कहानी 'बुर्ज', 'चाँद' और 'धुआँ' में गेस्ट हाउस चलानेवाले अनिल और विदेशी युवती हेलना के माध्यम से इस संवेदना को रूपायित करने का प्रयास किया। "चाँदनी उसके गोरे बदन पर पड़कर झिलमिला रही थी। पीली रेत में गोरा बदन आमन्त्रित करने लगा। वह उसकी देह पर

हल्के-हल्के हाथ फिराने लगा। सहलाते-सहलाते हेलना नींद में पलटी और अनिल को अपनी गिरफ्त में ले लिया। अनिल फिर से अपने को भूल गया। उसने फिर हाथ बढ़ाया और कायनात को मुट्ठी में भर लिया।''[14]

कहानीकार उदय प्रकाश ने अपनी कहानी 'वारेन हेस्टिंग्स का साँड़', 'और अन्त में प्रार्थना' तथा 'पीली छतरी वाली लड़की' में काम की इस संवेदना को चित्रित किया है। वारे हेस्टिंग्स चोखी पर आसक्त हो जाता है—''...सिर्फ एक कमल की पँखुड़ी थी, जो एक बारीक रेशम के धागे से कमरबन्द की लड़ियों में बँधी हुई चोखी की दोनों जंघाओं के बीच लटक रही थी। वारेन हेस्टिंग्स ने उसे हटाने के लिए हाथ बढ़ाया तो चोखी ने उसकी कलाई पकड़ ली, वारेन हेटिंग्स चौंक गया, ऐसा पहले कभी नहीं हुआ था।''[15]

वस्तुतः आलोच्य दशक के हिन्दी कहानीकारों ने अपनी कहानियों में कामपरक संवेदना का व्यापक चित्रण किया है। 'लिट्रेचर' (संजीव) में मुख्य बिन्दु तो है—मल्टीनेशनल कम्पनियों का भ्रष्टाचार, पर ज्योति के साथ दीपक का मिलन कामपरक संवेदना का संश्लिष्ट स्वरूप प्रस्तुत कर देता है। ''उसकी गोद होती, मेरा सिर होता।...(उसकी) अँगुलियाँ मेरे बालों में फिर रही होतीं। साड़ी की सरसराहट और देह गन्ध की गर्म मदहोशी में कमल की पंखुरियों का बन्द भँवरा हो जाता तब मैं।''[16]

उदय प्रकाश की कहानी 'पीली छतरी वाली लड़की' में कामपरक संवेदना सशक्त रूप में उभार पाई है। वस्तुतः इस कहानी का आधार स्तम्भ ही है—सम्भोग।

हिन्दी कहानीकारों ने क्रोधपरक संवेदना को भी चित्रित किया है। इसके कुछ उदाहरण दृष्टव्य है—

1. ''ज्यादा मुँहजोरी की न, तो तुझे भी...'' दानसिंह ने खूँटी से टँगी बन्दूक की ओर देखा।''[17]
2. ''अतीकुर...मुजीबुर, इस बदमिजाज लड़की का जब मुँह खुलता है तो उससे मानो एक बदबूदार नाली बहने लगती है। इसे अब यहाँ बीमारी फैलाने के लिए होने की कोई जरूरत नहीं है...इसे ले जाकर बन्द कर दो अन्दर किसी कोठरी में।''[18]
3. ''क्या बताऊँ? कह रहा था बदली की शादी मेरे भाई से कर दो। तैश में दाँत किटकिटाते हुए काज़िम ने धीमी आवाज में अल्फाज़ चबाये।''[19]
4. ''मालिक, मालकिन को ज़मीन-जायदाद मानते रहे हो, तभी तो आज तक तुम्हारी यह हालत है। हम-तुम जैसे लोगों को ये लोग जमीन-जायदाद का मालिक कभी नहीं बनने देंगे और तुम हो कि अपना वोट भी अपना नहीं मानना चाहते।''[20]

5. "मिल भी जाये एक बार...मैं कैसी दुर्दशा...करूँगा उनकी। ऐसी जगह ले जाकर मारूँगा कि चील-कौआ नोंचकर खाएँगे।"[21]

क्रोध-परक संवेदना का संश्लिष्ट चित्र–'वारेन हेस्टिंग्स का साँड़' में गाय की मृत्यु पर साँड़ की प्रतिक्रिया में द्रष्टव्य है–"बग्घी जैसे ही 'प्योरली हाल' बंगले के मुख्य फाटक से अन्दर दाखिल हुई अचानक जैसे भूकम्प आ गया। किसी मृत्युदूत की तरह, बँगले की तमाम बाड़े-बन्दियों और दीवारों को धँसकाता भयानक आवाज में दहाड़ता, जैसे सैकड़ों बिजलियाँ एक साथ छूट रही हों और स्याह घने बादल गरज रहे हों–वह साँड़ बग्घी की ओर किसी साइक्लोन, तूफान, चक्रवात की तरह लपका और अपने सींगों में फँसाकर उसने बग्घी को वारेन हेस्टिंग्स, उसकी पत्नी और साईस के समेत हवा में उछाल दिया।"[22]

नरेन्द्र नागदेव की कहानी 'न्यूटन की सीपियाँ' में भी यह मूल भाव द्रष्टव्य है–"लेकिन आसपास खड़ी भीड़ के मन में सिर्फ गुस्सा था। जब उसे जख्मी और बदहवास हालत में जमीन पर लिटा दिया था, तब वे सब शोर मचाते, ताने कसते, उसे पीटने के लिए दौड़े थे।"[23]

उषा किरण खान की कहानी 'हँसि हँसि पनवा खियऔले बेइमनवा' में उच्च वर्गीय मुन्ना बाबू द्वारा निम्नवर्गीय नारियों के यौन शोषण और फिर उनकी हत्या के प्रति उपजा क्रोध का स्वरूप द्रष्टव्य है–"अचानक जैसे जमीन फोड़कर निकल आए हों वैसे खड़े हो गए चारों ओर घेरकर दसियों हथियार से लैश बहशी मानुष।...धाँय-धाँय की आवाज–औंधे मुँह गिरा उसका रजवा लिहास में तब्दील भागता हुआ मुन्ना बाबू। इन दोनों की गुत्थी सुलझा गया। ...कानों में गूँज रहा था। हत्यारों का स्वर 'चल खींच ले दोनों को–मामावती और बुधनी का बदला लेकर रहेंगे।"[24]

मनोविकारों की श्रेणी में, क्रोध का उलटा मनोविकार करुणा है। क्रोध जिसके प्रति उत्पन्न होता है, उसकी हानि की चेष्टा की जाती है। करुणा जिसके प्रति उत्पन्न होती है, उसकी भलाई का उद्योग किया जाता है। यह दूसरे के दुःख-दर्द को देखकर आदमी को दुःखी बनाने वाला मनोभाव है। जिनके अन्तःकरण सात्विक होते हैं, जिनमें शील की प्रधानता होती है, वही करुणा का अनुभव कर सकते हैं। सामाजिक जीवन को उन्नत बनाने के लिए करुणा का प्रसार आवश्यक है। दुःखी व्यक्ति जितना असमर्थ और लाचार होगा, हमारी करुणा उतनी ही तीव्रता से उसके प्रति निष्पन्न होगी। क्रोध के बदले क्रोध उपजता है, किंतु करुणा के प्रतिदान स्वरूप श्रद्धा या कृतज्ञता उत्पन्न होती है। यदि कोई आदमी निरन्तर निष्ठुर बना रहे तो उसके हृदय की सहज करुणावृत्ति समाप्त हो जाती है। इस प्रकार यह भाव अत्यन्त उदात्त कोटि का है और सामाजिक जीवन के परिष्कार के लिए

बहुत आवश्यक है।

क्रौंची के करुण क्रन्दन से करुणार्द्र वाल्मीकि की वाणी में आक्रोश ही नहीं, दुःख भी है। करुणा से प्रस्फुटित वाणी हिन्दू जाति का आदि काव्य और मानवता की गाथा बन जाती है। सच यह है कि साहित्य-सृष्टि के लिए 'करुणा' अनिवार्य मनोभाव है। और आज तो यह और आवश्यक बन गया है, जब हमारे समाज का बहुसंख्यक जन/वर्ग शोषित और पीड़ित है। उनकी दयनीय दशा के प्रति करुणार्द्र होकर ही उसे वाणी देना सम्भव है।

'और अन्त में प्रार्थना' एक ऐसी कहानी है जिसमें मानव-मन की समस्त संवेदनाएँ-भावनाएँ अपना स्वरूप पाईं। डॉ. वाकणकर की पत्नी ज्योत्स्ना अपनी, बच्चों तथा पति की दयनीय स्थिति से पूरी तरह वाकिफ हैं। एक तरफ पति के प्रति उनके मन में करुणा और दया है, दूसरी तरफ घृणा भी है। उनकी दयनीय आर्थिक स्थिति उन्हें तोड़ती है–"...हम दोनों और हमारा परिवार धीरे-धीरे किसी गहरे कुएँ में उतर रहा है। हर कदम पर मृत्यु और असहायता का अन्धकार घना होता जा रहा है। अपनी इन तीनों बेटियों की ओर देखो। यह उम्र ऐसा मस्त और बदहवास चेहरा ढोने के लिए नहीं।"[25]

नासिरा शर्मा ने 'बचाव' में करुणा की संवेदना को चित्रित करने का प्रयास किया है–"मेरी बहन बड़ी दुखियारी है, बच्चे अभी बहुत छोटे हैं, एक चार साल का, दूसरा सिर्फ सात महीने का।"[26]

ओमप्रकाश वाल्मीकि ने अपनी कहानी 'दिनेश पाल जाटव उर्फ दिग्दर्शन' में भी करुणा उत्पन्न करने का प्रयास किया है–"राहतकर्मियों ने दलितों की सड़ी लाशों को छूने से इनकार किया।"[27]

अपनी लघुता के परिप्रेक्ष्य में उत्पन्न होनेवाला भाव दीनता है। हिन्दी के अधिकांश कहानीकारों ने अपनी रचनाओं में इस भाव को स्थान दिया है। वस्तुतः यह वह अवस्था है, जब कोई सहारा नहीं रहता। मनुष्य अपनी नियति को जीने के लिए विवश है। स्त्री और दलित लेखन में यह भावना अपना श्रेष्ठतम स्वरूप पाई है।

मन्नू भण्डारी ने अपनी कहानी 'नमक' में ऐसे गाँव का चित्र खींचा है जिसके लोग ठाकुर जगभान सिंह से अनाज प्राप्त करने के लिए अपने पुत्रों को उन्हें सौंप देते हैं। यह दीनता की पराकाष्ठा ही तो है–"फिर भी ठाकुर साहब का मन पसीजा तो उन्होंने चार छोकरे पकड़कर गाड़ी में डाले और उनके घरवालों को एक-एक बोरी अनाज दे दिया। अनाज पाकर घरवालों ने तो अपने छोरों की तरफ देखा तक नहीं, पेट की पापी आग नाते-रिश्ते, माया-ममता सबको ऐसे ही निगल लेती है।"[28] कहानीकार रमन श्रीवास्तव ने भी अपनी कहानी 'वह ऐसी तो न थी' में

ऋतु को आधार बनाकर इस संवेदना को चित्रित करने का प्रयत्न किया है।

जयनन्दन ने अपनी कहानी 'बिन पानी सब सून' में सल्तनत नामक एक ऐसी लड़की का वर्णन किया है जो शूद्र और गरीब तथा हिन्दू लड़के भैरव से शादी करना चाहती है। उसके घर वाले उसकी शादी जबरदस्ती इदरीश से करना चाहते हैं। जयनन्दन ने इन स्थितियों का सफल चित्रण करते हुए सल्तनत की दीनता को स्पष्ट करने का प्रयास किया है–"वे लोग अभी और इसी समय इदरीश के साथ उसका जबरदस्ती निकाह करा देनेवाले हैं।"[29]

उदय प्रकाश ने अपनी कहानियों में दैन्य-परक स्थिति का अत्यन्त संवेदनात्मक चित्र रेखांकित किया है। यह चित्र जीवन जगत का चित्र है। आज के मनुष्य का चित्र है। इसमें यथार्थ भी है और जीवन्तता भी। 'और अन्त में प्रार्थना' उदय प्रकाश की एक ऐसी कहानी है जिसमें जीवन के हर रंग उपस्थित हैं। आज की राजनीति भी है, व्यवस्था भी है और जिसमें कर्तव्यनिष्ठ डॉ. वाकणकर अपनी दयनीय जिन्दगी जीने के लिए विवश हैं। इसका प्रभाव उनकी पत्नी पर भी पड़ता है। एक डाक्टर की पत्नी फटे-पुराने कपड़ों में रहे, यह जीवन की विसंगति ही तो है–"सुबह साढ़े पाँच बजे ही किसी ने दरवाजा पीटना शुरू कर दिया। ज्योत्स्ना वाकणकर जो उस समय फटे हुए पेटीकोट और ब्लाउज में थीं, ने उठकर दरवाजा खोला। ...ज्योत्स्ना वाकणकर का बायाँ स्तन फटे हुए ब्लाउज से बाहर झाँक रहा था, इसलिए वह फौरन मुड़कर घर के अन्दर चली गईं।"[30]

ऐसी ही कहानी है–'पाल गोमरा का स्कूटर'। मध्यवर्गीय जीवन की दयनीय विसंगतियाँ यहाँ तो चित्रित ही हैं, साथ में हिन्दी कवियों की दुर्दशा और उपेक्षा भी रेखांकित है–"राजीव मेनन ने कहा–'लिसेन पाल, ये प्रोग्राम तुम्हारे जाने का नहीं है।...डोंट गो देयर।...सादी वर्दी वालों ने प्रशिक्षित कुहनियों और घूँसों से जो चोट उन्हें पहुँचाई थी, नशे के बावजूद उनका दर्द वे महसूस कर रहे थे।...आल इंडिया मेडिकल इंस्टीच्यूट के बारे में हर कोई जानता है कि वहाँ से तो मुंशी प्रेमचन्द के बाद हिन्दी भाषा के दूसरे सबसे बड़े उपन्यासकार जैनेन्द्र को भी भगा दिया गया था।"[31]

'और अन्त में प्रार्थना' में डॉ. वाकणकर की दयनीय स्थिति का एक उदाहरण देखिए–"उनकी आँखें पराजय, असहायता और अकेलेपन में नम थीं...मैं अलग सा क्यों खड़ा हो जाता हूँ? मेरा अपराध क्या है?"[32]

संजीव की 'आरोहण' में दैन्य-परक संवेदना का अत्यन्त हृदयस्पर्शी चित्र प्रस्तुत है–"नी की। दुःख का, लेकिन देवता जानते हैं, जो कभी बुरा सोचा हो मण में। हया, जहाँ हूँ, बुरा सोचूँगा भी कैसे? मुझे तो सभी पर दया आती है। हयाँ से नीचे देखने पर तो...। भूप ने अपनी भीगी पलकें ऊपर उठाई, तो वे अन्दर

जल रही थीं—"भौत इन्साफ किया तुम सबी ने मेरे साथ भौत। अब माफ करो। भुइला। मेरी खुद्दारी को बखस दो। अब तो जिन्दा रहणें तक न ई बल्द उतर सकदिन न हम।"[33]

ईर्ष्या एक ऐसा मनोविकार है, जो दूसरे के सुख को देखकर उत्पन्न होता है। अपने से दूरस्थ रहनेवाले अजनबी के प्रति यह भाव उत्पन्न नहीं होता। निकटवर्ती व्यक्तियों के लिए ईर्ष्या का उदय होता है। ओमप्रकाश वाल्मीकि ने अपनी कहानी 'दिनेश पाल जाटव उर्फ दिग्दर्शन' में इस संवेदना को रूपायित किया है। इस कहानी का नायक दिनेश पाल जाटव साप्ताहिक के दफ्तर में अपनी निम्न जाति के कारण इसी ईर्ष्या भाव से आहत होता है—"वह खामोशी से सम्पादक के तर्क सुन रहा था। तर्कों के पीछे छिपी कुटिलता साफ-साफ दिखाई दे रही थी। वह उल्टे पाँव लौट आया था। लौटते हुए उसने महसूस किया जैसे वहाँ बैठे तमाम लोगों की नजरें उसका पीछा कर रही थीं। उसने तेज कदम बढ़ाए। वह अभी दरवाजे तक नहीं पहुँच पाया था कि वहाँ सामूहिक ठहाका गूँजा...अब पत्रिकाओं में भी आरक्षण माँगने वाले आने लगे...अब भंगी-चमार भी सम्पादक बनेंगे।"[34]

वस्तुतः यह भाव अपने प्रवृत्तिगत गुण के कारण गलत सोच और अवधारणा को जन्म देता है। महिला कहानीकार दूर्वा सहाय ने अपनी कहानी 'आशंका' में ईर्ष्यारूपी संवेदना को रूपायित किया है। एक मध्यवर्गीय परिवार की कहानी में ईर्ष्या का स्पष्ट प्रभाव दृष्टव्य है। "आज रेमीडियस के घर शहर के सबसे बड़े रईस का बेटा आया था, अपनी कार से। सोच-समझकर फँसाते हैं ये खासकर धनी लोगों को। उसके भाई की वाइफ भी बदचलन है...रात-रात भर घर नहीं लौटती।"[35]

ईर्ष्या एक ऐसी बुराई है जो लज्जावती रमणी की भाँति सदैव परदे में रहती है। लोग अपनी ईर्ष्या प्रकारान्तर से व्यक्त करते हैं। कभी किसी के सामने स्वीकार नहीं करते कि ऐसी बात या काम ईर्ष्यावश कह या कर रहे हैं। हिन्दी कहानीकारों ने इस मनोविकार का वर्णन अधिक नहीं किया है। पात्र की चरित्रगत विशेषताओं के चित्रण में उसके स्वभावगत वैशिष्ट्य के रूप में ईर्ष्या का उल्लेख हो गया है।

आचार्य रामचन्द्र शुक्ल के अनुसार—"किसी प्रकार का सुख या आनन्द देने वाली वस्तु के सम्बन्ध में मन की ऐसी स्थिति को जिसमें उस वस्तु के अभाव की भावना होते ही प्राप्ति, सान्निध्य या रक्षा की प्रबल इच्छा जग पड़े, **लोभ** कहते हैं।"[36] हिन्दी कहानीकारों में इस संवेदना के कुछ उदाहरण दृष्टव्य है—

1. "सोच लो, बहन को घर-गृहस्थी का सुख मिलेगा, मुकदमा भी मुफ्त लड़ दूँगा, दूसरे तुम भी अपनी जिम्मेदारी से निपट जाओगे, सोचने का वक्त जितना चाहो लो।"[37]
2. "उसके पिता को तम्बाकू और मछली के व्यापार का मिदनापुर कलकत्ता

और मालदा का कान्ट्रैक्ट ईस्ट इंडिया कम्पनी से प्राप्त करना था, मोहिनी ठाकुर को अपने परिवार की समृद्धि के लिए यह काम 'होशियारी' से करना था।''[38]

3. ''मोहिनी की माँ नन्दिनी ठाकुर ने उसे प्यार से वहाँ धकेला, वे उससे इंग्लैंड के सेंट, कॉस्मेटिक्स और कपड़ों का कीमती गिफ्ट पहले ही हासिल कर चुकी थीं।''[39]

अरुचिकर वस्तुओं की उपस्थिति पर उन्हें अपने से दूर रखने की प्रेरणा देने वाला मनोविकार घृणा है। हिन्दी कहानीकारों ने कहानी लेखन में घृणापरक संवेदना का चित्रण अधिक नहीं किया है।

ममता कालिया ने अपनी कहानी 'रोशनी की मार' में इस घृणापरक संवेदना को चित्रित किया है। ''अरे भैया इससे तो पहले आराम रहा। अब तो एक-एक घर में दुई-दुई बाथरूम, विम से रगड़ो, चमकाओ, पहले क्या था, राख डाली, पाखाना उठाया, बाल्टी में डाला और जाके फेंक दिया घूरे पर। कोई पूछनेवाला नहीं कि ऐ बिटिया तुम पाखाना धोई कि नहीं। उन घरों मे ब्यौहार भी बरक्कत का रहा।''[40]

सुनील सिंह ने अपनी कहानी 'कैपिटल रिपेयर' में घृणापरक संवेदना का चित्रण बड़े ही अनोखे ढंग से किया है। ''हैसियत के मुताबिक हर आदमी के सीने पर अपनी कीमत चस्पा कर रखी है, नकद भुगतान कीजिए और आदमी का इस्तेमाल कर लीजिए।''[41]

ऐसा ही उदाहरण है–'और अन्त में प्रार्थना' का–''ज्योत्स्ना वाकणकर रोने लगी थी। उनके मन में पहली बार एक ऐसी खीझ पैदा हो रही थी जो धीरे-धीरे अपने पति के प्रति घृणा में बदलती जा रही थी। अगर इस आदमी को यही करना था तो इसने विवाह क्यों किया? इतने लोगों का जीवन बिगाड़ने का उसे क्या अधिकार है।''[42]

अहं मनुष्य की सहज स्वाभाविक जन्मजात प्रवृत्ति होती है। किसी में अधिक, किसी में कम परन्तु हर किसी में होती है। हिन्दी कहानीकारों की कहानियों में इस संवेदना के उदाहरण द्रष्टव्य हैं–

1. ''काहे फिकर करता फेंकू, बोला न हम, जब तक शीतल दा दिल्ली में हैं, एक भी आदमी के पेट पे लात नहीं मार सकता कोई साला!''[43]
2. ''नो मिसेज मुखर्जी, आइ एम पल्लवी साहा, ओनली पल्लवी साहा।''[44]

किसी आती हुई आपदा की भावना के साक्षात्कार से उत्पन्न होनेवाला मनोविकार भय कहलाता है। हिन्दी के कहानीकारों की रचनाओं में भयपरक संवेदना का प्रयोग भी यत्र-तत्र मिलता है। संजीव के कन्फेशन में भयपरक संवेदना का चित्र देखिए ''हमरा रूपिया निकलवा दीजिए दादा, नहीं तो हम लुट जाएँगे।''[45]

मैत्रेयी पुष्पा ने भी अपनी कहानी 'शतरंज के खिलाड़ी' में भयपरक संवेदना को चित्रित करने का प्रयास किया है—"कामता ठकुराइन को लिवाने जा रहा है, उसका रोम-रोम सिकुड़ रहा है, अपनी चालीस वर्ष की अवस्था में इतनी दहशत कभी लगी नहीं।

बस की पहली सीढ़ी पर कदम रखते ही टाँग बेर की तरह काँपने लगी, जी धड़क रहा है, छाती से कंठ तक घबराहट भरी है, हलक सूखकर रेत हो गया।"[46]

"कामता ने गलत बातों का खंडन भी करना चाहा, मगर उसकी जीभ लकड़ा गई, होंठ काँपने लगे, विकरम, नत्थू और सुजान बड़े शेर बन रहे थे, अब कहाँ हैं? सूरत नहीं दिखी एक की भी! साले ठाकुर बनते हैं, लिड़इया (गीदड़) की औलाद।"[47]

'मर गया दीपनाथ' चन्द्रकिशोर जायसवाल की एक सघन-संवेदनात्मक कहानी है। आज के बोध, परिस्थितियों ओर साम्प्रदायिक विद्वेष की भावना को अत्यन्त सार्थक शब्दावली में रेखांकित करती है—यह कहानी। दीपनाथ दंगे से बचने के लिए शेख साहब के घर शरण लेता है। वे उसकी सुरक्षा में कोई कोर-कसर नहीं रखते पर दीपनाथ इस सुरक्षा से ही भयभीत है। उसे आशंका है कि मुसलमान उसे मार डालेंगे। शौचक्रिया से निवृत्त होने के लिए वह बगीचे में जाता है, पर वहाँ से भाग खड़ा होता है। बीच में वह हर क्षण अपनी मृत्यु की त्रासदी से साक्षात करता है—"ऐ खुदा, मुझे बचा लो।"..."इस काफिर को देखो, यह चोरी से हमारे खुदा की इबादत कर रहा है, इसे मत छोड़ो।"..."तो फिर, यहाँ नहीं, इसे खींचकर ले चलो पिछवाड़े और वहीं...अल्ला हो अकबर...खप...अब बचे छह...वह जल्दी से किवाड़ की अर्गली अन्दर से लगा देता है।"[48]

वस्तुतः यह कहानी दीपनाथ के माध्यम से मानवीय सम्बन्धों/भावनाओं की नई परतें उघाड़ती है। दीपनाथ के सहारे रचनाकार हिन्दू-मुस्लिम साम्प्रदायिक दंगों के कारक युवा वर्ग की मानसिकता को तो रेखांकित करता ही है, साथ ही दंगों के यथार्थ को भी चित्रित कर देता है। शेख साहब की मानसिकता अलग है और वहीं उनके बेटे-भतीजों की मानसिकता अलग। युवा मुस्लिम वर्ग में आक्रोश है। दीपनाथ हर क्षण भय के कारण मरता है। रचनाकार ने इस कहानी के माध्यम से आज के हिन्दू मुस्लिम समाज के परस्पर रिश्तों को बहुत ही बेबाक ढंग से उकेरा है।

रघुनन्दन त्रिवेदी हिन्दी कहानी के आधार स्तम्भ हैं। उनकी कहानी 'नारायण राव : एक केस हिस्ट्री' वर्तमान परिवेश से भयग्रस्त मानसिकता की कहानी है। यह कहानी आज के युगीन परिवेश की भयावह स्थिति को बड़ी बेवाकी से रेखांकित करती है—"वह कहता है कि वह बेहद डरा हुआ है। उसे हर आदमी या तो डरा

हुआ या डरानेवाला दिखाई देता है। पिछले कुछ सालों में उसे अखबार भी डरावने लगने लगे हैं। ...न्यूज के वख्त वह टी.वी. बन्द कर देता है। श्वेता या विनीता को कालेज से लौटने में थोड़ी सी देर होती है तो सीधे उसे 'रेप' का ही खयाल आता है। वह कहता है कि वह नींद ढंग से नहीं ले पाता।''[49]

'और अन्त में प्रार्थना' (उदय प्रकाश) में भयात्मक संवेदना का उभार अपने चरम पर है—''ठीक इसी वक्त डॉ. वाकणकर के कदम डगमगाने लगे। एस.पी. के नाक से पेट्रोल का धुआँ निकल रहा था। डॉ. वाकणकर ने देखा गुंडू सिंह उनके घर की ओर दौड़ता हुआ जा रहा है। फिर उन्होंने ज्योत्स्ना वाकणकर को अपनी ओर भागते हुए देखा उसके बाल बिखरे हुए थे। भय और बदहवाशी में उसका चेहरा विकृत हो गया था।[50]

मानवेतर संवेदना का मूल आधार सामाजिक संवेदना ही है। वस्तुतः समाज का स्थायी अंग मानवेतर स्थितियों के व्यापार से निरंतर संवेदित होता रहता है। यही कारण है कि अनादिकाल से साहित्य में जड़, प्रकृति और मानवेतर चेतन प्राणियों की संवेदना का समावेश होता रहा है।

मनुष्य का जड़ वस्तुओं के प्रति लगाव भी दो प्रकार का होता है—सामान्य विषयगत तथा विशिष्ट विषयगत। देश के प्रति, नदी नाले, निर्झर के प्रति, सन्ध्या एवं चाँदनी के प्रति, एक साथ सभी लोग रागात्मक सम्बन्ध रख सकते हैं। इन्हें हम सामान्य विषयगत सम्बन्ध कहेंगे। पर अपने बाल्यकाल के टूटे-फूटे खिलौने, रोज स्कूल आते-जाते दिखाई देनेवाले पीपल के पेड़ के नीचे अवस्थित सिन्दूर पुते हनुमान जी तथा बहुतायत से उपयोग में आने वाला टेलीफोन हमारी संवेदना के विशिष्ट विषय कहलाएँगे।

हिन्दी कहानीकारों ने जड़ वस्तुओं के प्रति प्रेमपरक संवेदना के दोनों पक्षों का सुन्दर चित्रण किया है। रतनकुमार साँभरिया ने अपनी कहानी 'बकरी के दो बच्चे' में इस संवेदना को चित्रित किया है—''सर्द भरी जनवरी का उन्मेष। बन्द आसमान। ठहरी धरती। सहमा परिवेश। घना कोहरा। कोहरे की श्वेत चादर ने समूचे गाँव को ढाँप लिया हो, जैसे। सेही का भी सिर सिहरा देनेवाले जाड़े से कँपकँपाते, धूजते ठिठुरते लोग।''[51]

कहानीकार रमाकान्त श्रीवास्तव का अपनी कहानी 'शताब्दी प्रवेश' में प्रकृति के प्रति रागात्मक लगाव देखिए—''प्रकृति के कोमलतम स्पर्श से मन्दिरों को एक नयी सुन्दरता मिल रही थी। अतीत को याद करते से दार्शनिक मुद्रा में खड़े मन्दिरों के उस पार क्षितिज पर उषा काल के रंग बिखरे थे, सूर्य बस निकलने को था।''[52]

कहानीकार अभिमन्यु अनत ने 'बैगनी फूल अरथी का' में प्रकृति के प्रति रागात्मक लगाव दर्शाया है—''खिड़की खुली होने के कारण चाँदनी पेड़ के डोलते

पत्तों के बीच से आती हुई घर के भीतर आँख-मिचौली खेल रही थी, कभी एक ठण्डी हवा भी भीतर आकर सिहरन पैदा कर जाती थी।''[53]

महिला कहानीकार मृदुला गर्ग ने भी इस संवेदना को अपनी कहानी 'सात कोठरी' में चित्रित करने का प्रयास किया है—''अस्त होते सूरज की लालिमा कुछ इस तरह उसकी निश्चल समाधिस्थ आकृति को आलोकित कर रही थी कि लग रहा था, वह अग्नि में नहाया है। मस्तक से सुनहरी किरणें फूट रही थीं।''[54]

मनुष्य का मानवेतर चेतन प्राणियों से सम्बन्ध की ऊष्मा को चित्रित करने में हिन्दी कहानीकारों ने अधिक रुचि नहीं ली है। मानव-प्रकृति और मानवेतर बाह्य प्रकृति के चित्रण के प्रति तो उनमें उत्साह रहा है किन्तु मनुष्येतर चेतन प्राणियों के संवेदनशील अंकन के प्रति उनमें वह रुचि और उमंग दृष्टिगत नहीं होती फिर भी कुछेक कहानियों में कहीं-कहीं इनके संवेदनशील छिटपुट चित्र अवश्य मिल जाते हैं।

कहानीकार रतनकुमार साँभरिया ने अपनी कहानी 'बकरी के दो बच्चे' में इस संवेदना का चित्रण किया है—''धर्मकली अधीर हो उठी थी। वह उसकी बेटी-सरीखी बकरी की मिमियाहट सुनकर भीतर बैठी रहती। वह बकरी के पास आ बैठी और उसे पुचकारती हुई सान्त्वना देने लगी—देख, कैसे मरी जाती है ममता से। कहाँ जाएँगे तेरे लाड़ले-लाड़ली। वे उन्हें अभी गोद में उठा लाएँगे, तेरे पास। लड़ियाती रहना, फिर...हाँ...।''[55]

मैत्रेयी पुष्पा ने अपनी कहानी 'रिजक' में इस संवेदना को रूपायित किया है। हरिया बकरी के बच्चों को कसाई से बचाना चाहता है—''कसाई छुड़ा-छुड़ाकर हार थक गया। लड़का है कि जोंक की तरह बकरी से चिपटा हुआ। दोनों बाहों में उसकी गरदन को बाँधे हुए। अन्त में कसाई की बाँह में दाँत गड़ा दिया हरिया ने। बकरी ने खरीददार के पाँव खूँद डाले। कसाई झल्ला उठा। हरिया की गरदन पर एक झापड़ माकर एक ओर को कूदा।''[56]

2. सामाजिक स्थितियों से मुठभेड़ करती कहानियाँ

रचनाकार संवेदनशील होने के साथ-ही-साथ सामाजिक भी होता है। सामाजिक परिस्थितियों के घात-प्रतिघात उसे प्रभावित करते हैं। अतः युग-चेतना के स्वर उसकी रचना में आ ही जाते हैं। भिन्न-भिन्न विचारधारा के रचनाकार एक ही युग की चेतना को अपनी निजी संवेदना के अनुरूप ग्रहण करता है।

रचनाकार युगीन यथार्थ को अपनी संवेदना एवं व्यक्तित्व के साँचे में ढालकर उसे एक नया रूप, नया मार्दव प्रदान करता है। रचनाकार समाज में रहता है। वह तथ्यों को देखकर, समझकर, परखकर तथा फिर जड़ तक पहुँचकर उनका

विश्लेषणपरक सार प्रस्तुत करता है। पाठक हो अथवा समीक्षक उसमें इस सार को ग्रहण करने की क्षमता होनी चाहिए। रचना स्वयं क्या कहना चाहती है? यह समझे बिना रचनाकार की संवेदना का बोध हो पाना कठिन है। कहानी चाहे सामाजिक हो, मनोवैज्ञानिक हो, ऐतिहासिक हो अथवा अन्य किसी प्रकार की हो वह लेखक की संवेदना का मुखर बयान करती है।

वस्तुतः रचनाकार जिन अनुभूतियों को अपने दैनिक जीवन से प्राप्त कर पाठक तक पहुँचाता है वह बहुत महत्वपूर्ण है। यह संवेदना कोई गढ़ी हुई मूर्ति नहीं है वरन् वह समय के तात्कालिक दबाव से प्रभावित होती है। यदि समकालीन जीवन-सन्दर्भों, मनुष्य के यथार्थ परिवेश और जीवन्त तत्वों की उपेक्षा कर दी जाए तो यह संवेदना झूठी पड़ जाएगी और उसका कोई अर्थ शेष नहीं रहेगा।

सच यह है कि कहानी की सच्ची कसौटी है—संवेदना। और आज हिन्दी कहानी का संस्कार और इसकी लेखकीय संस्कृति न बहुसंख्यक है और न अल्पसंख्यक। वह अपनी प्रवृत्ति और परिवेश में भारतीय विविधता की नुमाइंदगी करती है। वह हमारे लोकतांत्रिक संघर्ष का प्रामाणिक दस्तावेज है जिसके 'टेक्स्चर' में समूचे देश की मानसिकता, भावात्मक चिन्ताएँ और चिन्तन प्रतिबिम्बित होते हैं। अपनी देसी गरमाहट में कहानी भारतीय मानस की वैचारिक और नैतिक ऊर्जा को प्रस्तुत करती है। कहानी मानवीय संवेदना का पर्यावरण है। कहानी वैचारिक और रचनात्मक संस्थान है। शताब्दी के इस अन्तिम चरण में एक रसायन विशेष का भारतीय नागरिक उभर रहा है। उसकी चौखट इतनी नयी है कि लगता है पुराना लुप्त हो चुका है। सामयिकता से संवेदना का जुड़ना जरूरी है। पर यह जरूरी नहीं कि लेखक वर्तमान जीवन से ही कथानक का चुनाव करे। वह अतीत से अपनी संवेदना को सम्पृक्त कर सकता है। किन्तु समृद्ध वर्तमान के दबाव से वह मुक्त नहीं हो सकता। रचनाकार यथार्थ परिवेश में ही अपनी प्रामाणिकता सिद्ध कर पाता है। यह यथार्थ परिवेश भी सम-सामयिक सन्दर्भों में ही मुखर हो पाता है। साथ ही यह जानना भी आवश्यक है कि रचनाकार की प्रतिबद्धता किसके प्रति है? मानव-मूल्यों के प्रति, सामाजिक आस्था के प्रति, व्यक्तिपरता के प्रति या फिर विघटनकारी शक्तियों के प्रति? यदि लेखक की प्रतिबद्धता अच्छाई के प्रति है तो वह अपनी कहानी में उसके प्रति आग्रही रहेगा। पर यदि इसके विपरीत उसे कुंठा, ध्वंस और सन्त्रास प्रिय है, तो वह इन्हीं से सम्बन्धित चित्रों को प्रस्तुत करेगा। यह भी जानना आवश्यक है कि रचनाकार अपनी संवेदना के सम्प्रेषण में कहाँ तक सफल रहा है? कथानक में यदि सर्वजन से जुड़ी जिन्दगी साँस ले, पात्रों में यदि सर्वजन के जाने-पहचाने चरित्र क्रिया-कलाप करें तथा यदि भाषा में संवेदना को मूर्तिमान करने की शक्ति विद्यमान है तो रचना की अर्थवत्ता स्वयमेव बढ़ जाती

है। सघन अनुभूति ही संश्लिष्ट संवेदना की अभिव्यक्ति का कारक बनती है। इसमें कोई दो राय नहीं कि हिन्दी कहानीकारों के पास वह अनुभूतिशील हृदय है, जो उनकी रचना सृष्टि को गहन संवेदना से भर देता है।

विषय-बोध की भिन्नता तथा उससे सम्बन्ध रखने वालों की इच्छाओं-आकांक्षाओं के अनुसार सुख-दुख की अनुभूति का स्वरूप बदलता रहता है। किसी के लिए रूखा-सूखा ही सही, भरपेट भोजन प्राप्त कर लेना सुख है, तो किसी दूसरे के लिए छप्पन पकवानों से भरे थाल पर हाथ साफ करना ही सुखानुभूति है। किसी के लिए जुआ, शराब और सिनेमा सुख है तो किसी अन्य के लिए दीन-दुखियों के आँसू पोंछना ही सुख की परिभाषा है। किसी के लिए इहलोक का आकर्षण्र सुख है, तो किसी और के लिए पारलौकिक विषयों में डूबना ही सच्चा सुख है। इस प्रकार सुख एक वैयक्तिक अनुभूति है और इसका अनुभव व्यक्ति अपनी इच्छानुसार स्थितियों और अभीष्ट वस्तुओं के सन्दर्भ में ही करता है। समाज या व्यक्ति-मन अपनी जीवन-चर्या में सुख की अपेक्षा रखता है, दुख की नहीं। किंतु सुख की सीमा असीमित है।

समाज द्वारा स्वीकृत पति-पत्नी के यौन सम्बन्धों के आधार पर सन्तानोत्पत्ति होती है और परिवार बनता है। परिवार ही बच्चों के प्रजनन एवं पालन-पोषण के अवसर प्रदान करता है। इसलिए दाम्पत्य जीवन को हमारे समाज में बहुत महत्व मिला है। परिवार समाज की एक इकाई है। पारिवारिक जीवन से सम्बद्ध संवेदना में सबसे पहला स्थान दाम्पत्य जीवन का ही आता है। इसलिए इस संवेदना का विशद अध्ययन हम इन तीन आधारों पर करेंगे—दाम्पत्य जीवन, प्रेम-विवाह एवं शिक्षा।

इन्दिरा राय की कहानी 'पलभर का सच' में दाम्पत्य संवेदना का चित्र देखें—"संगीता को आया देख अनिल अचकचा गए—'तुम'। "तुम कल क्यों नहीं आए थे? मेरा मन वहाँ नहीं लगा।" पत्नी के प्यार भरे स्पष्ट सन्देश से अनिल का रोम-रोम पुरुषोचित दर्प से भर गया था—"मैं वहाँ पहुँच जाता तो तुम इतनी जल्दी कैसे आती।"[57]

पति-पत्नी का सम्बन्ध इतना नजदीकी और प्रगाढ़ होता है कि पति की प्रसन्नता-अप्रसन्नता पत्नी पर त्वरित प्रभाव डालती है। दोनों एक दूसरे के सुख-दुःख के भागीदार बनते हैं। ओमप्रकाश वाल्मीकि ने अपनी कहानी 'प्रमोशन' में इसी संवेदना को रूपायित करने का प्रयास किया है। सुरेश की पत्नी उसे समझाने का प्रयास करती हुई कहती है—"अपनी ड्यूटी करो और घर वापस आ जाओ...कुछ ऊँच-नीच हो गया, तो हम क्या करेंगे...?"[58]

कृष्णा अग्निहोत्री की 'अपने-अपने कुरुक्षेत्र', राजी सेठ की 'अकारण तो

नहीं', सुधा अरोड़ा की 'आधी आबादी' आदि ऐसी अनेक कहानियाँ हैं जिनमें दाम्पत्य जीवन की संवेदना चित्रित हुई है।

मैत्रेयी पुष्पा की कहानी 'गोमा हँसती है' दाम्पत्य जीवन की असली दास्तान बयाँ कर जाती है। पत्नी पर मर मिटने वाला किड्ढा अपने साथ बली सिंह से पत्नी के सम्बन्ध पर सन्देह करता है। उसका सन्देह सच भी है। गोमा की निगाह बली सिंह की सम्पत्ति पर है। बचपन के दोस्त, यौवन में सहायक के रूप में उपस्थित बली सिंह के प्रति किड्ढा के मन में उपजा सन्देह गोमा की हँसी के आगे विलीन हो जाता है। गर्भवती गोमा को डाक्टर के पास दिखाने ले जाना ही बली सिंह का अपराध था। पर यह अपराध धीरे-धीरे पुण्य रूप में बदल जाता है—"साली जा, यहाँ काहे को आई है? मेरे घर से।...उसका मन हुआ गालियाँ दे। उठाकर पटक दे गोमा को।"[59] "दाऊ जी झुनझुना और रुपया दे गए हैं। लौटा देना। हम क्या नादीदे हैं? व्योहार करते हैं हमसे। यह नहीं याद रहा इस बच्चों के बाप ने खेत में कितना पसीना बहाया है।"[60]..."मैं अपनी खातिर कर रही हूँ सब? दाऊ जी लिख देंगे तो मालिक कौन होगा? जोतेगा बोयेगा कौन? आज तुम दाऊ जी की धरती समेत पूरे चालीस बीघा के मालिक हो। गंगाराम पजरेगा नहीं? अरे लोग अपने कपड़ा लत्ता फाड़ेंगे। बावरे होंगे, किसी की बढ़ती देख कौन सिहाता है।"[61] और किड्ढा ही घायल बली सिंह को साइकिल पर लादकर घर लाता है।

दाम्पत्य जीवन पर आधृत कहानी है—'आधी आबादी' (सुधा अरोड़ा)। प्रतीकात्मक ढंग से इस कहानी में घर गृहस्थी में जुटी, मर कट रही नायिका एक अवधि पश्चात पति से उपेक्षित होकर अलग-थलग पड़ी रहती है। निश्चय ही मर्यादा में बँधी घर में उपेक्षित नारी बाहर भी उपेक्षित होती है। पर घर से पलायन के लिए प्रस्तुत इस नायिका का जीवन पलटता है। पति की बीमारी उसे उसके निकट पहुँचाती है—"उसने देखा साहब की तबीयत में सुधार होने के साथ-साथ उसका वह तीन चौथाई हिस्सा भी अब सेहतमन्द हो रहा था। अब भी रात भर साहब के पैताने जागने के बावजूद उसकी साँसों में शिथिलता नहीं रही थी।"[62]

हिन्दी कहानीकारों ने अपनी रचनाओं में प्रेम-विवाह का चित्रण पर्याप्त रूप में किया है। जयनन्दन ने अपनी कहानी 'बिन पानी सब सून' में सल्तनत को आधार बनाकर प्रेम-विवाह की वकालत की है—"तो आप सभी एक साथ सुन लें...आओ सब घर के लोगों...ममानी, आपा, बच्चे...चाहती तो हूँ कि मैं मस्जिद के गुम्बद पर खड़े होकर अजान वाले माइक से पूरे गाँव को इकट्ठे इत्तिला कर दूँ कि हाँ...हाँ...हाँ मैं भैरव से प्यार करती हूँ और करती रहूँगी...उस भैरव से जो हिन्दू है...शूद्र है और गरीब है...लेकिन मेरी चाहत की रियासत का सबसे बड़ा शहजादा है। ऐसा करके मैंने कोई गुनाह नहीं किया है...कोई यह न समझे कि

इसके लिए मैं शर्मिन्दा हूँगी और किसी के भी जुल्म ज्यादती या अत्याचार सहने के लिए हाजिर रहूँगी। मैं गुजरे जमाने के उन शरीफों और बेचारों में नहीं हूँ जो मोहब्बत करने की कीमत कोड़े और पत्थर खाकर चुकाते थे। मैं अपने ऊपर उठती किसी भी ऊँगली से सीधी टक्कर लूँगी...इसे सब याद रखें।''[63]

विष्णु प्रभाकर ने भी अपनी कहानी 'क्रान्ति' में इस संवेदना को उठाया है। सौम्या अपने पिता से स्वयं की शादी की बात करती है। यहाँ विष्णु प्रभाकर की एक नई सोच दृष्टव्य होती है–''आप तो प्रगतिशील विचारों के व्यक्ति हैं। मैं आगे ही बढ़ रही हूँ और इस दृढ़ निश्चय के साथ बढ़ रही हूँ कि शादी करूँगी तो नितिन से, नहीं तो जीवन भर कुँआरी रहूँगी।''[64]

बड़े ही सशक्त ढंग से प्रेम-विवाह को रूपायित किया है उदय प्रकाश ने अपनी कहानी 'पीली छतरी वाली लड़की' में। अंजली अपने प्रेम के वशीभूत होकर राहुल के साथ भाग खड़ी होती है।

'इसे ऐसा ही होने दो' (जया जादवानी) एक श्रेष्ठ रागात्मक कहानी है। नायिका शिरीन प्रोफेसर के प्रेम में पागल है–''मेरी आँखें डबडबा आईं। मैं अपने होंठ सख्ती से भींचे उनके समूचे वजूद को पीती रही...अनन्त जन्मों की प्यासी मैं उस एक पल के समन्दर में बह जाना चाहती हूँ। सिर्फ एक कदम आगे रखूँगी और खो जाऊँगी उनमें। फिर क्या किसी से भी मैं ढूँढ़ी जा सकूँगी।''[65]

सुख का विलोम शब्द दुःख, प्रतिकूल होने के भाव का सूचक है। सर्वप्रथम गौतम बुद्ध ने 'सब कुछ दुःख है' कहकर इस सिद्धान्त का प्रचार किया। उन्होंने इस लोक को दुःख-लोक तथा जरा-मरण को सबसे बड़ा दुःख माना। दुःख से बचाव हेतु गौतम बुद्ध ने अष्टांग मार्ग का प्रवर्तन किया। बौद्ध दर्शन के दुःखवाद ने बाद के हिन्दू दर्शनों को भी प्रभावित किया।

दुःखवाद की यह मान्यता है कि जन्म-मरण दोनों दुःख हैं। संसार, परिजन सभी दुःख के प्रदाता हैं। दुःख से बचाव का उपाय है–वैराग्य। वैराग्य से भगवद्भक्ति का उदय होता है और व्यक्ति के मन में राग-मोह और आसक्ति का नाश होता है।

वस्तुतः सुख और दुःख, दिन-रात के समान अन्योन्याश्रित और परिवर्तनशील भाव हैं। एक की अनुभूति के लिए दूसरे का अनुभव आवश्यक है। इसलिए साहित्य में सुखपरक संवेदना के साथ ही दुखपरक संवेदना को भी यथोचित महत्व मिला है। ''हिन्दी साहित्य की प्रयोगशील धारा के कुछ लेखकों ने दुःखवाद को एक रचनात्मक तथा प्रेरक शक्ति के रूप में ग्रहण किया है।...परन्तु ऐसा लगता है कि इन लेखकों का दुःखवाद किसी दार्शनिक चिन्तन धारा से सम्बद्ध न होकर वर्तमान युग में संक्रान्तिकालीन विघटन से प्रेरित है।''[66]

आज का कहानीकार यथार्थ की कटुता को वहन करने में सक्षम है। वह पलायन या मुक्ति नहीं, अपनी पूरी जिजीविषा के साथ संघर्ष चाहता है। यथार्थ का यह अनुभव जीवन को अपनी पूरी समग्रता में ग्रहण करके व्यक्तित्व को पूर्णता प्रदान करता है। उसे विभक्त करने के बजाय ऐसे नये आयाम देता है, जिससे नये जीवन-मूल्य उद्घाटित होते हैं। मानवीय चेतना नये सन्दर्भों में प्रतिष्ठित होती है तथा अनुभूतियों को नया परिवेश मिलता है। इसलिए आज की कहानियों में परम्परा का ठहराव नहीं अपितु व्यक्ति के आचरण एवं उसके अन्तःसंघर्ष को व्यापक अनुभूति के धरातल पर प्रतिष्ठा प्राप्त होती है। दुःखात्मक संवेदना की नई यथार्थवादी अभिव्यक्ति आज की कहानियों की विशेषता है।

आज के परिवेश में मानवीय दुख के कारक अनेक हैं। एक तरफ तो उसकी पारंपरिक व्यवस्था, विवाह संस्था, परिवार, पति-पत्नी संबंध तथा अन्य संबंध, रिश्ते रहे हैं, दूसरी तरफ उसे नए परिवेश, परिस्थिति और मूल्यों के विघटन, सांस्कृतिक ह्रास का सामना करना पड़ रहा है। शोषण, संत्रास उसकी नियति है।

संयुक्त परिवार से तात्पर्य उस परिवार से है, जिसमें पति-पत्नी, माता-पिता, बेटे-बहू, चाचा-ताऊ तथा अन्य निकटवर्ती सम्बन्धी एक साथ मिलकर प्रेमपूर्वक रहते हैं। अपने-पराये का भाव नहीं होता। आय-व्यय सम्मिलित, खाना-पीना एक ही चौके में तथा दायित्व-बोध सभी में होता है। यह संयुक्त परिवार व्यवस्था प्राचीन भारतीय संरचना की एक महत्वपूर्ण विशेषता रही। इसमें व्यक्तिगत स्वार्थों के बजाय सबकी हित-चिन्तना का भाव रहता है। पारिवारिक परम्पराएँ एक पीढ़ी से दूसरी को हस्तान्तरित होती रहती हैं। बूढ़ों, विधवाओं, असहायों को आश्रय मिलता है, तथा बच्चों के स्वस्थ एवं सर्वांगीण विकास का पूर्ण अवसर रहता है। प्राचीन भारत की ग्राम्य संस्कृति के पूर्ण अनुरूप यह व्यवस्था थी भी।

परन्तु वर्तमान युग के औद्योगिक विकास विशेषकर नव-औपनिवेशिकवाद के बढ़ते प्रभाव के फलस्वरूप गाँवों से नगरों की ओर भागने की प्रवृत्ति ने संयुक्त परिवार प्रणाली के विघटन में महत्वपूर्ण भूमिका निभाई। शिक्षा के प्रचार-प्रसार ने आत्मनिर्भरता दी। और स्वच्छन्द जीवन-यापन की आकांक्षा ने एकाकी परिवारों को प्रोत्साहित किया। आज परिवार का अर्थ पति-पत्नी एवं बच्चे रह गए हैं। बाल-विवाह की प्रथा खत्म हो जाने के कारण परिपक्व आयु का नव-विवाहित युगल अब अपने बीच किसी अन्य परिवारीजन का हस्तक्षेप सहन नहीं कर पाता। इसलिए संयुक्त परिवार प्रथा धीरे-धीरे विनष्ट होती जा रही है, अपितु यह कहना अधिक सही होगा कि वह पूरी तरह खत्म हो चुकी है।

वस्तुतः आलोच्ययुगीन हिन्दी कहानियाँ संयुक्त परिवार के विघटन के दास्तान की महागाथा बन गई हैं। बूढ़ी काकी, चीफ़ की दावत, वापसी (उषा प्रियंवदा)

में इसके बीज अंकुरित हो चुके थे। योगेश भटनागर की 'रिश्ता' ऐसे ही एक परिवार की कहानी है जिसमें बेटा तथा माँ के बिगड़ते सम्बन्धों तथा टूटते हुए परिवार की कथा है। उनका यह विवाद उन्हें अदालत तक खींच ले जाता है–"अपना ही जाया पूत इस तीस हजारी की सीढ़ियाँ चढ़वाएगा यह कभी अरुन्धती ने सोचा भी न था, वैसे भी कौन माँ सोच सकती है कि अपने बेटे को किरायेदार करार करे और घर से बेघर करे।"[67]

पारिवारिक टूटन का यह दृश्य तब और भी कारुणिक हो उठता है जब अदालत अरुन्धति देवी से सिद्धार्थ नारायण के किरायेदार होने का तथा अपना बेटा न मानने के सबूत माँगती है–"अरुन्धति देवी, हालाँकि यह बात साबित हो गई है कि मकान आपका है। अब आपको यह साबित करना होगा कि सिद्धार्थ नारायण आपके किरायेदार हैं और इनको आप अपना बेटा कब से नहीं मानतीं, इन दोनों सवालों के कानूनी सबूत हैं आपके पास?"[68]

सगीर रहमानी की कहानी 'मुझे बूढ़ा होने से बचाओ' वृद्धावस्था में परिवार से प्राप्त उपेक्षा भोग रहे वृद्ध की कथा है। आज नई पीढ़ी, पुरानी पीढ़ी को कोई तरजीह नहीं देती। यहाँ तक कि मिलना-जुलना भी बन्द हो जाता है। जब कभी बेटे बहू पिता से मिलते हैं तो पिता के आनन्द का ठिकाना नहीं रहता–"दरअसल आज महीने की पहली तारीख है–ना, आज के दिन मैं अपनी हँसी छुपा नहीं पाता...वास्तव में आज मेरी अपने बेटे से मुलाकात होती है...वैसे भी आदमी को महीने में एक बार हँस ही लेना चाहिए।...आपका बेटा किसी दूसरी जगह रहता है क्या?...नहीं, पास ही रहता है...किन्तु पास रहना और मिलना दोनों अलग-अलग स्थितियाँ हैं ना...पीढ़ियों के फर्क ने इन्सान को यही उलझाव तो दिये हैं।"[69]

संयुक्त परिवार के टूटन का अत्यन्त सशक्त चित्र प्रस्तुत किया है–संजीव ने। उनकी कहानी 'आरोहण' एक ऐसी कहानी है जिसमें पहाड़ी जिन्दगी का दुःख ही कहानी बन गया है। भूप सिंह का भाई रूप सिंह उसका हाथ छुड़ाकर भागता है। पत्नी साथ छोड़ती है। बेटा महीप माँ की मृत्यु का दोष पिता पर मढ़ता है और वह घर छोड़कर चला जाता है। गाँव वाले भी उसका साथ छोड़ते हैं, उसे कष्ट देते हैं। पर इतनी पीड़ा और सन्त्रास के बाद भी वह पहाड़ी जिन्दगी छोड़ने के लिए प्रस्तुत नहीं होता। "तो सुन भुइला, तूने सिर पर पहाड़ टूटने की कहावत तो भौत सुणी होगी, सुणणे में भौत भारी नहीं लगती, लेकिन सच्चाई तो वो–ई जाणे हैं, जिस पर सचमुच का पहाड़ टूटा हो।" "तेरे जाण के बाद अगले साल भौत बरफ गिरी। ये हिमांग पहाड़ उसका बोझ न उठा सका, धुसक गया और अपने तीस नाली खेत, मकान, माँ, बाबा सब दब गए मलवे में। मैं ही किसी तरह बच गया। मैं छानी पर था, इसलिए वहीं से तबाही देखी थी मैंने लाचार, असहाय।

तू होता तो पहाड़ का मलवा क्या था, पहाड़ तक हटा लेते दोनों भाई। खेत भी खींचकर निकाल लेते, माँ बाबा को भी, लेकिन नहीं हो सका। वही पहाड़ कबर बन गया सबका।''...''तू पहले ही भाग चुका था मुझे अकेला छोड़कर। फिर मैं भौत भटका, भौत छटपटाया, लेकिन कहीं सहारा न मिला। सहारा देता भी कौण?''[70]

हँसता-खिलखिलाता, फूस सा महकता परिवार आज के भयावह यथार्थ के युग में कल्पना जगत की वस्तु बनकर रह गया है। आज पारिवारिक जीवन नाना समस्याओं से घिरा है, सन्तप्त और सन्त्रस्त है, मुक्ति की चाह से छटपटा रहा है। किन्तु मुक्ति है कहाँ? चारों ओर समस्याएँ हैं, प्रश्न ही प्रश्न हैं, पर समाधान और उत्तर एक भी नहीं। छोटे से तीन साल के बच्चे को किसी अच्छे स्कूल में दाखिल कराना जब शीर्षासन की प्रक्रिया बन जाए, गैस के सिलेंडर, मिट्टी के तेल और राशन की चीनी का जुगाड़ जब घंटों लाइन में लगकर भी सफलता की गारंटी न दे सके, पग-पग पर भ्रष्टाचार और रिश्वतखोरी का नंगा नाच जब ईमानदारी से दो रोटी कमाना भी दूभर कर दे तो खुशहाल जिन्दगी जीने के एक छोटे से सपने को दम तोड़ते कितनी देर लगेगी?

महत्वाकांक्षा आदमी को चैन से बैठने नहीं देता। वह धीरे-धीरे चलकर नहीं, व्याकुलता से भागकर सब कुछ हासिल कर लेना चाहता है। आसानी से मिल जाए तो ठीक, नहीं तो स्पर्धा के इस युग में दूसरों को अन्ध-गह्वर में धकेलकर, शीर्ष पर चढ़ने को उद्यत रहता है। सम्बन्धों की ऊष्मा कभी गाँव-जवार के लोगों को चाचा-ताऊ-काका आदि के सम्बोधनों में जागती थी। आज अन्तर की कटुता जन्मदायिनी तक को 'बुढ़िया' कहने में नहीं हिचकती। क्यों है यह सब? पर यह भी सोचने की फुरसत किसके पास है? एक आग-सी लगी हुई है। जैसे चारों ओर। और सब कुछ जलाती जा रही है, भस्म करती जा रही है। आदमी की सुख-शान्ति और मन का चैन सबसे पहले लील लिया है—इसने। सिर्फ एक का नहीं, सबका। गरीबों का ही नहीं, धनपतियों तक का।

जया जादवानी ने अपनी कहानी 'शाम की धूप में' पारिवारिक जीवन की इसी समस्या को चित्रित करने का प्रयास किया है। बूढ़े होने पर पिता को ताना सुनना पड़ता है—माँ कहती है—''इन्हीं का कमाया हुआ है, जिस पर ये सब ऐश कर रहे हैं। तुम्हारा अपना क्या है, जरा हम भी तो देखें। जो हैं, हमीं ने तो बनाकर दिया है और हमी से...उनकी आँखें चूने लगीं।''[71]

पारिवारिक माहौल में भी कभी-कभी ऐसी घुटन बस जाती है जो खुलकर साँस भी नहीं लेने देती। जया जादवानी ने 'साक्षी' में लकवाग्रस्त स्त्री का चित्रण करते हुए उसके घुटन भरे मन को वाणी देने का प्रयास किया है—''मैं अकेली

खाट पर पड़ी हूँ, अकेली और बेबस...अपने अँधेरों के साथ। ये क्या लिख दिया मेरी किस्मत में ऊपर वाले ने? यह घुटन-जलन गुस्सा नफरत। इस शरीर के अन्दर सिर्फ अँधेरा है। अन्दर भी...बाहर भी...मैंने अपने जिस्म को देखा...काला...मोटा...सख्त मांस का लोथड़ा। दस साल में फैलकर तिगुना हो गया है। इसका क्या करूँ मैं? हे भगवान!''[72] पारिवारिक घुटन का संश्लिष्ट चित्रण का उदाहरण है–'जलडमरू मध्य' (अखिलेश)।

आज के पारिवारिक जीवन की सबसे बड़ी समस्या है–प्रतिष्ठा का बचाव। इसके लिए आदमी को दुहरा जीवन जीना पड़ता है। घर में खाने के लिए चाहे भुने चने न हों, पर दूसरों के सामने काजू और बादाम खाकर उपजी अरुचि व्यक्त करनी ही पड़ती है। कहानीकार ओमप्रकाश वाल्मीकि ने अपनी कहानी 'भय' में दिनेश नामक ऐसे व्यक्ति का चित्रण किया है जो एस.सी. है किंतु अपनी सामाजिक प्रतिष्ठा हेतु जाति छिपाता फिरता है : ''इतने वर्षों में रामप्रसाद तिवारी भी नहीं जान पाया कि वे लोग एस.सी. हैं। कई बार आरक्षण विरोध में रामप्रसाद तिवारी ने गाली-गलौज की भाषा इस्तेमाल किया था। साथ ही भद्दी जुबान में बाबा साहेब और बापू के लिए अपशब्द कहे थे। दिनेश ऐसे क्षणों में चुप्पी साध लेता था।''[73] इन्होंने 'अन्धड़' में भी मि. लाल नामक ऐसे व्यक्ति का चित्रण किया है जो एस. सी. जाति का होने के कारण समाज से अपनी जाति छुपाता फिरता है तथा घर गाँव से कटता हुआ दोहरे जीवन की यन्त्रणा को भोगता है–''तुम लौट-लौटकर उसी में जाना चाहती हो। तुम वहाँ जाओगी, तो वे भी यहाँ आएँगे। मैं नहीं चाहता यहाँ लोगों को पता चले कि हम 'शेड्यूल्ड कास्ट' हैं, जिस दिन लोग ये जान जाएँगे यह मान-सम्मान सब घृणा-द्वेष में बदल जाएगा।''[74]

दुहरे जीवन की सर्वाधिक त्रासदी आज नारी की पीड़ा का कारक है। एक तरफ उनका प्रेम है, प्रेमी है, दूसरी तरफ उनका पति और वैवाहिक जीवन है। इन दोनों के बीच आज की नारी पिस कर रह जा रही है। वह खुलकर अपने प्रेम सम्बन्धों को व्यक्त नहीं कर पाती। नारी की नियति बड़ी विचित्र है। पर आज की स्त्रियाँ इतनी चतुर चालाक हैं कि वे दुहरा जीवन एक साथ जीती हैं (छिनालें–लवलीन)–''अब देखना, सभी वर्गों में अवेयरनेस आ रही है। यह आदमी क्या औरतों को मारेंगे, खाएँगे। ये औरतें ही आदमियों को चबा जाएँगी।''[75] और इस दुहरे जीवन को वे कितनी चालाकी से जीती हैं–''कविता का क्या हाल होगा। एक साथ दो के बीच फँसी है। अरे एक आदमी को पालने-पूरने में औरत की जान निकल जाती है।...बेचारी परेशानी में होगी, पति को छोड़े या प्रेमी को। ''सुधा ने बात आगे बढ़ाई'', ''अरे ये प्रेमी वास्तव में उसे अपनाएगा भी या फायदा उठा रहा है।'' तुम नहीं जानती खेल खेलनेवालों को पिंजरा नहीं भाता। आदत पड़ जाती

है–मुँह मारने की।"[76]

यह स्थिति न तो नारी के लिए कल्याणकारी है, न उसके परिवार के लिए। 'सुरंग पार की रोशनी' (लवलीन) इसी संवेदना पर केन्द्रित है–"प्रियतम की आँखों में प्रेम के बजाय दया करुणा की घिनौनी चिपचिपाहट और नादान बेटी की आँखों में कुछ भी न समझ पाने से उगा अलगाव और परायापन। लोगों की आँखों में–अच्छा! तो तुम्हारे साथ...वाला वीभत्स कौतूहल और मैं प्रेत की तरह न्यायालय-दर-न्यायालय में न्याय के लिए चक्कर काटती हुई शोषित-उत्पीड़ित औरत।"[77]

बढ़ते जीवन संघर्षों ने आज परिवार का सारा रस, सारा माधुर्य, सारा उल्लास सोख लिया है। विशेषकर नई पीढ़ी का अपने घर-परिवार से उदासीन रहना, कटकर रहना और सिर्फ स्वार्थपूर्ति की खातिर जुड़ना, अपवादस्वरूप दिखाई देनेवाली बात न रहकर घर-घर की भयावह सच्चाई बन चुका है। ओमप्रकाश भाटिया ने अपनी कहानी 'बुर्ज, चाँद और धुआँ' में अनिल के माध्यम से युवा पीढ़ी की इसी स्वार्थपरता को उठाया है। अनिल अपने वृद्ध तथा बीमार पिता को आधार बनाकर लोगों को मूर्ख बनाकर धन ऐंठता है और अपनी इस विजय पर प्रसन्न होता है–"वह मुस्कुराया किसी का बाप बीमार होकर खाट पर पड़ा-पड़ा भी इतना कमा सकता है। नहीं, यह तरीका सिर्फ उसी के पास है।...लकवाग्रस्त पिता घर में घुसते ही अँधेरे के बाद पहली प्रदर्शनी के रूप में रखा गया था।"[78]

सुषमा मुनीन्द्र ने 'विजय स्तम्भ' में युवा पीढ़ी की इसी स्वार्थपरता को उठाया है। रामफल युद्ध में अपंग हुए अपने पिता को बोझ मानता है। वह कहता है, "तुम्हारे पिता जी महान थे–रामायण। मर कर नाम कमा गए। गाँव का नाम कर गए। इस महँगाई में अपने परिवार का बोझ तो उठाया नहीं जाता और इनका... ।"[79]

सरयू शर्मा की 'पूर्णाहुति' इस दृष्टि से उल्लेख्य कहानी है। अन्य स्त्रियों में लीन मनमोहन पत्नी दीप्ति सिंह के सन्देह पर गरज उठता है–"अपने छोटे-से-छोटे खर्चे के लिए हाथ पसारने वाली गृहलक्ष्मी ने उसकी चैक बुक में एक साथ दस हजार का चेक कटा देखा था एक बार और पूछ लिया था। इतना पैसा कहाँ खर्च किया? मनमोहन के आक्रोशमय उत्तर से उसे लगा–छोटी-छोटी आकांक्षाओं, भावनाओं की नींव पर जो घर उसने बनाया था, उस दिन लगा, वह भर-भराकर ढह गया है।"[80]

'बहुस्यामि' (लवलीन) में सन्देहशीलता का अजगर परिवार को नष्ट कर देता है। तारीफ नाम से तुम अपने आपको असुरक्षित महसूस करने लगी। अकेली स्त्रियाँ क्या डायन होती हैं जो तुम्हारे पति को खा-चबा जाएगी।...बात तुम्हारी नहीं, शिखा। इनके स्वभाव की है। पहले पहल सब ठीक था। अब गृहस्थी और मुझमें इनको

कोई दिलचस्पी नहीं बची है। शुरू में पैसा-पैसा जोड़कर गृहस्थी बसाने में जुटे रहे। बच्चे बड़े किये। अब मिडिल एज में आकर...खूब झगड़ा होता है हमारा। दिन-रात की किच-किच...मुझे कहते हैं कि सब कुछ तो तुम्हें बनाकर दे दिया...अब क्या चाहिए तुम्हें।''...''मैं तो तंग आ गई हूँ। जितना मैं इनके करीब जाना चाहती हूँ, उतना ही ये बेदर्दी से मुझे झिटक देते हैं।''[81]

'जलडमरूमध्य' में पति-पत्नी (चिन्मय-मनजीत) चरम अनैतिकता में डूबे हैं। मनजीत बॉस से अपने शारीरिक सम्बन्ध को लेकर बेफिक्र बेपरवाह थी। पर चिन्मय मनजीत के कपड़े पर बॉस की गन्ध पाकर भड़क उठता है।

परिवार में यदि पति-पत्नी दोनों ही बाहर कार्यशील हैं, तो घर की सुचारु व्यवस्था को लेकर अनेक समस्याएँ उठती हैं। पति यदि समझदार हैं, पत्नी को घर के कामों में सहयोग देता है, तब तो स्त्री दोहरे उत्तरदायित्व को सरलता से झेल ले जाती है, अन्यथा तनाव और कार्याधिक्य की थकान से वह टूटने लगती है। लवलीन ने अपनी कहानी 'राज्यादेश' में पति-पत्नी की कार्यशीलता की इसी विषम परिस्थिति को चित्रित किया है—''छह महीने पहले ही चिन सू ने सेना में मेडिकल अफसर वांग सू से विवाह किया था। विवाह के बाद वे केवल दो बार साथ रह पाए थे। वांग सू को छुट्टियाँ बहुत कम मिलती थी। चिन सू अपनी नौकरी में अधिकतम व्यस्त थी। ड्यूटी के समय भी चिन सू को घर की याद आती थी। वह हर दूसरे-तीसरे दिन अपनी दैनिक जीवनचर्या से भरी चिट्ठी वांग सू को लिखती थी, अगर इन चिट्ठियों को पढ़ा जाए तो स्पष्ट था कि पति के विरह ने उन्हें लाइलाज रोमांटिक बना दिया था।''[82]

युगीन परिवेश में बदलती नारी आज सबसे पहले आर्थिक दृष्टि से सबल होना चाहती है। इसका रेखांकन 'सड़क की लय' में सुषम बेदी ने किया है—''देखो बेटे। मैं खुद चूँकि एक मर्द हूँ इसलिए मर्द के नजरिये की ही सलाह दूँगा। कोई भी लड़की जब इस तरह पुरुष के पास जाती है तो पुरुष उसकी कद्र नहीं करता। अपने आपको दुर्लभ बनाकर रखो तो देखो कैसे लड़के पीछे भागते हैं।''[83]

''पापा!'' नेहा ने कहना चाहा कि अब तक तो उसने खुद को दुर्लभ ही बनाकर रखा हुआ है। पर उसे ऐसे कोई पीछे भागने वाले नहीं मिले। जो आए वे पहले उससे दोस्ती ही करना चाहते थे, उसे जानना चाहते थे।

''आखिर ये रिवाज बने हैं तो इनका कुछ मतलब ही है न।''

''मतलब तो यही है न कि बच्चे पैदा करो और घर गृहस्थी में जुट जाओ। पर मैं तो वैसे ही जुटी हूँ नौकरी में, फिल्म बनाने में। मेरे पास गृहस्थी चलाने की फुरसत अभी कहाँ है? जब होगी तो सोच लूँगी और कभी न हुई तो कभी नहीं सोचूँगी।''[84] महिलाओं की नौकरी पेशा से, उसकी बाह्य-व्यस्तता ने घर को

तो तोड़ा है सम्बन्धों में भी टूटन आई है।

शोषण सिर्फ कार्यशील महिलाओं का ही नहीं, यह तो सम्पूर्ण नारी जाति की नियति है, अनेक रूपों में इसका विस्तार पारिवारिक जीवन के लिए समस्याएँ खड़ी कर देता है। कहानीकार श्यौराजसिंह बेचैन ने अपनी कहानी 'शोध-प्रबन्ध' में रीना नामक एक ऐसी दलित छात्रा की कहानी उठाई है जो अपने ही गाइड प्रोफेसर के शोषण का शिकार होती है। प्रोफेसर शोध-प्रबन्ध के नाम पर उसका मानसिक तथा शारीरिक शोषण करता है। रीना कहती है–"परेशानी तो है, पर मेरी अकेले की नहीं है, उसके मूल तो आप हैं। रीना ने सीधी भाषा में कहा–तो वह उसका मन्तव्य ताड़ गया।

एक बार को झटका-सा उसे लगा, परन्तु वह बड़ा खिलाड़ी था। परेशान करनेवाली इस खबर को ऐसे पी गया गोया उसने कुछ सुना ही न हो। अनभिज्ञ मुद्रा बनाकर बोला–"क्या कहा रीना, शायद तुम मेरे बारे में कुछ कह रही थी।"

"वही जो आपने सुना" रीना ने कहा–"क्या मतलब?" प्रोफेसर ने चौंककर पूछा–"मतलब यह कि मैं आपके बच्चे की माँ बनने वाली हूँ।" रीना बोली। "हैं-हैं यह क्या कह रही हो तुम, ऐसा कैसे हो सकता है?..."[85]

कहानीकार उदय प्रकाश ने 'पाल गोमरा का स्कूटर' में नारी शोषण की इस समस्या को बख़ूबी किया है। "और भारत की राजधानी नई दिल्ली जो तमाम परिवर्तनों का नर्व सेंटर या स्नायुकेन्द्र थी, वहाँ की घटनाएँ किसी तीसरे दर्जे के लुग्दी उपन्यास या सत्यकथाएँ मार्का सड़क-छाप पत्रिकाओं के क़िस्सों से अलग नहीं थी। हर रोज वहाँ डेढ़ साल से नौ साल की उम्र की बच्चियों के साथ बलात्कार और गला घोंटने की खबरें उस अखबार के दफ्तर तक पहुँचती थी जिसमें पाल गोमरा काम करते थे। जो खबरें नहीं पहुँचती होंगी उनकी संख्या के बारे में सिर्फ अनुमान ही लगाया जा सकता था।"[86]

उर्मिला शिरीष ने अपनी कहानी 'चीख' में बलात्कार की शिकार एक लड़की की मानसिक स्थिति का मार्मिक वर्णन किया है, "...फिर जींस को पाँवों के नीचे खिसका देखकर बिजली सा झटका लगा उसके मन-मस्तिष्क को अपने अंगों को टटोला। हाथ से सहलाया...खरोंचे...नाखून और दाँतों के निशान उभर आए थे। ...दर्द की तीखी धार फूट पड़ी जैसे किसी कोमल हरी शाख में धारदार छुरी भोंक दी हो। वह चीख पड़ी जोर से...नहीं...ऐसा नहीं हो सकता...मेरे साथ...यह सच नहीं है...यह...सब उसी के साथ घटित हुआ है...यह...सच है जागृतावस्था का सच।"[87]

यह तो नारी शोषण का एक पक्ष है। दूसरा पक्ष है–पति द्वारा नित का बलात्कार। पत्नी की इच्छा न होने पर भी उसे पति की हवस का शिकार बनना

पड़ता है। यह स्थिति और त्रासद होती है।

दहेज प्रथा एक ऐसा भयावह दानव है जो किसी परिवार की सुख-शान्ति को पलभर में लील जाता है। माता-पिता अपने लाड़-प्यार से पाली कन्या को विवाह के समय यथाशक्ति धन-उपहार देते हैं, पर अर्थ लोभी ससुरालीजन यदि उससे सन्तुष्ट न हों, रोज एक नई वस्तु की माँग करते हैं, तो लड़की और उसके मायके वालों का जीवन असह्य दुःख से भर उठता है।

सूर्यबाला ने अपनी कहानी 'पूर्णाहुति' में इस कुप्रथा पर विस्तार से प्रकाश डाला है। मास्टर जी अपनी बेटियों के रिश्ते के लिए जहाँ भी जाते हैं वहीं उन्हें दहेज लोभी दिखलाई पड़ते हैं जो उनकी आर्थिक स्थिति पर पहले चर्चा करते।..."मित्रों हितैषियों के बताए जिन-जिन सम्भ्रान्त, सुसंस्कृत कहे जानेवाले परिवारों में वह अपनी बेटी के विवाह का प्रस्ताव लेकर गया, वहाँ के लोग बेटी की शिक्षा-दीक्षा, गुण और सौन्दर्य से पहले सीधे उसकी हैसियत के बारे में पूछते। उसकी जमीन-जायदाद और चल-अचल सम्पत्ति का ब्यौरा चाहते। 'हैसियत' शब्द बहुत जल्दी उनकी औकात में तब्दील हो उसे निरुपाय कर जाता और वह वापस हो लेते।"[88]

दहेज समस्या आज के जीवन का कोढ़ है। इस पर अनेक आन्दोलन भी हुए, कानून भी बने, पर सब व्यर्थ। इसका विकराल रूप नारी अस्मिता को निरन्तर निगल रहा है। अर्थ के लोभ में मनुष्य दानव बनता जा रहा है।

पति-पत्नी का दाम्पत्य जीवन यदि स्वस्थ और सहज न हो तो उनका पारिवारिक जीवन भी विशृंखलित हो जाता है। विवाह विषयक समस्याएँ परिवार को सुख से नहीं रहने देतीं। दाम्पत्य जीवन में पति-पत्नी के बीच स्वस्थ सेक्स सम्बन्धों का अभाव भी उनके पारिवारिक जीवन को कटुता से भर देता है। वैसे पारिवारिक जीवन की समस्याएँ अनन्त हैं।

उषा महाजन ने 'एन्टीक' में ऐसे परिवार का चित्रण किया है जिसमें पति को अपने लेखन के कारण पत्नी के लिए फुरसत ही नहीं मिल पाती। ऐसे में पत्नी का मन विक्षुब्धता से भर उठता है—"उनके दिन-रात कैसे बीतते थे, वे बच्ची को कैसे पाल रही थीं, इसकी उन्हें क्या फिक्र थी! उनके लिए तो महत्वपूर्ण था उनका लेखन, उनकी किताबें, उनकी अपनी रुचियाँ। उनका अपना अलग ही परिवेश उसमें कोई दखल न दे। उनके समय में कोई हिस्सा न माँगे। तो उन्हें क्या! कोई जो भी चाहे करता रहे! और वे नाहक ही आशंकित रहती थीं।"[89]

समाज की घिसी-पिटी रूढ़ियाँ, जड़ संस्कार और मृतप्राय मान्यताएँ भी पारिवारिक जीवन के लिए अभिशाप बन जाती है। संजीव की कहानी 'खोज' में इसी मृतप्राय मान्यता के चलते फकीरा मृत्यु को प्राप्त होता है। वह साँप के काटने

पर अपना इलाज न कराकर उसे देवात्मा बताता है एवं अपने पुत्र से उसे राजा साहब के पास ले चलने के लिए कहता है–

"बापू ये तो साँप है।"

"साँप नहीं देवात्मा है, प्रणाम कर इनको।"

"...बेकार में वक्त बरबाद मत करो मुझे राजा साहब के पास ले चलो।"[90]

कौशलेन्द्र को कोई सन्तान न होने के कारण उसका दिया दान तक नहीं लेना चाहता–"इस निरवंसिया का दान कौन लेगा? जो लेगा, वह खुद निरवंस हो जाएगा!"[91]

3. राजनीति और शासनतंत्र की असलियत उजागर करती कहानियाँ

हिन्दी कहानीकारों ने अपनी कहानियों में राजनैतिक चेतना का बहुत व्यापक चित्रण किया है। साथ ही देश में घटने वाली राजनीतिक घटनाओं, राजनीतिक लहर और राजनीति के दाँव-पेंच को चित्रित करने में वह चूके भी नहीं हैं।

मैत्रेयी पुष्पा को दाद देनी पड़ेगी। उन्होंने अपनी कहानी 'शतरंज के खिलाड़ी' में इस राजनीतिक संवेदना को इतने विविध रूपों में चित्रित किया है कि वह देखते ही बनती है। नत्थू सिंह धनपाल के पार्टी बदल देने पर व्यंग्य करते हुए कहते हैं–"कोई किसी के बहकावे में नहीं आता। उम्र में हमसे छोटा है। इसका यह मतलब नहीं कि वह दूध पीता बच्चा है और फिर तुम क्या देख नहीं रहे, आजकल दूध पीता बच्चा भी वोट-चुनाव की बातें सुनकर दूध छोड़ देता है।"[92]

राजनीति में एक प्रतिद्वन्द्वी दूसरे के खिलाफ कैसी चालें चलता है इसे चित्रित करने में मैत्रेयी जी पीछे नहीं–"सच्ची कह रहे हैं आप। धनपाल दो ट्रैक्टर किराए पर ले आया है। लोगों की जमीन सिर्फ डीजल लेकर जोत रहा है। हमारे मुहल्ले के पास के बामन टोले में उसकी जै-जैकार है।"

पीतम सिंह की आँखें फैल गईं–"हमारी तुरप हमारे खिलाफ!"

अगले दिन नत्थू सिंह तीन ट्रैक्टर मोंठ से भाड़े में ले आए किसानों के खेतों की जुताई होने लगी, डीजल नहीं, भाड़ा नहीं, संग में खाद भी डाली गई।"[93]

राजनीति आज हमारे ऊपर किस कदर हावी हो चुकी है कि राजनीतिज्ञ अलग-अलग जातियों के हिसाब से पोस्टर छपवाते हैं। और हम उसे अपने घरों में टाँग भी देते हैं। "मालिक ने ही बताया था राम, कृष्ण और शिव की तस्वीर वाले कैलेण्डर ब्राह्मन, बनियों, कुर्मी, क्षत्रियों के लिए है, बुद्ध भगवान और बाबा अम्बेडकर की 'फोटू' वाले छोटी कौमी यानी हरिजनों में बाँटे जाएँगे। अजमेर शरीफ की दरगाह के कलेण्डर मुसलमानों के घरों में दिए जाने को हैं।" आलोच्य दशक की हिन्दी की प्रायः हर कहानियों में राजनीतिक विकृति, उसकी यथार्थ स्थिति को

कहानीकारों ने बड़ी बेबाकी से चित्रित किया है। संजीव, उदय प्रकाश, शिवमूर्ति, सृंजय, रघुनन्दन त्रिवेदी, नरेन्द्र नागदेव, संजय खाती, चन्द्रकिशोर जायसवाल आदि के साथ महिला लेखिकाओं ने भी राजनीति के विविध रंगों को उकेरा है। 'और अन्त में प्रार्थना' में मन्त्री टी.पी. सिंह का कथन देखिए, "इतनी बड़ी ताकत आपके साथ है। आपकी अपनी सरकार है। इसी के लिए आपने वर्षों संघर्ष किया है। पूरे राज्य में संघ के लोग आपके बारे में जानते हैं। हम सब आपका सम्मान करते हैं। यह तो राजनीति है।"[94]

राजनीतिक नेताओं के छल-छद्म पर करारा प्रहार है इन्हीं की कहानी 'पाल गोमरा का स्कूटर' और 'पीली छतरी वाली लड़की' में। 'पाल गोमरा का स्कूटर' का एक उदाहरण देखिए, "यह वी.आई.पी. काफिला उत्तर प्रदेश के दलित सरकार के एक मन्त्री का था। यह दलित सरकार सवर्णों और साम्प्रदायिकों के समर्थन से सत्तासीन हुई थी। जिस मन्त्री का वह वी.आई.पी. स्कोर्ट था, उसका पिछला रिकार्ड आपराधिक था और वह घोषित हिस्ट्रीशीटर था। मन्त्री बनने से पहले तक उसके फोटोग्राफ पुलिस थानों में टँगे रहते थे।"[95]

शिवमूर्ति ने सामाजिक और राजनीतिक चेतना के विविध आयामों को बड़ी बखूबी उकेरा है! प्रायमरी स्कूल के अध्यापक लीडर को राजनीति का भूत सवार होता है। वे सबसे पहले प्रधान बनना चाहते हैं। पुराने प्रधान को हराकर, फिर ब्लाक प्रमुख, फिर एम.एल.ले., फिर मिनिस्टर। इसके लिए आवश्यकता है सामूहिक विवाह कराने वाले प्रधान के प्रति जनमानस में घृणा के भाव का प्रचार। शनीचरी की बेटी का भी सामूहिक विवाह हुआ था जो कोठे पर पहुँचा दी जाती है। लीडर जी तैयार करते हैं–शनीचरी को। और उसे अनशन-धरने पर बैठा देते हैं तथा शनीचरी के खेतों को धोखे से अपने नाम करा लेते हैं। पत्नी के पूछने पर वे कहते हैं, "अरे फूल दी ग्रेट इसमें धोखा क्या है? मैं नहीं कराता तो प्रधान कराता।"[96]

तिनककर बैठ जाती है लिडराइन "धोखेबाज बेईमान। तुम्हारे ही पाप के कारण मेरी कोख नहीं फल रही है।" "तुम लोग कसाई हो। सारा गाँव कसाई बाड़ा है। मैं नहीं रहूँगी इस गाँव में।" वह हाथ झटककर आँगन में आ जाती है।

"रह साली, कर नखरा, लेकिन याद रखना, जब हम मिनिस्टर होंगे...और हाँ...सहसा वे सीरियस हो जाते हैं। तीली रगड़कर ढिबरी जलाते हैं और डायरी खोलकर नोट करते हैं, मिनिस्टर होते ही सबसे पहले शनिचरी की मौत के कारणों की जाँच के लिए एक जाँच-आयोग बैठवाऊँगा।"[97]

हिन्दी कहानी लेखन में देश में व्याप्त भ्रष्टाचार का व्यापक चित्रण प्रस्तुत है। ओमप्रकाश वाल्मीकि ने इसी भ्रष्टाचार को रेखांकित करने का प्रयास किया

है, अपनी कहानी 'दिनेश पाल जाटव उर्फ दिग्दर्शन' में। उन्होंने प्रगतिशीलता का आवरण ओढ़े दैनिक समाचार-पत्रों में व्याप्त भ्रष्टाचार को स्पष्ट कर दिया है—"कहने को तो यह अखबार प्रगतिशील विचारों का और आम आदमी के संघर्षों का हिमायती कहलाता था। लेकिन दिग्दर्शन ने अक्सर उलटा ही पाया। व्यवस्था के विरुद्ध पाठकों के पत्रों पर भी नजर रखी जाती थी और अगर कभी कुछ छपा तो काफी काट-छाँट के बाद। लोकतन्त्र के मुखौटे के पीछे जो तन्त्र छिपा था, उसका अक्स सिर्फ राजनीति में ही नहीं अखबार में भी दिखाई पड़ता था।"[98]

आज देश में भ्रष्टाचार इतना बढ़ गया है कि आदमी दोहरा जीवन जीता है। उसके चरित्र का यह दोगलापन असहनीय हो जाता है। चन्द्रकिशोर जायसवाल ने 'पुनरागमन पर्व' में लिखा है—"समय शायद कुछ देर से पलटा खाता और सोलकन कुछ देर से जगते, अगर एक अलौकिक महापुरुष मुकुन्द बाबू के रूप में इस लोक में नहीं उतरते। वे जादूनिगाह थे, जादूबयान थे। कपट-प्रबन्ध में उनका जोड़ नहीं था। उनके जैसे ढोंगधतूर और 'छक्केबाज राजनेता शायद ही कभी अतीत में अवतरित हुआ हो।"[99]

नीचे से ऊपर तक, हर स्तर पर आज भ्रष्टाचार व्याप्त है। मैत्रेयी पुष्पा ने 'शतरंज के खिलाड़ी' में चुनाव व्यवस्था एवं सरकारी तन्त्र की असलियत उजागर करने का प्रयास किया है, "हमारे गाँव के बोटर बन जाओ। कौन-सी तुम्हारे पास वहाँ खोती-पाती है, सो दर्ज होगी। एक नाम के दस जने हो सकते हैं एक बल्दियत के छह जन होते हैं और फिर एक-एक आदमी ही चार बेर वोट डोल जाता है, कभी धोती-कुर्ता पहनकर तो कभी पैंट-बुसर्ट पहनकर। औरतों को भी घूँघट में कौन पहचान सकता है? सोच लो, पाँच सौ के कलदार दिलवा दूँगा।"[100]

उदय प्रकाश ने अपनी कहानी 'पालगोमरा का स्कूटर' में समाज में व्याप्त भ्रष्टाचार का बड़ा ही शसक्त चित्रण किया है, "और सचिवालय जहाँ भारतीय प्रशासन के सबसे शक्तिशाली और निर्णायक नौकरशाह यानी इण्डियन एडमिनिस्ट्रेटिव सर्विसेज के चुनींदा अधिकारियों के चैम्बर थे...वहाँ एक सचिव ऐसा था जो अपनी आठ साल की बेटी के साथ किसी होटल के रूम में अपने साथियों के साथ अप्राकृतिक मैथुन कर रहा था, दूसरा अपने विभाग के अधीन मिलने वाले सारे पुरस्कारों, अनुदानों और पदवियों को अपने जेबों में भर रहा था, तीसरा एक कुख्यात तस्कर और कोलोनाइजर को किसी प्राइम एरिया का फर्जी अधिकार पत्र देकर दक्षिण दिल्ली के पॉश इलाके में अपना शानदार बँगला बनवा रहा था, चौथा मिसाइल और परमाणु ईंधन की राष्ट्रीय सुरक्षा की दृष्टि से अत्यन्त गोपनीय जानकारी शत्रु देश की खूफिया एजेंसी को बेच रहा था, पाँचवा अपनी मातहत के नितम्बों में चिकोटी काट रहा था, छठा अपने भाई, नाते-रिश्तेदार और चापलूसों को धड़ाधड़

नौकरियाँ, फेलोशिप और खिताब बाँट रहा था और इन सबकी तरक्की हो रही थी और लोकतान्त्रिक राज्य का चौथा पाया इस भ्रष्ट और आपराधिक इमारत को मजबूती के साथ थामे हुए था।''[101]

उदय प्रकाश की कहानी 'पाल गोमरा का स्कूटर', 'और अन्त में प्रार्थना', 'भाई का सत्याग्रह' तथा 'पीली छतरी वाली लड़की' आदि में आज के राजनैतिक, सामाजिक और प्रशासनिक जीवन में व्याप्त भ्रष्टाचार का अत्यन्त संश्लिष्ट चित्रण है। 'और अन्त में प्रार्थना' के ईमानदार डॉक्टर को तबादले के रूप में काले पानी की सजा दी जाती है, जबकि नकली दवाइयों का कारोबार करने वाले डॉ. मिश्रा को प्रोन्नति। प्रधानमन्त्री का दौरा होना है। व्यवस्था में लगे कलेक्टर के यहाँ उपस्थित हैं–कुख्यात अपराधी इन्दरभान सिंह, कोल माफिया किंग त्रिभुवन सिंह। वहीं हैजा से मर रहे ग्रामीणों की रक्षा के सन्दर्भ में मिलने गए डॉक्टर वाकणकर से मिलने का समय कलेक्टर के पास नहीं है।

संजीव, अन्तिम सदी के एक प्रख्यात कहानीकार हैं। उनकी कहानी 'लिट्रेचर' भ्रष्टाचार की पोल खोलती है। दवाइयाँ तैयार कराकर पूँजीपति उस दवा की खपत के लिए 'रोग' फैलाता है–''दवा हमने बना ली है उन्होंने निहायत ही ठण्डी आवाज में कहा 'रोग आप बताएँगे। क्या'! हाँ जी। उस दवा का रोग आपको तैयार करना है, उसके लक्षण, उसके एफेक्ट्स। पहले आप लिट्रेचर तो तैयार करो फिर एक धाँसू-सा नाम भी आप दे दोगे।''[102]

'झूठ नहीं, मिथ'।...'हम जानते हैं कि वह सच नहीं। जैसे यह सच नहीं कि आप सबसे बड़े साहित्यकार हैं। बट वी विल प्रजेंट इट लाइक दैट। सारा कुछ मिथ है।...ट्राइबल्स एक मिथ है, रिसर्च एण्ड डेवेलपमेंट एक मिथ है। मिथ नहीं है तो मिथ क्रिएट करो आप। और अगर है तो उन्हें टूटने न दो।'...आज वो उतना ही सफल है, जो जितना बड़ा मिथ क्रिएट कर सकता है।''[103]

'पीली छतरी वाली लड़की' जाति विरोधी मानसिकता की कहानी है किन्तु आधुनिक लड़कियों, नेताओं और गुण्डों का अच्छा चित्र खींचा है–रचनाकार ने। विश्वविद्यालय स्तर पर छात्रों से वसूली करने वाले गुण्डों का प्रतिरोध करने वाले छात्रों को फर्जी तथा आतंकवाद निरोधक धाराओं में इसलिए गिरफ्तार किया जाता है कि ये गुण्डे मन्त्री जोशी के पालतू हैं। इन गुण्डों के शिकार मणिपुर के दो लड़के आत्महत्या के लिए विवश हो चुके हैं। अखबार भी प्रशासन की ही मदद करते हैं। ''कल रात वो गुण्डा, लच्छू गुरु, हमारे यहाँ आया था। भईया के साथ ड्रिंक कर रहा था। वह तुम्हारा, कार्तिकेय, ओ.पी., परवेज और प्रताप का नाम ले रहा था। पुलिस ने उसका कुछ नहीं किया। पापा ने भोपाल में एस.पी. को फोन किया था। मुझे लगता है बी.सी. अग्निहोत्री से कहकर वे तुम लोगों को किसी

केस में 'इंप्लीकेट' न कर दें। एलर्ट रहना।"[104]

"प्रवीण ने बतलाया कि कार्तिकेय को पहले पुलिस ने और लच्छु गुरु ने थाने के भीतर बहुत बुरी तरह मारा। मसूद के घुटने तोड़ दिए गए। पुलिस ने उनके कमरों से झूठी बरामदगी दिखाई है। कट्टे तो प्रताप के कमरे में रखे थे, जिसकी पुलिस ने तलाशी ही नहीं ली थी।

मधुसूदन ने बताया कि कार्तिकेय रो रहा था। वह सिविल की तैयारी कर रहा था। उसका पूरा कैरियर खत्म हो गया। इन सबके पीछे म्यूनिसिपेलिटी के अध्यक्ष लक्खू भईया और मिनिस्टर जोशी का हाथ है।"[105]

आर्थिक विषमता शायद मानव सभ्यता के प्रारंभ से ही समाज के कोढ़ के रूप में विद्यमान रही है। इसी आधार पर ऊँच-नीच के भेदभाव भी सामने आए। और भारतीय राजनीति तथा शासन तंत्र ने इसकी खाई को और गहरा बनाया। हिन्दी कहानीकारों ने आर्थिक विषमता को सभ्यता के विकास का मूल कारक मान इसकी विकृतियों को उजागर करने में कोई कोर-कसर नहीं छोड़ी।

मन्नू भण्डारी ने अपनी कहानी 'नमक' में अमीरी-गरीबी की संवेदना का सशक्त चित्रण किया है। गरीब अमीरों के सामने न तो सर उठा सकता है न किसी काम से इनकार कर सकता है। वह किसी बात का प्रतिकार भी नहीं कर सकता। वह चुप रहने के लिए विवश है। मन्नू जी ने गरीब के इस संत्रास को भीमा के माध्यम से अत्यन्त संवेदनात्मक रूप में अभिव्यक्ति दी है–"नजर हमेशा जमीन में गाड़कर रखना और कमर थोड़ी झुकाकर। काम कहे उससे पहले दौड़ जाना करने के लिए। कान हमेशा खुले रखना और जबान हमेशा बन्द। कभी किसी चीज को हाथ मत लगाना।"[106]

वस्तुतः यहाँ भीमा एक ऐसे व्यक्ति के रूप में चित्रित है जिसे ठाकुर साहब ने एक बोरी अनाज के बदले आजन्म गुलामी करने को उसके माता-पिता से खरीद लिया था।

अमीरी-गरीबी का यह वर्ग-संघर्ष कहानीकार उदय प्रकाश की कहानी 'वारेन हेस्टिंग्स का साँड' के साथ अन्य कहानियों में भी दृष्टव्य है। उदय प्रकाश ने यहाँ की जनता की स्थिति का वर्णन करते हुए कहा है–"यहाँ औरतें भी ऐसी ही थीं, वे लकड़ियाँ काटतीं, भारी बोझ सिर पर उठातीं, नदियों से मछलियाँ पकड़ लातीं और अनाज के बदले उन्हें बाजार में बेचतीं।"[107]

4. जाति और धर्मगत संकीर्णता को उकेरती कहानियाँ

हिन्दी कहानीकारों की कहानियों में धार्मिक जीवन से सम्बद्ध संवेदना का चित्रण भी हुआ है। इसे हम निम्नलिखित शीर्षकों में देख सकते हैं–(1) अस्पृश्यता, (2)

हिन्दू-मुस्लिम सम्बन्ध।

(क) अस्पृश्यता

अस्पृश्यता का अर्थ है–छुआछूत की भावना। हिन्दू समाज में धर्म की रूढ़ियाँ इतनी संकीर्ण हैं कि ऊँच-नीच, छुआछूत आदि की भावनाएँ जड़ में विद्यमान हैं। हिन्दी के अनेक रचनाकारों ने अपनी कहानियों में इस संकीर्ण भावना का चित्रण किया है, जहाँ यह भावना मानवता को तिरोहित-सी करती दिखलाई पड़ती है। ओमप्रकाश वाल्मीकि के शब्दों में–''जिसकी चिन्ता राहत कर्मियों को नहीं थी। उन्हें तो बस उस धार्मिक विधान की चिन्ता थी जो किसी भी दलित के स्पर्श की मनाही करता है। जिससे वे पाप के भागी बनते हैं। जो मानवीय मूल्यों से भी ऊपर है।''[108]

हमारे समाज में छुआछूत की यह भावना बहुत गहरे तक व्याप्त है। मैत्रेयी पुष्पा ने अपनी कहानी 'छुटकारा' में एक गरीब तथा पेशे से मेहतरानी छन्नों को चित्रित किया है। छन्नो सीता गली में घर खरीदकर रहना चाहती है। परन्तु समाज में बहिष्कृत उसकी जाति के कारण सम्पूर्ण गली के लोग उसका बहिष्कार कर देते हैं। ''बड़ी साफ बात है जी, इस गली में अब मेहतरानियाँ रहेंगी तो अपना गुजारा यहाँ नहीं, भले मकान बेचना पड़े, मुरव्वत की भी एक हद होती है।''[109]

ममता कालिया ने अपनी कहानी 'रोशनी की मार' में अस्पृश्यता की इस भावना का चित्रण 'बिटिया' को आधार बनाकर किया है। बिटिया जमादारिन है जो नीची जात की मानी जाती है। ममता जी ने लिखा है–''किसी-किसी दिन तिवारिन को शक हो जाता है कि बिटिया की धोती फ्रिज से छू गई है। पहले वह इस बेढंगे बगले पर झीकती, फिर दबी जबान में बिटिया को चार गाली देतीं। तब भी तसल्ली न होती तो वह साबुन-पानी और स्पंज से फ्रिज रगड़ने लगती।''[110]

समाज में व्याप्त इस अस्पृश्यता का एक और उदाहरण देखें, ''हट-हट, सारा घर गन्दा कर दिया मुझे पोछा लगाना पड़ेगा।''[111]

प्रहलादचन्द्र दास ने अपनी कहानी 'ढोल-ढकेल' में जातिगत छुआछूत की भावना का मूल खोजने का प्रयास किया है–''सुन्दरी पृथ्वी पर न कोई डोम होकर आता है, न ब्राह्मण, जन्म से तो सभी मनुष्य होते हैं। लेकिन यह तो पेट है न, राजा ने अपने दाहिने हाथ की तर्जनी से पेट को कोंचा और कहा, यही किसी को डोम बनाता है और किसी को ब्राह्मण।''[112]

इन्हीं की दूसरी कहानी है, ''रुका हुआ प्रमोशन' जिसमें आज के समाज में भी जाति किस प्रकार से प्रभावी भूमिका अदा करती है, इसका उदाहरण दृष्टव्य है–''और पहले प्रमोशन के बाद जब यह उजागर हो गया कि वह वास्तव में एस. सी. में से है, लोग उससे कटने लगे। साथी अफसर उससे नजरें चुराने लगे थे

और मजदूरों की नजरों से उसकी श्रद्धा गायब हो गई थी। उसे झटका तो तब लगा जब उसे वर्तमान पोस्टिंग से हटाकर एक कम महत्वपूर्ण पोस्टिंग में डाल दिया गया। उन दिनों वह बहुत तनावपूर्ण रहने लगा था। और नई-नई आई मनु इस 'देश' के विचित्र हालात को ताज्जुब के साथ देख रही थी कि सिर्फ जाति के कारण एक दक्ष इंजीनियर की दक्षता के लाभ से देश या कारखाने को किस तरह से वंचित किया जा रहा था।''[113]

(ख) हिन्दू-मुस्लिम सम्बन्ध

आलोच्ययुगीन हिन्दी कहानी लेखन में हिन्दू-मुस्लिम सम्बन्ध का भी कहीं-कहीं वर्णन मिल जाता है। गुलजार अपनी कहानी 'विभाजन' में आजादी के पूर्व देश विभाजन के समय को याद करते हुए हिन्दी मुसलमान के सम्बन्धों का रेशा-रेशा अलगाते हैं। जिसने इन्हें सहारा दिया–''जमींदार मुसलमान था और हमारे पिताजी का दोस्त था। बड़ा मेहरबान था। हम पर, और सारा कस्बा जानता था कि उसके होते कोई बे-वक्त हमारे दरवाजे पर दस्तक भी नहीं दे सकता था। उसका बेटा मेरे साथ पढ़ा था।''[114]

शमोएल अहमद ने अपनी कहानी 'बदलते रंग' में हिन्दू-मुस्लिम भेद को बिल्कुल नए ढंग से चित्रित किया है। सुलेमान दंगे के वक्त में कोठे वाली रुक्मिनी बाई की शरण लेना चाहता है। परन्तु रुक्मिनी बाई भी सुलेमान को अपनी बिरादरी में जाने को कहती है–

''कुछ बोलोगी भी...''

''अपनी बिरादरी में जाओ...''

''तुम कटुआ हो...''[115]

हिन्दी कहानीकारों ने अपनी कहानियों में धर्मपोषित सदाचार को एक उदात्त भावना के रूप में निरूपित किया है। मनुष्य एक सामाजिक प्राणी है। उसे समाज में रहकर अपने आचरण के प्रति सावधान रहना ही पड़ता है। उसके आचरण में कोई कमी, कोई त्रुटि उसे सामाजिक अप्रतिष्ठा दिला देती है। चन्द्रकिशोर जायसवाल ने अपनी कहानी 'पुनरागमन पर्व' में इस संवेदना को चित्रित किया है। मुकुन्द बाबू कहते हैं, ''मैं चाहूँगा कि जिस समाज का मैंने सपना देखा है उसके निर्माण में आप सब सहयोग दें। यह हम सबके हित में होगा। हमें अब अपना रुख-रवैया बदल डालना होगा।''[116]

अनिता सभरवाल ने अपनी कहानी 'शब्द' में इसी सदाचार की संवेदना को चित्रित किया है। गौतमी अपने बीते समय को याद करती है, ''ठीक है उस पर सख्ती की जाती थी क्योंकि वह लड़की थी, उसे दूसरे घर जाना था, यह न करो,

वह न करो, यहाँ न जाओ, फलाँ से बात मत करो वगैरह-वगैरह। पर लाड़-प्यार भी तो कितना मिलता था।"[117] आज उसे इस सबकी सच्चाई समझ में आती है। एक अन्य उदाहरण दृष्टव्य है—"हमारी इज्जत भी इसी में है तुम्हारी भी। अनिन्द का ख्याल सपने में भी न लाना।"[118]

'एन्टीक' में उषा महाजन ने पाश्चात्य संस्कृति अपनाती जा रही आज की नौजवान पीढ़ी की स्थिति स्पष्ट की है। गोगी की माँ उसे समझाती हुई कहती है—"बेटा, तुम्हारे ये फ्रेण्डस एक-दूसरे पर कैसे...? बातें करो, मिलो-बैठो, लेकिन ऐसे एक-दूसरे को छूना-छुवाना...।"[119]

---

1. हंस, मार्च, 2000, पृ. 27
2. वही, पृ. 29
3. हंस, सितम्बर, 92, पृ. 62
4. हंस, अगस्त, 92, पृ. 29
5. पीली छतरी वाली लड़की, उदय प्रकाश, पृ. 24-25
6. पाल गोमरा का स्कूटर, उदय प्रकाश, पृ. 132
7. हंस, अक्टूबर, 1999, पृ. 88
8. हंस, अगस्त, 1995, पृ. 44
9. पालगोमरा का स्कूटर, उदय प्रकाश, पृ. 154
10. वही, पृ. 155
11. कथादेश, फरवरी, 1998, पृ. 19
12. हिन्दी साहित्य कोश (प्रथम भाग), पृ. 508
13. कथादेश, अप्रैल, 2000
14. वर्तमान साहित्य, अक्टूबर, 1999, पृ. 24
15. पाल गोमरा का स्कूटर, पृ. 141
16. हंस, सितम्बर, 1999, पृ. 80
17. कथादेश, अक्टूबर, 1997, पृ. 32
18. कथादेश, मार्च, 2000, पृ. 60
19. कथादेश, फरवरी, 98, पृ. 20
20. इण्डिया टुडे, साहित्य वार्षिकी, 95-96, पृ. 80
21. हंस, जनवरी-फरवरी, 2000, पृ. 83
22. पाल गोमरा का स्कूटर, उदय प्रकाश, पृ. 158
23. हंस, जून, 1994, पृ. 79
24. वही, पृ. 25

25. हंस, सितम्बर, 1992, पृ. 61
26. कथादेश, फरवरी, 98, पृ. 19
27. कथाक्रम, नमम्बर, 2000, पृ. 170
28. इण्डिया टुडे, साहित्य वार्षिकी, 1997, पृ. 59
29. कथादेश, मई, 2000, पृ. 61
30. हंस, अगस्त, 1992, पृ. 60
31. पाल गोमरा का स्कूटर, उदय प्रकाश, पृ. 60-72
32. हंस, अगस्त 1992, पृ. 57
33. हंस, अगस्त, 1996, पृ. 21
34. कथाक्रम, नवम्बर, 2000, पृ. 168
35. हंस, जनवरी-फरवरी, 2000, पृ. 134
36. चिन्तामणि भाग-1, रामचन्द्र शुक्ल, पृ. 69
37. कथादेश, फरवरी, 98, पृ. 19
38. पाल गोमरा का स्कूटर, उदय प्रकाश, पृ. 122-123
39. वही, पृ. 123
40. इण्डिया टुडे, साहित्य वार्षिकी, 94-95, पृ. 145
41. कथादेश, अक्टूबर, 98, पृ. 12
42. हंस, सितम्बर, 1992, पृ. 62
43. इण्डिया टुडे, साहित्य वार्षिकी 94-95, पृ. 164
44. वही, पृ. 167
45. वही, पृ. 164
46. वही, पृ. 164
47. वही, पृ. 77
48. हंस, दिसम्बर, 92, पृ0 59
49. हंस, जून, 1991, पृ. 14
50. हंस, सितम्बर, 1992, पृ. 72
51. कथादेश, अक्टूबर, 97, पृ. 31
52. कथादेश, अप्रैल, 2000, पृ. 12
53. कथादेश, फरवरी, 98, पृ. 39
54. साहित्य अमृत फरवरी, 2000, पृ. 27
55. कथादेश, अक्टूबर, 97, पृ. 32
56. इण्डिया टुडे, साहित्य वार्षिकी, 94-95, पृ. 36
57. हंस, नवम्बर, 93, पृ. 60-61

58. हंस, अगस्त-सितम्बर, 97, पृ. 42
59. हंस अगस्त, 1995, पृ. 65
60. वही, पृ. 66
61. वही, पृ. 67
62. हंस जनवरी-फरवरी, 2000, पृ. 66
63. कथादेश, मई, 2000, पृ. 58
64. साहित्य अमृत, फरवरी, 2000, पृ. 12
65. हंस, अक्टूबर, 1999, पृ. 88
66. हिन्दी साहित्य कोश (भाग एक) पृ. 370
67. हंस, अप्रैल, 95, पृ. 35
68. वही, पृ. 36
69. हंस, सितम्बर, 1994, पृ. 72
70. हंस, अगस्त, 1996, पृ. 20
71. वही, अगस्त-सितम्बर, 97 पृ. 21
72. हंस, अगस्त, 96, पृ. 41
73. हंस, अक्टूबर, 94, पृ. 29
74. हंस, अगस्त, 96, पृ. 29
75. हंस, जून, 1995, पृ. 35
76. वही, पृ. 34
77. हंस अक्टूबर, 98, पृ. 76
78. वर्तमान साहित्य, अक्टूबर, 99, पृ. 23
79. वर्तमान साहित्य, अगस्त, 99, पृ. 17
80. हंस, नवम्बर-दिसम्बर, 1994, पृ. 208
81. हंस, जनवरी-फरवरी, 2000, पृ. 93-94
82. हंस, फरवरी, 98, पृ. 34
83. हंस, मार्च, 2000, पृ. 39
84. वही, पृ. 40
85. हंस, जुलाई, 2000, पृ. 40
86. पाल गोमरा का स्कूटर, पृ. 63
87. हंस, जनवरी-फरवरी, 2000, पृ. 81
88. साहित्य अमृत, फरवरी, 2000, पृ. 43-44
89. हंस, मार्च, 2000, पृ. 20
90. हंस, अगस्त-सितम्बर, 97, पृ. 16

91. वही, पृ. 18
92. इण्डिया टुडे, साहित्य वार्षिकी, 95-96, पृ. 78
93. वही, पृ. 80
94. हंस, सितम्बर, 1992, पृ. 70
95. पाल गोमरा का स्कूटर, उदय प्रकाश, पृ. 73
96. केशर कस्तूरी, शिवमूर्ति, पृ. 29
97. वही, पृ. 30
98. कथाक्रम, नवम्बर, 2000, पृ. 169
99. वर्तमान साहित्य, अगस्त, 99, पृ. 9
100. इण्डिया टुडे, साहित्य वार्षिकी, 95-96, पृ. 80
101. इण्डिया टुडे, साहित्य वार्षिकी, 95-96, पृ. 80
102. हंस, सितम्बर, 99, पृ. 90
103. वही, पृ. 89
104. पीली छतरी वाली लड़की, उदय प्रकाश, पृ. 140
105. वही, पृ. 149
106. इण्डिया टुडे, साहित्य वार्षिकी, 97, पृ. 59
107. वही, पृ. 76
108. कथाक्रम, नवम्बर, 2000, पृ. 170
109. हंस, अगस्त, 99, पृ. 31
110. इण्डिया टुडे, साहित्य, वार्षिकी, 94-95, पृ. 146
111. वही, पृ. 147
112. हंस, दिसम्बर, 1999, पृ. 79
113. हंस, जून, 1999, पृ. 58
114. हंस, जून, 95, पृ. 15
115. हंस, फरवरी, 98, पृ. 54
116. वर्तमान साहित्य, अगस्त, 99, पृ. 15
117. कथादेश, अप्रैल 2000, पृ. 15
118. वही, पृ. 16
119. हंस, मार्च, 2000, पृ. 21

अध्याय पाँच

आलोच्य युग की हिन्दी कहानियाँ : शिल्पगत मूल्यांकन

आलोच्य दशक में राजनीतिक क्षितिज पर अनेक परिवर्तन नजर आते हैं। राष्ट्रीय राजनीति देशवासियों को भी प्रभावित करती है। फलस्वरूप सांस्कृतिक जीवन में बदलाव आया। अपसंस्कृति का विकास हुआ, सामाजिक स्तर भी बदले। अनेक जीवन मूल्य टूटे और अनेक नए जीवन मूल्य स्वरूप पाए। उपभोक्तावादी संस्कृति का विस्तार हुआ। वैश्विक चेतना ने भी जन-मन को प्रभावित कर मानवीय संवेदना का स्वरूप बदला। संवेदना की अभिव्यक्ति ही शिल्प को आयाम देती है। बदलती हुई संवेदना अपनी अभिव्यक्ति के लिए शिल्प को भी बदलती है। अर्थात पारम्परिक शिल्प उसकी तदूनुरूप अभिव्यक्ति में सहायता नहीं कर पाता। किन्तु इसके बावजूद भी कुछ ऐसे अस्त्र हैं जो कहानी के शिल्प में हर काल में अपेक्षित होते हैं।

1. कहानी संवाद है

डॉ. परमानन्द श्रीवास्तव का मत है कि कहानी संवाद है–"कभी-कभी ही कोई कहानी बहस के केन्द्र में आती है जो समय के बदलाव को गहरी संवेदना और समझ के साथ उद्घाटित करती हो और अपने पूरे गठन में एक तरह की औपन्यासिक सम्भावना को, संवेदना और शिल्प को सजीव तथा सक्रिय रखती हो।" वे यह भी स्वीकार करते हैं कि "कहानी में काव्यात्मक लय भी होनी चाहिए।"[1] यहाँ दो बातें उभरकर सामने आती हैं–(1) कहानी का शिल्प सजीव हो, तथा (2) उसमे काव्यात्मक लय के साथ औपन्यासिक सम्भावना हो। जहाँ औपन्यासिक सम्भावना होगी वहाँ पर निश्चय ही कहानी में फैलाव होगा और इस फैलाव को नियन्त्रित करने वाला शिल्प होगा। प्रश्न उठता है कि यह शिल्प है क्या? वस्तुतः शिल्प प्रस्तुति-कला है, अभिव्यक्ति कला है। पाठक के साथ या श्रोता के साथ संवाद की एक कला है।

हंस के सम्पादक राजेन्द्र यादव का मानना है कि–"कहानी शुरू से ही एक संवाद रही है। जब से वह पैदा हुई तब से आज तक चाहे वह लिखी जाती हो या लिखाई जाती हो या सुनाई जाती हो, वह किसी-न-किसी रूप में एक संवाद

है—घटित हुए अनुभव को सामने लाने का संवाद। यह संवाद मुद्रित शब्दों में कैद हो गया है। यानि सीधे-सीधे साक्षरता की परिधि तक सीमित रह गया है।''[2] 'संवाद' से तात्पर्य यह है कि यह पाठक या श्रोता को उसी रूप में प्राप्त हो, जिस रूप में लिखी या पढ़ी गई है। निश्चय ही 'संवाद' और कुछ नहीं अपितु 'सम्प्रेषणीयता' का ही प्रतिरूप है। कहानीकार अपनी कहानी के माध्यम से जो कहना चाहता है वह पाठक या श्रोता तक पूर्ण रूप में पहुँचे, तभी कहानी की सार्थकता और सफलता है। तभी वह जीवित रह पाएगी। इस काल में लिखी गई 'लिटरेचर' (संजीव) एक ऐसी ही कहानी है—

''मेरी भूमिका क्या होगी इस दवा में!''

''आपकी ही तो भूमिका है अब।'' शफीक साहब बोले। फिर बारी-बारी से सभी बोलने लगे।

''आपको यह दिखाना है कि यह रोग कैंसर से भी खतरनाक है।''

''एड्स से भी भयानक।''

''हैपेटाइटिस-बी से भी बड़ा जानलेवा।''

''जितना स्ट्रेन सह सकता है आदमी! उससे ज्यादा स्ट्रेन पैदा करो आप।'' ''कर दो' ''पागल बना दो।''

''उसमें इतनी घबराहट भर दो जैसे उसकी बलि दी जा रही हो।''

''कि उसकी जान गई। गई उसकी जान।''

''हाँका बोलकर खदेड़ लाओ पूरे जंगल से उसकी कातर चेतना को हमारी इस दवा की शरण में जहाँ एक अभयदान होगा कि अगर इस दवा का नियमित सेवन किया जाय तो वह बच जाएगा।''[3]

हबीब तनवीर की दृष्टि में—''जिस तरह से नाटक के अन्दर एक गति होती है, कविता के अन्दर एक गति होती है उसी तरह कहानी के अन्दर भी एक गति होती है।...इसी को अभिव्यक्ति देनी होती है।''[4]

वस्तुतः परमानन्द श्रीवास्तव जिसे काव्यात्मक लय की संज्ञा देते हैं सम्भवतः उसे ही हबीब तनवीर 'गति' की संज्ञा से विभूषित करते हैं।

2. कहानी : समय की यथार्थ की प्रस्तुति है

कृष्णा सोबती भी स्वीकार करती हैं कि ''कहानी अब मात्र वृत्तान्त नहीं दरअसल संवाद है। इसलिए बोल-चाल की भाषा से बच निकलना मुश्किल है। हिन्दी कहानी का संस्कार और इसकी लेखकीय संस्कृति न बहुसंख्यक है न अल्पसंख्यक। वह अपनी निवृत्ति और परिवेश में भारतीय विविधता की नुमाइंदगी करती है। वह हमारे लोकतान्त्रिक संघर्ष का प्रामाणिक दस्तावेज है जिसके 'टेक्श्चर' में समूचे देश की

मानसिकता, भावात्मक चिन्ताएँ और चिन्तन प्रतिबिम्बित होते हैं। अपनी देसी गरमाहट में कहानी भारतीय मानस की वैचारिक और नैतिक ऊर्जा को प्रस्तुत करती है। कहानी, कहने वालों की, और सुनने वालों की, लिखने वालों की और पढ़ने वालों की, इसकी-उसकी सबकी है। कहानी मानवीय संवेदना का पर्यावरण है। हम इसके 'हरे-भरे' में जीते हैं। कहानी वैचारिक और रचनात्मक संस्थान है। हिन्दी कहानी समय के साथ चलती रही है। दशकों के आर-पार कहानीकारों ने एक बड़ी दुनिया के साक्षात्कार में एक व्यापक रचनात्मक अनुभव को अपने सोच में सोखा है। शताब्दी के इस अन्तिम चरण में एक रसायन विशेष का भारतीय नागरिक उभर रहा है। उसकी चौखट इतनी नई है कि लगे पुराना लोप हो चुका है।"[5]

'कहानी इसकी उसकी सबकी है।' यह कथन यह स्पष्ट कर जाता है कि कहानी की कथा, उसकी संवेदना ऐसी हो जो रचनाकार की भी हो और पढ़ने-सुनने वालों को भी अपनी लगे, इतना ही नहीं, जो कहानी को पढ़ने-लिखने से दूर हैं, उपेक्षित हैं, पशु-जीवन बिताने के लिए विवश हैं, उन्हें भी अपनी लगे। तभी कहानी-शिल्प में जीवन्तता आती है। निश्चय ही सघन अनुभूति वाला और शब्द-कर्म में पारंगत रचनाकार ही ऐसी कथा दे सकता है। इसके लिए उसे यथार्थ को भोगना होगा। ओढ़ा हुआ यथार्थ कहानी को कहानीपन नहीं दे पाएगा। हृदयेश ने रचनात्मक यथार्थ को पारिभाषित करते हुए कहा है—"तथ्य में छिपे सत्य को पूरी व्याप्ति के साथ देखने की कोशिश ही यथार्थवाद है और यथार्थवाद शिल्प से अधिक एक विचारधारा है, जिसे जीवन दृष्टि भी कहा जा सकता है। मैं यह भी समझता हूँ कि जब हम यथार्थवाद पर बात करते हैं तो हमारी मंशा सामाजिक बोध से जुड़े यथार्थवाद से ही है, क्योंकि सही अर्थों में साहित्य के अन्तर्गत वही आता है जो शब्दों के माध्यम से रचनात्मक रूप से मनुष्य की सम्मानजनक-अस्मिता की चिन्ता और उसके बेहतर जीवन तथा उज्ज्वल भविष्य के प्रश्नों, उनके हल करने की बेचैनी व उनके सम्भावित उत्तरों से जुड़ा होता है। वह समकालीन तमाम दबावों का सामना करने को तत्पर रहता है न कि जीवन की मूल चिन्ता या बुनियादी सवालों के नाम पर आध्यात्म, दर्शन और दूसरे अति गूढ़ रहस्यों की गुफाओं में पलायन करने को। साहित्य इसलिए एक कलागत आयोजन होते हुए भी अपनी प्रकृति में एक सामाजिक कर्म है।

हिन्दी कहानी को केन्द्र में रखकर यथार्थवाद की समीक्षा करने पर हम पाते हैं कि यथार्थवाद की संगति में कहानी का जो आकार होना चाहिए या कहानी की संगति में यथार्थवाद को जिस तरह निरखना चाहिए, वैसा हो नहीं रहा है। वहाँ ग्रहण जैसे कुछ ग्रासी तत्त्व लग गए हैं। साहित्य से यों ही चलता-फिरता रिश्ता रखने वालों या वक्त काटने का उसे एक शिष्ट जरिया मानने वालों, या समय

के साथ अप्रतिष्ठित हो रहे नैतिक मूल्यों की उनमें पुनर्प्रतिष्ठा देखने वालों को हम यहाँ छोड़ रहे हैं, क्योंकि वे सब संस्कृति के नाम पर अपसंस्कृति को प्यार करने वाले जीव हैं और पूरे राष्ट्र के लिए वे विकट संकट हैं। यहाँ हम उस संकट पर विचार कर रहे हैं जो यथार्थवाद की ऊपर बताई गई व्याख्या करने वालों से ही यथार्थवाद के सन्दर्भ में आज की कहानी, या कहानी के सन्दर्भ में आज के यथार्थवाद का है। अपनों से ही संकट होने की इस विडम्बनामयी स्थिति का एक बड़ा कारक यह है कि यथार्थवाद के नाम पर हमने कहानी का अधिक-से-अधिक राजनीतीकरण करना शुरू कर दिया। मार्क्सवादी विचारधारा की वाम की ओर अधिक झुकी पार्टियों से जुड़े अनेक कहानीकार अपनी कहानियों को जबरदस्ती आक्रामक और हिंसक घटानाओं तथा प्रसंगों से लैस करने लगे। उन्होंने मान लिया कि अब उनकी पार्टियाँ अपने अनेक कार्यक्रमों या आन्दोलनों के द्वारा क्रान्ति लाने की कोशिश कर सकती हैं, तो वे कहानियों द्वारा वैसा क्यों नहीं सम्भव बना सकते हैं। वे यह भूल जाते हैं कि साहित्य राजनीति का पर्याय नहीं है, शायद उसका विकल्प भी नहीं। उसकी अपनी सीमाएँ हैं। रचना में ढलते हुए उसे रचना से सम्बन्धित कुछ जरूरी कलागत अपेक्षाओं की पूर्ति करना है।

कोई साहित्यिक कृति विधा की मर्यादा में रहकर ही सामाजिक, आर्थिक, ऐतिहासिक विसंगतियों पर अँगुली रख सकती है; गलत और सही की पहचान करा सकती है और अन्याय, शोषण, उत्पीड़न पर वयस्क प्रतिक्रिया प्रकट कर सकती है। इसी रूप में उसका हस्तक्षेप सार्थक होता है। कहानी में प्रसंगों, स्थितियों, चरित्रों, संवेदनाओं, विचारों, समय और समाजगत यथार्थों के दबावों आदि को लेकर कई स्तरों पर परस्पर संघर्ष रहता है और जहाँ कहानीकार इन संघर्षों के निष्कर्षों का नियन्त्रक न बनकर उनसे नियन्त्रित होने लगता है, वहाँ उसकी हार ही कहानी की जीत हो जाती है। ऐसी कहानियाँ भी रचनाकार के मन्तव्यों और उसके उद्देश्यों की संवाहक होती है, लेकिन अपनी शर्तों पर। इससे मिलता-जुलता एक अन्य बड़ा संकट है कि हमने कहानी की कथा-भूमि का विस्तार अति सीमित कर दिया है। नतीजा यह हुआ कि मशीन के ढले पुर्जो जैसी एक-सी कहानियाँ ऊब और नीरसता पाठकों को देने लगीं। उनमें वर्णित कथ्य इतिहास में दर्ज तथ्यों की तरह निर्जीव साबित हुए। आज हम ऐसे समय में जी रहे हैं जब असुरक्षा, अविश्वास, अव्यवस्था, व्यावसायिकता और उससे पैदा मूल्यहीनता, विघटन आदि के अराजक तत्वों का चारों ओर से हमला हो रहा है और निम्न-वर्ग ही नहीं, मध्यम वर्ग और यहाँ तक कि उच्चवर्ग भी उससे कहीं-न-कहीं प्रभावित है। पूँजीवादी उच्चवर्ग के सामने भोग के आधिक्य से पैदा वितृष्णा, जीवन के खोखलेपन आदि की समस्याएँ लाता है या फिर उन स्थितियों को जब वह करीबी रिश्तों को ही उपभोक्तावादी दृष्टि से

देखने लगता है। जीवन का यथार्थ क्या उतना ही है जितना हम अपनी कहानियों में दिखा पा रहे हैं? जिन्दगी के क्या उतने ही रंग और शेड हैं जिनको हम चित्रित कर रहे हैं? एक और भी संकट है--बौद्धिकता के अतिरेक का। अति यथार्थवाद, जादुई यथार्थवाद या इन जैसी बुद्धि की सर्वोच्च सत्ता मानने वाले कला प्रतिमानों के दबाव से पैदा कहानी संवेदनहीनता का भारी कवच पहने ही होगी। ऐसी कहानी ऊब, बोझिलता, दुरूहता, विचारों और भावों की कब्रगाह होती है, विशेषकर पाठकों के बड़े समुदाय से जुड़ने का आकांक्षी साहित्य की किसी सृजनात्मक विधा के सन्दर्भ में।[6]

यह सच है कि यथार्थ की टकराहट कहानी को अति संवेदनशील बना देती है। यह कहानी को बुनावट भी देती है। उदय प्रकाश, पंकज विष्ट, हृषिकेश सुलभ, स्वयं प्रकाश, संजीव, शिवमूर्ति, चन्द्रकिशोर जायसवाल, रामधारी सिंह दिवाकर की इधर की कहानियों में यह बदलाव देखा जा सकता है। यथार्थ कहानी को जमीन देता है। कहानी की सही जमीन का चुनाव करना फिर उसे निभा ले जाने की कला ही कहानी--कला या कहानी का शिल्प है। यही कारण है कि यथार्थ को बारीक नजर से देखने वाली कहानियाँ सार्वकालिक बन जाती हैं। यथार्थ प्रस्तुति में चौखटों को तोड़ना भी होता है। वस्तुतः भोगा हुआ संश्लिष्ट यथार्थ कहानी से हर क्षण रिसता रहता है। पाठक उसमें सराबोर हो जाता है। इस सन्दर्भ में गौतम सान्याल का मानना है कि--"जो प्रामाणिक इतिहास, जो प्रकृत इतिहास-इतिहासकारों से भी छूट जाए, वही आपको लिखना है। यथार्थ के उस अंश पर, यथार्थ की विश्वसनीय सम्भाव्यता पर आपका ध्यान केन्द्रित होना चाहिए, न कि यथातथ्य की रिपोर्टिंग पर।"[7]

उदय प्रकाश की कहानी 'और अन्त में प्रार्थना' वर्तमान जीवन पर राजनीति और शासन तन्त्र तथा बढ़ते पूँजीवाद के कुप्रभाव को अत्यन्त यथार्थ रूप में प्रकाशित करती है। ढींगर गाँव में प्रधानमन्त्री का आगमन वहाँ का नक्शा बदल देता है। पर मूल निवासी प्रधानमन्त्री के आगमन के प्रति उत्साहित नहीं हैं। "ढींगर गाँव सरकारी लोगों से भर गया था। व्यवस्था हो रही थी। पुलिस, सी.आर.पी. , पी.ए.सी., तम्बू-ही-तम्बू, छावनी-ही-छावनी। वर्दी-ही-वर्दी। जीप, ट्रक, कार, मोटरसाइकिल।

लेकिन ढींगर गाँव के आसपास के छोटे-छोटे गाँवों में सन्नाटा था। हाट बाजार के अलावा आदिवासी शहर-कस्बे की तरफ कम ही रुख करते थे। सरकार के नाम पर वे सिर्फ पुलिस, पटवारी और आबकारी वालों को ही जानते थे। जो उनके घरों में घुसकर उनकी मुर्गियाँ उठा ले जाते थे, ठर्रा बनाने वाला मटका फोड़ देते थे। औरतों-लड़कियों के पेट में अपना बीज डाल देते थे और मारते-पीटते थे।

सिंदवारी, बोडारी, पोंडी, खाड़ा, नवनियाँ आदि तमाम गाँव के आदिवासी मना रहे थे कि उधर न जाना पड़ता तो अच्छा रहता। बोड़ारी गाँव के भिखना बैगा ने तो ठकुर देई में जाकर मुर्गी का चढ़ावा दिया था कि प्रधानमन्त्री ढींगर गाँव में न आए।"[8]

निश्चय ही यह एक ऐसा बेवाक चित्र है, जो उपेक्षित पड़ी जनता का दुःख-दर्द आत्मसात होकर, रचनाकार का अपना बनकर अभिव्यक्त हुआ। और यह पीड़ा-संत्रास कोतमा के अशिक्षित आदिवासियों का ही संत्रास नहीं, अपितु भारत के हर आम-जन की पीड़ा और संत्रास है। उदयप्रकाश शासन-तन्त्र पर प्रहार करते हुए कहते हैं—"कहीं ऐसा तो नहीं कि जो तन्त्र या व्यवस्था यहाँ बनी हुई है वह अपने आप में एक समानान्तर प्रणाली है। वह सिर्फ अपनी ही दुनिया की चिन्ताओं में व्यस्त है। शायद उसका हित ही इसमें जुड़ा हो कि लोग भूख, गरीबी, महामारी आदि से मरें। कहीं हमारे देश में लोकतन्त्र का असली अर्थ जनता द्वारा अपनी शत्रु-व्यवस्था का चुनाव तो नहीं है!"[9]

'वधस्थल से छलाँग' (हृषिकेश सुलभ) ऐसी कहानी है जिसमें यथार्थ भी है और कहानी की अनिवार्यता 'संवाद' भी। सवेरा टाइम्स का क्राइम संवाददाता राम प्रकाश तिवारी द्वारा प्रस्तुत क्राइम रिपोर्टों को सम्पादक किसी-न-किसी बहाने खारिज करते जाते थे। कभी पुलिस में रिपोर्ट न होने और कभी रंडियो के अपहरण को औरतों का अपहरण न मानने के कारण। रामप्रकाश तिवारी औरत और रंडी में अन्तर नहीं मानता। इसलिए वह सम्पादक से उलझता है। वह मानवता की सेवा न कर पाने पर रो पड़ता है। किन्तु अन्य विकल्प न देखकर वह भाग खड़ा होता है, एक दृढ़ निश्चय के साथ।

इस कहानी में जहाँ एक संवेदनशील मनुष्य की भाव-प्रवणता उजागर है, वहीं व्यवस्था और तन्त्र की दमनकारी नीति पर भी प्रकाश पड़ता है। यह शहरी जीवन और नौकरी-पेशा के लोगों के जीवन की विसंगति भी उकेरती है और अपनी समकालीन दुनिया के जटिल होते मानवीय सम्बन्धों को भी उभारती है। यह कहानी उन्हें समय से जोड़ती भी है और अपने समकालीनों से अलगाती भी है। 'पाण्डे का पयान' और 'बूड़ा वंश कबीर का' में गाँव का यथार्थ ही कहानी बन गया है।

आज के समय से, मनोभावों से, स्थितियों, परिस्थितियों तथा परिवेश से सीधे जूझते हैं—उदय प्रकाश। 'पीली छतरी वाली लड़की' में वैश्विक चेतना और उपभोक्तावादी संस्कृति का बेवाक चित्र है—"इससे ज्यादा मत खाओ, इससे ज्यादा मत कमाओ, इससे ज्यादा हिंसा मत करो, इससे ज्यादा संभोग मत करो, इससे ज्यादा मत सोओ, इससे ज्यादा मत नाचो...वे सारे सिद्धान्त, जो धर्म ग्रन्थों में भी

थे, समाजशास्त्र या विज्ञान अथवा राजनीतिक पुस्तकों में भी, उन्हें कूड़ेदान में डाल दिया गया था। इस आदमी ने बीसवीं सदी के अन्तिम दशकों में पूँजी, सत्ता और तकनीक की समूची ताकत को अपनी मुट्ठियों में भरकर कहा था : स्वतन्त्रता! चीखते हुए आजादी! अपनी सारी एषणाओं को जाग जाने दो। अपनी सारी इन्द्रियों को इस पृथ्वी पर खुल्ला चरने और विचरने दो। इस धरती पर जो कुछ भी है, तुम्हारे द्वारा भोगे जाने के लिए है। न कोई राष्ट्र है, न कोई देश। समूचा भूमण्डल तुम्हारा है। न कुछ नैतिक है। न कुछ अनैतिक। न कुछ पाप न कुछ पुण्य। खाओ पिओ और मौज करो।''[10]

'जलडमरूमध्य' (अखिलेश) एक ऐसी कहानी है जिसमें समय का यथार्थ और उपभोक्तावादी समाज का असली चेहरा उजागर है। इस कहानी पर डॉ. परमानन्द श्रीवास्तव की टिप्पणी पठनीय है–''समय के विस्तार में कुछ चरित्रों, जीवन के मार्मिक अनुभवों, मानवीय रिश्तों को समझने की सार्थक कोशिश है, जिसकी अन्तर्वस्तु (मूल्यजीवी पुराने सामन्ती समाज और मूल्यहीन नवउपभोक्ता वर्ग की टकराहट) तो समय-संवाद का मुद्दा ही है, जिसकी काव्यात्मक लय और भाषा भी कहानी के सौन्दर्य-शास्त्र पर पुनर्विचार का आधार बन सकती है। कभी-कभी ही कोई ऐसी कहानी बहस के केन्द्र में आती है, जो समय के बदलाव को गहरी संवेदना और समझ के साथ उद्घाटित करती हो और अपने पूरे गठन में एक तरह की औपन्यासिक सम्भावना को संवेदना और शिल्प को इस तरह सजीव सक्रिय रखती हो। आखिर मिलान कुंदेरा जैसों के यहाँ भी यह बहस जारी है कि क्या एक अर्थ में काव्य-तत्व (भावविह्वल कविताई नहीं!) कहानी-उपन्यास को कमतर विधा होने से बचाता है। क्या इस अन्तर्निहित काव्यात्मकता के कारण ही 'जलडमरूमध्य' एक मार्मिक और महत्वपूर्ण कहानी है।''

'जलडमरूमध्य' कहानी समग्रता में भी तनावपूर्ण है, खण्ड-खण्ड में भी। यहाँ एक हादसा वह था, जब चाची की मौत के साथ 'घर' का 'महाध्वंस' देखकर भी सहाय जी रो न सके। और आँसुओं के भीतर ही सूख जाने की बीमारी के शिकार हुए, पर यह आखिरी हादसा न था। आखिरी हादसा वह था, जब उन्होंने चरम अनैतिकता में डूबे बेटे-बहू को लड़ते-झगड़ते, मार-पीट करते देख लिया और इसी झटके से टूट-टूटकर रो दिए।

इसमें न एक चरित्र महत्वपूर्ण है, न एक घटना, न एक समय, न एक दुखान्त। कई चरित्र हैं, संकेत में ही सही, जिनका पूरा जीवन सामने आ जाता है। कई स्थान जहाँ घटित स्थितियाँ अनन्तता में फैली हैं। यथार्थ मिथक घुले-मिले। नास्टेल्जिया प्रगाढ़, पर विकट मोहभंग भी। दुखान्त भी एक नहीं, कई-कई।

'जलडमरूमध्य' कहानी में छोटे-छोटे मामूली प्रसंग भी कहानी की लय में

प्रकट होते हैं और अदृश्य हो उठते हैं। एक-एक अनुभव को कई बार लौटकर देखने के बावजूद मुख्य लय और अन्विति बनी रहती है।

3. अन्तर्द्वन्द्व और संघर्ष : कहानी शिल्प की अनिवार्यता

यथार्थ के संवेदनात्मक चित्रण के साथ-साथ कहानी की वस्तु या फार्म को सशक्त बनाता है—संघर्ष और अन्तर्द्वन्द्व। इसके अभाव में कहानी कहानी नहीं बन पाती। वस्तुतः संघर्ष और अन्तर्द्वन्द्व भी कहानीकार का अपना भोगा हुआ या सघन अनुभूतिपरक होना चाहिए, तभी वह पाठकीय संवेदना की अभिव्यक्ति में सहायक और समर्थ होता है और कहानी सम्प्रेषणीयता की तुला पर खरी उतरती है। अर्थात् 'संवाद' स्थापन में सहायक बनती है। 'रावण' (श्योराज सिंह बेचैन) एक ऐसी कहानी है जिसमें कलाकार को कलाकार के रूप में न देखकर जाति बिदादरी के भेदभाव के तले देखा जाता है। रावण का अभिनय करने वाला चमार मूल सिंह जहाँ शहर में प्रशंसा और सम्मान प्राप्त करता है, वहीं अपने गाँव में वह अपमान और पीड़ा सहता है। फलस्वरूप उसकी वेदना और पीड़ा उभार पाती है और वह गाँव छोड़ने का निर्णय लेता है। इस निर्णय में अन्तर्द्वन्द्व भी है, वितृष्णा भी। इससे उत्पन्न पीड़ा-वेदना को शिल्प का स्वरूप देने में यह कहानी सफल होती है।

वह रुँआसा होकर इस संकल्प के साथ गाँव छोड़ता है कि जहाँ कोई इज्ज्त नहीं वहाँ फिर कभी नहीं लौटना है। किन्तु यह ज्ञात होते ही कि उसके अपने मकान, जमीन पर अपने ही कहलाने वालों की गिद्ध दृष्टि लगी है, उसमें संघर्ष की शक्ति जागृत होती है। "उसने तय कर लिया था कि अब गाँव जाकर चाहे दो-चार सिर फोड़ने पड़ें, या खून के इल्जाम में जेल जाना पड़े, मगर न वह अपमान सहेगा, न बोल-कबोल सुनेगा, आखिर वह भी छः फुटा जवान है, दबा-कुचला क्यों रहे!...इस बार वह रावन का पार्ट करने नहीं जा रहा था। राम-लक्ष्मण से लोहा लेने जा रहा था।"[11] यहाँ यह स्पष्ट हो उठता है कि राम-लक्ष्मण केवल उच्च वर्ग में ही नहीं अपितु उसकी जाति-बिरादरी में भी हैं।

संघर्ष और अन्तर्द्वन्द्व के सृजन द्वारा अपनी कहानी को अविस्मरणीय बना देने की कला में पारंगत हैं—संजीव। नव-उपनिवेशवाद, मल्टीनेशनल कम्पनियों के चक्रव्यूह में फँसे, छटपटाते 'दीपक' की कथा आज के नौजवान की व्यथा-कथा है। —"हाँ जी। उस दवा का रोग आपको तैयार करना है, उसके लक्षण, उसके एफेक्ट्स। पहले आप लिटरेचर को तैयार करो फिर एक धाँसू-सा नाम भी आप दे दोगे। लिटरेचर की टाइटिल तो आप देते ही हो। मानव मन के ऐसे चितेरे के लिए यह बाएँ हाथ का खेल है। इजंट!"

झन्न-सा बजा मेरे सिर पर।

मुझे लगा तमाम देशी और विदेशी धुनें एक साथ कर्कश अन्दाज में बज उठी हैं।...मुझे मिरगी आ गई।"[12]

'बन्तो' (नमिता सिंह) संघर्ष और अन्तर्द्वन्द्व की दृष्टि से एक सशक्त कहानी है। 'बन्तों' एक ऐसी नायिका है जो अपनी मनोभावनाओं पर विजय पाकर एक साथ सारे मिथ तोड़ डालती हैं। पति बलबीरा की हत्या के पश्चात उसके छोटे भाई सतबीरा के साथ पत्नी बनकर रहने की सास की उद्घोषणा और धमकी का वह अपने ढंग से प्रतिरोध करती है। निश्चय ही एक ऐसी युवती, जिसने पति सुख जाना ही नहीं, का यह प्रतिरोध अपने अन्तर्द्वन्द्व पर विजय पाकर संघर्ष के रास्ते पर बढ़ जाने का ही तो प्रयास है–"एक निःश्वास लिया उसने। अचानक उस अँधेरे में उसे लगा कि वह अपने घर के कच्चे आँगन में खड़ी है। पूरा दृश्य एक तस्वीर की तरह जैसे छप गया। सामने गालियाँ देती चीखती-चिल्लाती अम्मा। कोने में सर झुकाए दुबका हुआ उसका बाबा। सामने जुगाली करती भैंस की रस्सी थामे उसे खींचता नम्बरदार और पीछे से, डण्डे मारता उसका बड़ा छोरा। अपने पास खड़े डरे सहमे भाई महताब के गले में हाथ डाले, अपने से सटाये उसे आश्वस्त करती बन्तो...फिर सतबीरा का सिर अपने मुँह के पास सटा लिया और फुसफुसाई, "जा बीरन जा। तेरी लुगाई तेरा इन्तजार कर रई ए। मुँह के ताक रिया है मेरे भैया। जा...अपने कुठड़िया में...जा उसके पास..." और जिस तरह से कोठरी का दरवाजा खोला था वैसे ही धीरे-धीरे बिना आहट किए बन्द कर दिया और कुण्डी चढ़ा ली भीतर से।

वापिस अपने बिछौने पर जा पड़ी बन्तो। उसे लगा कि जैसे आज नम्बरदार को उसने बिना भैंस खोले वापिस दूर तक खदेड़ दिया है। थोड़ी ही देर बाद वह गहरी नींद में थी।"[13]

संघर्ष और अन्तर्द्वन्द्व की पराकाष्ठा ने 'और अन्त में प्रार्थना' (उदय प्रकाश) को आलोच्य-युग की अविस्मरणीय कहानी बना दिया। अन्तर्द्वन्द्व का स्वरूप उनके डायरी लेखन में देखा जा सकता है, "क्या राज्य एक ऐसा शक्तितन्त्र है, जिसका अपना एक सार्वभौमिक स्थाई चरित्र है। यह अपने पास आने वाले हर समूह, दल, संगठन, विचारधारा और दर्शन को अपने उसी स्थायी, सर्व-समावेशी चरित्र द्वारा निगल लेता है। उन सबको अपना ही पुराना, परिचित चेहरा पहना देता है।...कभी-कभी सोचता हूँ कि अपने निजी व्यक्तिगत स्वार्थ को लेकर चलना ही मनुष्य की स्वाभाविकता है। जो व्यक्ति इसका परित्याग करता है और इससे परे उठता है उसे ही और लोग अस्वाभाविक मानते हैं।...मैं एक गहरी बेचैनी अपने भीतर महसूस करता हूँ। कहीं ऐसा तो नही कि मेरा पूरा जीवन ही व्यर्थ चला गया?"[14] और संघर्ष तो उनके हर क्रिया-कलापों से प्रगट होता है। कभी वे थुकरा

महाराज की हत्या के कारकों से संघर्ष करते हैं और कभी ढीगरा गाँव में फैले हैजे से और उनका अन्तिम संघर्ष है—तौफीक अहमद की पुलिस द्वारा हत्या पर पोस्टमार्टम रिपोर्ट तैयार करना। व्यवस्था और तन्त्र के समक्ष वे हर बार परास्त होते हैं। पर हार नहीं मानते। इस संघर्ष में होरी की भाँति वे अपना बलिदान कर देते हैं और उनके गले की वह घरघराहट आज भी गूँज रही है। सच यह है कि औपन्यासिक महाकाव्यात्मक बाने में रची गई यह कहानी अपने में समस्त गुणों को समेटे है। उसमें काव्यात्मक लय है, गद्य का तापमान है, संघर्ष का उत्कर्ष और स्वयं का उत्सर्ग है।

संघर्ष और अंतर्द्वन्द्व 'मर गया दीपनाथ' की आत्मा बन गया। हर वाक्य और हर शब्द इसकी गवाही देते हैं।

4. 'प्लाट' की संरचना

कहानी के 'प्लाट' की प्रस्तुति के लिए जहाँ संश्लिष्टता आवश्यक है, वहीं घटनाओं या विवरणों का सुनिश्चित क्रम भी निर्धारित है। पर इधर के कहानीकारों ने उसे तोड़ा। कम ही रचनाकारों ने प्रारम्भिक घटनाओं की प्रस्तुति हेतु फ्लैश बैक पद्धति का सहारा लिया। आज के रचनाकार सीधे-सीधे वस्तु को उठाकर उसे कहानी का रूप दे जाते हैं। नामकरण में आज लोक जीवन की शब्दावली और कहावतों का महत्त्व बढ़ता जा रहा है। कहानी के 'अन्त' के सन्दर्भ में भी सारी अवधारणाएँ टूटीं। आज दुखात्मक अन्त सर्वाधिक प्रभावशाली बन बैठा। व्यवस्था और तन्त्र से, औपनिवेशवादी मनोवृत्तियों से मनुष्य लड़ता-लड़ता हार रहा है। पर इस पराजय में भी, वह जीतता दिखाई देता है। 'जलडमरूमध्य' (अखिलेश), 'वध स्थल से छलाँग' (हृषीकेश सुलभ), 'खोज', 'प्रेरणा स्रोत', 'आरोहण', 'लिटरेचर' (संजीव), 'और अन्त में प्रार्थना', 'थर्ड डिग्री', 'पाल गोमरा का स्कूटर', 'वारेन हेस्टिंग्स का साँड़' (उदय प्रकाश), 'बीमार आदमी का इकरारनामा' (नरेन्द्र नागदेव), 'मर गया गया दीपनाथ' (चन्द्र किशोर जायसवाल) इस दृष्टि से उल्लेख्य कहानियाँ हैं। 'लिटरेचर' का अन्त द्रष्टव्य है, "मुझे मिरगी आ गई। अब तक मैं जिस मैले के गोलक को ब्रह्माण्ड समझकर सरकस के नट के अन्दाज में धकेलता आ रहा था, सहसा ही वह उलट गया, मैले का ब्रह्माण्ड मेरे ऊपर था और मैं उसके नीचे पीठ के बल हाथ-पाँव से छटपटाता हुआ।"[15] आज के मनुष्य की नियति भी तो यही है।

कहानी संरचना की एक लम्बी परम्परा हिन्दी क्षितिज पर विद्यमान है। इस परम्परा ने विभिन्न शैलियों को जन्म दिया। कभी वर्णनात्मक शैलियाँ रहीं, कभी विवरणात्मक। और, कभी डायरी तथा पत्र-लेखन शैली में, कहानियाँ सामने आईं।

इन शैलियों में कभी मनोवैज्ञानिकता टपकी, उभार पाई, कभी आत्मकथ्य शैली में अपने अन्तस की अनुभूति को रचनाकार ने उड़ेला। इतिहास परम्परा का पुट इन शैलियों में भी मिल जाता है। इधर एक नई शैली का इजाज किया है–संजीव ने, जिसे मानपत्र शैली कहते हैं। इस शैली में इन्होंने 'मानपत्र; कहानी की संरचना की। सच यह है कि कहानीपन आज निबन्ध, संस्मरण, रेखाचित्र, रिपोर्ताज आदि गद्य की नवीनतम विधाओं में उभार पा रहा है। फलस्वरूप ये विधाएँ कहानी होने की सम्भावना उद्‌घोषित करती हैं। किन्तु इतने से ही कोई विधा कहानी नहीं बन जाती। कहानी के लिए पहली अनिवार्यता है, कहानीपन की। और उससे भी बड़ी अनिवार्यता है–कथारस की। कहन (कहना) उसकी शैली होती है। कथा रस की रक्षा एवं संरचना में कम ही रचनाकार सफल हो पाते हैं। संजीव, उदय प्रकाश, नरेन्द्र नागदेव, शिवमूर्ति, रघुनन्दन त्रिवेदी, जया जादवानी, अखिलेश, चन्द्रकिशोर जायसवाल, मैत्रेयी पुष्पा, लवलीन आदि ने अपनी कहानियों में इस कथा रस को बचाए रखा है। क्षमा शर्मा की 'लव स्टोरी 1994' एक ऐसी ही कहानी है। दिलीप ताहिल ने जोर से हाथ मारा छोटे असिस्टेंट के कन्धे पर, "और अपने उस्ताद जी हैं वो हेली रोड पर इन्तजार कर-करके मरे जा रहे हैं।" ..."रसायन शास्त्र के सारे रिएक्शंस को पहले से समझकर गणनाएँ की जा सकती हैं–मगर आज की ये औरतें...उन्हें एसैस नहीं किया जा सकता है। ये बाहर क्या निकली हैं मर्दों की दुनिया के गणित से लड़ने का उन्होंने नया शास्त्र विकसित कर लिया है–जिसमें निर्लज्जता ए.के. छप्पन से बड़ा हथियार है...इस पर करे कोई टाडा लागू...वे किसी जमानत की दरख्वास्त नहीं देतीं।"[16]

कहानी के शिल्प या शैली की जब बात की जाती है तो वहाँ से व्यंग्यात्मकता या चुटीली शैली में लिखी कहानी अविस्मरणीय बन जाती है। वस्तुतः व्यंग्य लेखन-कला का एक ऐसा माध्यम है जिसके सहारे रचनाकार समाज के कोने-कोने में झाँक आता है और उसे इस तरह से प्रस्तुत कर देता है कि पाठक के गहरे अन्तस में तिरछा होकर वह अड़ जाता है। यही अविस्मरणीय कहानी की गति और नियति होती है। ऊपर उल्लेख्य रचनाकारों ने जहाँ व्यंग्यात्मकता को औजार बनाया है–कहानी प्रस्तुति में, वहीं चुटीली शैली का भी प्रयोग किया। यह शैली और चोट करती है।

'गुरु कुम्हार शिष्य कुम्भ' नामक समीक्षा में संजीव कहानी शिल्प की अनेक विशेषताओं को रेखांकित कर जाते हैं–"गल्प, कथा, आख्यायिका, कहानी–इन अनेक नामों से आख्यात्-विख्यात कहानी का इतिहास विविध कोणीय है...कहानी टॉर्च लाइट है...कहानी ध्रुपद तान की तरह है...कहानी अँधेरी रात में बिजली की फड़कती रोशनी है...कहानी तने हुए रस्सों पर बिना किसी अवलम्ब की आर-पार

जाने की जोखिम भरी बाजीगरी है...कहानी रॉकेट पटाखा है... कहानी छन्दों में अनंग शेखर है...कहानी सौ मीटर की हर्डल रेस है...कहानी रसोन्मुखी होती है...कहानी देश और काल के एकायतन पर फैलती है...कहानी कतरनों पर एक सम्पूर्ण निर्णय सुनाती है।...आदि। और उपन्यास...? उपन्यास शरद पूर्णिमा है...उपन्यास समुद्र-तट पर नारियल वनों के बीच इत्मीनान का एक पाठकीय सफरनामा है...उपन्यास अनार का एक बड़ा दाना है...उपन्यास द्रुत विलम्बित छन्द है...उपन्यास बीसियों किलोमीटर की मन्द-मन्द मैराथन दौड़...नवरसान्वित होता है।"[17]

संजीव ने अपनी इस समीक्षा द्वारा कहानी के 'प्लाट', संरचना एवं शिल्प के पक्षों को उजागर कर दिया है। कहानी कथन में क्षिप्रता, गतिशीलता, रसात्मकता और विस्तार पर एकान्विति अपरिहार्य तो है ही, उसमें विभिन्न-घटनाक्रमों पर निर्णय हो, यह भी अनिवार्य है। वस्तुतः उपर्युक्त विवेचन प्लाट के शिल्प पर तो प्रकाश डालता है, किंतु वस्तु के संदर्भ में केवल दो अनिवार्यता बताता है—(1) यह देश और काल के एकायतन का फैलाव है और (2) कहानी 'कतरनों' (घटनाओं) पर संपूर्ण निर्णय सुनाती है। अर्थात् कहानी के प्लाट का आधार है कालविशेष में देश की महत्त्वपूर्ण किंतु उपेक्षित घटनाएँ। और इस ओर कहानीकारों की दृष्टि गई। अधिकांश कहानियों के प्लाट के केन्द्र में 'हाशिए' के लोग हैं।

5. कहानी : चरित्र निर्मिति का प्रयास

यद्यपि कहानीकार को कहानी में चरित्र सृजन का अवकाश कम ही रहता है, पर घटना के विस्तार, वस्तु के घात-प्रतिघात द्वारा चरित्र को सँवारता है—रचनाकार। प्रेमचन्द के कफन (घीसू और माधव), पूस की रात (हलकू), दूध का दाम (भंगिन) ठाकुर का कुआँ (जोखू-नंगी), सद्‌गति (दुखी चमार), ईदगाह (हामिद) तथा प्रसाद ने चम्पा (आकाशदीप) चूड़ीवाली (चूड़ीवाली), नन्हकू सिंह (गुण्डा), शराबी (मधुआ) मधुलिका (पुरस्कार), जैसे अनेक चरित्रों की निर्मिति की। यह प्रक्रिया सतत सशक्त हुई।

वस्तुतः अन्तिम दशक की कहानियों में चरित्र प्रधान बन गया। इस काल की कहानियों में चरित्रों का संघर्ष ही कथा बनी है और यह संघर्ष ही चरित्र को ऐतिहासिक बनाता है। 'जलडमरूमध्य' के सहाय जी 'और अन्त में प्रार्थना' के डॉ. वाकणकर, 'लिटरेचर' के दीपक 'वधस्थल से छलाँग' के रामप्रकाश तिवारी वर्तमान से, नव उपभोक्तावादी भावना औपनिवेशवादी प्रवृत्ति से, भ्रष्टाचार से तथा व्यवस्थातन्त्र से संघर्ष करते-करते गोदान के होरी की तरह अपना बलिदान कर देते हैं। निश्चय ही इनकी चीख, इनकी छटपटाहट केवल इनकी अपनी नहीं रहती।

वह सबकी बन जाती है। शून्य में छा जाती है जो अनन्तकाल तक गूँजती रहेगी और यह गूँज ही लोगों को प्रेरणा देगी, काल समय की अमानवीय स्थितियों से संघर्ष की, संघर्ष के लिए एकजुट होने की।

6. शिल्प के नए औजार

आलोल्य दशक की कहानियों के शिल्प को निरख़ने-परखने के लिए नए औजारों की खोज भी की गई। इन औजारों से कहानी के रेशे-रेशे को अलगाया जाता है।

(क) वर्णन या नैरेशन पर जोर

खगेन्द्र ठाकुर ने वर्णनात्मकता की विशेषता को स्वीकार करते हुए इस काल की कहानियों पर एक महत्वपूर्ण टिप्पणी की है–"देखने की बात यह है कि इसी बीसवीं सदी में हिन्दी कहानी ने अपने प्रारम्भिक दौर में जिस प्रकार की वर्णनात्मकता के सहारे रूपाकार ग्रहण किया था, लगभग उसी तरह की वर्णनात्मकता के सहारे इस सदी के अन्तिम वर्षों में हिन्दी कहानी ने ऐतिहासिक प्रगति के रास्ते पर मजबूत कदम रखे हैं। प्रेमचन्दोत्तर काल में मनोविश्लेषणात्मक कहानी के दौर के कहानीकारों और आलोचकों ने जिस किस्सागोई को कहानी के पिछड़ेपन का लक्ष्य माना था, उसी तरह की किस्सागोई आज की कहानियों के शिल्प का मुख्य तत्त्व बन गई है। इसका कारण क्या हो सकता है? क्या यह कि आज के कहानीकार पीछे की ओर जा रहे हैं? यानी कहानी को आगे ले चलने में असमर्थ हैं? यह कि हिन्दी कहानी फिर पिछड़ रही है? नहीं, यह सब कुछ नहीं है। बात यह कि वैयक्तिकता कहानी नाम की विधा के लिए अनुकूल प्रवृत्ति नहीं है और आमतौर से यह बात भी है कि अन्तर्जगत् स्वतः रचना का स्रोत नहीं बन सकता और जब आज का रचनाकार बाहरी दुनिया यानी अपने जीवन के अनुभवों को समेटने की कोशिश करने लगता है, तो पाता है कि अनुभवों और घटनाओं की अन्तःसूत्रता, परस्पर निर्भरता, अन्तर सम्बद्धता पहले की तुलना में ज्यादा बढ़ गई है। ऐसी हालत में घटनाहीनता अथवा अत्यल्प घटनापरकता के आधार पर मनुष्य के व्यक्तित्व, चरित्र या उसकी संवेदना को पूरी तरह व्यक्त नहीं किया जा सकता। एकाध सन्दर्भ नहीं अनेक सन्दर्भों की शृंखला आज के जीवन और समाज के साक्षात्कार के लिए जरूरी समझी जा रही है। जीवन और समाज की अत्यधिक जटिलता ने कहानी के रूपाकार को, उसके भीतर गुम्फित चेतना को प्रभावित किया है।"[18]

विवेच्य काल की कहानियों में नैरेशन पद्धति का अत्यन्त सफल विकास दिखाई पड़ता है। वर्णन या नैरेशन की पद्धति कहानी को बरसाती नदी की तीव्र धारा के समान प्रवहमान बनाती है।

विश्वजीत की 'लगभग एक महापुरुष' में इसी वर्णनात्मकता अथवा नैरेशन के सहारे कहानी आगे बढ़ती है। लेखक मिस्त्री के नाती रामप्रसाद का वर्णन करता है—"इतने साल गुजर गए। मिस्त्री के नाती रामप्रसाद भी जर्जर वृद्ध हो गए। उन्हीं की कद-काठी देखकर लोग अनुमान करते हैं मिस्त्री भी गहरे साँवले रंग के लम्बे-छरहरे दुबले-पतले थे। चेचक के बाद उनका चेहरा छलनी हो गया था, किन्तु बिल्कुल ऊबड़-खाबड़ दोनों आँखों की पलकें ऊपर-नीचे उठती-गिरती रहतीं।"

मैत्रेयी पुष्पा ने 'शतरंज के खिलाड़ी' में नैरेशन को अपनाकर गाँव में होनेवाले महिला ग्राम प्रधान के चुनाव के समय गाँव की स्थिति का वर्णन किया है—"गाँव में हलचल थी। चुनाव की तारीखें मिलीं, नामजदगी के पर्चे भरे जाने लगे, चारों ओर हल्ला हो गया। मोंठ तहसील का हर गाँव चुनाव के रस में डूब गया। किसान, काश्तकार से लेकर जन मजूर तक वोट और उम्मीदवारों की बात छोड़कर दूसरी बात में रस नहीं लेते। उन्हीं बातों में से सैकड़ों ऐसी बातें निकलती, जिनमें आपसी रोष और एक-दूसरे से नफरत उजागर होती। बड़ी और छोटी जाति में तो सदा से ही एक अनकही अदावत-सी चली आ रही है।"[19]

उदयप्रकाश की 'पाल गोमरा का स्कूटर' नैरेशन शैली की सशक्त प्रस्तुति है। वर्णन एवं नैरेशन के माध्यम से वे पाल गोमरा के एक्सीडेंट का वर्णन करते हैं—"दुर्घटना रात साढ़े ग्यारह और एक बजे के बीच किसी समय हुई थी। इन डेढ़ घण्टों के दौरान दिल्ली-यू.पी. बार्डर चेकपोस्ट के रजिस्टर में बाईस ट्रक, आठ टेम्पो, छह मारुति वैन, पाँच प्राइवेट तथा दो राज्य परिवहन की बसें, सोलह मारुति कार, दो टाटा सिएरा, तीन फिएट की एंट्री है। स्कूटर और मोटर साइकिल की संख्या अलग से होगी।

लेकिन इन्हीं डेढ़ घण्टों के भीतर आठ कारों के साथ एक वी.आई.पी. काफिला उत्तर प्रदेश के दलित सरकार के एक मन्त्री का था। यह दलित सरकार सवर्णों और साम्प्रदायिकों के समर्थन से सत्तासी । हुई थी। जिस मन्त्री का वह वी. आई.पी एस्कोर्ट था, उसका पिछला रिकार्ड आपराधिक था और वह घोषित हिस्ट्रीशीटर था। मन्त्री बनने के पहले तक उसके फोटोग्राफ पुलिस थानों में टँगे रहते थे... ।"[20]

'लाश' (हीरालाल नागर) में भ्रष्ट हो चुके समाज का अत्यन्त यथार्थ चित्र वर्णनात्मक शैली में प्रस्तुत है। सीमा के साथ घटी घटना, दर्दनाक मौत को पाठकों के समक्ष अत्यन्त प्रामाणिक ढंग से प्रस्तुत करते हैं—नागर जी। "हत्यारा। हत्यारा चालाक था। उसने बड़ी होशियारी से सीमा के तलुए घायल कर दिए। वह शिथिल हो गई। इस स्थिति में आत्मा सीमा के गले में अटक कर हत्यारे से जूझती रही। हत्यारे ने सीधा सीमा के गले पर अटैक किया। हत्यारा अपनी चाल में कामयाब

रहा। हत्या रेशमी रूमाल से गला घोंटकर की गई या सिर पर अन्दरूनी चोट देकर इसका पता, ठीक-ठीक पता लाश की पोस्टमार्टम रिपोर्ट के बाद ही लगेगा। फिलहाल मास्टर शिवनारायण के दरवाजे पर लाश देखने और सहानुभूति प्रकट करने वालों का ताँता लगा है।''[21]

सहदेव तूरी नामक व्यक्ति जो पेशे से डॉक्टर न होते हुए भी प्राकृतिक सम्पदाओं द्वारा लोगों की चिकित्सा करता है, इस क्षेत्र में उसका नाम और यश है। वह गाँव में खुलने वाली शराब फैक्ट्री का विरोध करता है। लोगों को कुप्रवृत्तियों से बचाना चाहता है। अंग्रेजी दवाओं का विरोध करता है। पर पूँजीवादी मानसिकता को यह बर्दाश्त कहाँ? अन्त में वह उन्हीं के हाथों मारा जाता है। संजीव ने सहदेव तूरी के साथ घटी घटना को वर्णन तथा नैरेशन के माध्यम से अत्यन्त प्रामाणिक ढंग से पाठकों के समक्ष रखा है—''एक दिन रात को किसी मरीज का बुलावा आया और वे गए तो फिर नहीं लौट पाए। घर से एक किलोमीटर की दूरी पर सुबह उनकी लाश मिली। उनकी लालटेन पत्थरों पर पड़ी थी, शीशा अण्डे की तरह फूटा पड़ा था। सोंटा बगल में पड़ा था, पीठ पर फतुहे पर एक बड़े पसरे खूनी धब्बे के ऊपर एक छुरा अब भी खुभा पड़ा था।''[22]

जयनन्दन ने 'बिन पानी सब सून' में कहानी की शुरुआत ही नैरेशन से की है। नैरेशन की यह पद्धति जहाँ कहानी को स्पष्टता प्रदान करती है वहीं कहानी को रोचक भी बनाती है। इस कहानी का केन्द्र एक गाँव है जिसका स्पष्ट चित्रण उसकी हालात का बयान करता है—''बयालीस साल पहले बनी एक नहर, जिसने इलाके में हरति-क्रान्ति कर दी थी, धीरे-धीरे ध्वस्त हो गई। पच्चीस साल पहले लाई गई बिजली के सिर्फ खम्भे बच गए हैं।

स्टेशन पर जहाँ अनेकों गाड़ियाँ समय पर आकर आवागमन उपलब्ध कराती थीं, अब इक्की-दुक्की आती हैं।...और जो आती भी हैं, उनका कोई टाइम-टेबुल नहीं होता। क्या अब सिर्फ वही स्टेशन आबाद रहेगा जहाँ से होकर दिल्ली, पटना अथवा अन्य महानगरों के लिए गाड़ियाँ जाती हैं?...इलाके की प्रसिद्ध चीनी मिल बन्द कर दी गई जिससे किसानों को आर्थिक सम्बल देने वाली गन्ने की उपज बेमानी हो गई।''[23]

संजीव ने 'पूत-पूत! पूत-पूत!!' में नैरेशन पद्धति का प्रयोग किया है। सवर्णों एवं दलितों के मध्य चली आ रही दुश्मनी को स्पष्ट रूप से उजागर करती है—यह कहानी। विशु के पिता की मौत को वे वर्णनात्मक शैली के माध्यम से स्पष्ट करते हैं—''गाँव के उस नरसंहार में जिसमें बाबूजी को काट डाला गया था; मनखूचा की दोनों आँखें भी निकाल ली ग़ई थीं। अब आँखों की जगह दो खौफनाक गड्ढ़े हैं। द्वार पर बैठे आहट लेते रहते हैं। सुअर हो कि कुत्ता, मुर्गी हो कि मवेशी,

मानुख गन्ध का अन्देशा होते ही डण्डा फटकारते हैं।''[24]

उदय प्रकाश की 'वारेन हैस्टिंग्स का साँड़' नैरेशन पद्धति की जोरदार प्रस्तुति है। वर्णनात्मकता अथवा नैरेशन के माध्यम से इस कहानी में आजादी के पहले के भारत का चित्रण है। भ्रष्ट हो चुकी सम्पूर्ण व्यवस्था को उदयप्रकाश ने बखूबी यथार्थ के धरातल पर चित्रित किया है। सम्पूर्ण भारत की स्थिति का नग्न चित्रण करती यह कहानी कहीं रुकती नहीं—''मैं सिर्फ यह कहूँगा कि अराजकता का ऐसा दृश्य, ऐसा भ्रम, ऐसी घूसखोरी और बेईमानी, ऐसा भ्रष्टाचार और ऐसी लूट-खसोट जैसी हमारे राज में आज दिखाई दे रही है, वैसी किसी और देश में न कभी सुनी गई, न कभी देखी गई। अचानक धनाढ्यों की बेइन्तहा दौलतपरस्ती ने विलासिता और भोग के भीषण रूप को चारों तरफ पैदा कर दिया है। इस बुराई में हर डिपार्टमेंट का हर सदस्य शामिल है। हर छोटा मुलाजिम ज्यादा-से-ज्यादा धन हड़पकर बड़े मुलाजिम या अधिकारी के बराबर हो जाना चाहता है क्योंकि वह यह जानता है कि सम्पत्ति और ताकत ही उसे बड़ा बना रही है।...कोई ताज्जुब नहीं कि दौलत की इस हवस को पूरा करने वाले साधन इन लोगों के वे 'अधिकार' हैं जो इन्हें उत्तरदायित्वपूर्ण ढंग से प्रशासन चलाने के लिए दिए गए हैं। विडम्बना है कि ये 'साधन' सिर्फ रिश्वतखोरी जैसे भ्रष्ट आचरण के लिए ही नहीं, लूट-खसोट और ठगी जालसाजी के लिए भी इस्तेमाल हो रहे हैं, इसकी मिसालें ऊपर के पदों पर बैठे लोगों ने कायम की है, तो भला नीचे के लोग उसका अनुसरण करने में नाकामयाब क्यों रहें?''[25]

(ख) किस्सागोई

किस्सागोई पद्धति कहानी की आत्मा है। सत्य यह है कि कहानी का प्रारम्भ ही 'किस्सागोई' से हुआ। इस पद्धति के ह्रास के साथ-साथ कहानी भी ह्रास की ओर उन्मुख हुई। वस्तुतः किस्सागोई की प्रवृत्ति ही पाठकों को कहानी की ओर उन्मुख करती है। कहानी पढ़ने के लिए उनके मन में विकलता होती है। कहानी की यह शैली दसवें दशक में पुनः कहानी के साथ जुड़ती है, जब कहानी गाँव-घर, सामान्य—जन, श्रमिक और नारी की समस्याओं से रू-ब-रू होती है। उदयप्रकाश की 'और अन्त में प्रार्थना' एवं 'वारेन हेस्टिंग्स का साँड़', 'भाई का सत्याग्रह', 'थर्ड डिग्री' आदि में किस्सागोई की यह पद्धति विद्यमान है। 'और अन्त में प्रार्थना' में ढीगर गाँव के आदिवासी, बटेर, महुआ जैसी जनजातियों की पीड़ा है जबकि 'वारेन हेस्टिंग्स का साँड़' में सामान्य जन, श्रमिक एवं नारी जीवन की समस्याएँ, क्रियाएँ हैं और भाई का सत्याग्रह में प्रशासन व्यवस्था की कुरूपता तथा 'थर्ड डिग्री' में राजतंत्र की पोल खोलने का प्रयास है, जो किस्सागोई के पर्याय हैं।

'किस्सागोई' वस्तुतः वह पद्धति है जो घर, गाँव, जन-मन में व्याप्त है। इस पद्धति के अनुसार रचनाकार बिना किसी लाग-लपेट के कहानी को कहन शैली में बदल देता है। अर्थात जैसे सोचता है, देखता है, वैसे वर्णन करता जाता है। 'किस्सागोई' पद्धति सम्प्रेषण को और सहज बनाकर कहानी को पाठक या श्रोता के मानस में गहरे पैठा देती है।

उदय प्रकाश की कहानी 'और अन्त में प्रार्थना' का उदाहरण, द्रष्टव्य है—''हरवंश पण्डित को ज्यादातर लोग इस नाम से नहीं जानते थे। उन्हें 'थुकरा महाराज' के नाम से जाना जाता था। वजह यह थी कि हरवंश पण्डित जब बोलते थे या कथा बाँचते थे तो उनके मुँह से थूक निकलता रहता था। वे जाति से ब्राह्मण, कुल से दुबे यानी द्विवेदी और गोत्र से भारद्वाज थे।

थुकरा महाराज गरीब ब्राह्मण थे। सिर्फ पाँच-सात डिसमिल जमीन थीं, जिसमें पण्डिताइन साग-भाजी और आसाढ़-सावन में खीरा-भुट्टा बो लेती थीं। घर का खर्च मुख्यतः पण्डिताई और जजमानी से ही चला करता था। कई मनौतियों, स्वर्ण-भस्म और कठिन परिश्रम के बाद पण्डित-पण्डिताइन को एक ही पुत्र-रत्न की प्राप्ति हुई थी। पुत्र का नाम थुकरा महाराज ने पण्डित भोलाशंकर द्विवेदी रखा था। लेकिन गाँव के लड़के उन्हें लेहदा महाराज के नाम से जानते थे। कारण यह हुआ कि भोलाशंकर का लेदा (पेट) बहुत बड़ा और तरबूज की तरह फूला हुआ रहता था।''[26]

संजीव की आरोहण कहानी में यह कला अपनी शान पर चढ़ी दिखाई देती है—''तो सुण भुइला, तूने सिर पर पहाड़ टूटने की कहावत तो भौत सुणी होगी, सुणने में भौत भारी नही लगती, लेकिन इसकी सच्चाई तो वो-ई जाणे हैं, जिस पर सचमुच का पहाड़ टूटा हो।'' भाभी भुने हुए भुट्टे दे रही थीं, उन्होंने मना कर दिया—''तेरे जाणे के बाद अगले साल भौत बरफ गिरी। ये हिमाँग पहाड़ उसका बोझ न उठा सका, धसक गया और अपने तीस नाली खेत, मकान, माँ-बाबा, सब दब गए मलबे में। मैं ही किसी तरह बच गया, छानी पर था, इसलिए। वहीं से तबाही देखी थी मैंने लाचार, असहाय। तू होता, तो पहाड़ का मलबा क्या था, पहाड़ तक हटा लेते दोनों भाई। खेत भी खींचकर निकाल लेते, माँ-बाबा को भी, लेकिन नहीं हो सका। वही पहाड़ कबर बन गया।''[27]

दूधनाथ सिंह की 'धर्मक्षेत्रे कुरुक्षेत्रे' भी इस दृष्टि से उल्लेख्य कहानी है। ''वह इस तिजारत का बादशाह था। जादूगर था वह पूरा जादूगर। न जाने किस हिकमत से वह नादान बच्चियों, लड़कियों, औरतों को फुसलाता-बहलाता, उठाता या खरीद-फरोख्त करता कि लोग हैरत में पड़ जाते। इसमें पाँच बरिस की कन्याओं से लेकर चालिस-पैंतालिस तक की अधेड़ औरतें तक होतीं...जरूरतमन्द लोग रात के अँधेरे में शिव महतों की चिरौरी करते अपनी जरूरत की तफसील बतलाते।

बैना-बट्टा देते और फिर देखते हैं कि उनके घर में एक दिन औरत के मुखड़े का उजियारा फैला है।''[28]

जोकर (अर्चना वर्मा) एक एक उदाहरण देखिए–''फिर माँ चल बसीं। घर में काकी का आना हुआ। फिर सुगन्धा कॉलेज पहुँची। उसका बेझिझक, निडर, प्रसन्न व्यक्तित्व, जैसा कि होना ही था, आकर्षण का केन्द्र बना रहा। पढ़ने से ज्यादा दिलचस्पी नाचने, गाने और नाटक करने में थी। सहपाठी लड़कों के बीच मस्त खिलंदड़। दोस्तियों के दौरान उसने पढ़ा दूसरा पाठ–'इफ माई बॉडी इज देयर वीकनेस, इट्स देयर प्रॉब्लम नॉट माइन। फॉर मी, इट्स माई वेपन अगेन्स्ट देम' तो देह का हथियार और दोस्ताना व्यवहार के आवरण में बहुत सूक्ष्म लगभग अदृश्य। अतः बेखबर किस्म के ब्लैकमेल की कार्यविधि का औजार लेकर वह जिन्दगी में उतरी। कौमार्य था ही नहीं जो कौमार्य भंग की चिन्ता होती। मस्ती थी और बेफिक्री भी। काकू पर भरोसा था पर पढ़ाई पूरी होने तक बाबा दादी भी जा चुके थे और काकी से उसकी पटती नहीं थी इसलिए वर्किंग गर्ल्स होस्टल में अगले कुछ वर्ष बीते और वहाँ की अवधि पूरे होने के बाद वह मेरे पास आई।''[29]

'दादी माँ का बटुआ' (क्षमा शर्मा) भी इस कला को शान चढ़ाता है–''नीला स्क्रीन के बाद बी. जे. का मुस्कराता चेहरा उभरता है। हाँ तो एक बार फिर अपनी बातचीत शुरू करने से पहले हम आपको बता दें कि खरखूशटी देवी जी ने लड़कियों को मारने के लिए बूटी का जिक्र किया, वह हमारी ईजाद की हुई; भारतीय है। मैं भारत सरकार से रिक्वेस्ट करूँगी कि जितनी जल्दी हो सके इस बूटी को पेटेंट करा लिया जाय। कहीं ऐसा न हो कि हल्दी, जामुन, बासमती, नीम, करेले, आदि की तरह इसे पहले ही अमेरिकियों ने पेटेंट करा लिया हो।''[30]

(ग) बयान की कला

कहानियों की नैरेशन और किस्सागोई प्रवृत्ति ने बयान की कला का विकास किया। बयान की ही इस कला के सहारे रचनाकारों ने घटना, चरित्र के रेशे-रेशे को अलगाया। मनुष्य के विभिन्न घात-प्रतिघातों को रेखांकित किया। उसके सूक्ष्म-से-सूक्ष्म मनोभावों को गहराई तक पैठकर उकेरा। पहली बार ऐसा महसूस हुआ कि कहानीकार अनुभूति की सघनता से संपृक्त हैं। वह आम आदमी की पीड़ा से रू-ब-रू ही नहीं हुआ अपितु उसे भोग भी रहा है। इस भोग और भाषा की शक्ति ने उसकी बयान कला को समृद्ध बनाया। एक छोटी-सी घटना-वैशिष्ट्य को व्यापक परिवेश देकर उसके बीच उसकी परख इस कला का वैशिष्ट्य है। 'और अन्त में प्रार्थना', 'पाल गोमरा का स्कूटर', 'वारेन हेस्टिंग्स का साँड', 'पीली छतरी वाली लड़की', 'प्यास', 'न्यूटन की सीपियाँ', 'शेषान्त', 'आखिरी ईंट', 'भय', 'रावण', 'आरोहण',

'लिट्रेचर', 'खोज', 'अनुष्ठान', 'शताब्दी प्रवेश', 'जलडमरूमध्य', 'वधस्थल से छलाँग' आदि कहानियाँ इस कला के विकास के मील के पत्थर हैं।

बयान की कला का एक उदाहरण देखिए—"चारों ओर परिवर्तन की रफ्तार बहुत तेज थी। दिल्ली केलाइडोस्कोप बन चुकी थी। लाखों प्रकार के साबुन, हजारों टूथपेस्ट, करोड़ों घड़ियाँ, हजारों कारें, जाँघिए, क्रीम, ब्रेसरी, डिल्डो, सैनिटरी नैपकिंस, सी.डी., राइफलें, रिमोट, कॉस्मेटिक्स, लक्जरी, कंडोम, ट्रैंक्वलाइजर्स, टेलीफोन, फैक्स, मसाज सेंटर्स, जिम्स...। सरकारें बनतीं और गिर जातीं। कोई प्रधानमन्त्री बनता, फिर या तो गिरा दिया जाता या मार दिया जाता। लोगों की स्मृति उस कैसेट की तरह थी, जिसमें हर रोज नई छवियाँ और नई आवाजें टेप की जातीं और रात में उन्हें पोंछ दिया जाता। सुबह वे सबके सब स्मृतिहीन होकर उठते। उन्हें पिछला कुछ याद नहीं रहता था।"[31]

'मर गया दीपनाथ' (चन्द्रकिशोर जायसवाल) इस कला की एक अविस्मरणीय कहानी है। "मैं अभी मुसहरी से ही आ रहा हूँ। भूटो मुसहर से बात हो गई है। वे किसी के बहलाने-फुसलाने में आने वाले नहीं हैं, उन लोगों पर किसी भी नारे का कोई असर पड़ने वाला नहीं हैं वे वही करेंगे जिसमें उनका अपना भला हो। उन्हें आगे भी तो इसी गाँव में हमारे साथ रहना है।"..."मुसहरों का अपना कोई गाँव होता है क्या? देह के सिवा और क्या दौलत होती है उनके पास, कोई घर-जमीन? जहाँ काम मिलेगा, वहीं घर बसा लेंगे वे, गाँव बसा लेंगे। एक गाँव से उपटकर दूसरे गाँव जाते उन्हें कितना वक्त लगेगा? मैं हिन्दुओं पर भरोसा नहीं करता, अब्बा हम मारे जाएँगे।"[32]

वस्तुतः इस पद्धति के सहारे रचनाकार ऐसा वर्णन करता है कि प्रतीत हो कि वह स्वयं इसका भोक्ता और द्रष्टा है। इस प्रक्रिया में वह 'रिपोर्ताज' या 'आँखों देखा हाल' के निकट पहुँच जाता है।

(घ) मिथकीय परिकल्पना

मिथक कथा के विस्तार का सहायक होने के साथ-ही-साथ कथा को जोरदार तथा सशक्त भी बनता है। अन्तिम दशक की कहानियों में मिथकीय परिकल्पना का सहारा लेकर कहानी को संश्लिष्ट बनाया गया, उसकी धार को पैना किया गया है। 'धर्मक्षेत्रे कुरुक्षेत्रे', 'ओऽम नमो अन्धकारं', 'न्यूटन की सीपियाँ', 'लाश', 'वह नज़र', 'भूत सवार', 'बिलन', 'इसे ऐसा ही होने दो', 'शताब्दी प्रवेश', 'बिन पानी सब सून', 'सिपाही', 'आघात पुष्प', 'पीली छतरी वाली लड़की', 'वारेन हैस्टिंग्स का साँड़', 'मर गया दीपनाथ', 'जलडमरूमध्य', 'वधस्थल से छलाँग' आदि कहानियों में मिथकीय परिकल्पना का सहारा लिया गया है। 'न्यूटन की सीपियाँ' का एक

उदाहरण दृष्टव्य है—"मुझे उन दिनों एक सपना आया था कि प्रोफेसर जुआरकर तैरकर इंगलिश चैनल पार कर रहे हैं, वे पूरे ड्रेस में हैं—पेंट, कमीज, घड़ी सब पहने हुए बड़ी-बड़ी दैत्याकार लहरों से जूझते हुए। उनके साथ जो मोटरबोट चल रही है, उस पर एक बड़ी साइज का चिम्पांजी बैठा है। उसके होंठ खूब बड़े और लाल हैं। जो उसकी देह पर लगभग दहक रहे हैं। उसके हाथों में एक रायफल है—जिसे वह बीच-बीच में आकाश की ओर उठाकर फायर कर देता है।"[33]

'भूत सवार' रमणिका गुप्ता की कहानी है। यह एक मिथकीय कथा है, "अरे-रे...ई पूरा पहाड़ ही हमर ऊपर गिरे जात है। मैय्या...बच-बच!...पत्थर मार रहा है। आकास! देख यही पत्थर हमर छाती पर पड़ा है। मैय्या...इसके नीचे हमर महावीर दबा है। देख! देख! मैय्या!! पत्थर का पहाड़ लग गया है! अरे...रे-बाप रे बाप...बचाओ-बचाओ, कोई हमार महावीर के बचाओ ई राक्षसन से।"[34]

एक अन्य उदाहरण देखें—"अरे-रे, बाप रे बाप! अनर्थ हो गया, देख मोर बहु के अंचरा उतार दिया है! हे रैदास बाबा! रक्षा कर। सड़िया खींचा लिया है। भैय्या अर्जुनवा उसे जलती लुकाठी से दाग रहा है। बचा मैय्या मोर बहु के बचा दे।"[35]

रमाकान्त श्रीवास्तव कृत 'शताब्दी प्रवेश' में भी मिथकीय प्रयोग दृष्टिगत होता है। रमाकान्त जी ने कहानी को धारदार बनाने के लिए कई स्थानों पर मिथक का प्रयोग किया है, "ओह...वह पद! पल्लवराज चरण युग शोभित गति गजराजक भाने।' तो आप मेरु के ऊपर फूले हुए कमलों पर बहती मणिमय हाररूपी सुरसरि को अपनी कल्पना में देख रहे थे।"[36]..."तुम खजुराहो की किसी मूर्ति की तरह लग रही हो।"[37]...अमला के अंग-अंग से सौन्दर्य की तरंगे उठ रही थीं जिसमें मत्स्य, कूर्म, कपोत, मयूर, सर्प, खंजन किलोल कर रहे थे। अमिय, हलाहल और मद भरे नेत्रों से आलोकित प्रालोकित, निमीलित, उल्लोकित कटाक्षों से स्फुलिंग झर रहे थे।"[38]

कहानीकार जयनन्दन ने अपनी कहानी 'बिन पानी सब सून' में मिथकों का प्रयोग किया है—"अब वह नहर राँड और निपूती के रूप में उस नग्न असहाय औरत की तरह लगती है जिसे किसी जालिम हुक्मरान ने बिना अन्न-पानी दिए निचोड़कर लावारिस हाल में छोड़ दिया हो।"[39]

कहानीकार चन्द्रकिशोर जायसवाल ने भी अपनी कहानियों में कथावस्तु को अर्थवान बनाने के लिए मिथकों को अपनाया है। 'अघात पुष्प' का एक उदाहरण देखें—"यशोदा पूछती है, "तो लाडली तोहि सुपने में कैसी दीखी, बड़ी के छोटी?" कृष्ण कहता है, "मैय्या! मैं तो मुख ही मुख देखत रह गयौ, बड़ी छोटी कौ तो ध्यान ही नाँय रहूयौ।

यशोदा—नेक संहार कर लै, ध्यान में आय जाय कहूँ;

कृष्ण—(आंख बन्दकर थोड़ी देर बाद) मैय्या! वह तो कभू बड़ी-बड़ी-सी लगे और कभू छोटी-छोटी-सी लगे है, (आँख खोलकर) मैय्या! मैं तो बड़ो दीन प्रिय, सरल, सुशील बन के रहूँ हूँ। मेरी ब्याह तो होवैगो, मैया?

यशोदा—हाँ, लाला जरूर हौवैगौ।

कृष्ण—तो मैय्या! अब ब्याह तो बरसाने में पक्कौ है गयौ?

यशोदा—हाँ, लाला, पक्कौ है गयो।"[40]

उदय प्रकाश कृत—'वारेन हेस्टिंग्स का साँड़' एक मिथकीय परिकल्पना की श्रेष्ठतम कहानी है। समूची कथा, अन्तर्कथा मिथक के सहारे आगे बढ़ती है। "...कुछ ऐसी थीं जो बीन की धुन में कोबरा जैसे जहरीले साँपों को अपने शरीर में लपेटकर उसका फन अपने मुँह में भर लेती थी। उसे यह भी बताया गया था कि कई-कई बार ये औरतें खुद नागिनें बन जाती हैं और जिससे बदला लेना होता है उसे रात में काटकर चुपचाप लौट आती हैं और वापस औरत बन जाती हैं।"[41]

"ये सारी धरती तो इस गोवर्द्धनधारी कृष्ण कन्हैया की लीलाभूमि है। जो भी कुछ हो रहा है और तू जिससे सुखी-सुखी होता है, वह सब लीला है...! यह अनित्य है...परन्तु नित्य है...।"[42]

"या वह गाय 'चोखी' और वह साँड़ उस 'नन्दकुमार' के पुनर्जन्म थे, जिनकी मृत्यु में वारेन हेस्टिंग्स की भूमिका थी! या वह साँड़ वास्तव में शहीद हुआ था।"[43]

(ङ) फैंटेसी/स्वप्न कथा/जादुई कथा

"राष्ट्रीय आत्मविश्वास प्राप्त करने की, अपनी राष्ट्रीय महत्ता पर आस्था अनुभूत करने की, अपने सामाजिक आदर्शों तथा मानवादर्शों और मूल्यों तथा उच्चतर आकांक्षाओं को एक भव्यतर धरातल पर उपस्थित कर उनको उचित प्रतिष्ठा प्रदान करने की, जो एक सांस्कृतिक आवश्यकता रहती है, उसकी मनोवैज्ञानिक प्रक्रिया का परिणाम है यह प्राचीन भारतीय वातावरण की साहित्यिक अभिव्यक्ति। अतः प्राचीन भारतीय वातावरण के ये चित्र, ऐतिहासिक तथ्यों के रूप में ही क्यों न अवतरित हुए हों, अन्ततः वे मात्र बृहत्तम मनःचित्र फैंटेसीज हैं, जिनके द्वारा व्यक्तिवादी सांस्कृतिक उत्थान की आकांक्षाएँ और समस्याएँ प्रकट हुई हैं।"[44] मुक्तिबोध की अवधारणा के अनुसार प्रत्येक मनश्चित्र एक फैंटेसी है। पुनः वे कहते हैं—"फैंटेसी का भावना केन्द्र है—मौजूदा सभ्यता या यथार्थ की समीक्षा। फैंटेसी के अन्तर्गत कल्पना जीवन की सारभूत विशेषताओं को प्रकट करती है। इस कार्य से तथ्यात्मक जीवन, अर्थात भोगा हुआ जीवन, प्रच्छन्न, गौण और नेपथ्यवासी हो जाता है। यह वह जीवन होता है जिसकी स्वानुभूति विशेषताएँ प्रोद्भासित की गई

हैं। अर्थात् रचना के लिए जीवन का जिया जाना भी आवश्यक है। मिथक में भी यही होता है कि जीवन के तथ्यों को अधिकाधिक अर्थवान, दीर्घजीवी और सुरक्षित बना दिया जाता है। जीवन साहित्य में सीधे नहीं आता है, वह प्रच्छन्न, गौण और नेपथ्यवासी होकर ही आता है और आने की यह क्रिया फैंटेसी द्वारा सम्पन्न होती है।" मुक्तिबोध के अनुसार ही—"फैंटेसी के अन्तर्गत भाव पक्ष गौण प्रच्छन्न तो होता है, साथ ही यह भावपक्ष कल्पना को उत्तेजित करके बिम्बों की रचना करते हुए, एक ऐसा मूर्त-विधान उपस्थित करता है कि जिस विधान में उस विधान के ही नियम होते हैं, इस मूर्त-विधान में विभाव पक्ष मात्र सूचित होता है, मात्र ध्वनिगत होता है, किन्तु उस नेपथ्यवासी मूलाधार के बिना, उस अण्डर ग्राउण्ड, भूमिगत विभावपक्ष के बिना उस मूर्त विधान का जीवन-महत्व प्रोद्भाषित ही नहीं हो सकता।"[45] मुख्य बात है जीवन-महत्व का प्रोद्भाषित होना। उसके लिए फैंटेसी आवश्यक है। मुक्तिबोध की यह भी अवधारणा है कि जब कल्पना जीवन सत्यों को प्रोद्भाषित करती हुई विभिन्न रंगों में उन्हें अपने समस्त सौन्दर्य के साथ उद्घाटित करती है, तब फैंटेसी का निर्माण होता है। उनकी अवधारणा है—"साहित्यिक कलाकार अपनी विधायक कल्पना द्वारा जीवन की पुनर्रचना करता है।" "...फैंटेसी एक झीना परदा है जिसमें से जीवन की विस्मृति वास्तविकता के लिए और उसको लेकर उपस्थिति होती है।" इस दृष्टि में फैंटेसी निर्माण की प्रक्रिया होगी—अनुभव की उत्कट तीव्रता का क्षण/अनुभव का अपने मूल से अलग होना/अलग हुए अनुभव का फैंटेसी को जन्म देना/अर्थात् अनुभव-कन्या-मूल फैंटेसी/शब्द-बद्ध या चित्रित फैंटेसी रचना।

फैंटेसी निर्माण का सम्बन्ध सौन्दर्यानुभव से है अर्थात् जीवन अनुभव ही फैंटेसी का जन्मदाता है और अनुभव की शब्द-बद्ध या चित्रित अभिव्यक्ति 'फैंटेसी' है। निश्चय ही अन्तिम दशक के कहानीकारों ने अनुभव को, जीवन सत्य को कल्पना के सहारे अपनी कहानियों में प्रस्तुत किया है। फैंटेसी की निर्मिति के कारण उनमें यथार्थ भी है और बिम्ब भी। यह बिम्ब जीवन-जगत के यथार्थ का रेखांकन है। मुक्तिबोध यह भी मानते हैं कि फैंटेसी सच होने वाला सपना है—मैं अपनों से घिर उठता हूँ/मैं विचरण-सा करता हूँ एक फैंटेसी में/यह निश्चित है कि फैंटेसी कल वास्तव होगी।"[46]

यहाँ मुक्तिबोध ने फैंटेसी को दिवा स्वप्न भी माना है। वस्तुतः अनुभव और अतीत के प्रति मोह, वर्तमान को बदल डालने का संकल्प अन्तिम दशक के कहानीकारों को फंतासी-रचनात्मकता के लिए प्रेरित करता है। विजयमोहन सिंह के अनुसार—"हिन्दी में फैंटेसी शिल्प की कहानियाँ अधिक नहीं लिखी गईं। हालाँकि उसकी चर्चा अधिक हुई। इसका केन्द्र नामवर सिंह में है जिन्हें जैनेन्द्र की 'नीलमदेश

की राजकन्या' फैंटेसी लगी थी। किन्तु काफ्का की 'मेटामारफेसिस जिस अर्थ में फैंटेसी है और जिसके साथ ही विश्व साहित्य में फैंटेसी की चर्चा शुरू हुई थी, उस तर्ज पर दूधनाथ सिंह ने कुछ कहानियाँ जरूर लिखी थीं किन्तु मनुष्य को केवल भुनगा, चूहा या छिपकली बना देने में 'फैंटेसी' नहीं बन जाती। दरअसल कविता और कहानी दोनों में फैंटेसी के असली रचनाकार मुक्तिबोध ही हैं। उनकी कहानी 'ब्रह्मराक्षस' के शिल्प को फैंटेसी कहा जा सकता है।

अब कहानी के सन्दर्भ में फैंटेसी की चर्चा प्रायः नहीं होती। किन्तु उदय प्रकाश की कहानी 'वारेन हेस्टिंग्स का साँड़' को एक विशेष अर्थ में फैंटेसी कहा जा सकता है, इतिहास की फैंटेसी। कोई एक साँड़ तीन सौ वर्षों तक जीवित नहीं रह सकता है। न किसी गाय विशेष की चर्बी का कारतूसों में उपयोग सत्तावन के गदर का कारण बन सकता है। किन्तु इस कहानी में इसका रूपकबद्ध प्रतीकात्मक प्रयोग इसे फैंटेसी की सीमा में पहुँचा देता है जहाँ असम्भव वास्तविकता की प्राथमिक अभिव्यक्ति बन जाता है।

इधर की कहानियों में ऐसी अवास्तविकताएँ, अतिरंजनार्थ तथा अतिनाटकीयता की प्रवृत्तियाँ बढ़ी हैं। अखिलेश की 'शापग्रस्त' तथा शिवमूर्ति की 'भारतनाट्यम', सृंजय का 'भागदत्त का हाथी' आदि ऐसी ही कहानियाँ हैं।

चेखव तथा हेमिंग्वे से कहानी में मित कथन सांकेतिकता तथा पंक्तियों के बीच की अर्थगर्भिता उत्पन्न करने की जिस संश्लिष्टता का विकास हुआ था वह इधर की हिन्दी कहानी में कम ही परिलक्षित होता है। 'पिंटी का साबुन' अथवा 'पलंग' जैसी कहानियाँ इसका अपवाद मानी जाएँगी।

"कहानी में व्यंग्य और राजनैतिक स्वर प्रखर हुआ है। उसकी प्रामाणिकता तथा वास्तविकता, प्रतीति भी जो उसकी समकालिक परिवेश के प्रति सजगता का परिचायक है। किन्तु सतह के यथार्थ का अतिक्रमण कर गहरे बुनियादी सरोकारों, मानव अस्तित्व और नियति के सम्बन्ध में रचनात्मक अन्तर्दृष्टि कम दिखाई पड़ती है जैसी कभी कृष्णा सोबती की कहानी 'ऐ लड़की' में दिखाई पड़ी थी।"[47]

फंतासी निर्मिति में उदय प्रकाश, शिवमूर्ति, सृंजय, संजीव, स्वयंप्रकाश, काशीनाथ सिंह, चन्द्रकिशोर जायसवाल, मधु कांकरिया, जया जादवानी, धीरेन्द्र अस्थाना, प्रहलाद चन्द्र दास, हेमन्त, मजहर-उज-जमाँ खाँ आदि अनेक कहानीकारों ने प्रयास किया है। जीवन-जगत् से गहरा साक्षात्कार और उसके दुःख-दर्द से निर्मित अनुभूति तथा कल्पना के सहारे जीवन-सत्य की अभिव्यक्ति अन्तिम दशक के कहानीकारों की विशेषता है।

फंतासी प्रयोग का श्रेष्ठ उदाहरण है—'मर गया दीपनाथ' (चन्द्र किशोर जायसवाल) समूची कहानी स्वप्न के सहारे चलती है। "अब मौत बहुत दूर नहीं,

उसके समीप सरक आई है, ऐसा लगा उसे। मारा गया बेचारा दीपनाथ, बेचारा दीपनाथ, बदकिस्मत दीपनाथ...वह इस तरह जमीन पर बैठ गया कि लगा जैसे कोई दीवार ढह पड़ी हो।

आँसू उतर आये उसकी आँखों में...अब मैं मारा गया। ईश्वर ने मेरी नहीं सुनी। मेरा नमस्करण निरर्थक हुआ, माँ दुर्गा का जाप निष्फल हो गया...।''[48]

उदय प्रकाश की 'वारेन हेस्टिंग्स का साँड़' का एक उदाहरण द्रष्टव्य है—''गाय की आँखों से लगातार आँसू बहते रहे। इंग्लैण्ड के औद्योगिक-पूँजीवादी समाज में किसी ने उन आँसुओं को नहीं देखा। गाय ने खाना ही नहीं, पानी तक पीना छोड़ दिया। अगर राजनीतिक शब्दावली इस्तेमाल करें तो शायद उसने भारत के इतिहास में पहला सत्याग्रह इंग्लैण्ड के बार्कशायर नामक शहर में, ईस्ट इण्डिया कम्पनी के पूर्व गवर्नर जनरल वारेन हैस्टिंग्स के 'प्योरली हॉल' नामक बंगले में प्रारम्भ किया।

साँड़ उन दिनों लगातार उस ब्राह्मणी गाय को चाटता रहता था, जो दिनोदिन निढाल और कमजोर होती जा रही थी। वह 'संथारा' कर रही थी। बछड़े की मृत्यु या हत्या के बाद उसके जीवन में अब कुछ नहीं बचा था।''[49]

चन्द्रकिशोर जायसवाल कृत 'आघात पुष्प' में फंतासी का एक प्रयोग देखें, ''यह देखो पहला चित्र। रासमंच पर राधा और कृष्ण बैठे हुए हैं, उनके दोनों ओर सखियाँ विराज रही हैं, श्रीकृष्ण का शृंगार देखो, माँ यह मुकुट है, यह सिरपेंच और यह कलँगी। गिनकर बताओ तो, कितने मयूर हैं भगवान कृष्ण के मुकुट में? तुम तो कृष्ण का नहीं, राधा का शृंगार देखोगी। तो वही देखो, यह है राधा की बन्दिनी, इसमें भी मयूर, राधा के कुंडल में भी मयूर बताओ तो बाजूबन्द में मयूर है या नहीं? अब बताना बाद में।''[50]

उदय प्रकाश कृत 'पाल गोमरा का स्कूटर' में फंतासी का उदाहरण देखें, ''...उसके घर का दरवाजा उनकी पत्नी स्नेहलता सक्सेना ने नहीं, मशहूर मॉडल मेहर जेस्सिया ने खोला था। रोलर और कंडीश्नर से घुँघराले हो गए बाल, जिन्हें ड्रायर से सुखाकर चमकीला बना दिया गया था। भूरे और कत्थई होकर पंखे की हवा में काँप रहे थे। साँवला रंग बदलकर हल्का हरा और आसमानी हो गया था। पलकों में सुनहरा शैडो। शरीर में मांट्रियल की प्रसिद्ध यू डि कोलन शैंटिली की खुशबू आ रही थी। उसने हल्के गुलाबी और सलेटी रंग की जो लिंगरी पहन रखी थी, उसकी मूल डिजाइन की परिकल्पना पेरिस के फैशन डिजायनर रोम्याँ कार्तिएँ ने की थी।''[51]

''विजय के उन्माद और खुशी में सारे आदिवासी नाचते और झूमते हैं। तभी धोखे से उस युवा आदिवासी की किसी अनजान हरकत से वह लोहे का जानवर स्टार्ट हो जाता है और अपने ऊपर सवार भय और आश्चर्य में जड़ हो चुके उस

युवा आदिवासी को लेकर रफ्तार, आनन्द, यात्रा और रहस्य के एक नए नक्षत्रलोक की ओर चला जाता है।''[52]

उदय प्रकाश ने अपनी इस कहानी में मुक्तिबोध की फैंटेसी को अपनाकर 'पॉल गोमरा' के स्वप्न को रूपायित किया है। ''चेहरे वे मेरे जाने-बूझे से लगते। उनके चित्र समाचार-पत्रों में छपे थे उनके लेख देखे थे यहाँ तक कि कविताएँ पढ़ी थी। भई वाह! उनमें कई प्रकाण्ड आलोचक, विचारक, जगमगाते कविगण, मन्त्री भी, उद्योगपति और विद्वान यहाँ तक कि शहर का हत्यारा कुख्यात डोमा जी उस्ताद...।''...और तभी उनमें से एक ने पॉल गोमरा को देख लिया और जोरों से चीखा, ''मारो, मारो स्साले को! ठण्डा कर दो एकदम।''[53]

मज़हर-उज-जमाँ खाँ की कहानी 'चौथी दुनिया' से फंतासी का उदाहरण देखें, ''क्योंकि चारों दिशाओं में जमीन बज रही है। चीख रही है और बीज को अन्दर-ही-अन्दर खाती चली जा रही है, किन्तु आओ सो जाएँ और कोई अच्छा-सा सपना देखें, ऐसा सपना जिसमें चारों ओर सुगन्ध फैली हुई हो और हम सब सोने की धरती पर आहिस्ता-आहिस्ता चल रहे हों। और हमारे शरीर पर हीरे-मोती जड़े हुए हों। चलो अब चुपचाप सो जाएँ।''[54]

मधु काँकरिया की 'लेकिन कॉमरेड' का एक उदाहरण देखें—''मुझे लिखो! मुझे लिखो! लिखना चाहा प्रेम की प्रथम फुहार पर, स्त्री की प्रथम छुअन पर, पर अतीत की जाने कितनी परतों को फोड़कर जो बाहर निकला वह तो लहूलुहान करता कुछ न नारों का शोर था, जो अन्तिम साँस छोड़ते समय दीपक बनर्जी ने लगाए थे।''[55]

जया जादवानी की 'आखिरी बार से पहले' फंतासी का श्रेष्ठतम उदाहरण है। यथा—''क्या तुम बता सकते हो, आखिरी बार से एकदम पहले क्या होता है? नहीं बता सकते। सुनो, एकदम थोड़ी-सी रोशनी, आखिरी संवाद, एकदम भरभराकर फिर मद्धिम होती पसलियों का शोर ऊपर आसमान में अस्त हो चुके सूर्य की आखिरी लालिमा और क्या...अजगर की तरह हमें लीलता अँधेरा...अजगर का पेट...खून, लिसलिसापन, दुर्गन्ध, मवाद तैरता हुआ...।''[56]

धीरेन्द्र अस्थाना की 'दुक्खम् शरणम् गच्छामि' का एक उदाहरण देखें, ''धुएँ, धुएँ, आलोक में तिरता रहस्यमय मगर चमकीला-सा, वर्षों के कठोर दुखों को अनवरत सहते रहने के बाद सहसा सामने आ खड़े मायावी सुख-सा, एक चिड़चिड़ी, थका देने वाली जद्दोजहद के बाद की उनींदी नींद के बाद अर्जित हुआ विरल अनुभव।''[57]

प्रहलादचन्द्र दास कृत 'एक और वामन' में भी फैंटेसी का प्रयोग हुआ है यथा—''मेरे हृदय को अशान्त सागर वाला छन्द चाहिए। अशुभ के साथ बैरियों-सा

द्वन्द्व चाहिए/इस क्षण, जीवन को मुग्ध करने वाला महान स्वप्न चाहिए/बेटी के विवाह जैसी लगन चाहिए/कविता के लिए सितारों जैसे शब्द चाहिए/शान्ति और कल्याणमय शब्द चाहिए/अंजलि और मिताली की आँखों की अनुरक्ति चाहिए/ सभी तरह के कारागारों से मुक्ति चाहिए/मुक्ति चाहिए/मुक्ति चाहिए!!"[58]

निश्चय ही उपर्युक्त विवेचन इस बात का साक्षी है कि आलोच्य युगीन कहानीकारों ने कहानी शिल्प को नए सिरे तराशा, उसे धारदार बनाया।

---

1. हंस, सितम्बर, 96, पृ. 85
2. हंस, जनवरी, 1994, पृ. 52
3. हंस, सितम्बर, 1999, पृ. 89
4. हंस, जनवरी, 1994, पृ. 53
5. हंस, जनवरी, 1993, पृ. 71
6. हंस, मार्च, 1992, पृ. 5
7. हंस, अगस्त-सितम्बर, 1997, पृ. 133
8. हंस, अगस्त, 1992, पृ. 64
9. वही, 1992, पृ. 66
10. पीली छतरी वाली लड़की, उदय प्रकाश, पृ. 12
11. हंस, सितम्बर, 99, पृ. 69
12. वही, 1999, पृ. 90
13. हंस, फरवरी, 1991, पृ. 41
14. हंस, सितम्बर, 1992, पृ. 64
15. हंस, सितम्बर, 1999, पृ. 90
16. हंस, नवम्बर-दिसम्बर, 1994, पृ. 205
17. हंस, अप्रैल, 1996, पृ. 82
18. वसुधा, अंक 23-24, दिसम्बर, 95, मार्च 96 खगेन्द्र, ठाकुर, पृ. 100
19. इण्डिया टुडे, साहित्य वार्षिकी, 1995-96, पृ. 77
20. पाल गोमरा का स्कूटर, उदय प्रकाश, पृ. 72-73
21. हंस, जुलाई, 98, पृ. 41
22. हंस, सितम्बर, 1999, पृ. 78
23. कथादेश, जनवरी, 2000, पृ. 41
24. हंस, सितम्बर, 1998, पृ. 71
25. पाल गोमरा का स्कूटर—उदय प्रकाश, पृ0 104
26. हंस, अगस्त, 1992, पृ. 58

27. हंस, अगस्त, 1996, पृ. 20
28. हंस, अगस्त, 1995, पृ. 20
29. हंस, अगस्त, 1995, पृ. 48
30. हंस, जनवरी-फरवरी, 2000, पृ. 124
31. पाल गोमरा का स्कूटर, उदय प्रकाश, पृ. 61
32. हंस, दिसम्बर, 1992, पृ. 61
33. हंस, जून, 1994, पृ. 73
34. हंस, जुलाई, 1999, पृ. 36
35. वही, पृ. 37
36. कथादेश, अप्रैल, 2000, पृ. 14
37. वही, पृ. 14
38. वही, पृ. 14
39. कथादेश, मई, 2000, पृ. 45
40. हंस, फरवरी, 1999, पृ. 74
41. पाल गोमरा का स्कूटर, उदय प्रकाश, पृ. 108
42. वही, पृ. 126
43. वही, पृ. 139
44. मुक्तिबोध रचनावली, खण्ड-5, पृ. 41
45. वही, खण्ड-4, पृ. 195
46. वहीं, खण्ड-2, पृ. 141
47. हंस, जनवरी, 2002, पृ. 55
48. हंस, दिसम्बर, 92, पृ. 63
49. पाल गोमरा का स्कूटर, उदय प्रकाश, पृ. 154
50. हंस, फरवरी, 1999, पृ. 71
51. पाल गोमरा का स्कूटर—उदय प्रकाश, पृ. 40
52. वही, पृ. 50
53. वही, पृ. 96
54. हंस, मार्च, 1999, पृ. 71
55. हंस, जुलाई, 99, पृ. 54
56. हंस, मार्च, 2000, पृ. 44
57. हंस, मई, 2000, पृ. 82
58. कथादेश, सितम्बर, 2000, पृ. 41

अध्याय छह

आलोच्य युग की हिन्दी कहानियाँ : नए औजार के रूप में भाषा का प्रयोग

भाषा अनुभूति की अभिव्यक्ति का महत्त्वपूर्ण साधन और माध्यम है। अनुभूति की सघनता और उसकी गहराई भाषा की सहजता का कारक बनती है। वस्तुतः कहानीकार एक संवेदनशील प्राणी होता है। समाज में, देश में, संसार में अपने परिवेश में घट रही घटनाओं से वह संवेदित हुए बिना नहीं रहता और उसकी यह संवेदनशीलता ही उसे अभिव्यक्ति के लिए आकुल-व्याकुल करती है। कहानी एक साहित्यिक विधा मानी गई है। समाज से यह गहराई तक जुड़ी हुई है। एक तरफ इसे सुन, पढ़कर पाठक/श्रोता उसमें अपने को खोजता है, दूसरी तरफ वह इसकी कथा हेतु घटना और चरित्र प्रदान करता है। इस प्रकार कहानी में, हर काल की कहानी में, मानव समाज का परिवेश ही अभिव्यक्त होता है। वस्तुतः मनुष्य के जन्म के साथ ही कहानी का जन्म हुआ। जहाँ वह एक से दो हुआ, समुदाय बना। वहीं कहानी भी उस समुदाय, समाज का अंग बनी। कहानी कहने की कला किस्सागोई की प्रवृत्ति से आगे बढ़ी। पहले जहाँ अलौकिक चरित्रों के क्रिया-कलाप, अलौकिक घटनाएँ उसकी वस्तु बनीं, वहीं कलात्मक विकास के साथ-साथ वह मानवीय जीवन के यथार्थ से जुड़ी और मनुष्य को पारिभाषित, व्याख्यायित करने का उसने लक्ष्य बनाया। मनुष्य से संपृक्ति की इस प्रक्रिया में कहानी कहने का माध्यम उसकी भाषा भी मनुष्य से संपृक्त हो उठी। तात्पर्य यह कि कहानी जिस मानव वर्ग, समुदाय चरित्र को व्यक्त करने का दावा करती है, उसी की भाषा को वह अपनाती है।

प्रेमचन्द से विकसित कहानी इस बात की गवाह है कि कभी वह देश-विदेश से जुड़ी, कभी मानव समुदाय विशेष से। हिन्दी कहानी के विकास-यात्रा में आँचलिक कहानी, नई कहानी, समान्तर कहानी, सचेतन कहानी, सहज कहानी, सक्रिय कहानी, अकहानी आदि आन्दोलन इस बात के प्रमाण हैं। स्पष्टता-अस्पष्टता, संवेदनीयता-असंवेदनीयता के आधार पर कहानी भी कभी सम्प्रेषणीय बनी, कभी असम्प्रेषणीय। वस्तुतः भाषा सम्प्रेषण व्यवहार है और कहानी कहने का माध्यम भाषा है। अतः

कहानी की भाषा की पहली शर्त है—उसकी सम्प्रेषणीयता। यह सम्प्रेषणीयता तभी सम्भव है जब कहानीकार की अनुभूति गहन हो, उसकी संवेदना लोक-सापेक्ष हो और उसकी अभिव्यक्ति उसकी अपनी सहज अवस्था की हो। दशक के पूर्व की कहानी और उसकी भाषा असम्प्रेषणीय हो चुकी थी। इसका प्रमुख कारण था, रचनाकारों की असहजता। नवें दशक के कतिपय रचनाकारों ने इस दिशा में प्रयास किया। वे लोक से जुड़े। फलस्वरूप इस काल में 'तिरिछ', 'छप्पन तोले का करधन', 'तिरया चरित्तर', 'भरत नाट्यम', 'कसाई बाड़ा', 'कामरेड का कोट', 'भगदत्त का हाथी' जैसी अविस्मरणीय कहानियाँ सामने आईं।

अन्तिम दशक के रचनाकारों ने शहर, गाँव के उस परिवेश की व्यथा-कथा को अपनी कहानी की कथा बनाया जो काफी दिनों से विस्मृत-सी थी। मन, मनुष्य को प्रभावित करने वाली, गहरे छूने वाली अनेक नवीन घटनाएँ भी कहानी सृजन का आधार बनीं। इतना ही नहीं, उस यथार्थ का उन्होंने साक्षात्कार किया, उससे गहरे जुड़े, उनके संघर्ष के भागीदार भी बने। फलस्वरूप विवेच्य दौर की कहानियों की भाषा में सहजता भी आई और सरसता भी। वह पाठकों से जुड़ी भी। इस दौर की कहानियों को लेकर हम किसी भी भाषा के उच्चतम स्तर की कहानियों का मुकाबला कर सकते हैं।

भाषा के अपने अंग हैं—ध्वनि, शब्द, वाक्य और अर्थ। रचनाकारों ने जहाँ कहानी प्रस्तुति में ध्वनियों का सहारा लिया वहीं, लोक जीवन के शब्दों को लेकर लोक-संवेदना को रूपायित भी किया और अपनी लोक संपृक्ति का दावा भी पेश किया। वस्तुतः आज का लोक, प्रेमचन्द-प्रसाद युगीन लोक से काफी आगे बढ़ गया है। फलस्वरूप युग-चेतना, भावना और अनुभूतियों को समग्र में चित्रित/प्रस्तुत करने में वही रचनाकार सफल होगा जो उसका भोक्ता है। इन कहानीकारों ने इसे भोगा है, इसलिए वे सतर्क हैं और उनमें भाषा के हर औजारों का प्रयोग है, ताकि उनकी अभिव्यक्ति परत-दर-परत को उधेड़ दे। उसके घाव हरा कर दे।

1. ध्वन्यात्मक प्रयोग

अपनी अभिव्यक्ति को प्रभावशाली बनाने के लिए इन कहानीकारों ने कहीं ध्वनियों, ध्वनियुग्मों का सहारा लिया तो कहीं शब्दों का। ध्वन्यात्मक अभिव्यक्ति दुःख-दर्द, पीड़ा-संत्रास को जितने प्रभावोत्पादक ढंग से प्रस्तुत कर देती है, उतना एक लम्बे कथन द्वारा भी सम्भव नहीं होता। ऐ...हाँ...हाँ। हा...हा...हा..., ई कर, ऊ कर, अम्मा ऽऽऽ, बाबू ऽऽऽ, उ ई ऽ...टप्! टप्! टप्!, हूँ...ऊँ...हूँ...ऊँ। तूंऽऽऽ। गों...गों, उहूँऽऽऽ। फुस-फुसाकर, खुर-खुर, खुर्र-खुर्र, खट-खट, और बीच-बीच में गादुरों की बनैली फड़-फड़ाहट। खरखर, खें-खें, पिच्च से, चिड़-चिड़ाते हुए, डगमग, हेएए

माईईई, कनकनाकर, दहाड़न, बाबूऊऊ, खिन्-खिनक् खिन्-खिनक, खुदबुद-खुदबुद, फूट-फूटकर, गलीज-सी गिज-गिजाहट, फटफट, गुडुर-गुडुर, पट-पटापट।

2. शब्द प्रयोग

शब्द प्रयोग के धरातल पर भी ये कहानीकार अपनी अलग पहचान बनाते हैं। मैंने पहले ही कहा है कि इस काल में देशी-विदेशी भाषाओं के ढेर सारे शब्द लोक-व्यवहार में आ गए। फलस्वरूप स्थानीय रंग में दृश्यांकन हेतु इनका उपयोग भाषा को समृद्ध तो करता ही है साथ ही भाषा को सहज-सरस और अर्थ-गाम्भीर्य से पूर्ण करता है।

बुद्धु, कतहूँ, नदी-इनार, फान, भँडुवा, जंगल-झार, जनावर, बागड़-बच्चा, बनकटे, हिंअई, चोरबत्ती, बंस, ढील, थान, अरार, भक्-से, गोड़, सान्ती-सान्ती, छनमनाई, सुर्तवाला, झमककर, सुरिल्ला, थोबड़ा, भड़ककर, बेसाह, ढोला, (कीड़ा), सराप, पतोहि, बनरसाँड, फगुनहट, बियापता, खार खाती, दरबेसा, मिनकी, सुभेख मेहरारू, दोख, नैनसुख, नार, हडीला मुख, बनकटे, गिराँव, चिकार, हतियार, बागड़-बच्चा, बिस्सास, जवार, चियारना, सान बघारना, सहकी, गोरू, गु-खउके, पोढ़ा, हेलाकर, पतलो, मुस्की काटता, दरसन, पनहा, फिरौती, राउर, गँठियाता। दीयर, मुड़ी, अरियात-करियात, जम, चिरई-चरुङ्, बउआ, हमेस-हमेस, हमिता, इलाका-बदर, सिर्दा, बान्हे, कुटाई, गुमड़े-कोरट, कुटाई, ओढ़ाना, दुआह-पिताह, ओंछड़-पोंछड़, अइंचे-ताने, लंगड़-लूल, उबरे-कुबरे, कोइराने, बूढ़-ठूढ़, जिनिगी भर, मुग्दर, कुच्छो, बुढ़घाउस, उढ़री-फुढ़री, गम्मक, आउर-बाउर, उटकारना, टटका-मीठा, करन-कुआम, सिट्टी, नगीच, जूठ-काँठ, ठनक, परकी, पुलुस (पुरुष), गुहाये, बस्तर, छान, टप्पर, मुर्रा, भईस, बो (बहू), सरेह, थोपना, बुड़की मारना, चभर-चभर हुरना, मोंठियाता, सुमगुम, पसगैबत, घंट, चुनचना, बिफरकर, खदेरो, ओसारा, झौंटा, लतियाना, धबाधब, भदभद, मेहरारू, झनककर, छननमनन, कुदिन्न, बड़बड़, सनेसा, सउदा, चोख, कनमनाई, ऊहे, काउति भै, डंस के, भइलें मसू, मस के भइली, कुटकी के भक्का भाँय', बीछि, चुरइलि, टहटह, उज्झर, मुँड़की मारे, ठरइयाँ, ढोकने, नियाव, हिंच्छा, मुँहखरिया, सभका सोझ, लपर-लपर, सरब-गुनी, बखानना, अइसन, तिउत्तमा, घेंचू, उधर-ओतान, मोटाई झरना, सुरुजलोक, दुलकी, बहुरिया, ठिठोली, ढींढ़ ठड़ी, खटान, घुरान, कोदो, ठेकाना, ठूँसकर, दूबर, ठेंगुरी, फूहर, इतिजाम, कवन, लच्छन, केवाड़ी, बन्न, दो हत्थड़, सन्न रहना, तै करना, करिहाइ, गँड़िया, मेंटिया, गठियाना, फेनबाज, गोड़हरा, सनेस, लदभेसर, ढाटी देना, टानक (टॉनिक), हेंठियाना, सुघ्घर, तिरिया, बौंडिया, ठोकच, बइठ, बहेंगवा, घोरियाना, हड़बड़ाना, ढेरियों, ढमाक, तड़ाकेदार, खनखनाना, ढुलमुलाना, सुग्गा, झुँझलाना। डंगर ढकेलना, कैरियल

(कैरियर), चन्दुर (शौक), ठरगजी (ठगिनी), मारा-धारा (खूँखार), घिग्धी, भर्राया, घरनी, पुरिख, औंधे, लुगाइ, ढोंगिन, बाबरा, लुजलुजा, कलेवा, कौड़ीपति, ज्यौनार, टकटकी आदि।

हमल, प्लान, हुनर, टीसन (स्टेशन), गैंग, इमैजिन, स्विच, टेबिल लैंप, ट्यूब लाइट, 'सोशल एंड साइकौलाजिकल, ऐस्पेक्ट्स ऑफ विचक्राफ्ट', ए केस हिस्ट्री, लोकल, अटैच्ड बाथरूम, ब्रेड, होस्टल, ऐडवेंचर, टाइम एंड स्पेस, स्पिरिचुअलिज्म, फाइल्स, अकाउन्ट्स, ब्लैकमेल, पासपोर्ट, फोटो, एक्सीडेंट, स्टारडस्ट, बोल्ड एण्ड ब्यूटीफुल, फ्रीज, नेचुरल, हजबैण्ड, एजुकेशन, कांटीनेंटल, पार्टी, फण्ड, बुकिंग विण्डो, मेंबर युनिवर्सिटी, क्रिमिनॉलॉजी, स्प्लेंडर, वर्नाक्युलर, ऑडिटोरियम, सेमिनार, मास्टरहेड, लाँग ड्राइव, ओवर लैपिंग, आइ इंजॉय लाइफ, बिकाज आइम रेडी टू लीव, कैबीनेट, शटअप, थ्योरी, फजीहत, जायज़ा, नक़ब, जादती, शातिर, दफ़े, तफ़सील, मुहताज, तलब, हुजूम, रिवाज़, हद, बेहद, लिफ़ाफे, हिसाब-किताब, हिमाकत, फसाद, इज़ाफ़ा, लजीज, जालसाज़, दहलीज़, दस्तावेज़, वारदात, आशियाना, मयस्सर, कुव्वत, गुरेज, बेशुमार, ज्योनार, वियारी, कलेवा, चौचक, लुच्चा, लफंगा आदि शब्दों का प्रयोग प्रमाण हैं।

3. भाषा के नए औजार

वाक्य संरचना के बन्ध टूटे। कहानीकारों के भाषा चिन्तन के केन्द्र में वाक्य न रहकर निम्नलिखित औजार केन्द्र में आए–

(क) लोक बनाम आम आदमी से संपृक्ति
(ख) लोकोक्तियाँ एवं मुहावरे
(ग) प्रतीकात्मकता
(घ) बिम्बात्मकता
(ङ) सहजता और सरसता

(क) लोक बनाम आम आदमी से संपृक्त भाषा

अन्तिम दशक के कहानीकार केवल मध्यवर्ग या शहर तक ही सीमित नहीं रहे, उन्होंने लोक-जन की पीड़ा, संत्रास, दुःख से भी साक्षात्कार किया। गाँव में भी गए। फलस्वरूप कहानी में ऐसी भाषा का प्रयोग हुआ जिसका सरोकार मानवता से है। अतः भाषा का प्रयोग सहज और सरल हो उठा। किसी भाषा की शब्दावली से परहेज नहीं रहा। कहानीकारों ने धड़ल्ले से लोक प्रयुक्त हिन्दी शब्दों के साथ अंग्रेजी, अरबी, फारसी, के शब्दों का प्रयोग किया। यद्यपि इस प्रयोग में अंग्रेजी के शब्दों की बहुतायत है। हाँ! संजीव, दूधनाथ सिंह, सृंजय, शिवमूर्ति, लवलीन आदि ने

गाँव की भाषा, सामान्य जन की शब्दावली का ही प्रयोग किया। 'और अन्त में प्रार्थना' (उदय प्रकाश) का एक उदाहरण यहाँ द्रष्टव्य है, "वो देख, वो रही पी.एम. की कार।" "हट, पी.एम. एम्बेसडर में चलेंगे! कोई लोकल लीडर होगा।"[1] परन्तु ये वे ही शब्द हैं, जिनका प्रयोग सामान्य-जन में होता है।

उदय प्रकाश ने अपनी कहानी 'पीली छतरी वाली लड़की' तथा 'और अन्त में प्रार्थना' में अंग्रेजी के शब्दों, विशेषकर उच्च मध्यम वर्ग में प्रयुक्त शब्दों का खुलकर प्रयोग किया है। इनमें अधिकांश शब्द लोक जीवन से भी जुड़े हैं। वे यहाँ खुले रूप में व्यवहृत होते दिखाई देते हैं। ऐसे शब्द सांस्कृतिक बदलाव सामाजिक परिवर्तन के सूचक हैं। ये प्रयोग, चरित्र, उसके वर्तमान और अतीत को भी रेखांकित कर जाते हैं, "नेम : डॉ. चन्द्रमणि उपाध्याय। एज : फिफ्टी फाइव इयर्स सेवेन मंथ्स फ़ोर डेज। मेराइटल : मैरीड बट लेफ्ट हिज़ वाइफ पण्डिताइन इन हिज़ विलेज इन यू.पी. विद सिक्स चिल्ड्रेन। नाउ लिव्स विद हिज़ मिस्ट्रेस हू राइट्स अबाउट वीमेन इण्डयूज़। प्रॉपर्टी : बॉट टू फ्लैट्स एण्ड थ्री प्लॉट्स इन सिटी, बट, स्टेज़ इन हॉस्टल्स वार्डेन्स अपार्टमेंट। बिसाइड पी.एफ. एंड सैलरी ओन्स वेरियस पॉलिसीज़। हैज़ क्रेडिट कार्ड प्लेज़ सट्टा एंड पुट्स मनी इन शेयर मार्केट। कमेंट : पक्का तिकड़मबाज। सॉलिड स्टेनलेस स्टील चम्मच ऑफ वी.सी. 'मिस्टर अशोक अग्निहोत्री (इसके बाद किसी छात्र ने इस फाइल में एक क्षेपक और जोड़ा था) स्पेशल एडीशन : उपाध्याय जी का सारा खाना खर्चा हॉस्टल के बजट से चलता है। सब्जी-राशन से लेकर स्टेशनरी और टैक्सी भाड़ा हॉस्टल के खाते से। अपने एक भांजे और दो भतीजों को युनिवर्सिटी में फिट करा चुके हैं। अपनी रखैल की थीसिस एक गरीब दलित लड़के से लिखवाकर पी-एच.डी. प्रदान करवा चुके हैं। राज्य के पी.डब्ल्यू.डी. मिनिस्टर एल.के. जोशी के रेगुलर दरबारी हैं। ही क्लेम्स दैट ही इज़ अ मार्क्सिस्ट बट इन एक्चुअलिटी ही इज़ कट्टर ब्राम्हनवादी।"[2]

इस कहानी की भाषा का दूसरा नमूना देखिए। यहाँ पर रचनाकार लोक-मन-सापेक्ष भाषा द्वारा राहुल का रेखांकन कर जाता है। यह रेखांकन राहुल का ही नहीं, बल्कि हर ऐसे युवक का है जो स्त्री आकर्षण में डूब जाता है—"इसके नीचे वह होगी। वह, जिसे मैंने उस दिन देखा था। अगर कहीं इस पीली छतरी के नीचे वही हुई तो? राहुल का पूरा शरीर जैसे किसी मद्धिम बुखार में तपने लगा। धड़कने और बढ़ गईं...एक ऐसी बेचैनी, जो उसकी देह में अँट नहीं पा रही थी। उसकी साँसें रुक गई थीं...पलकों ने झपकना बन्द कर दिया था। कुछ पल यों ही गुजरे और देखते-देखते माधुरी दीक्षित ने उस पीली छतरी को ढँक लिया। शिट्...! शिट्...! यह असह्य था। पहली बार राहुल को माधुरी दीक्षित और उसकी पीठ पर बेतहाशा गुस्सा आया। ये फिल्म नहीं है, ये जिन्दगी है...जिन्दगी। मैडम इट्स

नॉट एन इमेज...इट्स अ रियलिटी अण्डरस्टैण्ड?''[3]

संजीव आलोच्य युगीन ऐसे कथाकार हैं, जिनकी भाषा में अनेक रंग और चित्र उभरते हैं। कबीर की तरह वे जो चाहते हैं, कहलवा लेते हैं अपनी भाषा से—''फिर वही पैसों वाली बात। वही अदा, वही तेवर। ऐसा लगता था कि ये सारे-के-सारे सेठ के क्लोन हैं—सेठ के विकारों से रहित, मगर सेठ से ज्यादा बड़े सेठ। मुझे बुरा लगा, मुझे बुलाया तो गया था दूसरे मकसद के लिए फिर बेचारे साहित्य को क्यों जुतियाने लगे ये सेठ के बच्चे? सेठ की कुर्सी अभी भी खाली ही थी, जिस पर उनकी कराह यदा-कदा उड़कर आ बैठती।''[4]

उदय प्रकाश की 'पीली छतरी वाली लड़की' में छात्र युवाओं का आज का संत्रास उभार पाया है—''प्रवीण ने बतलाया कि कार्तिकेय को पहले पुलिस ने और फिर लच्छू गुरु ने थाने के भीतर बहुत बुरी तरह मारा। मसूद के घुटने तोड़ दिए गए...मधुसूदन ने बताया कि कार्तिकेय रो रहा था। वह सिविल की तैयारी कर रहा था। उसका पूरा कैरियर खत्म हो गया।''[5]

लोक बनाम आम आदमी से संपृक्त भाषा की अनिवार्यता है उसके पीड़ा और संत्रास की अभिव्यक्ति। ऐसी अभिव्यक्ति जो पाठक को गहरी संवेदना में डुबो दे। निश्चय ही युगीन रचनाकार इसमें पारंगत है। संजीव की 'खोज' का एक उदाहरण देखें—''यह एक सगुनिया बूढ़े की आवाज थी या सबकी पता नहीं, स्वर बदला हुआ था, सुर बदला हुआ था, हमीं ने मर-खप कर धरती से रतन निकालकर उनके खजाने भरे, हमीं सात पुश्तों से इस पर पहरा देते रहे और हमीं खोज भी करते रहे, अपनी जान हथेली पर रखकर किसलिए...इसलिए कि हम जिन्दा रहकर उनके लिए जुटे रहें और भोग के सामान बने रहें।''[6] जन-मन की पीड़ा, दर्द, दुख, संत्रास की यह अभिव्यक्ति हमें अपने कार्यों पर सोचने के लिए मजबूर करती है।

'आरोहण' (संजीव) मानवीय वेदना-पीड़ा को, विशेषकर प्राकृतिक आपदा और मानवीय संत्रास को वाणी देती है उतनी ही ईमानदारी के साथ, जितना कि पहाड़ पर रहने वाला मनुष्य उसे भोगने के लिए विवश है। एक अन्य धरातल पर यह कहानी टूटते हुए सम्बन्धों, शहर के आकर्षण को भी वाणी देती है—''तू गया, तेरे पीछे माँ गई, बाबा गए, फिर शैला गई, सबसे आखिर में महीप भी चला गया हमें छोड़कर।'' वे रुक-रुककर बोलते हैं—''तू कहेगा, चढ़ सिर्फ मैं रहा था, बाकी उतर रहे थे, मैं कहता नहीं, अपणे-अपणे हिस्से की चढ़ाई तो सभी चढ़ रहे थे। चढ़ने का सबका अपणा-अपणा तरीका है।''...''कौन कैता है, अकेला हूँ? हयाँ माँ हैं, बाबा हैं, शैला है—सोए पड़े हैं सब हयाँ महीप है...।''[7]

संत्रास और पीड़ा की ही कहानी है—'जलडमरूमध्य' (अखिलेश)। प्राकृतिक आपदा और मानवीय संत्रास से संत्रस्त सहाय जी का चित्र पाठक के मन-मस्तिष्क

को झंकृत कर देता है—"सचमुच, वह उसी तरह बैठे थे। शाम घिर आई थी। अँधेरा हो गया था। तब भी वह उसी तरह बैठे थे। कौशल्या ने आकर बल्ब जलाया। रोशनी में सहाय जी को देखकर वह घबरा गई। सहाय जी आँसुओं से भीगे थे। आँखों से आँसू उमड़ रहे थे। कौशल्या उनके पास आई, बोली, इस तरह कहीं रोया जाता है।"[8]

संजय सहाय की कहानी 'शेषान्त' का एक उदाहरण देखें—"ओः ओ, तो इसी जल्दबाजी में चल गया पिछला वाला। सब...नया कमांडेट को अभी नहीं न चीन्हे हैं। आप...टू गो सस्पेण्ड हैं...याद रखिए...देखिए छूटता है कि नहीं...हमको तो एक पाई का उम्मीद नहीं है...अब यूनियन कुछ करे तो करे।"[9]

यहाँ भाषा में अंग्रेजी के शब्द भी हैं और उनकी अभिव्यक्ति लोक स्वीकृत रूप में है। साथ ही 'छूटता' तथा 'एक पाई की उम्मीद नहीं' आदि प्रयोग लोक के निकट पहुँचा देते हैं, इस कहानी को।

जयनन्दन कृत 'बिन पानी सब सून' के भाषायी चमत्कार का एक चित्र देखें, "उनके सपने...उनकी कल्पनाएँ, उनकी भावनाएँ क्रमशः अन्तरंग, एकाकार और अविभाज्य होती चली गईं। आपस में सुख-दुःख का वार्तालाप तथा दुनियादारी का विमर्श एक राग की प्रतीति देने लगा जैसे तबले और सितार की लयात्मक जुगलबन्दी हो। जिन्दगी हसीन है। इसका अहसास और भरोसा एक बड़ा आकार लेने लगा।"[10]

निश्चय ही आम आदमी की भाषा की पहली माँग है उसकी अपनी शब्दावली का प्रयोग। वस्तुतः आम व्यक्तियों की भाषा और उसके शब्द अपनी नई अर्थवत्ता हमेशा बनाए रखते हैं, जबकि मानक भाषा के शब्द कालान्तर में अर्थ विशेष के लिए रूढ़ हो उठते हैं। कहानी एक साहित्यिक विधा है। उसकी अपेक्षा होती है, एक साथ अनेक अर्थच्छवियों के प्रकाशन की। उपर्युक्त उदाहरणों में एक साथ एकाधिक अर्थ विच्छित्तियाँ उजागर हैं।

इस काल के कथाकारों ने आम आदमी के संघर्ष, पीड़ा, संत्रास अन्तर्द्वन्द्व को वाणी दी है। फलस्वरूप भाषा के विविध रूप दिखाई देते हैं। कहीं इनमें पीड़ा-दुःख-दर्द की अभिव्यक्ति है तो कहीं संघर्ष-परक भाषा, जिसमें आक्रोश भरा पड़ा है। प्रायः अधिसंख्य कहानियों में व्यवस्था, राजनीति, शासन तन्त्र पर करारा प्रहार किया गया है। प्रहार की भाषा कहीं सीधे-सादे रूप में लक्ष्य की ओर अग्रसर है और कहीं व्यंग्यरूपी औजार से गहरी चोट करती प्रतीत होती है।

(2) आक्रोश भरी भाषा

संजय सहाय की 'शेषान्त' में आक्रोश युक्त लोक जीवन का उदाहरण द्रष्टव्य है— "मुँह मराये साला सब, अपने तो ठाठ से हीटर चलाकर मेहरारू के गोदी में बैठा

होगा...यहाँ मारे जाड़ा के हड्डी तक जम गया है...बेफालतू का गुलामी करिए अभी रूखा-सूखा।"[11]

शतरंज के खिलाड़ी में मैत्रेयी पुष्पा की आक्रोश युक्त भाषा देखें– "हरामजादा!" मालिक ने दाँती गौसी–"वैसे तो किसी के चिरे पर मूतने वाला नहीं, अब बड़ा दयावान बन रहा है।"[12]

..."मरो साले! तुम इसी तरह मरोगे, हमरा नाम ले लेकर–"कामता दाँत पीसकर मिसमिसाया था।"[13]

'लौट आओ मोहन' में जितने ठाकुर की आक्रोश युक्त भाषा का नमूना देखें, "घड़ा कौन-सा मेरे बाप का था, मकान मालिक का था। टूट गया तो टूट गया। पर उन्होंने मेरे किताबों वाले स्टैण्ड उठाकर नीचे क्यों फेंके! बोलो! एक पत्थर रखकर धूप-बत्ती कर देता तो सालों की हिम्मत नहीं पड़ती इधर झाँकने की। पर किताबें तो जैसे रद्दी का ढेर हैं। वहाँ...वहाँ नाली में पड़े थे प्रेमचन्द और वहाँ...वहाँ सड़क पर निराला, ना उठाता तो रात-भर पड़े रहते सड़क पर, ऊपर से, लीद करती घोड़ा-गाड़ी निकल जाती और सुबह जमादारन सबको कनस्तर में भरकर ले जाती और तुम...तुम साले लेखक एक नहीं आया पूछने।"[14]

गाँव के जाति-पाँति की भेद-भावना की भावना से संत्रस्त मूल सिंह (रावण-श्योजराज सिंह बेचैन) गाँव छोड़कर दिल्ली आ गया। उसकी वेदना और आक्रोश दोनों रूपायित हैं यहाँ,–"परन्तु आज वह क्रोध और आवेश के भँवर में फँसा था। गाँव छोड़ते हुए वह रुआँसू हो रहा था। ...आग लगे ससुरे ऐसे गाँव में। मैं 25 साल को हैगओ एक दिन हू इज्जत को नाय गुजरो। भाड़ में जाय 'जनम भूमि' मैं नाय लौटंगो ससुरे गाँव फाम में।"[15]

जयनन्दन की कहानी 'बिन पानी सब सून' भारतीय राजनीति पर प्रहार करती है–"नदी का इसमें कोई कसूर नहीं है सल्तनत! गुनहगार हम स्वयं और हमारी बनाई व्यवस्था है। आज से चालीस साल पहले जबकि देश में विकास का ककहरा शुरू कर रहा था तो एक मुख्यमन्त्री ने साहस किया और इतनी बड़ी नहर खुदवा दी। आज हमारे पास हर तरह के संसाधन हैं।...फिर भी उस खुदी हुई नहर का मेंटनेंस तक करना मुहाल हो गया। इसकी सबसे ज्यादा जिम्मेदार जनता है कि टेकमल जैसों को अपना भाग्यविधाता बना देती है।"[16]

(3) व्यंग्यात्मक भाषा

अभिव्यक्ति के सशक्त औजार के रूप में व्यंग्यात्मक भाषा का प्रयोग अधिकांश कहानीकारों ने अपनी कहानियों में किया है। रचनाकार इस औजार के सहारे बहुत कुछ, यहाँ तक कि अकथ्य को भी, कह जाता है। मृदुला गर्ग की 'कठगुलाब' का

व्यंग्य देखें–"मैं तुम्हारी माँ से बात करूँ?" "क्या कहेंगे? मैं आपकी बेटी के साथ सोने की अनुमति चाहता हूँ। बच्चा पैदा करने के लिए, अभी नहीं, दो साल बाद।"[17]

मृदुला गर्ग की 'कलि में सत' से व्यंग्यात्मक भाषा का एक उदाहरण देखें– "नाम क्या है, कैकेयी?" मुझे ठिठोली सूझी। वह गम्भीर रहा।

"नहीं, नाम तो सुकन्या है। कौशल्या ने सुना तो बोली, काहे की सुकन्या? यह तो कुकन्या है और काहे की कन्या, जाने कितने मर्द करा चुकी, कुकइया है, कुकइया, पर मैं उसका नाम नहीं लेता, प्रियतमा ही कहता हूँ।"[18]

संजीव की 'लिटरेचर' में एक व्यंग्य चित्र देखें, "...मेरे सामने था कृष्ण के विश्वरूप दर्शन का बड़ा-सा चित्र। बीसियों बार देखा इसे। कई-कई चेहरे, कहीं ब्रह्मा, कहीं विष्णु, शिव, कहीं अग्नि, कहीं पवन, कहीं सिंह, कहीं बन्दर, कहीं घोड़ा, कहीं हाथी, कहीं बकरा...इनमें से किस चेहरे जैसा लगता होगा तिरलोक चन्द जी का चेहरा?"[19]

'धर्मक्षेत्रे कुरुक्षेत्रे' (दूधनाथ एक सिंह) का व्यंग्यात्मक उदाहरण द्रष्टव्य है। यहाँ पत्नी अपने तथा कथित पति की मर्दानगी का ललकारती भी है, उस पर व्यंग्य भी करती है–"अरे, तू मरद नहीं है? अपनी अम्मा का दूध पीता है? चाहे बेच-कीन के ही सही, हम तेरी घरवाली बनके आई थीं। और तू देखता रहा? निकल जाने देता। हम चलीं जातीं। कतहूँ नदी-इनार फान जातीं। बाकी, तू सच्चौ भड़ुवा है। उस हरामी के कहे से हमें-ई जंगल झारि मे सीकड़ से छाने है। हम कौनो जानवर हैं कि भागि जाते? और फिर पेट में नौ महीने का बागड़-बच्चा लेके का हम रेल बन जाते? कि हवाई-जहाज बन जाते? का बन जाते? कि उड़न छू हो जाते। बोल?"...तोसे का पूँछी? तू पूँछे लायक हो?"[20]

ऐसी ही कहानी है–'गोमा हँसती है' (मैत्रेयी पुष्पा)। गोमा प्रेमी को भी खोना नहीं चाहती और पति को भी नहीं। व्यंग्यात्मक लहजे में वह कहती है–"मैं अपनी खातिर कर रही हूँ सब? दाऊ जी लिख देंगे तो मालिक कौन होगा? जोतेगा बोएगा कौन? आज तुम दाऊजी की धरती समेत पूरे चालीस बीघा के मालिक हो। गंगाराम पजरेगा नहीं? अरे लोग अपने लत्ता कपड़ा फाड़ेंगे। बावरे होंगे। किसी की बढ़ती देख कौन सिहाता है?" अन्तिम वाक्य रुदन में मिला हुआ था।..."गोमा के होठों पर अचानक तिरछी मुस्कान खेल गई, बोली–"पुरखों का धरा हुआ नाम पुकारेंगे ही। तुम दाऊ जी से मना कर देना बलवान सिंह न कहा करे।"[21]

(4) करुणा की प्रदीप्ति

अन्तिम दशक के अधिकांश कहानीकारों ने अपनी कहानियों में कारुणिक भाषा का प्रयोग किया है। सरयू शर्मा की 'मुक्ति' इसका उदाहरण है–"आवेग ऐसा था

कि रोके नहीं रुक रहा था। जितना दबाती, उतना ही और ऊपर आ जाता। गले के अन्दर एक फन्दा-सा कसता जा रहा था। साँस लेने को छटपटा उठी स्वाति ने एक लम्बी साँस खींची। उमड़ती चली आ रही बाढ़ को लौटाने में शायद इसी से कुछ मदद मिले। पर लम्बी खींची जाती श्वास बीच में ही टूट-टूट गई। उसने दाँतों से होठों को कसकर भींच लिया। जैसे दाँत न हों, बराज के फ्लड-गेट (बाँध से पानी-निकास के फाटक) हों। फिर भी आँसू उमड़ते ही चले आ रहे थे। वह घबरा उठी। बदहवासी में उसने पर्स में से धूप का चश्मा निकाला और धारों-धार बरसने को आकुल आँखों को चश्मे के पीछे ढँक लिया।''[22]

करुणा के दृश्यांकन और उसे भाषिक स्परूप देने में उदय प्रकाश एक अतुलनीय कलाकार हैं। 'पॉल गोमरा का स्कूटर' का अंश द्रष्टव्य है—''उसको न किसी ने पोंछा, न धूल झाड़ी, न कभी उससे उसकी भूख-प्यास, दुःख-दर्द के बारे में पूछा, पॉल गोमरा राज्य परिवहन की बस में चार रोटी, दो आलू के आठ टुकड़े और प्याज प्लास्टिक के चौकोर टिफिन में लेकर निकल जाते और रात में लौटते, तो इतनी देर हो चुकी होती कि अगली सुबह जागने के लिए सोने के अलावा उनके थके हुए दिमाग और शरीर में कोई और बात न आती, बल्कि ऐसे ही किसी क्षण में अचानक पॉल गोमरा को लगा था कि उनकी सारी कविताएँ एक थके हुए, पराजित और अप्रसांगिक शरीर की कविताएँ हैं।''[23]

यह है मध्यवर्गीय जीवन का कारुणिक चित्र। वह किस प्रकार तिल-तिलकर मर रहा है, इसे बखूबी उभार दिया है—उदय प्रकाश ने। करुणा का अत्यन्त मार्मिक चित्र 'वोरन हेस्टिंग्स का साँड़' में भी है। पशु-पक्षी की कारुणिक भावनाओं का मानवीकरण उदय प्रकाश का भाषिक-वैशिष्ट्य है : ''गाय की आँखों से लगातार आँसू बहते रहे। इंग्लैण्ड के औद्योगिक-पूँजीवादी समाज में किसी ने उन आँसुओं को नहीं देखा। गाय ने खाना ही नहीं, पानी तक पीना छोड़ दिया। ...बछड़े की मृत्यु या हत्या के बाद उसके जीवन में अब कुछ नहीं बचा था।''[24]

प्रतिभा वर्मा की 'उसकी हँसी' कारुणिक भाषा की सशक्त कहानी है। एक उदाहरण देखें—''क्या जाने किस जनम का बैर चुकाने आयी थी ये लड़की।...खुद भी भोगा। सबको भोगवाया...अरे, जो मैं जानती कि इसे इतने ही दिन जीना है तो काहे को इतना दवा इलाज करने जाती...उसी के मारे न घर के एक से दो टुकड़े हुए...अपने पराए हो गए...अरे, जान प्राण देकर जिसको आँख की पुतली की तरह रक्खा वही हमें छोड़ गई रे...।''[25]

'गोमा हँसती है' (मैत्रेयी पुष्पा) में आधुनिक भारतीय स्त्री की कारुणिक स्थिति का भाषा-चित्र दृष्टव्य है—''बड़े, तुम इतनी उमर पाकर भी बैयर की जिन्दगानी नहीं जाने-समझे? बछिया, पड़िया, कि डंगर से भी गई गुज़री, पौहे (पशु)

की रस्सी पकड़ाते बखत मालिक यह तो देखता है कि अगले के खूँटा पर अवस जीवन दुःख नहीं पाएगा। पर बेटी का सौदा करते हुए तो यह मानकर चलते हैं कि दुःख में ही ढकेल रहे हैं—अभागिन को।"[26]

संजीव की 'पूत-पूत! पूत-पूत!!' जातिगत भेदभाव को स्पष्ट करनेवाली कहानी है जो स्वयं में एक सघन कारुणिक दृश्य को प्रदीप्त करती है। एक उदाहरण देखें—"यही है! यही है, लाशें चीखती हैं। चीख-सुनकर कुछ और लाशें ऊपर चढ़ने लगीं। कुछ के अंग-अंग कटे हुए थे—'कुछ के गोली लगने से खून रिस रहा था। कुछ जलकर बुरी तरह ऐंठी हुई, उनके चमड़े तक झुलसे और उधड़े हुए थे। औरतें भी, मर्द भी, बूढ़े भी, जवान भी, बच्चे भी...।"[27]..."सामूहिक चिताओं की ज्वालाएँ जातीय ध्वज-सी फहराई जा रही हैं। त्रिशंकु-सा उलटा झूलता मुक्तिबोध 'जातीय गान' पेश कर रहा है। जातियों की ओजस्वी जैकारें एक-दूसरे से टकरा रही हैं। 'तड़-तड़' करती गोलियाँ सलामी दे रही हैं। मांस के लोथड़ों की वृष्टि हो रही है, विजय व्याख्यान और आश्वासनों के छींटे उड़ रहे हैं।"[28]

मधु काँकरिया की 'नामर्द' सोनू नामक एक विकलाँग की कहानी है जो जमाने भर का दर्द स्वयं में समेटे है—"उस रात दीवारों से सिर फोड़-फोड़ कलपा था सोनू। ईश्वर-साँप, बिच्छू, कीड़ा-मकोड़ा कुछ भी बना दे, पर इस मानुष जन्म से मुक्ति दे। काश हिजड़ों की तरह विकलाँगों की भी कोई अलग दुनिया होती।"[29]

जयनन्दन की कहानी 'बिन पानी सब सून' सल्तनत नामक एक ऐसी युवती की कहानी है जो अपने ऊपर हुए अत्याचारों को सहते-सहते टूट चुकी है—"ऊपर से मैं बहुत ठीक लग रही हूँ न देखने में...लेकिन मेरी रूह जख्मों और नासूरों का एक अजायबघर बन गई है, सल्तनत मेरे ढके हुए बदन को नंगा देखकर अगर मेरी रूह में उतर सकती हो तो लो हाजिर है...[30]। "मेरा तो करम ही फूटा है, ममानी खुदा ने मेरी ऐसी तकदीर ही नहीं बनाई कि किसी का सच्चा प्यार मुझे हासिल हो। सच्चे प्यार की प्रतीक्षा उसकी पूरी नहीं होती, यह असफलता स्वयं करुणा के रूप में प्रस्फुटित है—"काश! मैं एक दिन के लिए भी उसकी हो जाती, यह मलाल मुझे जिन्दगी भर सालता रहेगा..."[31]। ..."बस करो सल्तनत...नब्बे करोड़ की आबादी वाले इस मुल्क में तुम कीड़े-मकोड़े की तरह एक मामूली इन्सान हो। कोई तुम्हें पूछने, मनाने या गिलास भर जूस लेकर अनशन तुड़वाने नहीं आएगा! तुम मर जाओगी तो तुम्हारी बला से...।"[32]

मंजुल भगत की 'लाज घोड़ी, साजन बैण्ड' में लोक जीवन अपने पूरे यथार्थ के साथ उपस्थित हुआ है। रचनाकार ने इस परिवेश के यथार्थ चिंत्रण के लिए लोक भाषा का सहारा लिया है—"आखिर को अपना लहू हैगा, जेठ जी का" जेठे, दसों दिशा में भाई को हड़काए रहते। बेलागत का हरकारा-सा ललना, हारा-सा

दौड़ता रहता। गाँठ ढीली करने के नाम पे दस-पाँच रूपल्ली थमा देते कि 'जा, गंडेरी चूस लीजो।' "गंडेरी चूसने की उमिर ना है मेरी।" ललना ने उसाँस भरकर कह ही डाला।

"उसे एक जोड़ी लत्ता और पन्नी वाली चप्पल मोल ले देता? ऐसी ही ललक थी, भईया, मेरे जी में।"[33]

कहीं-कहीं अभिव्यक्ति को और तीखी बनाने के लिए लोक कहावतों/कथनों का सहारा लेता है—"शक्करखोर को शक्कर होर बैल को टक्कर बिन चैन थोड़ई। बहू, तेरी सासू को अड़े-भिड़े बिन रोटी हजम थोड़ाई हो।"[34]

(5) लोकगीतात्मक अभिव्यक्ति

लोक संपृक्ति को प्रगाढ़ बनाने हेतु आलोच्य युगीन रचनाकारों ने लोकगीतों का सहारा लेकर अकथ्य को कथ्य बनाया। वस्तुतः जहाँ रचनाकार की वाणी मौन हो उठती है वहाँ वह लोक कथाओं या लोकगीतों की सहायता प्राप्त करता है। और लोक की व्यथा-कथा उनकी कहानियों की आत्मा बन जाती है। इससे कथा को व्यापकता और फैलाव प्राप्त होता है। संजीव तो लोक-जीवन के ही कथाकार हैं। लोक की व्यथा-कथा उनकी कहानियों की आत्मा है। अस्तु उनकी कहानियों में लोकगीत अपने अर्थ और सन्दर्भ-वैशिष्ट्य के साथ उपस्थित हैं। ये गीत जीवन की व्यथा-कथा को तीव्र बनाते हैं। 'आरोहण' का एक गीत देखें—

> "ऊँची-नीची डाडियों मा,/हे कुहेड़ी ना लाग तूं ऽऽऽ!"/"ऊँचे-नीचे पाँखों मा,/हे घसेरी ना जाय तूं ऽऽऽ?"/"ऊँची-नीची डांडियो मा/हे हिलांस ना बास तूं ऽऽऽ!"[35]

यहाँ पीड़ा भी है, करुणा भी है और ये लोक कथन या लोक-गीत अपने में जातीय चेतना का इतिहास और यथार्थ समेटे रहते हैं। फलस्वरूप अभिव्यक्ति मारक, सन्दर्भ-समृद्ध बन जाती है। अन्तिम दशक के कहानीकारों ने लोकगीतों का सहारा लेकर अपनी कहानियों को कथा रस से सरोबार कर दिया है।

वरियाम सिंह संधू की 'मैं अब ठीक-ठाक हूँ' में लोकगीत का एक चित्र देखें, "मैं जवान देश पंजाब का। मुझे भारत पर है मान। मेरे बाजू जैसे फौलाद के। मेरी छाती जैसे चट्टान।"[36]

रामधारी सिंह दिवाकर की 'चोर दरवाजा' में लोकगीत का स्वरूप अत्यंत प्रभविष्णु है—"तोरा गठरी में लागा चोर बटोहिया का सोवै...।"[37]

"सुन्दर सुभूमि भैया भारत के लोग जहाँ गाँधी ओ बिनोबा अवतार है बटोहिया...।"[38]

'छुटकारा' (मैत्रेयी पुष्पा) का एक लोकगीत द्रष्टव्य है—"जुलम करि डाला देख काली टोपी/सितम करि डाला देख काली टोपी/जुलम करि डाला, सितम करि डाला/गजब करि डाला देख काली टोपी।"[39]

दूधनाथ सिंह ने 'धमक्षेत्रे कुरुक्षेत्रे' में गुरु मन्त्र का लोकगीतपरक रूपक बाँधा है—"गुरु की सेवा, गुरु की सेवा/जल न पिए, न करे कलेवा/सरग मिलै तौ गुरु के देबा।/गुरु की सेवा/आन्हर बरध भाँवरी चालै/चित्त न कौनो संका पालै/आतम बन्हक, गुरु रजेवा।"[40]

'लमनियाँ' (मैत्रेयी पुष्पा) की कथा लोक-गीत के ही सहारे आगे बढ़ती है। लमनियाँ ऐसा लोकगीत है जो शुभ अवसरों पर नृत्य के साथ गाया जाता है—"उसने घूँघट उलट दिया।/गीत का मुखड़ा पलट दिया।/कारी जुल्फन वारे तू देख ललमनियाँ/बाँके नैना वारे तू देख ललमनियाँ ऽऽ।"/"सफेद कमीज वारे ऽऽ तू देख ललमनियाँ/ओ लीली पेंट वारे तू देख...।"[41]

कथा-नायक जोगेश, मौहरो के उपर्युक्त गीत से प्रभावित होकर अपनी पत्नी बनाता है—विधिवत व्याहकर। घर-परिवार से स्वीकृति न पाने के कारण एक बेटी पैदा कर उसे छोड़ देता है। आज ही जोगेश का पुनर्विवाह है। यहाँ भी मौहरो नृत्य और गीत के साथ खड़ी होती है, पर जब पता चलता है कि दूल्हा तो उसका पति है तो बेटी के चीख की परवाह न कर वह बेसुध नाचती रही। आदिम नाच। अपनी मृत्यु तक।

(ख) लोकोक्तियाँ एवं मुहावरे

अन्तिम दशक की कहानियाँ लोक उक्ति और मुहावरों से भरी पड़ी हैं। वस्तुतः लोकोक्ति भाषा की शक्ति है। वही कहानीकार इनका प्रयोग कर पाता है जो लोक जीवन से गहराई तक जुड़ा हो। विश्वजीत, स्वयं प्रकाश, अब्दुल विस्मिल्लाह, विपिन बिहारी, संजीव, गुलजार, मैत्रेयी पुष्पा, चित्रा मुद्गल, उदय प्रकाश, मंजुल भगत, वरियाम सिंह संधू, नासिरा शर्मा, सूर्यबाला, मृदुला गर्ग, मधु काँकरिया, जयनन्दन, ओम प्रकाश वाल्मीकि, मोहनदास नैमिषराय, श्यौराज सिंह बेचैन, प्रहलादचन्द्र दास, रतनकुमार साँभरिया आदि कहानीकारों ने लोकोक्तियों एवं मुहावरे द्वारा अपनी भाषा को सशक्त बनाया है। उसे अर्थ से संपृक्त किया, सन्दर्भ-गर्भित किया। वस्तुतः अभिव्यक्ति को अर्थवान और संश्लिष्टता प्रदान करने हेतु लोकोक्तियों और मुहावरों की सहायता ली जाती है। अकथ्य भी कथ्य बन जाता है। कतिपय उदाहरण यहाँ प्रस्तुत हैं—

अखुँआना, बौराना, टिकोरियाना[42], मर्द कठकरेजी होते हैं।[43], ठण्डी आह भरना, रंग पीला पड़ जाना,[44] काल की कुल्हाड़ी काटती तो है पर आवाज नहीं

करती,[45] आँख के अँधे नाम नयनसुख,[46] सठियाने पर ठठाओगी,[47] बाप की पेशाब से पैदा हुआ मत समझियो,[48] क्यों मियाँ खेत खाये गदहा, मार खाये जुलाहा,[49] खाक में मिला देना,[50] करो या मरो,[51] नानक नाम जहाज है, जो चढ़े सो उतरे पार,[52] कबरे खोल के? क्या मिलना है?[53] ततइया लग गए,[54] चित्त ठिकाने नहीं,[55] मक्खन का मरद,[56] पुरुष बली नहीं होत है, समय होत बलवान,[57] तेरा जमाई मरद बना रहवेगा और तेरी धी उसकी लुगाई,[58] जाट की बाँह कोई नीची नहीं कर सकता ओए, साँड, जाट की बाँह,[59] दो नावों पर सवार,[60] ये मुँह और मसूर की दाल,[61] कहाँ राजा भोज कहाँ गँगू तेली,[62] घोड़े बेचकर सोना,[63] माटी कहे कुम्हार से तूँ क्या रूँधे मोय,[64] गिरगिट की तरह रंग बदलना, राँड रंडापा काट ले, पर रंडुवे काटने दें तब।[65]

(ग) प्रतीकात्मकता

वस्तुतः अन्तिम दशक की कहानियाँ अपने शीर्षकों में और कहानी के विस्तार तथा नैरेशन में प्रतीकात्मक बन गई हैं। प्रतीक भाषा को संश्लिष्ट तो बनाते ही हैं साथ ही उस भाषा को अर्थ-गर्भित भी करते हैं। परन्तु नई युग-चेतना के अनुसार पुराने प्रतीक अर्थ-सम्प्रेषण में समर्थ नहीं रह जाते हैं। अज्ञेय का कथन इसका प्रमाण है—ये उपमान मैले हो गए हैं। देवता इन प्रतीकों के कर गए हैं कूच।/कभी बासन अधिक घिसने से मुलम्मा छूट जाता है।

अस्तु युग-चेतना की समग्र अभिव्यक्ति के नए नए-नए प्रतीकों की खोज रचनाकार की अनिवार्यता है। तभी वह सार्थक और युगीन अभिव्यक्ति दे पाएगा। यही कारण है कि आलोच्ययुगीन कहानीकारों में कल के सार्थक प्रतीत को तोड़ने और नए प्रतीकों के निर्माण की ललक है। प्रतीक एक सजीव सत्य या अन्तर्दृष्टि या वस्तु सम्बन्धी अनुभव को व्यक्त करता है।

आलोच्य युगीन कहानीकारों ने अपने कहानी शीर्षकों को प्रायः प्रतीकात्मकता का स्वरूप दिया। जो जीवन-सत्य या वस्तु-सत्य को उद्घाटित कर जाते हैं। 'टेपचू', 'तिरिछ', 'पाल गोमरा का स्कूटर', 'वारेन हेस्टिंग्स का साँड़', 'छप्पन तोले का करधन', 'पीली छतरी वाली लड़की', 'और अन्त में प्रार्थना' (उदयप्रकाश), 'कसाई बाड़ा', 'अकाल दण्ड', 'उपमा सिरी जोग', 'तिरिया चरित्तर' (शिवमूर्ति), 'प्रेरणा स्रोत', 'लिटरेचर', 'फैसला', 'पूत-पूत! पूत-पूत!!', (संजीव) 'कन्फेशन', 'यक्षगान', 'जलडमरूमध्य' (अखिलेश), 'रावण', 'शोध प्रबन्ध' (श्योराज सिंह बेचैन), 'मर गया दीपनाथ', 'आघात पुष्प' (चन्द्रकिशोर जायसवाल), 'प्रमोशन', 'घुसपैठिए' (ओम प्रकाश वाल्मीकि), 'वधस्थल से छलाँग' (ऋषिकेश सुलभ), 'कामरेड का कोट', 'भगदत्त का हाथी' (सृंजय), 'धर्मक्षेत्रे कुरुक्षेत्रे', 'ओऽम नमो अन्धकारं' (दूधनाथ

सिंह), 'मोड़ लेता रास्ता', 'मुक्ति', पूर्णाहुति' (सरयू शर्मा), 'पुतला', 'पटकथा', 'बिलन' (संजय खाती) 'पगला गई है भागो', 'रिजक', 'शतरंज के खिलाड़ी', 'छुटकारा' (मैत्रेयी पुष्पा), 'तर्पण', 'लगभग एक महापुरुष' (विश्वजीत), 'प्यास', 'साज-नसाज' (मनोज रूपड़ा), 'ढलान पर', 'प्रौढ़ शिक्षा', 'संधान' (स्वयं प्रकाश), 'न्यूटन की सीपियाँ', 'निद्रागामी', (नरेन्द्र नागदेव), 'शेषान्त', 'मुठभेड़' (संजय सहाय), 'कठगुलाब', 'कलि में सत' (मृदुला गर्ग) 'कयामत का दिन उर्फ कब्र से बाहर', 'अपनी जगह' (जया जादवानी), 'आखिरी बार से पहले', 'रोशनी की मार' (ममता कालिया), 'कोलाज' 'घोड़ी साजन बैण्ड' (मंजुल भगत), 'बारिश में अकेले, 'प्रेतमुक्ति' (दूर्वा सहाय), 'जिरह', 'परशाद', 'अनुष्ठान', 'गूँज', (रतनकुमार साँभरिया), 'दूसरा कबूतर' (नासिरा शर्मा), 'बचाव', 'चक्रवात', 'राज्यादेश', 'सुरंग पार की रोशनी' (लवलीन) आदि सभी शीर्षक प्रतीकात्मक हैं। और इन प्रतीकों के अर्थ खुलते हैं कहानी में, नए-नए प्रतीकों के सहारे। ये प्रतीक न तो प्रेमचन्द के काल के हैं और न तो नई कहानी के दौर के। पर हैं—इस धरती के ही, इस संस्कृति के ही।

कहानी शीर्षक के लिए प्रतीकों का प्रयोग कहानी की परम्परा से जुड़ा हुआ है। उसने कहा था (गुलेरी), 'कफन', 'पूस की रात' (प्रेमचन्द) 'गुण्डा', 'पुरस्कार', 'आँधी' (प्रसाद) शीर्षक मेरे कथन के साक्षी हैं।

रचनाकार कहानी शीर्षक के साथ-साथ कहानी के विस्तार में भी प्रतीकों का सहारा लेता है और वे प्रतीक अपना अर्थ कथा-विस्तार के साथ खोलते हैं। 'कसाईबाड़ा (शिवमूर्ति) का निम्नलिखित उदाहरण दृष्टव्य है—"ई गाँव लंका है। इहाँ लंकादहन होवेगा। रावन तू ही हो। लिडरा बना है भिभीखन। तोहरे दूनों के चलते गाँव के सत्यानाश होवेगा। होई रहा है। बहिन-बिटिया बेचो। हमहूँ का बेचि लेव। रुपया बटोरो। साथ लै जायेन, लेकिन अब हम एहि घरे मा ना रहब। आपन बेटवा लइके भीख कौरा माँगब, मुला...।"[66]

यहाँ 'लंका दहन', 'रावन' 'विभीखन' आदि प्रतीक हैं जो गाँव की स्थिति, उसके जीवन्त सच को व्यंजित कर जाते हैं।

'लिटरेचर' (संजीव) में वर्तमान युगीन जीवन की नियति तथा स्थिति को 'मिर्गी', 'मैला', 'ब्रह्माण्ड' जैसे प्रतीकों के माध्यम से रूपायित किया गया है। आज का जीवन 'मिर्गी' का जीवन है जिसमें मनुष्य वेदना और पीड़ा को हर क्षण मर्मांतक पीड़ा के साथ झेलता रहता है। और उस झेलने की प्रक्रिया में टूटता रहता है। जिसे स्वर्ग समझता है, जिसे जीवन की उपलब्धि मानता है वही ब्रह्माण्ड उसकी नारकीय स्थिति का कारक बनता है—"मुझे मिरगी आ गई। अब तक मैं जिस मैले के गोलक को ब्रह्माण्ड समझकर सरकस के नट के अन्दाज में धकेलता आ

रहा था, सहसा ही वह उलट गया, मैले का 'ब्रह्माण्ड मेरे ऊपर था और मैं उसके नीचे पीठ के बल हाथ-पाँव से छटपटाता हुआ।''[67]

उदय प्रकाश प्रतीकों के प्रयोग में सिद्धहस्त हैं। वस्तुतः प्रतीकों के माध्यम से ही वे अपनी कथा कहते हैं। 'पीली छतरी वाली लड़की' में पीली छतरी प्रेम का प्रतीक है जो देखते ही राहुल को अपनी ओर आकर्षित करती है। पीली छतरी के दिखाई देते ही राहुल का मन कोमल भावनाओं से सराबोर हो जाता है, छतरी के साथ-साथ तितली भी प्रतीक रूप में प्रयुक्त है। क्षण-क्षण तितली का रंग बदलना, साथ ही मनोभावनाओं को आनंदित करना, आकर्षित करना ही लक्ष्य है, वह तितली, जो सो रही थी, चुपचाप अपना रूप बदल रही थी, यह कायान्तरण था। उसे शायद यह पता नहीं था कि उसके इस करिश्में को कोई देख भी रहा है। तितली तो खैर एक जीवित प्राणी थी, हद तो यह थी कि वह पीली छतरी भी...वह तितली बड़ी हो रही थी और गोल और हर पल फैलती जा रही थी। हर सेकेंड के चौबीस में से प्रत्येक फ्रेम में...और छतरी तितली बनकर उस छतरी के ऊपर उसी तरह बैठ गई थी, जैसे वह असली तितली हो।''[68]

यहाँ 'पीली छतरी वाली लड़की' और 'तितली' दोनों जीवन्तता की प्रतीक हैं और इसका पूरा अर्थ तब खुलता है जब पीली छतरी वाली लड़की अर्थात् अंजलि तितली बनकर राहुल के साथ अपनी मर्यादाओं का उल्लंघन कर, घर-परिवार के माया-मोह को छोड़कर, परम्पराओं को छिन्न-भिन्न कर निम्नवर्गीय राहुल के साथ भाग खड़ी होती है।

'भेड़िया', 'लकड़बग्घा', 'शेर' ऐसे जन्तु हैं जो मनुष्य जीवन के लिए आतंक भी हैं और शोषक भी। ऐसे शोषक जो मानवता को निगल जाते हैं। हृषिकेश सुलभ की कहानी–'वधस्थल से छलाँग' में 'लकड़बग्घा' (सम्पादक के लिए) का प्रयोग मानवीय-संत्रास का आधार तो खोजता ही है साथ ही उसी के सहारे युगीन परिवेश को रेखांकित कर जाता है–''आज सात दिन हो गए रामप्रकाश तिवारी को लापता हुए, मेरे कुछ साथियों को विश्वास है कि वह पहले की तरह वापस लौट आएगा। पर मैं जानता हूँ कि वह इस दफ्तर में नहीं लौटेगा। हाँ, इस शहर में लौटने में उसे कोई लकड़बग्घा नहीं रोक सकता। मुझे उसकी आवग पर पूरा भरोसा है...पर एक बात मेरे भीतर टीस मार रही है कि उस दिन, उसके जाने के बाद हम कुछ और भी कर सकते थे।''[69]

'मर गया दीपनाथ' (चन्द्रकिशोर जायसवाल) में समूची कहानी 'मर गया' का ही अर्थ खोलती नजर आती है। आज का मनुष्य साम्प्रदायिक विद्वेष की भावना में किस तरह मर रहा है, किस तरह निरन्तर जल रहा है; इसे पूरी कहानी में विस्तार मिला है। ऐसी ही कहानी है, 'धर्मक्षेत्रे कुरुक्षेत्रे' (दूधनाथ सिंह) जिसमें नारी की

नियति को दर्शाया गया है। उसकी स्थिति भारतीय समाज में जानवरों से भी बदतर है–"उस हरामी के कहे से इ जंगल झार में सींकड़ से छाने है। हम कौनौ जनावर हैं कि भाग जाते!"[70] इसी कहानी में धर्मक्षेत्रे के भारतीय स्वरूप पर भी प्रहार है। वस्तुतः इस कहानी में प्रतीक के सहारे दूधनाथ सिंह ने आज के भारतीय समाज का यथार्थ अंकन किया है। वह नारी जो मनुष्य के जन्म में असह्य पीड़ा झेलती है और जो मनुष्य को स्नेह से पूर्ण करती है; वही उसका संहारकर्त्ता, उसकी वेदना, पीड़ा, शोषण का कारक है।

'और अन्त में प्रार्थना' के माध्यम से रचनाकार ने ईमानदार, नैतिक व्यक्ति के जीवन की आज की विसंगति, संत्रास, पीड़ा, दुःख-दर्द को रूपायित किया है। राजनैतिक जीवन पर प्रहार तो है ही साथ ही भ्रष्टाचार, बेईमानी, शासन व्यवस्था के पक्षपात आदि पर भी प्रहार है। और इन सभी सन्दर्भों में इस कहानी के शीर्षक का अर्थ खुलता है। स्वयं डॉक्टर वाकणकर, जो कर्तव्य, ईमानदारी के प्रतीक हैं, को पराजय मिलती है किन्तु हारकर भी उनकी चीख मानवता के समक्ष एक प्रश्नचिह्न छोड़ जाती है। मनुष्यता को आन्दोलित भी करती है। किन्तु ऐसे व्यक्ति को मरना ही पड़ता है और तिल-तिल कर मरना पड़ता है। हमारे समाज में उसे बचाने का कोई उपाय नहीं है। उसके लिए केवल अन्तिम प्रार्थना ही बचती है–"डॉ. दिनेश मनोहर वाकरणकर इंटेसिव केयर यूनिट में पड़े थे। बीच-बीच में उन्हें कृत्रिम श्वास दिया जा रहा था और ग्लुकोज चढ़ाया जा रहा था। ई.सी.जी. की रिपोर्ट क्रिटिकल थी। स्केनिंग से पता लगा था कि आन्तरिक रक्तस्राव बन्द नहीं हो रहा है।

उनके गले से निकलने वाली घरघराहट पूरी इंटेसिव केयर यूनिट में गूँज रही थी।..."[71]

(घ) बिम्बात्मकता

डॉ. रामस्वरूप चतुर्वेदी के अनुसार "काव्य भाषा और कुछ नहीं अपितु बिम्ब प्रक्रिया के पूर्व क्रियाशील प्रतीक है। सच यह है कि बिम्ब काव्यभाषा का एक उपादान है और यह आवश्यक नहीं कि हम बिम्बात्मक भाषा को ही काव्य भाषा कहें। वस्तुतः यथार्थ की चित्रात्मक प्रस्तुति ही बिम्ब है। युगीन कहानीकारों ने कहीं परिवेश, परिस्थिति, वस्तु के चित्रण के लिए बिम्ब का सहारा लियां है और कहीं मानव-मन के आन्तरिक एवं बाह्य सौन्दर्य निरूपण हेतु अथवा उसके अन्तस के मनोभावों की अभिव्यक्ति के लिए बिम्बात्मक भाषा का प्रयोग किया है। ऐसे बिम्ब को सुन-पढ़कर पाठक या श्रोता को कहानी अपनी कहानी प्रतीत होती है।

काव्यभाषा की अनिवार्यता है–चित्रात्मकता। वस्तुतः रचनाकार अपनी रचना को सर्वकालीन, स्मरणीय बनाने हेतु घटना, वस्तु या पदार्थ, यहाँ तक कि चरित्र

को भी चित्र के सहारे प्रस्तुत करता है। यह चित्र ही 'बिम्ब' है और ये 'बिम्ब' एक नई कथा, अनभिव्यक्त कथा कह जाते हैं। इस दौर की कहानियाँ चित्रात्मक भाषा के कारण पाठकों को नए-नए बिम्बों से परिचित कराती हैं। 'बन्तो' (नमिता सिंह) में सूरज का एक बिम्ब देखिए—"अभी समय था। अभी सुनहरी कारचोबी के ऊपर सूरज ने सिन्दूरी रेशम के धागे नहीं पिरोये थे। अभी तो धूप को धीरे से नीचे उतर कर दूर मैदानों के पीछे खो जाना था।[72] बन्तों तथाकथित पति के साथ जा रही है। उनकी मनःस्थिति को उजागर करता है, उपर्युक्त चित्र। इन्हीं की 'जंगल गाथा' का रात का एक बिम्ब देखें—"रातमाई रोज इस मटमैले धुँधले ढेर के पीछे से बस्ती में आती हैं और टोले के लोगों को अपने काले आँचल में छिपा लेती हैं। रक्षा करती हैं सबकी। फिर जब सूरज देवता चकाचक आता है तो काली चादर उठ जाती है और रातमाई गायब हो जाती हैं, उन्हीं मटमैली परछाइयों के पीछे।"[73]

'पीली छतरी वाली लड़की' का यह उदाहरण नवउपनिवेशवाद का यथार्थ चित्र प्रस्तुत कर जाता है—"तो यह वह समय था जब इण्डिया के बाजारों में तरह-तरह के परफ्यूम, कॉस्मेटिक्स, साफ्ट ड्रिंक्स, एलेक्ट्रिकल और इलेक्ट्रॉनिक गजेट्स, वाशिंग मशीन, सेलुलर फोन, डिजिटल टीवी, हैंडी कैप अँटे पड़े थे। हर हफ्ते आधा दर्जन कारों के नए मॉडल सामने आ रहे थे। दिल्ली में मैक्डोनल, के.सी.एफ. और निरुलाज़ के सैकड़ों ईटिंग ज्वायंट्स खुल रहे थे। राजधानी और दूसरे बड़े शहरों में नाइट क्लब्स खुल गए थे। जहाँ रात में अधनंगी मॉडल्स व्हिस्की और वाइन बेचती थीं और जहाँ मन्त्रियों-नौकरशाहों और अपराधियों की सन्तानें ऐश करती थी। देशी-विदेशी सट्टेबाज खुले आम लोगों में जुए और लाटरी की लत डालकर उन्हें करोड़पति और दस करोड़पति बनाने का स्वप्न दिखा रहे थे। एक दिन में इस देश के मन्त्री और नौकरशाह जितने का लंच कर जाते थे, सिर्फ उतने रूपयों से सारे गाँव में पीने का पानी, स्कूलों में अध्यापक और ब्लैक-बोर्ड, खेतों और घरों में बिजली और झुग्गी-झोपड़ियों में रहने वालों के लिए हगने-मूतने का शौचालय लग सकता था।"[74]

इन्हीं की कहानी 'और अन्त में प्रार्थना' के गरीब ब्राह्मण, उसकी नियति, पीड़ा, संत्रास और भावनाओं का चित्र दृष्टव्य है—"थुकरा महाराज गरीब ब्राह्मण थे। सिर्फ, पाँच-सात डिसमिल जमीन थी, जिसमें पण्डिताइन साग-भाजी और आषाढ़-सावन में खीरा-भुट्टा बो लेतीं थीं। घर का खर्च मुख्यतः पण्डिताई और जजमानी से ही चला करता था। कई मनौतियों, स्वर्ण-भस्म और कठिन परिश्रम के बाद पण्डित-पण्डिताइन को एक ही पुत्र रत्न की प्राप्ति हुई थी। पुत्र का नाम थुकरा महाराज ने पण्डित भोलाशंकर द्विवेदी रखा था। लेकिन गाँव के लड़के उन्हें

लेदा (पेट) महराज के नाम से जानते थे। कारण यह कि भोलाशंकर का लेंदा (पेट) बहुत बड़ा और तरबूज की तरह फूला हुआ रहता था।''[75]

संजीव इस कला में निष्णात हैं। उनकी कहानी चाहे 'खोज' हो या 'प्रेरणा स्रोत' अथवा 'आरोहण', 'पूत-पूत! पूत पूत!!' या 'लिटरेचर' हो हर एक में बिम्ब की स्वाभाविक प्रस्तुति दिखाई दे जाएगी। और ये बिम्ब भी नए-नए हैं–''मुझे मिरगी आ गई। अब तक मैं जिस मैले के गोलक को ब्रह्माण्ड समझकर सरकस के नट के अन्दाज में धकेलता आ रहा था, सहसा ही वह उलट गया, मैले का ब्रह्माण्ड मेरे ऊपर था और मैं उसके नीचे पीठ के बल हाथ-पाँव से छटपटाता हुआ।''[76]

'प्रेरणा स्रोत' का एक उदाहरण देखें–''पहले यहाँ कास, कुश, सरपतों के बीच कोढ़ के चकत्तों से फैले ऊसर का साम्राज्य हुआ करता था। अब वन विभाग की मेहरबानी से सड़क के दोनों किनारे करील के कुंजों से ढक गए हैं। सड़क के उत्तर की बगिया में कित्ते पेड़ हुआ करते थे कभी। अब पुराने पेड़ों के कट जाने से काफी जगह खाली पड़ गई है।''[77]

कात्यायनी की 'पुल' में एक प्राकृतिक बिम्ब द्रष्टव्य है–''महुए का पेड़ कद-काठी से महुए का पेड़ नहीं लगता था। छतनार, घना, गोल, छायादार, कुछ-कुछ पाकड़ के पुराने पेड़ जैसा।''[78]

जया जादवानी की 'इसे ऐसा ही होने दो' में फल का एक बिम्ब दृश्य है–''फल पक गया था शाख पर...मदद की थी उसकी धूप ने, बारिश ने, हवाओं, मिट्टी की सोंधी-सोंधी महक ने। चमकती बिजलियों ने उस पर किरणें फेंकी थी। और वह पक चुका था। अपने ही सद्भाव से...और पक कर जब वह फटा वह...दाने जमीन पर बिखर गए...नर्म नाजुक...लाल दाने...और इस तरह जन्म हुआ कइयों का...मेरा भी।''[79]

रमाकान्त श्रीवास्तव के 'शताब्दी प्रवेश' में सुबह का एक बिम्ब द्रष्टव्य है– ''सुबह के नरम उजाले में सभी मन्दिरों और कुछ दूर पर बने स्तूप पर एक रहस्यमय गम्भीरता-सी छाई हुई थी। परिसर की पूर्वी दीवार के उस पार जंगली झाड़ियों का विस्तार और दूर पर दिखलाई देती पहाड़ियाँ, चिड़ियों की चहचहाहट के अलावा सन्नाटे की आवाज भर थी।''[80] यहाँ सन्नाटे की आवाज कथा-चरित्र के अन्तर्मन की आवाज है।

(ङ) सहजता और सरसता

सहजता और सरसता अन्तिम दशक की कहानियों की एक खास विशेषता है। वस्तुतः इस दौर के कहानीकारों ने सहज और संप्रेष्य अभिव्यक्ति को ही कहानी की सफलता का कारक माना। फलतः इस काल की कहानियों की भाषा, आम

आदमी की भाषा, लोक संपृक्त भाषा बनी। जिस भाषा में रचनाकारों ने लोक और आम आदमी की संवेदना ग्रहण की उसी भाषा में उन्होंने उसे अभिव्यक्ति दी। यह रचनाकारों के गहरे सरोकार की परिणति प्रतीत होती है। अश्लील प्रसंग, गाली गलौज की शब्दावलियाँ निश्चय ही लोक और आम मनुष्य की जिन्दगी के अंग हैं। पर साहित्य में इनसे बचना चाहिए था। संजीव ने भाषा की समस्या पर विचार करते हुए कहा है—"जिन्दगी में विद्रूपताओं तथा विसंगतियों की भयावहता को हम पूर्ववर्ती नन्हें मापों से नहीं माप सकते। जीवन भयावह रूप से जटिल हुआ है।...स्थान, काल, पात्र का ख्याल रखा जाना चाहिए।"[81] संजीव यहाँ अतिरेक कर जाते हैं। जिन्दगी की भयावहता प्रेमचन्द काल में इससे अधिक थी, उसकी विद्रूपताएँ भी कम नहीं थीं। हाँ, कम थीं तो राजनीति। किन्तु पहले के रचनाकारों को यह माप छोटे नहीं लगे। प्रेमचन्द के यथार्थ-सा सहज संप्रेष्य आज किसी का यथार्थ नहीं। इसीलिए खगेन्द्र ठाकुर ने कहा है, "हिन्दी भाषा की रचना में हिन्दी के आग्रह का पालन करने में कोई हर्ज नहीं।"[82] यहाँ हिन्दी के आग्रह से उनका तात्पर्य हिन्दी संस्कृति के आग्रह से है। हिन्दी संस्कृति कभी भी अश्लीलता, अनावश्यकता गाली-गलौज के शब्दों को स्वीकार नहीं करती। ऐसी अभिव्यक्ति के लिए उसके शब्द-भण्डार में अभाव नहीं। इधर अन्तिम दशक के कहानीकारों में जिन लेखकों ने बड़े सतर्क रूप में भाषा का इस्तेमाल किया है उसमें संजीव, अखिलेश और उदय प्रकाश, चन्द्रकिशोर जायसवाल अग्रणी हैं।

वस्तुतः यह दौर (अन्तिम दशक) भाषा प्रयोग का दौर रहा है। और सहज, सरस एवं संप्रेष्य-भाषा की निर्मिति की ओर इस काल के कहानीकार उन्मुख हैं। उदय प्रकाश, स्वयं प्रकाश, संजीव, जया जादवानी, चित्रा मुद्गल, दूर्वा सहाय, ओमप्रकाश वाल्मीकि, मोहनदास नेमिशराय, रमणिका गुप्ता, श्यौराज सिंह बेचैन, अर्चना वर्मा, मैत्रेयी पुष्पा, नरेन्द्र नागदेव, चन्द्रकिशोर जायसवाल, मृदुला गर्ग आदि ऐसे नाम हैं, जिनसे सम्भावनाएँ दृष्टिगोचर होती हैं।

इस कला में पारंगत हैं—समकालीन कहानीकार अर्चना वर्मा। उनकी कहानी 'जोकर' का एक उदाहरण देखें—"यही तो पूछा था तुलसा दाय ने, "तुम्हारे दुश्मन का नाम?" अब मैं नाम कहाँ से लाती। "डरो मत", उसने कहा था। डर का इलाज उसके पास था। दुश्मन का बनाओ एक पुतला और दुश्मन हाथ न आए तो इस पुतले को ही दे लो वे सारे दंड जो दुश्मन को देने हैं।"[83]

'जलडमरूमध्य' अखिलेश का एक उदाहरण देखिए—"कभी-कभी मुझे भी लगता है। मुझको इस बात की चिन्ता हो रही है कि कहीं इनके ऊपर काफी कर्ज न हो। वैसे, ऐसा होना नहीं चाहिए" चिन्मय मन्द स्वर में बोला।

मनजीत ने नाक सिकोड़ी—"तुम्हारे पापा हैं, तुम जानो।" वह आलमारी से

कपड़े निकालने लगी। साथ ही बड़बड़ाती जा रही थी—"...और गाँव वाले कमीनों ने लूट लिया। न जाने क्या-क्या मिला होगा खुदाई में, सिक्के, सोना, चाँदी, हीरे, जवाहरात...मालूम नहीं क्या निकला और क्या ले गए कमबख्त..." और यहाँ यही रट लगी थी कि पुरखे रखवाली कर रहे हैं गड़े धन की...भाड़ में चले गए थे क्या पुरखे...जब गाँव वाले लूट रहे थे।"[84]

उदय प्रकाश इस प्रक्रिया के बेताज बादशाह हैं। उन्होंने भाषा को साधा है। देशी-विदेशी शब्दों का अपार भण्डार हैं—उनके पास। भाषा की रवानगी इनकी रचनाओं की शक्ति है। कहीं गम्भीर, कहीं चुटीली, कहीं व्यंग्यात्मक भाषा का उपयोग है, पर सम्प्रेषण के धरातल पर वह सहज और सरल है—"यही वह आदमी है, खाऊ तुंदियल, कामुक, लुच्चा, जालसाज और रईस, जिसकी सेवा की खातिर इस व्यवस्था और सरकार का निर्माण किया गया है। इसी आदमी के सुख और भोग के लिए इतना बड़ा बाजार है और इतनी सारी पुलिस और फौज है। अगर मैंने आर्गेनिक केमिस्ट्री के बलबूते कोई नौकरी की तो इसी आदमी के खाने-पीने की चीजों को लगातार स्वादिष्ट, पौष्टिक और लजीज बनाने का काम मुझे अपने जीवन भर करना पड़ेगा।"[85]

संजीव भी भाषा प्रयोग के धरातल पर अत्यन्त सहज हैं। उनकी कहानियों में विभिन्न भावनाएँ विराम पाई हैं—"कमबख्त हँसते-हँसते ऐसे बोले जा रहा था, जैसे मेरी कहानियों और पात्रों का ठेका ले रखा हो उसने। मैंने उसे तरेरा, क्या बके जा रहे हो? मुझे क्या पड़ी थी कि उसी पर कहानी लिखूँ? अरे वह तो एक मॉडल भर थी।"

भतीजे को यह सुनकर काफी निराशा हुई। वह मेरा मुँह ताकने लगा—"लेकिन वह तो उसी को सच माने बैठी है।"

"अरे!" मैं तनिक परेशान हुआ—"मगर यहाँ क्या करने आई थी वह?"

"एहसान का बदला चुकाने।"

"एहसान?"

"हाँ, वह यही जानती है कि तुमने उसे दुनिया-जहान भर में सन्नाम कर दिया।"

"अरे रे-रे...।"

बेचारी तो यह सोचकर आई थी कि शहरी आदमी हो, गाँव के छलछद्म क्या जानो कहीं कोई तुम्हें ठग न ले, इसलिए...लेकिन तुमने तो उसे भगा ही दिया।"

भतीजे की बातों से जंगली बहू के लूगे की रेह झरती है। "तुम उससे दो बातें कर लो कक्का, वह धन्य हो जाएगी।"

"धत्त!" मैं झेंपते हुए डाँटता हूँ।"[86]

इन्हीं की लिटरेचर का उदाहरण देखिए—"मेरी भूमिका क्या होगी इस दवा में? आपकी ही तो भूमिका है अब।" शफीक बोले, फिर बारी-बारी से सभी बोलने लगे।

"आपको यह दिखाना है कि यह रोग कैंसर से भी खतरनाक है।"

"एड्स से भी भयानक।"

"हैपेटाइटिस-बी से भी बड़ा जानलेवा।"

"कितना स्ट्रेन सह सकता है आदमी! उससे ज्यादा स्ट्रेन पैदा करो आप।"

"कर दो।"

"पागल बना दो।"

"उसमें इतनी घबराहट भर दो जैसे उसकी बलि दी जा रही हो कि उसकी जान गई-गई, उसकी जान।"[88]

उपर्युक्त विवेचन से यह स्पष्ट है कि आलोच्ययुगीन रचनाकारों ने अपनी अभिव्यक्ति हेतु परम्परा से अलग हटकर नई भाषा का संधान किया। ऐसी भाषा जो सबकी है, जो सब तक सम्प्रेषित है ओर जो संश्लिष्ट अनुभूतियों की सार्थक अभिव्यक्ति में सक्षम है। जहाँ कथ्य अपनी अभिव्यक्ति में अक्षम हुआ भी वहाँ भाषा ने उसके तार-तार किए।

---

1. हंस, सितम्बर, 1992, पृ. 56
2. पीली छतरी वाली लड़की, उदय प्रकाश, पृ. 33
3. वही, पृ. 35
4. हंस, सितम्बर, 1999, पृ. 87
5. पीली छतरी वाली लड़की, उदय प्रकाश, पृ. 149
6. हंस, अगस्त-सितम्बर, 1997, पृ. 25
7. हंस, अगस्त, 1996, पृ. 20-21
8. हंस, जून, 1996, पृ. 66
9. हंस, अगस्त, 1994, पृ. 65-66
10. कथादेश, जनवरी, 2000, पृ. 41
11. हंस, अगस्त, 1994, पृ. 65
12. इण्डिया टुडे, साहित्य, वार्षिकी, 95-96 पृ. 81
13. वही, पृ. 85
14. हंस, फरवरी, 1999, पृ. 28
15. हंस, सितम्बर, 1999 पृ. 64
16. कथादेश, मई, 2000, पृ. 48

17. हंस, नवम्बर-दिसम्बर, 94, पृ. 57
18. हंस, अगस्त, 1999, पृ. 13
19. हंस, सितम्बर, 1999, पृ. 85
20. हंस, अगस्त, 95, पृ. 16
21. वही, 95, पृ. 67
22. हंस, जनवरी, 1992, पृ. 27
23. पाल गोमरा का स्कूटर, उदय प्रकाश, पृ. 59
24. वही, पृ. 154
25. हंस, सितम्बर, 1992, पृ. 27
26. हंस, अगस्त, 1995, पृ. 56
27. हंस, सितम्बर, 1998, पृ. 80
28. वही, पृ. 88
29. हंस, मार्च, 2000, पृ. 58
30. कथादेश, मई, 2000, पृ. 46
31. वही, पृ. 53
32. वही, पृ. 54
33. हंस, जून, 1997, पृ. 26
34. वही, पृ. 26
35. हंस, अगस्त, 1996, पृ. 15
36. हंस, जून, 1997, पृ. 69
37. हंस, अक्टूबर, 1998, पृ. 30
38. वही, पृ. 30
39. हंस, अगस्त, 1999, पृ. 32
40. हंस, अगस्त, 1995, पृ. 26
41. हंस, नवम्बर, 1993, पृ. 26
42. हंस, मई, 1993, पृ. 24
43. वही, पृ. 25
44. वही, पृ. 25
45. इण्डिया टुडे, साहित्य वार्षिकी, 1993, पृ. 89
46. वही, 93, पृ. 89
47. हंस, अक्टूबर, 1994, पृ. 52
48. हंस, अप्रैल, 95, पृ. 21
49. वही, पृ. 22

50. वही, पृ. 27
51. इण्डिया टुडे, साहित्य वार्षिकी, 94-95, पृ. 160
52. हंस, मार्च, 95, पृ. 35
53. हंस, जून, 95, पृ. 16
54. इण्डिया टुडे, साहित्य वार्षिकी, 94-95, पृ. 78
55. वही, 1996, पृ. 87
56. वही, पृ. 85
57. वही, पृ. 90
58. हंस, जून, 97, पृ. 28
59. हंस, जून, 97, पृ. 63
60. हंस, फरवरी, 98, पृ. 26
61. कथादेश, अक्टूबर, 98, पृ. 22
62. हंस, अगस्त, 99, पृ. 15
63. हंस, मार्च, 2000, पृ. 55
64. कथादेश, मई, 2000, पृ. 51
65. हंस, जुलाई, 2000, पृ. 39
66. केशर कस्तूरी, पृ. 27
67. हंस सितम्बर, 99, पृ. 90
68. पीली छतरी वाली लड़की, उदय प्रकाश, पृ. 77-78
69. हंस, जून, 93, पृ. 68
70. हंस, अगस्त, 1995, पृ. 16
71. हंस, सितम्बर, 1992, पृ. 72
72. हंस, फरवरी, 91, पृ. 36
73. हंस, सितंबर, 92, पृ. 29
74. पीली छतरी वाली लड़की, उदय प्रकाश, पृ. 95
75. हंस, अगस्त, 92, पृ. 81
76. हंस, सितंबर, 99, पृ. 90
77. हंस, अगस्त, 92, पृ. 29
78. हंस, सितम्बर, 99, पृ. 21
79. हंस, अक्टूबर, 99, पृ. 80
80. कथादेश, अप्रैल, 2000, पृ. 12
81. सारिका, दिसम्बर, 1988, पृ. 52
82. वही, पृ. 52

83. हंस, अगस्त, 1995, पृ. 39
84. हंस, जून, 1996, पृ. 65
85. पीली छतरी वाली लड़की, पृ. 11
86. हंस, अगस्त, 92, पृ. 28-29
87. हंस, सितम्बर, 99, पृ. 89

अध्याय सात

उपसंहार

आलोच्य युग की हिन्दी कहानी : उपलब्धि और अवदान

नवें दशक के पूर्व तक हिन्दी कहानी को प्रसाद, प्रेमचन्द के साथ-साथ अनेक रचनाकारों का करावल्म्ब मिल चुका था। हिन्दी कहानी ने बदलाव या स्वरूप निर्मिति हेतु कई आन्दोलन भी झेले। परिणाम यह हुआ कि हिन्दी कहानी की वस्तु और संवेदना में विस्तार आया। बदलते समय की नब्ज को पहचानने की क्षमता आई। बदलती संवेदना की अभिव्यक्ति का कौशल आया। सच यह है कि आलोच्य युग के पूर्व हिन्दी कहानी की समृद्ध परम्परा तो है, पर आलोच्य-काल के बदलाव और साहित्य की केन्द्रीय विधा बन जाने के कारण कहानी का दायित्व बढ़ा। उस पर दबाव भी पड़ा।

कहानी अपने समय को प्रकाशित करती है। अपने समय के मनुष्य को निकट से जाँचती-परखती है। उसके गुणों का बखान ही कहानी नहीं है, उसके दोषों का, उसकी कमियों को उकेरना, उसके अन्तर्द्वन्द्वों-संघर्षों के भीतर उसके मानवीय अमानवीय पक्षों की तलाश और उसका प्रकाशन कहानी का दायित्व होता है। कहानी समय और उसके परिवेश का भावचित्र प्रस्तुत करती है। समाज़ पर पड़ने वाले वाह्य और आन्तरिक दबाओं में जी रहे मनुष्य को निकट से देखती है, उसे उसी रूप में व्याख्यायित करती है। वस्तुतः कहानी वह सब कुछ कह देती है, जो कह पाना असम्भव होता है। इसी धरातल पर कहानी की परख होती है। कहानी घटनाओं का विवरण नहीं, कहानी, चरित्रों का सौन्दर्य–निरूपण–मात्र है। कहानी को तो घटनाओं के भीतर झाँकना होगा। उससे जूझना होगा। उसके द्वन्द्वात्मक पहलुओं को उकेरना होगा। उसके घटित होने के कारणों की तार्किक खोज करनी पड़ेगी। उन कारणों के व्यापकतम सन्दर्भों/सरोकारों को तलाशना होगा, तभी वह सार्थक जीवन की झाँकी प्रस्तुत कर पाएगी। दूसरे शब्दों में उस घटना को जीना होगा, भोगना होगा और इस प्रक्रिया के पश्चात उपजी अनुभूति में कल्पना का शीरा मिलाकर उसे 'पाग' में बदलना होगा।

कहानी के सन्दर्भ में एक बात बड़े जोर-शोर से उठाई जाती रही है कि

उसमें यथार्थ की अभिव्यक्ति होनी आवश्यक है। प्रश्न उठता है कि कौन-सा यथार्थ, दृश्य या भोगा हुआ। अथवा उसका विवरण-चित्रण या उसकी जटिलताओं का उद्‌घाटन और फिर 'समय' या 'समय विशेष का यथार्थ'। हर समय का यथार्थ तो समान नहीं होता। अस्तु समय-विशेष के यथार्थ के उपरले चित्रण की बजाय यथार्थ की जटिलताओं से कहानी को जूझना होता है।

आलोच्य युग बदलाव और जटिलता का युग रहा है। इस दौर में यथार्थ को सतह पर छूने से काम नहीं चल सकता। उसे जीवन में उतारना था, उससे साक्षात्कार करना था। उस यथार्थ को भोगना अनिवार्यता बनी। अच्छी कहानी जीवन की शर्तों पर लिखी जा सकती है कहानी की शर्तों पर जीवन नहीं उतर सकता। ऐसी कहानी में बहुत चुपके से, जहाँ यह कला खुलती है कि कहानीकार किस तरह अपने अनुभवों में दूसरे के अनुभव अनायास जोड़ता चलता है, वहीं यह सच कुछ और विश्वसनीय होकर सामने आता है।

1. साहित्यिक/कहानीगत

आलोच्य युग अर्थात् बीसवीं सदी का अन्तिम दशक भारत, विशेषकर हिन्दी बेल्ट के लिए अत्यन्त भयावह रहा है। इस दौर में आर्थिक उदारीकरण की सरकारी नीति ने वैश्विक कम्पनियों के द्वार खोले। 'बाजार' अपने पूरे शबाब पर आया। हर वस्तु बिकाऊ हो उठी। मनुष्य उससे बच नहीं पाया। अर्थ की प्रधानता हुई। पारम्परिक सम्बन्ध छीजे। रागात्मकता का स्थान रिक्तता और तिक्तता ने लिया। गाँव शहर की ओर भागा या शहर ही बन गया। पूँजीवादी भावना और चेतना का विस्तार हुआ। बहुराष्ट्रीय कम्पनियों का जाल फैला। तकनीकी उपलब्धियाँ सामान्य-जन के निकट पहुँची, टी.वी., इण्टरनेट, मोबाइल, कम्प्यूटर आज जीवन के अंग बन गए। इन सबके सहारे अपसंस्कृति का ऐसा काढ़ा पिलाया गया भारतीय जनता को कि वह अपना सबकुछ भूल बैठी। परम्परा पर प्रहार तो पहले भी होता रहा है और काल के परिप्रेक्ष्य में बेमानी बनी परम्पराओं तथा स्मृतियों से मनुष्य स्वयं पीछा छुड़ा लेता था। किन्तु इस दौर में हमारी पहचान की कारक परम्पराओं पर भी प्रहार हुए। उन्हें अपनाने वाले पोगा-पंथी कहलाए। इस पर सर्वाधिक प्रहार विचार-धारा विशेष के लोगों ने किए, जो छद्म-धर्म निरपेक्षता के पोषक बने।

इस काल को 'बाजार' और मनुष्य के 'माल' के रूप में परिवर्तित करने में पूँजीवादी प्रचार-प्रसार तो था ही साथ ही सत्ता-शासन, नेताओं, मठाधीशों द्वारा विकसित भ्रष्टाचार, राजनीति के अपराधीकरण तथा राजनीति को धन बटोरने का माध्यम बनाने की प्रक्रिया ने महत्वपूर्ण भूमिका अदा की। 'स्त्री-मुक्ति' के नाम पर स्त्री स्वच्छन्दता को बढ़ावा मिला। रातों-रात करोड़पति बनने की लालसा ने

स्त्री के नंगेपन को बढ़ावा दिया। राजनीतिक तिकड़मबाजी ने दलित चेतना को भी उभारा। इस प्रकार भारत और हिन्दी क्षेत्र नव-उपनिवेशवाद का पर्याय बना। जहाँ मनुष्य-मनुष्य नहीं रहा। उसमें अमानवीयता बढ़ी। सबसे महत्त्वपूर्ण बात यह हुई कि इस दौड़ में मनुष्य दो वर्गों में बँट गया। एक तो धनी-शासक या सत्ता को भोगने वाला, जिनकी लालसा निरन्तर बढ़ती रही, धन बटोरने की भावना बढ़ती रही। नारी को भोग्या मानने की आकांक्षा/मान्यता प्रबल हुई। फलस्वरूप चीर हरण, बलात्कार, हत्या का साम्राज्य बढ़ा। 'हाशिए' के लोग दूसरे वर्ग में आते हैं। इनमें दलित भी हैं, उच्च वर्ण/वर्ग वाले भी हैं और स्त्री भी है, जो प्रथम वर्ग के अत्याचारों को सहने के लिए विवश है। गाँव में रहता है, या शहर की झुग्गी-झोपड़ी में। पर उसे न दो जून की रोटी उपलब्ध है, न सम्मानजनक जीवन। और न पहनने के लिए कपड़े। जाति, धर्म की विसंगियों ने उसके जीवन को नारकीय बना दिया है। उसकी बहू-बेटियों की इज्जत नहीं। वह दासत्व की जिन्दगी जीने के लिए विवश है। और भारत विशेषकर हिन्दी बेल्ट जिसे हिन्दी कहानी रेखांकित करने का दावा करती है; में यह वर्ग बहुसंखयक है। अशिक्षित है। जीवन की आवश्यक सुविधाओं से वंचित है। एक वर्ग उनका भी है जो शहर और गाँव में से किसी एक को चुनने के द्वन्द्व में फँसे हैं। गाँव का मोह छोड़ नहीं पाते, पर न उन्हें गाँव स्वीकार है न शहर। शहर तो केवल उनका सबकुछ हड़प जाना चाहता है।

'समय' के इस बदलाव ने मानवीय-संवेदना के पारम्परिक स्वरूप को तोड़ा। सम्बन्धों में विशृंखलता और टूटन आई। स्वार्थ के रिश्ते के मजबूत करने के कारण सामाजिक-रिश्तों-सम्बन्धों, अपनत्व की भावना, एक-दूसरे के दुःख-दर्द बाँटने की चेतना की बलि दे दी गई। अमानवीयता की भावना बढ़ी।

आलोच्य युगीन रचनाकारों ने इस बदलते समय और उसकी संवेदना को गहरे अनुभव किया। वे उसके भोक्ता भी बने। इस बदलाव को उन्होंने घर के इर्द-गिर्द देखा। नव-उपभोक्तावादी मध्यवर्ग की लालसाओं की उग्रता, उसके परिणाम को इन्होंने आत्मसात किया। फलस्वरूप इस काल की कहानी में संवेदना के नए-नए रूप सामने आए।

'संवेदना' के बदलाव का कारक आज के सम्बन्धों की टूटन में स्त्री-पुरुष सम्बन्धों की जटिलताओं, गढ़ावों, विरूपताओं, उनके तनाव, टूटन और अलगाववादी भावना तथा दाम्पत्य जीवन में पड़ती दरार की अन्तर्सतह तक पहुँच कर उनके सूत्रों की तलाश में है, इस युग की कहानियों में स्त्री पात्र अपनी अस्मिता, अपने अस्तित्त्व के सवाल से जूझते नजर आते हैं। इस काल की कहानियों में गाँव, खेत और मिट्टी से जुड़ने की; भावनात्मक लगाव के उभार की भी ललक है। इस काल की कहानियों में हादसे, हादसे से उभरने, उसे जीवन का अंग बनाने, उससे

जूझते-जूझते मर मिटने की उत्कट आकांक्षा उभरी है। युगीन कहानीकारों में जीवन की घटनाओं में, त्रासदी या विडम्बना के चित्रण की बजाय जीवन की गतिविधि में तारतम्यता, तार्किकता और स्वाभाविकता को मानवीय सन्दर्भों में तलाशने की कोशिश है। इन कहानियों में समय के बदलाव का सघन संवेदनात्मक पाठ प्रतिरोध के साथ उपस्थित है।

आलोच्ययुगीन अधिसंख्य कहानियों में न एक चरित्र महत्त्वपूर्ण है न एक घटना, न एक समय, न एक दुखान्त। कई चरित्र हैं जिनका पूरा जीवन सामने आ जाता है। कई स्थान हैं जहाँ घटित स्थितियाँ अनन्तता में फैली हैं। यथार्थ और मिथक घुले-मिले हैं। नास्टेल्जिया प्रगाढ़ है, पर मोहभंग की विकटता भी है। जीवन के विस्तार की गहराइयों में युगीन रचनाकारों ने गोता लगाया है। फलस्वरूप कहानी के औपन्यासिक विस्तार एवं काव्य-तत्त्व में लिपटी संवेदना मारक बनती है। वस्तुतः आज के कहानीकार आत्म साक्षात्कार से गुजर रहा है। उनमें संक्रमण का अपना समकाल है। संयुक्त परिवारों से पलायन कर रहे पराभूत पात्रों की जुगुप्सित दास्तानों का कैलेंडस्केच है। कहीं ढहते गाँव की भीत, उघड़ते छप्पर, बिकते खेतों, आतंक की सरसराती हवाओं की मार से खण्डहर होते गाँव का अपना-अपना परिवेश और उसकी हूक है तो कहीं गाँव के पात्र का शहरी मध्यम वर्ग से संक्रमण होते ही गाँव को उंजड़ते देने में विभीषणवत भूमिका निबाहते, अपनी खुदगर्जी और कृतघ्नता में अपनी भौतिक सुख-सुविधाओं को जोड़ने के लोभ में 'कसाई' बन जाने की प्रक्रिया है। मूल्य रक्षा के लिए भी कई कथाकारों ने प्रभावशाली भूमिका निभाई है।

इस काल की कहानियों में वे भी हैं जो जीवन को पूरी मेहनत-मशक्कत के बावजूद बड़ी कठिनाई से जीते हैं। जिनके हिस्से में अभाव, दिक्कतें व परेशानियाँ ही अधिक हैं। ऐसी जीवन स्थितियों के संश्लिष्ट यथार्थ-चित्र मानवीय-जीवन को सबसे अधिक गरिमामय और जीवन्त बना देते हैं। सच यह है कि ऐसी कहानियों में जीवन की जड़ों व उसकी संस्कृति की तलाश है, जहाँ व्यक्ति नितान्त भोलेपन से, मूल्यों के लिए अन्दरूनी उम्मीद के सहारे जूझ रहा है।

दशवें दशक के कथाकार एक साथ ग्राम्य जीवन के कथाकार हैं, शहरी जीवन के कथाकार हैं। वे दलित, शोषित, उत्पीड़ित वर्ग के कथाकार हैं और मध्यवर्गीय अभिजात चेतना के भी कथाकार हैं। और तो और वे वाम भी हैं, दक्षिण-पंथी भी। यथार्थ के साथ एक सीधा सर्जनात्मक रिश्ता जोड़ते हुए इस काल के लेखक की नजर अपने कथ्य को केन्द्र में रखती है और उसके परिप्रेक्ष्य में विचारधाराओं का मूल्यांकन करती है। ऐसा कम ही है कि निर्धारित-विचारधारा या निश्चित परिप्रेक्ष्य के तहत जीवन या अनुभव को काट-छाँटकर छोटा बनाया गया हो या उसकी प्रस्तुति

एकांगी या अधूरी हो। लेखक की दृष्टि का सर्जनात्मक आलोचनात्मक अनुशासन सबसे ऊपर है। इन कहानियों में केवल पात्र ही नहीं स्वयं लेखक पात्रों के रूप में उपस्थित है। इन कहानियों में अतीत की दृष्टि भी मुखर है, वर्तमान तो है ही।

आलोच्य युगीन रचनाकारों की दृष्टि नक्सलवादी आन्दोलन के अन्तर्विरोध और गतिरोध, बाजारवाद और उत्तर पूँजीवाद के हमले के दुष्परिणामों, नैतिक और सांस्कृतिक मूल्यों के विपर्यय आदि विषमताओं पर भी गई। इतिहास का उपयोग भी बढ़ा, पर कहानी में मनुष्य की विकास-यात्रा की तानता को दर्शाने के लिए इसका उपयोग हुआ। अन्ध-विश्वासों, धर्म-कर्म की विरूपताएँ भी हैं।

आलोच्य युग में स्त्री-मुक्ति का आह्वान जोर पकड़ा। स्त्री-विमर्श की अनेक कहानियाँ सामने आईं। जिनमें स्त्री की स्वानुभूत चेतना व्याख्यायित तो हुई ही, उसकी विसंगतियों, विडम्बनाओं की भी खाल उधेड़ी गई। उसमें स्त्री पर लादे गए पुरुष-छद्मों का भी सशक्त प्रतिरोध है। अनुभूति की व्यापकता और गहराई है। सच यह है कि स्त्री चाहे किसी वर्ग, सम्प्रदाय या आयु से सम्बद्ध हो पर उसकी वर्जनाएँ, उसके दुःख, उसके संघर्ष की गाथा समान होती है। यह संघर्ष भी अनेक स्तरीय है। चेतना की दृष्टि से व्यक्तिगत, पारिवारिक से लेकर सामाजिक और मानवीय मूल्यों के लिए प्रतिबद्धता भी है। वह रूढ़िवाद से भी लड़ती है और वैज्ञानिकता से भी। इन संघर्षों से उपजे द्वन्द्व का चित्रण युगीन कहानियों की विशेषता है। विवाहोपरान्त गृहस्थ जीवन के तकाजे, उसकी अपेक्षाएँ स्त्री का सारा सत्त्व सोख लेती हैं। स्त्री लेखन में यह पक्ष विस्मृत नहीं होने पाया है। फलस्वरूप इन कहानियों में यथार्थ का मार्मिक अंकन और स्त्री जीवन की दुर्दशापूर्ण नियति, कामकाजी महिलाओं के प्रति पुरुष मन का सन्देह, उससे टूटते घर, देह आदि सब कोने-अतरे उजागर हैं। यहाँ तक कि प्रेमी और पति के बीच भावनात्मक उलझाव में फँसी नारी, लोलुप, स्वार्थी 'बॉस' अधिकारी, सहयोगियों के लिए भोग की वस्तु बनी नारी की दयनीयता भी महिला या पुरुष रचनाकारों से नहीं छूटने पाई है। यद्यपि महिला लेखिकाओं का मानना है कि स्त्री की स्थिति पर पुरुष लेखक सिर्फ बौद्धिक सहानुभूति दिखा सकता है।

सन् 75 को संयुक्त राष्ट्र संघ द्वारा अन्तर्राष्ट्रीय महिला वर्ष घोषित किया गया और इसके साथ ही भारत की स्त्री ने भी करवट ली। भारतीय स्त्री में अपनी अस्मिता का अहसास जागा। वह अपने अधिकारों के प्रति जागरूक हुई। इसी बदलती हुई स्त्री-छवि को बारम्बार रेखांकित करती हैं, आज की कहानियाँ। स्त्रियाँ बदली हैं, वे घर से बाहर निकली हैं, उनमें आत्मविश्वास बढ़ा है। हमारे यहाँ के लोकतान्त्रिक मूल्यों ने उन्हें आगे बढ़ने की आजादी दी है तो छिपा हुआ मर्दवाद फुँफकार रहा है। स्त्री उनकी मुट्ठी से निकली जा रही है और वे गला फाड़कर

चिल्ला रहे हैं--अपसंस्कृति, अश्लीलता। इन कहानियों में ऐसी स्त्रियाँ हैं जो निडर होकर उनकी चुनौतियों को स्वीकार कर रही हैं। लेकिन इस जागरूकता ने जहाँ औरत को अधिकारों का आश्वासन दिया है, वहीं स्त्री-पुरुष सम्बन्धों के स्तर पर आई टूटन भी दी है, निराशा और दिशाहीनता की स्थिति भी दी है। और अश्लीलता, फूहड़पन, उच्छृंखलता भी बढ़ी है, जो विचारणीय है।

सच यह है कि आज की स्त्री के पास सफलताकामी समाज में कोई आत्मबोध या कोई पुराना मिथक नहीं बचा है। भीतर सब कुछ टूट-फूट गया है--सारी नैतिकताएँ, सारी वर्जनाएँ, सारे संस्कार, सारी जकड़नें ध्वस्त हो गई हैं। सफलता और उपलब्धियों के एक खण्डित 'विज़न' को जीती स्त्री है, जहाँ उसका सिनिसिज़्म ही एकमात्र सच है। बाहर से आक्रामक पर भीतर आत्मदया से भरा हुआ। पर इसकी उपलब्धि है--बैंक बैलेंस, कार, ऊँचे सम्पर्क, किसी भी कीमत पर सफलता? कौन दे रहा है उसे यह जीवन दर्शन? वही उपभोक्तावादी समाज न, जो उसकी त्रासदी के लिए जिम्मेदार है? आज की स्त्री की सारी बोल्डनेस कुल मिलाकर उस अपराधी के तर्क की तरह है जो समाज से पीड़ित होकर उसके खिलाफ तो जाता है पर नया कुछ नहीं रच पाता और अन्ततः फायदे सारे उसी समाज को मिलता है जिसके विरुद्ध वह खड़ी है। यहाँ मोहभंग आत्मचेतस नहीं बना रहा है, टूटन नया विवेक पैदा नहीं कर रही है, त्रास और घुटन अपने पार चले जाने का नई तरह का साहस नहीं दे रहे हैं।

इसी काल में दलित लेखकों की कहानियाँ भी सामने आईं। इनका दावा रहा है कि दलित पीड़ा, संवेदना को उसका भोक्ता; उसमें पैदा हुआ व्यक्ति/रचनाकार ही सही मायने में और यथार्थ रूप में वाणी दे सकता है। यह अलग बात है कि इन रचनाकारों की कुछेक कहानियाँ ही दलित भाव-बोध, पीड़ा, दुःख-दर्द, नारकीय जीवन, उपेक्षा-अपमान को उजागर कर पाती हैं। इनसे अधिक समृद्ध दलित संवेदना तो अ-दलित लेखकों में है। और उनकी कहानियाँ एक नए सौन्दर्य शास्त्र को जन्म भी देती हैं। मराठी में दलित आन्दोलन का प्रभाव हिन्दी के कतिपय लेखकों पर पड़ा। कुछ दलित लेखकों ने दलितों की वेदना पर पड़ी पपड़ी को उधेड़ा, वैसे औद्योगिक चेतना के विकास के साथ इनकी कतिपय मूलभूत समस्याएँ समाप्त हुई हैं। हाँ इनमें संघर्ष की ललक, संघर्ष हेतु एकजुटता का अभाव है।

'संवेदना' के इस बदलाव ने संवेदना के वाहक चरित्रों को बदला। आज वाकणकर, राहुल, अंजली, पाल गोमरा, दिलीप, जंगली बहू, सगुनियाँ, दीपक सहाय साहब, रामप्रकाश तिवारी, भूप सिंह, दीपनाथ आदि जैसे चरित्र उभरे। जो प्रेमचन्द के होरी का स्मरण कराते हैं। वे संघर्षरत हैं। परिस्थितियों तथा परिवेश से जूझ रहे हैं। थक रहे हैं, पर हार मानने के लिए तैयार नहीं।

संवेदना के नए तेवर लेकर आई आलोच्य युगीन अनेक कहानियों की कथा ऐतिहासिक बन गई। यह इतिहास मानव-मन को हिलाकर, उसे रुलाकर रख दिया है। इनमें केवल मनोरंजन नहीं, मानवीय भावनाओं के हर धरातल विभिन्न संवेदनाओं के रैपर में लिपटे हैं। आलोच्युगीन रचनाकारों से संवेदना-जागृति के कारक का कोई कोना या कोई घटना छूटने नहीं पाई है। यहाँ तक कि एक ही कहानी में एक-साथ विभिन्न संवेदनाओं ने मिलकर कहानी को ऐतिहासिक आयाम दिया है। ऐसी कहानियों के चरित्र भी ऐतिहासिक बने।

2. शिल्पगत

आलोच्य युगीन कहानी का शिल्प बदला। यह बदलाव संवेदना की नवीनता और संश्लिष्टता के कारण अनिवार्य था। अन्तिम दशक की कहानी केवल कथ्य का विवरण मात्र नहीं, अपितु उसके भीतर झाँकने और उससे जूझने की गाथा है। फलस्वरूप कहानी शिल्प के समस्त मानदण्ड ध्वस्त हो उठे। आदि, मध्य और अन्त का पारम्परिक मानदण्ड टूटा। संघर्षों-अन्तर्द्वन्द्वों की टकराहट के बीच कहानी कहने की कला विकसित हुई। प्रसाद जैसा अन्त आज अपेक्षित नहीं। आज ऐसे त्रासद अन्त की आवश्यकता है जो जीवन-जगत में अपनी 'चीख' सर्वकालीन बना दे। कारुणिक, मनोरंजक प्रसंगों के घात-प्रतिघात की एक साथ उपस्थिति दर्ज हुई। कहानीकार मानव-मन के अँतरे-कोने में झाँक आया। उसकी कथा कहानीकार की कथा बनी। संघर्षरत, अन्तर्द्वन्द्व को आत्मसात किए कहानीकार को अन्तिम दशक की कहानियों में हर क्षण उपस्थित पाया जा सकता, हर शब्द के साथ और, उसके आत्मा की गूँज हैं—ये कहानियाँ।

इन कहानियों में कहीं फंतासी का सहारा लिया गया है और कहीं आत्मपरक या एकालाप का। आत्मकथ्य, विवरणात्मक, डायरी और पत्रलेखन शैली का भी उपयोग है। कहीं मानपत्र शैली है तो कहीं वर्णनात्मक। छोटी कहानियों में एक केन्द्रीय रूपक के सहारे कथ्य को आकार दिया गया है। कुछ कहानियों में सादगी और सपाट बयानी है जबकि अधिकांश कहानियों में कलात्मकता और शिल्प। माना जाता रहा है कि विजड़ित और गतिहीन स्थितियों का चित्रण ही कलात्मक कौशल के द्वारा सिद्ध होता है। गतिशील, परिवर्तनशील स्थितियों के लिए सपाट बयानी और सादगीपूर्ण वर्णनात्मकता ही अनिवार्य है।

इस काल के कहानीकारों ने दोनों ही शैलियों का सफल इस्तेमाल करते हुए इस पूर्वनिर्धारित निश्चित धारणा को तोड़ा भी है। वस्तुतः यह धारणा लापरवाही और अकुशलता के साथ किए गए फूहड़ काम की सफाई से बढ़कर ज्यादा कुछ है भी नहीं। रचना तो प्रथम पृष्ठ से अन्तिम पृष्ठ के बीच एक विजड़ित संसार

ही है जिसके भीतर किसी भी शैली में कोई भी स्थिति अंकित की जा सकती है। संरचना वृत्तात्मक है या रैखिक इस बात से वस्तु का विजड़ित या गतिशील होना भले प्रभावित होता है, रूपकीयता या कलात्मकता से नहीं। कहानियाँ भी प्रमाण इस बात का देती हैं कि सादगी और सपाट बयानी को शिल्प में बदलने के लिए कलात्मकता की कितनी गहरी समझ होनी जरूरी है। संरचना के हर टुकड़े की, अपनी सही जगह पर, सही विस्तार में उपस्थिति, 'सेंस ऑफ टाइमिंग', मौन की मुखरता वगैरह से मिलकर वह ऊर्जा तत्व रचित होता है जो रचना के पाठ को चार्ज करता है, जिसके कारण रचना बड़बोली, व्याख्यात्मक, अनावश्यक विस्तृत और चलताऊ होने से बचती है। ऐसी रचना कहीं ज्यादा कठिन कलात्मकता और कहीं ज्यादा जटिल शिल्प की माँग करती है।

सच यह है कि "कहानी टॉर्च लाइट है। कहानी ध्रुपद तान की तरह है। कहानी अँधेरी रात में बिजली की कड़कती रोशनी है। कहानी तने हुए रस्सों पर बिना किसी अवलम्ब की आर-पार जाने की जोखिम भरी बाजीगरी है। कहानी रॉकेट पटाखा है। कहानी छन्दों में अनंग शेखर है। कहानी सौ मीटर की हर्डल रेस है। कहानी रसोन्मुखी होती है। कहानी देश और काल के एकायतन में फैलती है। कहानी कतरनों पर एक सम्पूर्ण निर्णय सुनाती है।" (संजीव)

इस काल की कथा कहने के लिए कहानीकारों ने अद्भुत नैरेशन पद्धति का संधान किया। किस्सागोई पद्धति का सफल निरीक्षण किया। इसकी सहायता से वह पाठक/श्रोता के अन्तस में प्रविष्ट हुआ। कहानी संवाद बनी। अर्थात कहानीकार पाठक/श्रोता से सीधे संवाद स्थापित करता है। इधर की कहानियों में 'बयान की कला' भी अपना स्वरूप पाई। वस्तु, पदार्थ, व्यक्ति, व्यक्ति मन को बयान कला के सहारे आकार दिया गया। 'मिथक' कथा के विस्तार ही नहीं उसकी संश्लिष्टता में भी सहायक होते हैं। इस काल के रचनाकारों ने अपने शिल्प को सशक्त और प्रभावशाली बनाने के लिए मिथकीय परिकल्पना का भी सहारा लिया। किस्सागोई और बयान की कला इस काल की कहानियों का शिल्पात्मक वैशिष्ट्य है।

3. भाषागत

आलोच्य युगीन कहानीकारों ने भाषा को नए औजार के रूप में प्रयुक्त किया। यह औजार उनकी अभिव्यक्ति को मारक बनाती है। कहानी हमेशा रची नहीं जाती। कभी-कभी वह छलक पड़ती है–कागज पर। बहने लगती है सरपट, पहाड़ी नदी की तरह। यानी बिल्कुल साफ, पारदर्शी। इतना कि तलछट की रेत और चमकती मछलियों को छूने को मन कर जाए। यह नदी अगर आपका मन बाँध ही ले तो

समझिए कि जिसकी तलाश थी आपको, वह सुकून अब आपके पास है। पर, कहानी-सी नदी कागज पर तब उतर पाती है, जब कहानीकार का मन अनुभूतियों से इतना लबरेज हो कि उन्हें छलकाए बगैर उसे चैन न पड़े। कहानियों में उनकी मिट्टी और परिवेश का एक-एक रग-रेशा उत्कट आत्मीयता के साथ उभर आना चाहिए।

आज के कहानीकार की धारदार सोच और कम शब्दों में अधिक-से-अधिक बातें कह सकने के अलग किस्म के मुहावरे की तलाश व अपने पास-पड़ोस की जिन्दगियों पर पैनी निगाह डालने की भरसक कोशिश आगे बढ़ाती हुई नग्न यथार्थ को नंगी उँगलियों को पकड़कर सामने लाती हुई दिखाई देती हैं। चलती-फिरती भाषा के जरिए वे मानवीय रागात्मक सम्बन्धों की जटिलता को भी सहज रूप में पेश करते हैं और सामाजिक विद्रूपताओं को बिना किसी लाग-लपेट के उजागर कर जाते हैं।

कहानी की संचार प्रक्रिया में कहानीकार की कहानियों की गद्यात्मक लय की संघटनाएँ बहुलार्थी हैं। यहाँ यह स्पष्ट कर देना जरूरी है कि यह कोई हिन्दी-उर्दू शब्द मेल या गद्य की कविताई का मामला नहीं है, बल्कि कथाकार की कहानियों की कथा-भाषा से निर्मित वाक्यों की अद्‌भुत सम्प्रेषणीयता के कारण अपनी तरफ ध्यान खींचती है। इस भाषा में चमत्कृत करने वाला औपचारिक भाव अथवा उक्ति प्रयोग भी है। इन कहानियों की भाषा की आन्तरिक संरचनाओं (डीप स्ट्रक्चर) पर सूक्ष्मता से गौर करने पर इसमें हिन्दुस्तानी संस्कृति (खासतौर पर उत्तर भारत) का एक आंलेख तैयार होता नज़र आता है, जो इन रचनाकारों के मुकम्मल गद्य को एक परिप्रेक्ष्य भी प्रदान करता है। कहानीकार स्थितियों की रहस्यात्मकता में गुम न होकर, विवरणात्मक ढंग से गुंजलकों को खोलने का कलात्मक प्रयत्न करता है। इन कहानियों के बिम्ब, प्रतीक, चिह्न व संकेत अधिक सामाजिक व सक्रिय हैं। ये कहानियाँ व्यक्ति और प्रकृति (नेचर) की नातेदारी को नई अभिव्यंजना देती हैं। कभी-कभी तो ऐसा प्रतीत होता है कि मानो कहानीकार प्रकृति (नेचर) का कोई 'नैरेटिव' रच रहा हो, उसके विवरणात्मक गद्य में प्रकृति का यह इस्तेमाल एकदम सहज व अर्थवान है। व्यक्ति-मन की भावात्मक गुंजलकों के खोलने के लिए प्रकृति का एक 'रूपक' के रूप में इस्तेमाल है इन कहानियों में।

कहानी प्रथमतः और अन्ततः एक कला रूप है, और कोई भी कला हमें बन्धनों और संकीर्णताओं से मुक्त कर हमारा क्षितिज बड़ा करने में ही सहयोग देती है। इसी के साथ यह भी सच है कि हर कला, रूप, रस की सांगीतिक अनुभूति तक पहुँचने की कोशिश करती है। अगर कला जीवन के लिए है तो उसकी एक सामाजिक संगति भी होगी ही, उसमें लोकरंजन भी होगा। लोकधर्मिता भी और

लोकदृष्टि भी। अतः कहानी की परख से जुड़े बुनियादी सवाल होंगे कि क्या वह पाठकों से पढ़वा ले जाती है? क्या वह पाठकों को कहीं मूव भी करा पाती है? करा पाती है, तो अन्ततः वह पाठकों को कहाँ ले जाती है?

स्पष्टतः युगीन कहानी की भाषा बदली। लोक बनाम आम आदमी से संपृक्त होकर उसकी ध्वनियाँ, शब्द, लोकोक्तियाँ और मुहावरे इस काल की भाषा में स्थान पाए। सबसे अधिक प्रभावशाली उनके व्यंग्य बने। सामाजिक विरूपताओं को कुरेदने, इन्हें वाणी देने में इस औजार ने बहुत बड़ी सहायता दी। प्रतीकात्मक प्रस्तुति साहित्यिक भाषा की अनिवार्यता है। मजेदार बात यह है, युग की संवेदना निश्चय ही पुराने प्रतीकों के सहारे अभिव्यक्त करना सम्भव नहीं था, इसके लिए आवश्यकता थी नए प्रतीकों के खोज की। ऐसे प्रतीक जो युग-चेतना-बोध, संत्रास, दुःख, कष्ट को वाणी दे सकें। युगीन रचनाकारों ने नए-नए प्रतीक खोजे, उन्हें नए अर्थ से संपृक्त कर प्रयुक्त किया। शीर्षक तो प्रतीकात्मक हैं ही कथा भी प्रतीकात्मक बन गई है। वस्तुतः प्रतीकों के माध्यम से भाषा संश्लिष्ट बनी। इन प्रतीकों के अर्थ खुलते हैं, कहानी में।

बिम्बात्मक भाषा साहित्यिक विधा की अनिवार्यता है। यह कथन को प्रभविष्णु तो बनाता ही है, सौन्दर्य-निरूपण में भी सक्षम होता है। बिम्बों के सहारे इन रचनाकारों ने अविस्मरणीय चित्र प्रस्तुत किए हैं।

युगीन भाषा की सबसे बड़ी विशेषता उसकी सहजता और सरसता है। कहानी की अनिवार्यता कथा-रस का सृजन सरस भाषा के सहारे ही सम्भव है। फलस्वरूप भाषा को सरस बनाए रखना रचनाकारों की अनिवार्यता है। सहजता ही रचना को पठनीय बनाती है। सम्प्रेषण भी इसी के सहारे सम्भव होता है। वस्तुत; कहानी न तो वर्ग-विशेष की होती है न उसका पाठक ही किसी खास वर्ग का होता है, वह किसी वर्ग-विशेष के लिए लिखी भी नहीं जाती। उसमें तो देश-काल और उस काल के मनुष्य, जीव-जन्तु सभी रूपाकार होते हैं। निश्चय ही युगीन कहानीकार इस पक्ष में सचेत थे तभी तो उन्होंने ऐसी सहज भाषा का संधान किया, जिसकी सहायता से किसी वर्ग का व्यक्ति उसमें अपनी संवेदनाओं का चित्र देख सके; उससे तादात्म्य स्थापित कर सके।

4. चेतनागत

'साहित्य' अपने में एक आन्दोलन है। इतिहास इसका गवाह है कि समय की विसंगतियों-विरूपताओं से जूझ रहे, दुखी और पीड़ित मानवता को साहित्य ने सँभाला। उन्हें वाणी दी। उनकी वेदनाओं से उन्हें उबारा। भक्ति आन्दोलन साहित्य के ही माध्यम से जन-जन तक पहुँचा। और मानवता के विनाश को बचाया। उसमें

नई चेतना का संचार किया।

'कहानी' आज साहित्य की केन्द्रीय विधा के साथ-साथ एक आन्दोलन बन गई है। ऐसा आन्दोलन जो समय की सच्चाइयों को उजागर कर मानवीय समाज को नई चेतना दे सके। आलोच्ययुगीन कहानीकारों ने मानवीय कुरूपताओं को शब्द-चित्र के माध्यम से प्रस्तुत किया। उसकी विडम्बनाएँ भी रूपाकार हुई हैं। निश्चय ही इस बहाने अश्लीलता का साहित्य में उत्थान हुआ। 'नंगेपन' का चित्रण बढ़ा। विशेषकर नारी-जगत के अनछुए प्रसंगों को उजागर कर 'बोल्डनेस' का खिताब प्राप्त किया। कहानी में ऐसे अनेक अनावश्यक चित्र सिनेमाई अन्दाज में भरे गए जिससे कहानी कला पर प्रश्नचिह्न लगा। किन्तु बिना इन सबके भी कहानियाँ लिखी गईं; जो अधिक प्रभावशाली बनीं। इसके साथ ही कहानियों में विचार-धाराओं का प्रभाव बढ़ा। विशेषकर जनवादी और दलित विचार-धारा इस काल की कहानियों को प्रभावित करती है। इस काल में छद्म धर्म-निरपेक्षता को कहानी का अंग बनाया गया। 'धर्म निरपेक्षता' की परिभाषा भी बदली। हिन्दू की जायज भावनाओं को भी इस नारे के तहत कुचला गया। इससे धर्म-विशेष को संरक्षण मिला। इस काल की कहानियों में राजनीतिक चेतना की भी मुखरता है।

फल यह हुआ कि उत्तर आधुनिकता के इस काल में स्वस्थ चेतना का विकास नहीं ही हुआ। हाँ! कुछ कहानियों और कहानीकारों में एक चेतना विकसित हुई। यह नव चेतना उपभोक्तावादी संस्कृति, नव-उपनिवेशवादी भावना, 'बाजार' और 'माल' बनते मनुष्य के विरुद्ध संघर्ष का बिगुल बजाती है। यह चेतना गाँवों में पशुवत जीवन बिता रहे मनुष्य को भी ऊर्जा प्रदान करती है और संघर्ष की अटूट जिजीविषा से संपृक्त करती है। यह चेतना जाति, धर्म, वर्ग, सम्प्रदाय तथा विचारधारागत प्रतिबद्धता से ऊपर उठकर मनुष्य को मनुष्य बनने की प्रेरणा देती है।

परिशिष्ट

(क) उपजीव्य ग्रन्थ : प्रमुख कहानी संग्रह

1. आखिर क्या हुआ, पंकज बिष्ट, वाग्देवी प्रकाशन, बीकानेर, 1997
2. आदमी जात का आदमी, स्वयं प्रकाश, किताब घर, नई दिल्ली, 1994
3. उसकी जमीन, ज्ञानप्रकाश विवेक, अयन प्रकाशन, नई दिल्ली, 1993
4. एक बंगला बने न्यारा, विजय मोहन सिंह, राधाकृष्ण प्रकाशन, प्रा.लि. नई दिल्ली, प्रथम संस्करण
5. कहो रिपुदमन, प्रियंवद, साहित्य सदन, कानपुर, 1988
6. कामरेड का कोट, सृंजय, राधाकृष्ण प्रकाशन प्रा.लि. नई दिल्ली, 1993
7. काला हाँडी, अमरीक सिंह दीप, आत्माराम एण्ड सन्स, दिल्ली, 2000
8. कुछ दूर, विष्णुनागर, आधार प्रकाशन, पंचकूला, हरियाणा, 1994
9. केशर-कस्तूरी, शिवमूर्ति, राधाकृष्ण प्रकाशन, प्रा.लि. नई दिल्ली, 1994
10. कोसाफल, शशांक, सम्भावना प्रकाशन, हापुड़, 1993
11. खोज, संजीव, दिशा प्रकाशन, दिल्ली, 2000
12. किसी दूसरे देशकाल में, राजी सेठ, नेशनल पब्लिशिंग हाउस, नई दिल्ली, 1993
13. खुली हुई नाव, हरिमोहन, वाणी प्रकाशन, नई दिल्ली, 1994
14. घर-घर तथा अन्य कहानियाँ, क्षमा शर्मा, सचिन प्रकाशन, नई दिल्ली, 1993
15. घिराव, महीप सिंह, राजपाल एण्ड सन्स, दिल्ली, 1968
16. चक्रवात, लवलीन, नीलकण्ठ प्रकाशन, दिल्ली/हापुड़, 1993
17. जंगलगाथा, नमिता सिंह, वाणी प्रकाशन, नई दिल्ली, 1992
18. तन्त्र तथा अन्य कहानियाँ, विभांशु दिव्याल, प्रवीण प्रकाशन, नई दिल्ली, 1993
19. तलछट का कोरस, ललित कार्तिकेय, आधार प्रकाशन, पंचकूला, हरियाणा, 1994

20. तारीख का इन्तजार, पुष्पपाल सिंह, राधाकृष्ण प्रकाशन प्रा.लि. नई दिल्ली, 1991
21. तिरिछ, उदयप्रकाश, वाणी प्रकाशन, नई दिल्ली, 1996
22. दरियाई घोड़ा, उदय प्रकाश, राधाकृष्ण प्रकाशन प्रा.लि. नई दिल्ली, 1996
23. दुनिया की सबसे हसीन औरत, संजीव, यात्री प्रकाशन, दिल्ली, 1990
24. धरातल, रामधारी सिंह दिवाकर, वाणी प्रकाशन, दिल्ली, 1998
25. नागरिक, हृदयेश, ज्ञानभारती, दिल्ली, 1992
26. निकम्मा लड़का, नमिता सिंह, वाणी प्रकाशन, दिल्ली, 1998
27. नीली गाय की आँखें, नमिता सिंह, वाणी प्रकाशन, नई दिल्ली, 1997
28. पिण्टी का साबुन, संजय खाती, किताब घर, नई दिल्ली, 1996
29. पीली छतरी वाली लड़की, उदय प्रकाश, वाणी प्रकाशन, दिल्ली, 2001
30. प्रतिनिधि कहानियाँ, ज्ञानरंजन, राजकमल प्रकाशन, नई दिल्ली, 1991
31. प्रतिनिधि कहानियाँ, मिथिलेश्वर, राजकमल प्रकाशन, नई दिल्ली, 1989
32. प्रतिहिंसा तथा अन्य कहानियाँ, मुद्राराक्षस, विकास पेपर बैक्स, दिल्ली, 1992
33. प्रेरणास्रोत तथा अन्य कहानियाँ, संजीव, किताब घर, नई दिल्ली, 1995
34. फटी जेब से एक दिन, सत्यनारायण, रचना प्रकाशन, जयपुर, 1987
35. बीच रहेगी जिन्दगी, कर्मेन्दु शिशिर, आधार प्रकाशन, पंचकूला हरियाणा, 1996
36. बीमार आदमी का इकरारनामा, नरेन्द्र नागदेव, नेशनल पब्लिशिंक हाउस, नई दिल्ली, 1992
37. माई का शोकगीत, दूधनाथ सिंह, राधाकृष्ण, प्रकाशन प्रा.लि., नई दिल्ली, 1992
38. मैंने कुछ नहीं देखा, नवनीत मिश्र, सुलभ प्रकाशन, दिल्ली, 1992
39. रैनबसेरा, अब्दुल बिस्मिल्लाह, वाणी प्रकाशन, नई दिल्ली, 1992
40. रंगमंच, उर्मिला शिरीष, पारुल, प्रकशन, दिल्ली, 2002
41. ललमनिया, मैत्रेयी पुष्पा, किताब घर, नई दिल्ली, 1996
42. लवस्टोरीज, क्षमा शर्मा, आत्माराम एण्ड सन्स, दिल्ली, 1999
43. वह लड़की अभी जिन्दा है, रघुनन्दन त्रिवेदी, रचना प्रकाशन, जयपुर, 1994
44. विश्व बाजार का ऊँट, जयनन्दन, दिशा प्रकाशन, दिल्ली, 1995
45. वधस्थल से छलाँग, हृषिकेश सुलभ, वाणी प्रकाशन, नई दिल्ली, 1995
46. शापग्रस्त, अखिलेश, राधाकृष्ण प्रकाशन प्रा.लि. नई दिल्ली, 1997

47. शापित शैशव तथा अन्य कहानियाँ, मालती जोशी, विकास पेपर बैक्स दिल्ली, 1996
48. शामिल बाजा, शशांक, राधाकृष्ण प्रकाशन प्रा.लि., नई दिल्ली, 1997
49. शेरपुर 15 मील, विजयमोहन सिंह, राधाकृष्ण प्रकाशन प्रा.लि., नई दिल्ली, 1995
50. शोषित और अन्य कहानियाँ, उषा महाजन, राजकमल प्रकाशन, नई दिल्ली, 1990
51. सदियों से, राजीसेठ, वाग्देवी प्रकाशन, बीकानेर, 1996
52. सदी का सबसे बड़ा आदमी, काशीनाथ सिंह, राजकमल प्रकाशन नई दिल्ली, 1989
53. समकालीन कहानियाँ, सम्पादक डॉ. कमलाप्रसाद, महेश, कटारे, मीरा पब्लिकेशन्स, इलाहाबाद, 1996
54. समकालीन हिन्दी कहानियाँ, सम्पादक, ऋषिकेश, राकेश रेणु, परिभाषा प्रकाशन, दिल्ली, 1992
55. सम्मान, हृदयेश, आधार प्रकाशन, पंचकूला, हरियाणा, 1996
56. समागम, मृदुला गर्ग, सामयिक प्रकाशन, दिल्ली, 1997
57. स्पन्दन, श्रवण कुमार, जगतराम एण्ड सन्स, नई दिल्ली, 1991
58. सुरंग, संजय सहाय, राधाकृष्ण प्रकाशन, दिल्ली, 1998
59. हिंगवा घाट में पानी रे, चन्द्रकिशोर जायसवाल, रचनाकार प्रकाशन, दिल्ली, 1999

(ख) सहायक आलोचनात्मक ग्रन्थ

1. आज का हिन्दी साहित्य : संवेदना और दृष्टि, डॉ. रामदरश मिश्र, अभिनव प्रकाशन, दिल्ली, 1975
2. आधुनिकता और आधुनिकीकरण, डॉ. रमेशकुन्तल मेघ, अक्षर प्रकाशन, नई दिल्ली, 1969
3. आधुनिक भाव बोध की संज्ञा, अमृत राय, हंस प्रकाशन, इलाहाबाद, 1986
4. आधुनिक हिन्दी कहानी, लक्ष्मीनारायण लाल, हिन्दी ग्रन्थ रत्नाकर प्रा. लि. बम्बई 1962
5. आँठवें दशक के लोग, संम्पादक, बलराम, मनीषराय, प्राची प्रकाशन, नई दिल्ली, 1982
6. कुछ कहानियाँ : कुछ विचार, डॉ. विश्वनाथ त्रिपाठी, राजमकल प्रकाशन,

नई दिल्ली, 1998

7. कमलेश्वर : कहानी का सन्दर्भ, डॉ. पुष्पपाल सिंह, दि मैकमिलन कं. ऑफ इण्डिया, नई दिल्ली, 1979
8. कहानी : नई कहानी, डॉ. नामवर सिंह, लोकभारती प्रकाशन, इलाहाबाद, 1982
9. क्योंकि समय एक शब्द है, डॉ. रमेशकुन्तल मेघ, लोकभारती प्रकाशन, इलाहाबाद, 1975
10. नई कहानी : सन्दर्भ और प्रकृति, सम्पादक डॉ0 देवीशंकर अवस्थी, अक्षर प्रकाशन नई दिल्ली, 1966
11. नई कहानी की भूमिका, कमलेश्वर, अक्षर प्रकाशन, नई दिल्ली, 1961
12. प्रेमचन्द और उनका युग, डॉ. रामविलास शर्मा, राजकमल प्रकाशन, नई दिल्ली, 1967
13. प्रेमचन्द की विरासत, राजेन्द्र यादव, अक्षर प्रकाशन, नई दिल्ली
14. भारत का राजनीतिक संकट, सम्पादक–राजकिशोर, वाणी प्रकाशन, नई दिल्ली, 1994
15. मुक्तिबोध रचनावली, राजकमल प्रकाशन प्रा. लि., नई दिल्ली
16. शब्द और कर्म, डॉ. मैनेजर पाण्डेय, वाणी प्रकाशन, नई दिल्ली, 1997
17. समकालीन कहानी : दिशा और दृष्टि, सं.–धनंजय, अभिव्यक्ति प्रकाशन, इलाहाबाद, 1970
18. समकालीन कहानी : समान्तर कहानी, डॉ. विनय, दि मेकमिलन कम्पनी ऑफ इण्डिया, नई दिल्ली, 1997
19. समकालीन कहानी : रचना मुद्रा, डॉ. पुष्पपाल सिंह, राधाकृष्ण प्रकाशन प्रा.लि. नई दिल्ली, 1986
20. समकालीन हिन्दी कहानी, डॉ. पुष्पपाल सिंह, हरियाणा साहित्य अकादमी, चण्डीगढ़, 1987
21. समकालीन कहानी के रचनात्मक आशय, यदुनाथ सिंह, ओम प्रकाशन, दिल्ली, 1987
22. समकालीन हिन्दी कहानी, बलराम, दिनमान प्रकाशन, दिल्ली, 1990
23. समकालीन कहानी का रचना-विधान, डॉ. गंगाप्रसाद विमल, सुषमा पुस्तकालय, दिल्ली, 1967
24. समकालीन हिन्दी कथा लेखिकाएँ, डॉ. रामकली सराफ, अनुराग, प्रकाशन, वाराणसी, 1988
25. समकालीन साहित्य चिन्तन, सम्पादक डॉ. रामदरश मिश्र, डॉ. महीप सिंह,

प्रभात प्रकाशन, दिल्ली, 1986
26. समकालीन हिन्दी कहानी और समाजवादी चेतना, डॉ. किरणबाला 1988
27. समकालीन लेखन : एक वैचारिकी, डॉ. चन्द्रभान रावत, डॉ. रामकुमार खण्डेलवाल, नेशनल पब्लशिंग हाउस, नई दिल्ली, 1982
28. साठोत्तरी हिन्दी कहानी और राजनीतिक चेतना, डॉ. जितेन्द्र वत्स, साहित्य रत्नाकर, साहित्य कोश, कानपुर, 1989
29. साहित्य और राजनीति, सं. डॉ. कुँवरपाल सिंह, भाषा प्रकाशन, नई दिल्ली, 1981
30. साहित्य और इतिहास-दृष्टि, डाँ मैनेजर पाण्डेय, पीपुल्स लिटरेसी, दिल्ली, 1981
31. साहित्य का उद्देश्य, प्रेमचन्द्र, हंस प्रकाशन, 1967
32. हजारीप्रसाद द्विवेदी, ग्रन्थावली, भाग 1 एवं 5, सं.–मुकुन्द द्विवेदी, राजकमल प्रकाशन, नई दिल्ली, 1981
33. हिन्दी कहानी : अस्मिता की तलाश, आधार प्रकाशन, पंचकूला, 2000
34. हिन्दी कहानी : आठवाँ दशक, सरबजीत, संजीव प्रकाशन, कुरुक्षेत्र, 1988
35. हिन्दी कहानी : दो दशक की यात्रा, सम्पादक डॉ. रामदरश मिश्र, डॉ. नरेन्द्र मोहन, नेशनल पब्लिशिंग हाउस, नई दिल्ली, 1970
36. हिन्दी कहानी : एक अन्तरंग पहचान, डॉ. रामदरश मिश्र, नेशनल पब्लिशिंग हाउस, नई दिल्ली, 1977
37. हिन्दी कहानी अ-लगाव का दर्शन, गार्डेन चार्ल्स रोडर, मूल अनुवाद–अर्चना वर्मा, डॉ. नत्थन सिंह, अक्षर प्रकाशन नई दिल्ली, 1982
38. हिन्दी कहानी : अपनी ज़ुबानी, डॉ. इन्द्रनाथ मदान, राजकमल प्रकाशन, नई दिल्ली, 1968
39. हिन्दी कहानी का विकास, डॉ. देवेश ठाकुर, मीनाक्षी प्रकाशन, मेरठ, 1977
40. हिन्दी साहित्य का वृहत् इतिहास (चतुर्दश भाग), सम्पादक-डॉ. हरवंशलाल शर्मा, डॉ. कैलाश चन्द्र भाटिया, नागरी प्रचारिणी सभा, वाराणसी, संवत् 2027 वि
41. हिन्दी साहित्य का इतिहास, सम्पादक डॉ. नगेन्द्र, नेशनल पब्लिशिंग हाउस, नई दिल्ली, 1984
42. हिन्दी साहित्य का इतिहास–आचार्य रामचन्द्र शुक्ल, नागरी प्रचारिणी सभा, वाराणसी

पत्र-पत्रिकाएँ

1. आजकल
2. इन्द्रप्रस्थ भारती
3. उत्तरा
4. कथन
5. कथादेश
6. दस्तावेज
7. प्रस्ताव
8. पहल
9. भारतवाणी
10. मधुमती
11. रविवार
12. वर्तमान साहित्य
13. वागर्थ
14. संचेतना
15. सम्बोधन
16. समकालीन भारतीय साहित्य
17. साक्षात्कार
18. सारिका
19. हिन्दी अनुशीलन
20. हंस
21. वसुधा

कोश

साहित्य कोश—सं. रामचन्द्र वर्मा, ज्ञान मंडल प्रकाशन प्रा. लि., वाराणसी

●●●